国际教师教育思想史研究丛书

总主编／王长纯　饶从满

国家出版基金项目
NATIONAL PUBLICATION FOUNDATION

国际教师教育思想史研究论纲

GUOJI JIAOSHI JIAOYU SIXIANGSHI YANJIU LUNGANG

王长纯／著

东北师范大学出版社
长　春

图书在版编目（CIP）数据

国际教师教育思想史研究论纲/王长纯著. —长春：东北师范大学出版社，2023.10

（国际教师教育思想史研究丛书／王长纯，饶从满主编）

ISBN 978-7-5771-0671-7

Ⅰ.①国… Ⅱ.①王… Ⅲ.①师资培养—教育思想—思想史—研究—世界 Ⅳ.①G451.2 ②G40-091

中国国家版本馆CIP数据核字（2023）第201677号

□策划编辑：张　恰
□执行编辑：刘晓军
□责任编辑：张正吉　　□封面设计：张　然
□责任校对：王秀梅　　□责任印制：许　冰

东北师范大学出版社出版发行
长春净月经济开发区金宝街118号（邮政编码：130117）
电话：0431—84568220
传真：0431—85691969
网址：http://www.nenup.com
电子函件：sdcbs@mail.jl.cn
东北师范大学音像出版社制版
长春新华印刷集团有限公司印装
长春市浦东路4199号（邮政编码：130033）
2023年10月第1版　2023年10月第1次印刷
幅面尺寸：170 mm×240 mm　印张：21.75　字数：324千

定价：90.00元

总 序

近年来，党和国家出台了一系列重要文件，推动了教育发展和教师教育的改革。2019年中共中央、国务院印发的《中国教育现代化2035》明确提出要建设高素质专业化创新型教师队伍；大力加强师德师风建设，将师德师风作为评价教师素质的第一标准，推动师德建设长效化、制度化；夯实教师专业发展体系，推动教师终身学习和专业自主发展；努力提高教师政治地位、社会地位、职业地位。这是实现我国教育现代化的重要目标。

建设高素质专业化创新型教师队伍，尤为重要的是坚持并深化教师教育的改革与发展。而要深化教师教育的改革与发展，必要的国际借鉴是不可缺少的。要实现真正有效的借鉴，我们不仅要考察世界主要国家的教师教育改革的政策与实践举措本身，更要看其教师教育改革与发展的政策与实践背后的思想。编撰出版"国际教师教育思想史研究丛书"就旨在尝试对世界主要国家的教师教育思想史乃至现代国际社会教师教育思想演化做出系统的梳理和阐释，为我国教师教育改革与发展提供必要的思想资源。编撰出版"国际教师教育思想史研究丛书"的意义还在于：在高速运行的当代社会，重新整理那些被淡忘的现代化进程中产生的著名教育家和他们的经典著述，重新发现已经被搁置起来的教师教育政策，重新探索不同教师教育思想的关联或纠缠的内在逻辑线索，对于开阔我国教师教育的视野，深化我国的教师教育思维，和而不同，形成中国特色的教师教育思想是一件应当做的事情。我们相信我国教师教育改革必将凭借对现代化进程中已经留下的宝贵思想资源的因与革，加强高素质专业化创新型教师队伍建设，一定会在创造公平与高质量的教育过程中有所作为，有所前进。

"国际教师教育思想史研究丛书"坚持以马克思主义为指导，以"和而不同"作为基本的文化立场，坚持社会科学方法论中的历史性原则、客观性原则、主体性原则、整体性原则和发展性原则，聚焦于探讨教育现代化中国际教师教育思想演进的规律。

"国际教师教育思想史研究丛书"包括国际教师教育思想史研究论纲以及美国、英国、德国、法国、俄罗斯、日本六个国家教师教育思想演化的历史研究。

我们热忱邀请了国内有关教育学者参与撰写，主编为王长纯、饶从满教授。具体分工是：首都师范大学王长纯教授撰写论纲分卷；河北师范大学副教授郭芳博士撰写美国分卷；首都师范大学教育学院教授张爽博士撰写英国分卷；辽宁师范大学教授周成海博士撰写德国分卷；首都师范大学教育学院张梦琦博士、山西大学外国语学院任茹茹博士撰写法国分卷；宿迁学院教授李艳辉博士撰写俄罗斯分卷；青岛农业大学外国语学院徐程成博士撰写日本分卷。

本丛书撰写过程中各位作者都阅读了大量中外教育家的经典著作，参考了大量国内外学者的研究成果，在此向这些教育家致敬，向有关学者们表示谢意。

我们教师教育思想史的研究一直得到尊敬的顾明远先生的亲切关心与支持，得到了北京师范大学朱旭东教授、西南大学陈时见教授的有力支持与帮助，在此谨向顾先生，向朱旭东教授、陈时见教授致以诚挚的谢意。

本丛书撰写得到东北师范大学出版社张恰总编辑的积极支持和鼓励，有关编辑老师为丛书的出版付出了艰苦的努力，在此一并对他们表示由衷的谢意。

本丛书的研究与写作必定存在很多问题，恳请读者多加批评，不吝赐教。

2023 年 8 月

目 录

引 言 ———————————————————————————— 001

第一章 文艺复兴时期主要教育家的教育观与教师观 ———— 011
第一节　人文主义兴起和人文主义教育的发端 ………… 013
第二节　夸美纽斯论教育 ……………………………… 019
第三节　夸美纽斯对教师的论述 ……………………… 023

第二章 启蒙运动时期主要教育家的教育观与教师观 ———— 037
第一节　启蒙运动 ……………………………………… 038
第二节　洛克与卢梭的教育观与教师观 ……………… 040
第三节　洛克与卢梭教育观和教师观不同之影响因素 ………… 061
第四节　裴斯泰洛齐的教育观与教师教育观 ………… 069

第三章 第一、二次工业革命时期教师教育制度化思潮与实践 ———— 081
第一节　多重因素叠加：近代教师教育制度化思潮背景 ……… 083
第二节　教师教育制度化思潮与实践 ………………… 087
第三节　近代教师教育制度化思潮的若干特征 ……… 099
第四节　科学主义与人文主义两种倾向的博弈：近代教师教育思想变迁的一个新观察点 ……… 111

第四章 现代教育开端的教育哲学和教师教育思想 ———— 121
第一节　第二次工业革命下的社会变动和教师教育理论的觉醒 ……… 122
第二节　杜威教育哲学的发生学考察 ………………… 141

第三节	杜威关于教育的论述	155
第四节	杜威的教师教育观	168
第五节	20世纪其他西方教育哲学流派的教育观与教师观	175

第五章 新技术革命时期国际主流教育思潮及教师思想的转换 —— 189

第一节	国际主流教育思潮的兴起	190
第二节	重智主义教育思潮的教育观和教师观	192
第三节	要素主义教育家科南特的教师教育思想	211
第四节	理性主义取向的教学思潮	215
第五节	人文主义教育思潮和后现代主义的教育观与教师观	229

第六章 走向工业革命4.0时期教师专业化取向的国际教师教育思潮（20世纪80年代以来）—— 239

第一节	国际性教师专业化思潮的背景	240
第二节	国际教育政策的教师专业化思想	247
第三节	教育家的教师专业化思想	255
第四节	教育学术共同体的教师专业化思想：以文化历史学派研究为例	259
第五节	实践转向：教师专业化思想的突出特征	276
第六节	信息技术领域：科学与人文两种倾向的当代博弈	282

第七章 "因"与"革"：国际教师教育思想演进的内在逻辑 —— 301

第一节	因革观与国际教师教育思想演化	302
第二节	现代化：国际教师教育思想因革演化的深远背景	304
第三节	从夸美纽斯到布鲁纳：国际教师教育思想因革超越之例说	309
第四节	教师实践：国际教师教育思想因革变化的基础性力量	319

参考文献	331
后　记	341

引 言

《国际教师教育思想史研究论纲》（以下简称《论纲》）是"国际教师教育思想史研究丛书"的第一册。《论纲》坚持以马克思主义的世界历史进程思想为指导。马克思明确提出了"历史向世界历史的转变"[①]的深刻思想，正如马克思、恩格斯指出的，"资产阶级，由于开拓了世界市场，使一切国家的生产和消费都变成世界性的了……过去那种地方的和民族的自给自足和闭关自守状态，被各民族的各方面的互相往来和各方面的相互依赖所代替了。物质生产如此，精神生产也是如此"[②]。上述思想揭示出现代社会物质生产与精神生产的世界性。也可以说，正是从现代社会产生以来，教师教育思想的发展也具有了世界性联系。

《论纲》秉持和而不同的基本文化立场。国际教师教育思想史研究是与现代化以降的不同国家不同时期的教师教育思想的跨文化对话。质言之，它是一种文化主体与另几种文化主体之间关于教师教育思想历史的对话与沟通。法国哲学家利科（Paul Ricoeur）认为，只有忠实于自己的起源，并且在文化精神性方面有创造性、有生命力的文化系统，才能承受与其他文化的相遇。[③]"为了面对自我之外的另一个人，首先要有一个自我"，这样"也能给予这种相遇一种意义"[④]。文化主体性不仅是真正进行对话和理解的基础，更重要的是，它还能使比较历史研究建立在真正平等的基础上，从而获得更广泛的历史意义。引言尝试回答国际教师教育思想史研究的文化立场是什么的问题，并指出这是一个什么样的"自我"。

纵观我国历史，从西周末年的史伯到晏子、老子、孔子关于"和"与"和而不同"的论述，证明了具有本原文化的中华民族早就出现了"和"与"和而不同"的卓越思想（"和而不同"常常内在于"和"，反映出其自我超越的本质），有了"和""同"之辨。这是中华本原文明对世界思想的伟大贡献。本研究秉承的和而不同的思想是与从古希腊开始不断演化的西方哲学对

[①] 中共中央马克思恩格斯列宁斯大林著作编译局. 马克思恩格斯选集：第1卷 [M]. 北京：人民出版社，1995：89.
[②] 马克思，恩格斯. 共产党宣言 [M]. 北京：人民出版社，1978：28-29.
[③] 利科. 历史与真理 [M]. 姜志辉，译. 上海：上海译文出版社，2004：286.
[④] 利科. 历史与真理 [M]. 姜志辉，译. 上海：上海译文出版社，2004：286.

话沟通的、经过时代转换了的，继承中国传统哲学优秀思想的中国现代哲学的重要内容。正是这种思想能给不同国家教师教育历史发展相遇和对话以现实意义，它是中华民族文化的精髓，是研究者所具有的"自我"。

"声一无听。"[①]"和实生物。"[②] 在全球化与地方化互动条件下，本研究坚持"和而不同"的文化立场，就是要以开放的胸襟有因有革地积极吸收其他民族的文化与哲学的营养，吸收现代文化与哲学成果，探索教师教育思想变化的逻辑与特点。面向教育改革，重在当代而又连接历史与未来是本研究的突出特征。文化对话是本研究的基本形式。本研究关注的不仅是校外的事，还重视校内的事；在跨文化对话中经由和而不同为创生新的中国教师教育提供思想力量，以推动中国教育现代化实践。这是本研究的根本目的。

《论纲》要回答的主要问题是：

· 研究意义、核心概念与工具是什么？

· 研究的历史分期如何划定？

· 不同历史时期教师教育思想轮廓及复杂走向是什么？

· 研究有什么新发现？

《论纲》引言和《论纲》包含的七章，试图回答上述四个问题。

一、研究意义、核心概念与工具

在指出和而不同是本研究的文化立场之后，笔者聚焦于本研究的意义、核心概念与工具。研究教师教育思想史的意义何在？人们不禁要问。意大利学者克罗齐在 20 世纪初提出一个命题："一切历史都是当代史。"[③] 我们还应记起他的另一段话："思想从内部重整历史，它就是它自己的证据。它不承认不可思议的东西，因为那不可想象"[④] 和柯林伍德"一切历史都是思想史"[⑤]的论断。我国学者朱光潜先生在他的一篇论文《克罗齐的历史学》中阐释这

[①] 左丘明. 国语 [M]. 上海：上海古籍出版社，1978：516.
[②] 左丘明. 国语 [M]. 上海：上海古籍出版社，1978：515.
[③] 克罗齐. 历史学的理论和实际 [M]. 傅任敢，译. 北京：商务印书馆，1997：126.
[④] 克罗齐. 历史学的理论和实际 [M]. 傅任敢，译. 北京：商务印书馆，1997：126.
[⑤] 柯林伍德. 历史的观念 [M]. 何兆武，张文杰，译. 北京：商务印书馆，1997：302-303.

一命题时曾有过精当的叙述：没有一个过去史真正是历史，如果它不引起现实思索，打动现实兴趣，和现实心灵生活打成一片。过去史在我们的现时思考活动中才能复苏，才获得它的历史性，所以，一切历史都必是现时史。这里的历史不是政治手段，其要义在于作为历史的不在场与当下在场的逻辑统一。黑格尔强调历史作为精神的发展过程是属于时间的。① 因此，在某种意义上，历史也就是思想的发展史。进一步说，教师教育之历史也就是教师教育思想的发展史。教师教育思想的发展由于教师教育持续存在、转换与更新，即由于历史的作用才得以成为可能。当然，思想并不是凭空存在的，它是依实践而存在的。

可以说，正是当代国际教育发展、我国教师教育改革的现实激发着我们对国际教师教育思想的历史投以探索的目光，即如司马迁所言，"述往事，思来者"②。当代教育学科的分化、教育专业的细化、教育探索的某种表层化，导致观察教育坐标的模糊化。我们拾起思想的探索，而"思想并不是无所作为，而是在自身中行动。这种行动是处于与世界对话之中"③。把目光回溯到教师教育历史，聚焦于思想，展开跨文化的对话，可能有助于看清当下教育的问题，廓清未来教育的走向。

研究工具包括概念、方法论思想、研究观察点等。关于概念，"教师教育"英文为"teacher education"。《教学和教师教育国际百科全书》（The International Encyclopedia of Teaching and Teacher Education）1987 年版用外延定义法将教师教育划分为职前、入职和在职三个阶段的连续过程。1996 年出版的《教师教育研究手册》（Handbook of Research on Teacher Education）进一步认为，教师教育包括了培养未来教师的职前计划（preservice programs）、新教师的入职计划（induction programs）和在职教师的在职培训计划（inservice programs）。连续三阶段的教师教育是终身教育思想融入师范教育领域的可想见结果。

---

① 黑格尔. 世界史哲学讲演录：1822—1823 [M]. 刘立群, 沈真, 张东辉, 译. 北京：商务印书馆, 2015：40.
② 司马迁. 太史公自序第七十 [M] // 史记：第 130 卷. 上海：世界书局, 1946：557.
③ 海德格尔. 什么叫思想？[M]. 孙周兴, 译. 北京：商务印书馆, 2017：319.

"教师教育是一个模糊的概念。"[①] 因此,有的学者希望首先明确教师教育的概念,并指出教师教育课程是回答教什么、怎么教和为什么的问题的。而后又有学者从批判教育学的角度,不赞同这种对课程的定义,认为教师教育课程的历史、内容、意义和将来的应用,其根本是我们需要什么样的教师和教师教育者以及教学专业。这些不同见解也丰富了我们对教师教育概念的认知。

为方便论述,这里我们用"外延+"的方式提供一个教师教育、教师教育思想的概念。我们说的教师教育是指包括职前培养、入职教育和职后继续教育的整体性教师教育。教师教育是现代社会的产物。作为现代社会产物的教师教育与一般教育学科不同,它与一定时代一个国家、一个地区的中小学教育紧密地联系在一起,极大地影响着国家和地区发展的未来。现代以降,教师教育历来既受到教育者的重视,又受到统治集团的重视,是其政治的有机组成部分,政治、政策色彩突出,所以,教师教育的学术具有明显的政治性,这是其突出特点。

一般而言,教师教育思想是指在一定历史条件下对人类社会出现的重大教育问题的基本理解与回答。教师教育思想比教师教育理论更富有强烈的现实关怀,并往往既直接针对现实问题又放眼未来。因此,教师教育思想的作用多在于分析现实与规划未来。教师教育思想是回应时代要求而产生的,其影响力在于在多大程度上满足了整个时代的需要。那些影响整个时代进程的教师教育思想作为现代人类文化遗产不断传承,便成为当下教师教育思想的宝贵资源。

平心而论,对教师教育实践直接产生主导性作用的往往是一个国家的教师教育政策,是这种"国家教育理论"。而这种国家教育理论无不受着教育家思想的深刻影响。教师教育政策研究若不考虑甚至拒斥具有重要作用的教育家教育思想,不把教育政策作为一种思想的产物和决策者教育思想的精神生产活动,就会严重地疏离了教育家思想与教育决策的联系,遮蔽了教育政策

---

① WESLEY N J, BOHAM C H. Curriculum and teaching dialogue [M]. Charlotte, N. C.: Information Age Publishing, 2005: 39.

背后的思想，从而使教育政策失去了教育家思想的观照。教师教育思想的历史不是学科思想史，而是人类在各个重要历史时期对实践最有影响的关于教师和教师教育主流思想（在政策和法律文本，以及教育家论述中体现出的对教师教育发展实践起主导或指导作用的思想）的历史，是关于教师教育的政策变迁的历史，是主流与非主流思想在历史的曲折中博弈的历史。当然，毋庸置疑，教育家的教师教育思想是人类的宝贵精神财富，集中体现了那一个时代教师教育共同体的带有标志性的水平，是教师教育发展的精神营养，是教师教育政策的重要参考系。

本研究力图建立某种教育家思想与教育政策理念的关联，促进教师教育思想史研究的发展。

本研究因为有学科理论结构交错的多种人文社会科学视界融合而拥有多种学科方法的介入。但是，和而不同取向的国际教师教育思想史研究认为：任何一种方法都具有经验界的成分和形而上学的环境因素，只不过有一个与经验界和形而上学环境不同距离的问题罢了。

二、历史分期

《论纲》研究要解决历史分期的问题。历史学是一门时间科学，其基本使命之一，是对历史做时间向度的阶段划分。历史分期是从总体上把握历史体系的必要方法，史学的各项具体研究均须据此获得坐标系。历史分期是认识历史的必要工具。根据一定的历史分期展开研究，有助于从总体上把握一种历史的基本轮廓，从而为全面了解这种历史提供一个导引。历史分期是为历史进程确定是由什么构成主要因革变化的表征。

《论纲》的分期在现代化进程初始阶段分别以文艺复兴和启蒙运动命名，第一章、第二章论述。接着本研究则根据四次工业革命时期下的教师教育思想变迁做叙述，共有第三、四、五、六章等。分期的标志都是影响人类社会的重大历史事件。

谁创造了"工业革命"这一概念？一说为法国空想社会主义者路易·布朗基的哥哥、著名经济学家阿道夫·布朗基最早提出。恩格斯1845年出版的《英国工人阶级状况》已经明明白白使用了这个词。在马克思主义词典里，

"工业革命"不仅是一场生产力大变革,还是生产关系的大变革,是一场影响深远的社会革命。"工业革命说"可以被看作一种历史突变论的主张,强调历史的非连续性或断裂性。奇波拉主编的多卷本《欧洲经济史》观点更激烈:没有革命像工业革命一样具有显著的革命性。

工业革命和现代化是什么关系?一般而言,现代化都是指工业化,即机器生产代替工场手工业,但这只是狭义的现代化,因为"无以数计的历史条件,特别是纯粹政治的发展过程,不能归结为经济规律,也不能用任何一种经济原因来解释,它们必然共同发挥作用"[①]。

现代化概念的内涵则要比工业革命丰富得多,宽泛得多,它是一个"集大成"的深刻变化的过程,人的现代化是其中的要义。因此,本研究在现代化背景下把工业革命作为启蒙时代以后国际教师教育思想演化历史分期的标志。本研究表述的这种分期标志根据具体情况也是有所不同的,这种历史分期的界限具有模糊性,缺乏准确的交界期,"因为社会史上的各个时代,正如地球史上的各个时代一样,是不能划出抽象的严格的界限的"。

每一个时期,都有代表性的人物或事件。对于本研究而言,所谓代表性的人物和事件是大教育家对教师教育具有代表性的多样化论述和具有实际指示力量的一个国家或国际上的重要教师教育政策。教师教育思想在一个时期之内的发展是连续的,而在不同时期则会出现突变,或是发生方向性的转折,或是出现阶段性的飞跃。

"每个人都是他那个时代的产儿。"[②]"问题是时代的格言,是表现时代自己内心状态的最实际的呼声。"[③] 因此,任何体现在教育家或教育政策中的真正的教师教育思想都是时代的产物,是对自己所处那个时期问题的回答,同该时期与现实世界接触碰撞,产生相互作用,并对未来产生重要影响。

---

① 韦伯. 新教伦理与资本主义精神 [M]. 于晓,陈维纲,等译. 北京:生活·读书·新知三联书店,1987:67.
② 黑格尔. 法哲学原理 [M]. 范扬,张企泰,译. 北京:商务印书馆. 1961:12.
③ 中共中央马克思恩格斯列宁斯大林著作编译局. 马克思恩格斯全集:第1卷 [M]. 北京:人民出版社,1995:203.

三、《论纲》的研究轮廓及其走向

在介绍研究文化立场、研究意义和研究工具的基础上，《论纲》试图言国别研究限制之不能言，如对捷克大教育家夸美纽斯教育观与教师观的研究，对瑞士著名教育家裴斯泰洛齐教师教育思想与实践的研究；本研究尝试以比较视野探查拥有世界影响的教育家的有关论述，力争呈现出历史语境和他们代表作文本的细微之处；特别关注第二次世界大战以后在第三次工业革命乃至第四次工业革命条件下，国际教育思潮和国际教师教育思潮的轮廓与走向。国际教师教育思想史研究关注的正是更为具体的东西，而非缥缈的、摸不到的事物。

本研究的一个重要方面就是聚焦于各个不同历史时期推动教育改变的教育观和教师教育观。"观"的转义是表达某种教师教育的基本理念。经过与中世纪天主教统治的反复激烈较量，欧洲冲破封建专制千年桎梏，迎来了文艺复兴时代，需要什么样的教育和教师，是这个时代的大问题。《论纲》第一、二章首先探讨了对现代化初始阶段、文艺复兴时期的大教育家夸美纽斯等提出的不同于中世纪宗教教育的教育观与教师观，指出教师教育思想在这里萌芽，接着从经历、代表作、影响因素等方面，揭示了启蒙时期的代表人物洛克、卢梭和裴斯泰洛齐的教育观与教师观，指出他们的贡献在于提供了现代教育与教师教育思想的基础性理论资源。

第一、二次工业革命及其延续时期，各民族国家逐步认识到从初等教育迅速发展开始，师资来源和质量就成为影响教育发展的严重问题。于是，国际教师教育制度化思潮应运而生。这是人类历史上第一次教师教育国际思潮，影响久远。《论纲》第三章揭示了教师教育制度化思潮与实践，论述了教师教育制度的初建是教育家教师教育思想与教育政策合作的结果，对现代教师教育制度化思想的特征做了分析，并尝试提供教师教育思想变迁的观察点，这就是科学主义倾向和人文主义倾向最初的博弈。

进入20世纪的这一时期，教育和国家发展的关系成为一个大课题。许多国家注意到教育对国家发展的巨大作用，重视通过教育改革推动社会进步。这一时期又被认为是教育改革时期。也正是在这一时期，教学逐渐变成了教育，中小学教学开始有教育观照。杜威教育哲学，举起了现代教育的旗帜，提出了一系列新的教育理论主张和深刻的教师教育思想，对美国乃至世界都产生了重大而深远的影响。杜威的教育思想开启了教育的"真哥白尼时代"。与此同时出现的很多教育思想流派都在不同程度上认可了这一历史性转变。杜威以人与环境互动为中心的哲学思想、个人与社会互动为中心的社会理论为基础提出了丰富生动的教育思想，第一次完整地阐释了现代教师教育思想。杜威开启了现代教师教育思想的大幕，对教师教育思想与实践做出了前所未有的贡献。以上是《论纲》第四章的要义。

第三次工业革命时期始于20世纪后半叶。第五章的研究亦始于此时。第二次世界大战结束后的冷战时期，在两大阵营激烈竞争的国际政治格局下，两大对立阵营如何通过高质量人才的培养来获取冷战时期的战略优势是一个尖锐的不可回避的问题。又加上第三次工业革命影响对教育的挑战、对人的智力的挑战，赞科夫、布鲁纳分别代表苏联和美国两个超级大国的教育家率先提供了各自的教育改革构想和新的教师教育主张，由此，国际重智主义教育思想出现了，其代表人物分别是苏联的赞科夫和美国的布鲁纳。他们挑战传统的教育思想，提出崭新的教育理论体系，对教育改革与发展做出了重大贡献，他们的教师观对教师教育产生了久远影响。但是由于不同原因，这场爆发于不同阵营的教育改革最终归于失败，出现学生学习质量下降的情况。这种情况下，理性主义教育思潮应运而生。但是这种教育思潮也没能解决问题。各种批评中人文主义教育思潮崛起。合作教育思潮成为20世纪80年代的国际教育主流。

20世纪和21世纪之交，第三次工业革命发展迅猛，第四次工业革命又跃上世界舞台。在全球化复杂互动的时代，在经历重视儿童在教育过程中地位的确立、重视教育课程与教学理论改革、重视师生人际关系的改革和后现代教育思潮影响以后，国际社会的普遍问题是：教师的平庸成为影响基础教育质量的问题。于是，国际社会的教育改革视点聚焦于教师，聚焦于教师专业化。杜威教育哲学的持续影响、教育家科南特提出的针对性很强的教师教育思想、斯滕豪斯把教师作为研究者的思想、舍恩对反思性实践者的论述等的叠加作用，教师教育大学化、在职教师培训制度化、国际组织对教师教育改革的推动作用，为即将到来的新的教师教育国际思潮提供了充分的准备。

这样，人类历史上非常重要的教师教育的国际思潮从 20 世纪 80 年代中期开始了。这一思潮历时近四十年，一直延续到现在。这一思潮的连续不断集中在三大问题上，即教师专业化、教师教育改革和教师教育的实践转向，并围绕这三大问题展开了丰富而多样化的学术探索和政策讨论，将教师教育思想推向了一个历史上前所未见的高度。《论纲》第六章以较多笔墨叙述了这一时期以专业化为取向的国际教师教育思潮。

四、研究的新发现

《论纲》第七章以因革关系为纲大致梳理现代化以降四百年来教师教育思想的历程，在《教师教育思想史研究（上、下）》（东北师范大学出版社，2016 年）已有发现（权力之发现、联系之发现、不同之发现、共识之发现）[1]的基础上，进一步揭示了现代化运动与国际教师教育思想演化的关系，特别关注教师教育思想演化的内在逻辑。《论纲》通过历史事实证明，教师教育思想演化其内在逻辑可用中国的因革关系哲学来表达，即因而袭之，革而化之。这里都有一个和而不同的深刻过程，亦即在因革中实现教师教育思想的超越与发展。

《论纲》研究的具体发现有三：(1)"因"与"革"是国际教师教育思想演进的内在逻辑；(2) 国际教师教育思想是在国际交流中实现因革与自我超越的；(3) 教师实践是国际教师教育思想因革与超越之真理性的试金石；(4) 科学主义与人文主义两种倾向的博弈是国际教师教育思想内在矛盾与转换的深层逻辑。当然，这些发现都还是初步的，有待于深入研究。

"尚变者，天道也。"[2] 四百年间的教师教育思想因与革纷繁复杂，但毕竟不是非此即彼、有你无我的简单的二元对立的过程。当然，国际上不同时期和同一时期的主流教师教育思想"与时偕行"[3]，如《周易·象传》里面所说的"乾道变化，各正性命"[4]，表现出各自的价值和意义。同时，国际教师教育思想史的研究证实了在开放流动的国际环境下，因革与超越是国际教师教育思想演化之规律。

---

[1] 王长纯，等. 教师教育思想史研究：上 [M]. 长春：东北师范大学出版社，2016：19-35.
[2] 河图洛书义 [M] // 王文公文集：上册. 上海：上海人民出版社，1974：245.
[3] 周易·正义 [M] // 十三经注疏. 上海：世界书局，1946：52.
[4] 周易·正义 [M] // 十三经注疏. 上海：世界书局，1946：14.

第一章

文艺复兴时期主要教育家的教育观与教师观

  教师教育思想不能抽象地存在，它不仅蕴含于教育历史事件、教育政策文本、历史上具体的实践之中，还蕴含于教育家或教育学者的教育生活之中。任何时期都不会有脱离该时期社会生活、教育生活的教师教育思想。历史事件、政策文本、具体教育实践和教育生活都会成为过去，只有思想会存留下来，并继续存在于未来的社会变迁中。因此，探求教师教育思想必须从一个时期的社会生活和教育生活开始。

  在叙述之前首先为教师教育思想史研究将展开的内容做一个历史定位，这样会将我们的研究置于历史进程的大视野之下。我们要研究的文艺复兴时期的教师教育处于哪个大的历史段落呢？是现代史还是近代史抑或是古代史呢？我们认为它处于世界近代史的开端。

  关于世界近代史的开端问题，当代史学界存在着不同的看法。本研究采信的看法是将公元1500年作为世界近代史的开端。1500年前后的一系列重大事件，如地理大发现、文艺复兴、宗教改革等，导致西方资本主义的发展，从而引起了遍及世界各地的社会经济的重大变化，开始了人类社会的现代化进程。这是如今大多数史学家的观点。马克思阐述了历史发展的最终目标，即"全部历史是为了使'人'成为感性意识的对象和使'人作为人'的需要成为[自然的、感性的]需要而做准备的发展史"[①]。这样，马克思就把人的发展置于历史发展的核心地位，将人视为历史发展的目的，揭示了历史的本质。"正是人，现实的、活生生的人创造这一切，拥有这一切并且进行战斗……历史不过是追求着自己目的的人的活动而已。"[②] 马克思敏锐地指出人类进入了相互依存、相互影响的状态，任何民族国家想要独立于世界历史之外而单独存在是不可能的，"各个相互影响的活动范围在这个发展进程中越是

[①] 中共中央马克思恩格斯列宁斯大林著作编译局. 马克思恩格斯全集：第42卷[M]. 北京：人民出版社，1979：129.
[②] 中共中央马克思恩格斯列宁斯大林著作编译局. 马克思恩格斯全集：第2卷[M]. 北京：人民出版社，1957：198.

扩大，各民族的原始封闭状态……消灭得越是彻底，历史也就越是成为世界历史"①。这也展示了人类历史在发展中所经历的两种状态，即民族地域历史和整体的世界历史。在世界历史的大背景下，各民族国家的发展以世界历史的发展为前提。

在历史转变为世界历史后，任何独立于世界民族之林的民族国家必定要被世界历史所遗弃。任何民族国家要判定其历史地位和历史命运，决定其自身的发展路径和发展模式，都要以世界历史的大背景作为参照系。

国际教师教育思想史研究正是从马克思对人与历史的关系、民族国家与世界历史的关系的论述中受到启发，并以世界近代史作为研究的起点。

第一节
人文主义兴起和人文主义教育的发端

经过与中世纪天主教统治的反复激烈较量，欧洲冲破封建专制千年桎梏，迎来了文艺复兴的伟大时代。恩格斯认为，文艺复兴"是人类以往从来没有经历过的一次最伟大的、进步的变革，是一个需要巨人而且产生了巨人——在思维能力、激情和性格方面，在多才多艺和学识渊博方面的巨人的时代"②。

一、人文主义的兴起

文艺复兴时期正处于世界近代史开端时期。文艺复兴运动是从意大利开始的，是以意大利诗人但丁（Dante Alighieri，1265—1321）的《神曲》创作出版（1307—1321）为发端的。"意大利曾经是第一个资本主义民族，封建的中世纪的终结和现代资本主义纪元的开端，是以一位大人物为标志的，这位大人物就是意大利人但丁，他是中世纪的最后一位诗人，同时又是新时代的

---

① 中共中央马克思恩格斯列宁斯大林著作编译局. 马克思恩格斯全集：第1卷 [M]. 北京：人民出版社，1995：88.
② 中共中央马克思恩格斯列宁斯大林著作编译局. 马克思恩格斯全集：第4卷 [M]. 北京：人民出版社，1995：261-262.

最初一位诗人。"①

但丁《神曲》中的主要人物维吉尔是但丁眼里新人的化身。他引导主人公以理性运用具体知识来认清罪恶，因而成为主人公游历地狱、接受考验、重获新生过程中的引路人。这里所说的理性是指在中世纪末期的人反对对上帝的盲目笃信、对教会一味服从的旧观念的怀疑精神和批判意识，以及对宗教与上帝的新的认知。维吉尔就是这种理性的化身。

从但丁开始的文艺复兴时代改变了中世纪以基督教神学为中心的封建文化，发掘古希腊罗马的文化遗产，使得人们从以神为中心逐渐转变为以人为中心。人开始觉醒，人文主义（humanism）成为文艺复兴的显词。人文主义兴起，从依从宗教关注来世转变为关注现世的幸福。据《简明不列颠百科全书》的解释，人文主义是一种思想态度，它认为人和人的价值具有首要的意义，通常认为这种思想态度是文艺复兴文化的主题……从哲学方面讲，人文主义以人为衡量一切事物的标准。② 人文主义者还提出"人不认识自己，就不能认识上帝"，即要求作为个体的人在体力、脑力、艺术、道德等方面全面发展，以此来反对神的权威和教会的专制力量。③

文艺复兴时期的乌托邦思想家们通过自己的著作，提出了各自的理想国，如莫尔的以组织生产、普遍劳动为基础的公有制和平等原则的乌托邦海岛，拉伯雷的每个人都可以结婚、自由出入（禁止伪善者、讼棍、守财奴进入）、把想干什么就干什么作为院规的特来美修道院，康帕内拉设想的具有一个完善的社会制度、每个公民都是社会的公仆的太阳城。他们的理想国不同，但是都充满了对封建专制的挑战，对自由的向往，对培养新人的新教育的极端重视，并且提出了培养新人的教育的最初蓝图。从他们对理想国理想教育的追求，我们可以看出，效法自然成为文艺复兴教育的重要部分。英国的莫尔就曾把"符合于自然的生活"看作最高的美德，要求教育必须顺应自然。他

---

① 中共中央马克思恩格斯列宁斯大林著作编译局. 马克思恩格斯全集：第1卷[M]. 北京：人民出版社，1995：269-270.
② 《简明不列颠百科全书》编辑部. 简明不列颠百科全书[M]. 北京：中国大百科全书出版社，1986：761.
③ 陈尚伟. 马克思哲学中的"以人为本"研究：对马克思人本思想的文本解读[M]. 北京：学习出版社，2015：62.

说:"乌托邦人给至善下的定义是:符合于自然的生活……一个人在追求什么和避免什么的问题上如果服从理性的吩咐,那就是遵循自然的教导。"①

文艺复兴时期的理性,主要表现为从但丁《神曲》开始的与神性的抗争,且大都以文学艺术的形式表现出来,它以人本来反对神本,用人性来抵抗神性,是对人性和人的能力的赞美和肯定,其核心价值是"人性"。人文主义者重视"人"的独立思考能力,提倡以怀疑和探索的精神来对抗中世纪的蒙昧主义,认为人现实的自信心、爱情、勇气能够发展到一个非凡的高度,进而获取战胜自然的力量,拥有更大的创造力,成为一个思想和行动上的"巨人"。正如而后英国剧作家莎士比亚借哈姆莱特之口对人类的赞颂:"人类是一件多么了不得的杰作!多么高贵的理性!多么伟大的力量!多么优美的仪表!多么文雅的举动!在行为上多么像一个天使!在智慧上多么像一个天神!宇宙的精华!万物的灵长!"② 马克思曾指出:"任何一种解放都是把人的世界和人的关系还给了自己。"③ 这句话正好揭示了文艺复兴的深刻本质。

文艺复兴时期的人文主义作为对其所向往的人性的追求,摒弃了宗教教条,将价值取向由"神"转向"人",但由于时代的局限它还是缺乏"科学"的基础,仍然无法摆脱"神"的羁绊,教会统治的乌云远没散去。但是,毕竟文艺复兴带来了人文主义教育的思潮,人文主义者迫切希望创办新的学校来推行新教育,他们在一些开明统治者的支持下,热心新教育的实践活动。在14—15世纪,人文主义教育思想还只是人文主义思潮的一小部分,零散地出现在人文主义哲学、文学、宗教等各个领域。借助古希腊、罗马时期的世俗的人文学科与教会的神学教育抗争,人文主义教育理论逐步走向充实,他们主张教育改革,并提出新的教育目标,打破了完全用拉丁语教学的局面,而开始用本民族的语言教学,这无疑是教育的一大进步。宗教改革使人文主义教育思想逐渐世俗化,人文主义教育主张使得人人都可能、都必须受教育,

---

① 华东师范大学教育系,浙江大学教育系.西方古代教育论著选[M].北京:人民教育出版社,2001:34.
② 莎士比亚.哈姆莱特[M].朱生豪,译.北京:人民文学出版社,2000:43.
③ 中共中央马克思恩格斯列宁斯大林著作编译局.马克思恩格斯全集:第1卷[M].北京:人民出版社,1998:443.

人人都有受教育的权利。当时由于欧洲手工工场的发展，资本主义的生产关系真正确立，它的蓬勃发展为普及教育提供了必要性和可能性。

二、人文主义教育的发端

文艺复兴时期，许多教育家如伊拉斯谟、蒙田、马尔卡斯特等开拓了教育活动的新领域，促进了教育思想的发展，提出了新的教师观和教师培养的制度理想。

被誉为"人文主义的泰斗""文艺复兴的纪念碑"的伊拉斯谟（Desiderius Erasmus，约1466—1536）高度重视教育，他认为社会和个人都应关心教育，教育对国家、社会、个人的作用非常巨大。他还认为，教师在教育教学中起着重要的作用。他还对教师有许多专门的论述。

马尔卡斯特（Richard Mulcaster，约1530—1611），是英国都铎王朝时期的教育理论家与实践家。1559年，马尔卡斯特开始职业教师生涯，主要在伦敦的商人泰勒学校、圣保罗学校担任校长和教师。在此过程中，马尔卡斯特意识到了都铎王朝儿童教育改革的必要性，并对儿童教育问题做了深入思考。16世纪80年代初，他受到柏拉图、亚里士多德、昆体良和同时代人文主义教育家的影响，把传统教育观念与个人创新结合起来，致力于建立英国自己的、有益于所有国民的教育哲学。他提出公共初等教育思想，明确提出入学标准是成绩而不是出身，不论男生还是女生都有应当上同一类型的学校、享有平等的受教育和获得充分发展自己才能的权利，希望以此把英国不同等级的人联合起来。为此，要选择最有责任心和服务精神的人做教师。马尔卡斯特的这些思想是他同时代的人无法企及的，是最接近于现代的。他先后撰写并出版了其代表作《儿童教育的观点》以及《基础知识教育的第一部分》等著作。

马尔卡斯特认为，身体与灵魂浑然一体，灵魂的目的在于理解现实，身体的目的在于执行灵魂的命令。灵魂和身体之间有着人的内在能力。[1] 他要求

---

[1] MACKIE R A. Richard Mulcaster and his pedagogic doctrines: a study of the realistic movement in Elizabethan education [D]. Glasgow: University of Glasgow, 1933: 27.

第一章 文艺复兴时期主要教育家的教育观与教师观

教师要了解儿童的年龄特征和个别差异,遵从儿童的天性进行教学,教师要善于观察,促进儿童的成长。教师以儿童的自然天性为基础,运用自己的专业技能,促进儿童各方面的发展。马尔卡斯特指出,每一位老师都必须重视儿童的好奇心和兴趣,永远不要厌倦于赞美①,并以此鼓励学生学习。

马尔卡斯特强调,学生也不应该被推得太快②,他反对在教育工作中过于匆忙的做法③。儿童有很好的能力,不必过早教育,教育中更不必催促儿童赶进度快学。这样做只会有两种可能,或是他的健康受到损害,或是他将被知识所淹没。这种情况如果没有得到及时调整,那么学生的学习后劲就会很弱。匆忙真是个大敌,适度则是好朋友。如果学生在学校被催促得抬不起头地向前赶,他们便不能掌握课程的要点。因此,首先向前冲的儿童,到头就被毁了。马尔卡斯特坚决反对填鸭式教学和匆忙教学。教育不能是一个匆忙的过程,学习必须有闲暇。成长和发展需要时间。缺乏时间,导致缺乏学习。他认为,时间使一切完美,是真理之母、成熟的试金石、错误的敌人。④

倡导在大学内部建立教师学院是马尔卡斯特教育思想的重要基石。⑤ 这在当时也是革命性的思想。他的论证是充满说服力的。他提出的"教学是科学",不应被忽视。学校是成人职业和生活的铺路石,因此学校就应聘任有能力的人管理、教育学生。他认为,儿童教育是一个民族获得道德、智识、体育、社会、经济和政治地位的重要手段。一所学校如果没有受过良好教育的校领导,没有经过专业培训的教师,事实上是无法开展教学活动的。同时,大学的氛围有助于师范生掌握他们所缺少的教学技能。⑥ 马尔卡斯特正是从以

---

① MACKIE R A. Richard Mulcaster and his pedagogic doctrines: a study of the realistic movement in Elizabethan education [D]. Glasgow: University of Glasgow, 1933: 30.
② MACKIE R A. Richard Mulcaster and his pedagogic doctrines: a study of the realistic movement in Elizabethan education [D]. Glasgow: University of Glasgow. 1933: 76.
③ MACKIE R A. Richard Mulcaster and his pedagogic doctrines: a study of the realistic movement in Elizabethan education [D]. Glasgow: University of Glasgow. 1933: 88-89.
④ MACKIE R A. Richard Mulcaster and his pedagogic doctrines: a study of the realistic movement in Elizabethan education [D]. Glasgow: University of Glasgow. 1933: 88-89.
⑤ MACKIE R A. Richard Mulcaster and his pedagogic doctrines: a study of the realistic movement in Elizabethan education [D]. Glasgow: University of Glasgow. 1933: 140.
⑥ MACKIE R A. Richard Mulcaster and his pedagogic doctrines: a study of the realistic movement in Elizabethan education [D]. Glasgow: University of Glasgow. 1933: 141.

上各方面论证了在大学建立教师学院的必要性和重要性。他的这一思想也是超越时代的，是他对近代教师教育的突出贡献。

蒙田（Michel Eyquem de Montaigne，1533—1592），文艺复兴时期法国思想家、作家、教育家。蒙田首先批判了传统的经院主义教育，认为经院主义教育只能培养出没有思想的胆怯的人，并主张新的教育应把儿童培养成为身心两方面和谐发展的新人。而这种新的教育就需要有一批新的教师。教师不仅要有学问，还要有道德和判断力。蒙田指出："我宁愿推荐一位心神镇静、稳健的导师，也不愿推荐一位头脑塞得满满的人，而这两种人同样可以当导师，我还是喜欢有智慧、有判断力、习惯文雅和举止谦逊的人，而不喜欢空空洞洞，只有书本知识的人。"① 蒙田高度评价教师在儿童成长中的作用，指出孩子的成长和教育大部分依赖于教师，所以对教师的选择变得尤为重要。教师要有充实的头脑，但品行和理解力要多于学识，并且他要用新方法来实践他的职务。② 如很多人文主义教育家一样，蒙田坚持要求教师要了解儿童身心发展规律，依自然秩序来教育儿童。

各种教育思潮在时代大潮冲击下逐渐形成并相互碰撞整合，教育改革家和思想家也不断涌现。夸美纽斯（Johann Amos Comenius，1592—1670）就是这个时期教育界的"巨人"。他是一位以捷克语为母语的摩拉维亚族人，捷克伟大的民主主义教育家，西方近代教育理论的奠基者，出身于一磨坊主家庭。三十年战争（1618—1648）爆发后，他被迫流亡国外数十年，积极从事社会活动、教育活动。他是公共教育最早的拥护者，其理念在他所著的《大教学论》中有充分论述，因而被人称为"最有远见的、最具有理解力和在所有阐述教育问题的学者中最注重实践的人"③。"夸美纽斯是教育和科学的先驱。"④夸美纽斯可被称为欧洲封建社会的最后一位教育家，也是近代化时期最初的一位教育家。

---

① 吴元训. 中世纪教育文选 [M]. 北京：人民教育出版社，1989：418.
② 郑克鲁. 蒙田感悟散文 [M]. 上海：上海文艺出版社，1999：48.
③ 佛罗斯特. 西方教育的历史和哲学基础 [M]. 吴元训，张俊洪，宋富钢，等译. 北京：华夏出版社，1987：598.
④ KEATINGE M W. The Great Didactic of John Amos Comenius [M]. Whitefish, MT: Kessinger Publishing, LLC, 2005：5.

第一章　文艺复兴时期主要教育家的教育观与教师观

第二节

夸美纽斯论教育

夸美纽斯的代表作《大教学论》问世，是教育学诞生的标志。在《大教学论》（*Didactica Magna*）一书题目中，夸美纽斯为什么会选择 didactica（来自 didasko，教导）而不是 paedagogia（源自 paedagogue，教仆）来表达他所理解的教育？这是因为，不论是在希腊、罗马的教育传统中，还是在基督宗教的信仰传统中，didactica 都是一个比 paedagogia 更加崇高而尊贵的概念，更加切合夸美纽斯想要表达的"善教术"，更适合身心自由的教师培养身心自由的学生。[①] 本研究不是挑出词句以"微言大义"，而是力图提供夸美纽斯最具代表性的、细致的教育表达，以利于与读者一起理解他的思想草图，发现宗教外衣下现代教育、现代教师教育的本真萌芽。

夸美纽斯的《大教学论》于 1632 年出版，这里我们采用了傅任敢先生的《大教学论》译本。该书的扉页上写着"将一切事物教给全人类的无所不包的艺术"[②]。这句话喊出了文艺复兴时代新教育的精神，集中反映了文艺复兴时期教育的人文主义精神和民主公平的美好理想——将一切知识教给一切人，不论贫富、男女和老少。该书共有三十三章，其内容论述了教师教育的各个方面，包括人的本性和价值，教育的性质和作用，教育目的和任务，旧学校的改造和建立新学校的基本原则，学校系统及各级学校的课程设置等诸多问题。该书的核心是夸美纽斯的泛智教育思想。它集中体现在夸美纽斯在《大教学论》"致意读者"中所阐释的"将一切事物教给一切人类"的思想，在这里教育对象面向社会各阶层，已不再是上层社会的少数人；而教育内容也不再只是宗教知识，他要求教师应教授的教育内容是一切知识。这种泛智教育思想是夸美纽斯教育的逻辑起点。

[①] 娄雨. Didactics 还是 Pedagogy：《大教学论》与伟大的教育精神 [J]. 湖南师范大学教育科学学报，2019，18（2）：68.

[②] 王长纯，王晓华，马啸风. 傅任敢教育文集 [M]. 北京：教育科学出版社，2011：186.

首先,《大教学论》开篇第一章标题即为"人是造物中最崇高、最完善、最美好的"①。这呼应了文艺复兴时代对人的讴歌,虽然这种讴歌是基督教世界里对人的赞美。接下去,夸美纽斯开始论述人与教育的关系,那就是"假如要形成个人就由教育去形成"②。他对教育充满信心,这种教育信念是夸美纽斯撰写《大教学论》的一个基础。然后他提出"青年人应该受到共同的教育,所以学校是必需的"③ 的思想,结论就是"一切青年男女都应该进学校"④。所以,"学校应该是普遍的"⑤。那么学校的现状如何呢?回答是:"在此之前没有一所完美的学校。"⑥ 这是对中世纪欧洲学校严厉的批评。所以,"改良学校是可能的"⑦。改良学校的路径何在呢?那就是学问、德行和虔信的和谐发展。学问、德行与虔信的关系则是贯穿夸美纽斯《大教学论》始终的,改良学校是实现其培养目标的主题。所以,夸美纽斯主张的教师的教学必须指向学问、德行与虔信三个方面,而不是其中之一或之二。他指出:"人是自然合于领悟事实,合于按道德律去生存,尤其是合于爱上帝的。同样确定无疑的是,这三种原则的根柢坚牢地种植在他身上,如同树根深植在地下的土内一样。"⑧ 夸美纽斯认为学问、德行与虔信三者自然存在于人类的身上,并且相互联系、相互制约。因此,只有学问、德行与虔信都得到和谐发展,人才能成为一个完善的人。这个教育观点是夸美纽斯提出的那个时代基督教世界教师施教的大原则。同时,夸美纽斯提出,"改良学校的基础应当是万物的严谨秩序"⑨,因为"秩序是把一切事物教给一切人的教学艺术的主导原则。这是应当、并且只能以自然的作用借鉴的"⑩。随后,夸美纽斯以自然教育为总纲对一般教与学的原则、主要教学方法、各科教学法做了详细论述。

---

① 王长纯,王晓华,马啸风. 傅任敢教育文集 [M]. 北京:教育科学出版社,2011:556.
② 王长纯,王晓华,马啸风. 傅任敢教育文集 [M]. 北京:教育科学出版社,2011:570.
③ 王长纯,王晓华,马啸风. 傅任敢教育文集 [M]. 北京:教育科学出版社,2011:575.
④ 王长纯,王晓华,马啸风. 傅任敢教育文集 [M]. 北京:教育科学出版社,2011:577.
⑤ 王长纯,王晓华,马啸风. 傅任敢教育文集 [M]. 北京:教育科学出版社,2011:579.
⑥ 王长纯,王晓华,马啸风. 傅任敢教育文集 [M]. 北京:教育科学出版社,2011:582.
⑦ 王长纯,王晓华,马啸风. 傅任敢教育文集 [M]. 北京:教育科学出版社,2011:585.
⑧ 王长纯,王晓华,马啸风. 傅任敢教育文集 [M]. 北京:教育科学出版社,2011:540.
⑨ 王长纯,王晓华,马啸风. 傅任敢教育文集 [M]. 北京:教育科学出版社,2011:595.
⑩ 王长纯,王晓华,马啸风. 傅任敢教育文集 [M]. 北京:教育科学出版社,2011:591.

第一章　文艺复兴时期主要教育家的教育观与教师观

此后夸美纽斯特别指出班级授课的必要性和可能性，正如"一株树干能够支持无数的树枝，并为它们供应树汁"，在班级里"一个人的心灵可以激励另一个人的心灵，一个人的记忆也可以激起另一个人的回忆。一个教师一次也应该能教一大群学生，毫无不便之处"①。最后，他对大学，乃至学校的教师培养机构都做了前瞻式论述。

夸美纽斯的自然教育是他教育思想的重要理论依据，也是他对教师教与学的基本要求。古希腊哲学家亚里士多德曾提出教育艺术"效法自然"，但是他的自然教育重在认识，尊重人的天赋潜能，遵循人的成长规律。而自然法则是夸美纽斯思考和论证教育事物的法则。首先，夸美纽斯坚持以"自然的领导"原则来思考教育和一切事物。在夸美纽斯那里，自然的领导"第一个教给我们虔信的是自然"②。儿童的自然本性具有至上性，教育教学只有适应和遵循它，才能获得成功。当然，夸美纽斯视野中的"自然"还有一层内涵是指向外在事物的"秩序"。他论证了这种秩序的重要性。他认为，秩序就是事物的灵魂。只要事物保持它的秩序，就可以保持它的地位和力量，否则它就会倾跌和颠覆，难以保持它的秩序。

夸美纽斯的自然适应性原则体现了自然的原则，教育应当是凡事都要追随自然的领导，要去观察能力发展的次第，要使我们的教学方法依据这种顺序的原则。而所有这些原则都是面向自然，以自然界事物和现象做比喻展开叙述的（这是该著作论述方法的一个特点）。夸美纽斯成为自然教育理论的标志性人物。

以上就是夸美纽斯《大教学论》的基本逻辑线索和主要理论依据，展现出文艺复兴时期教育家对教育的理性追求。夸美纽斯的论述不是对教育问题的一般性议论，如同时代的一些人文主义者那样，他对教育与教师的论述具有严谨的逻辑性。正如夸美纽斯所言，"我相信它对于这个题目所做的论究较之以往都较彻底"。③ 本研究对夸美纽斯教育观、教师观的叙述主要依据的是他的代表作《大教学论》。

---

① 王长纯，王晓华，马啸风. 傅任敢教育文集 [M]. 北京：教育科学出版社，2011：629.
② 王长纯，王晓华，马啸风. 傅任敢教育文集 [M]. 北京：教育科学出版社，2011：568.
③ 王长纯，王晓华，马啸风. 傅任敢教育文集 [M]. 北京：教育科学出版社，2011：551.

作为一位具有远见卓识的教育家，夸美纽斯认识到批判旧教育的重要性。他反对封建等级制的教育，认为："凡是要建立一所新建筑的人，一定先要把地基打平，去掉那些叫人不舒服或已被毁的屋宇。"①

夸美纽斯主张教育适应自然的原则，总结了文艺复兴时期以来的人文主义教育成果和当时进步教育的实际经验，主张实施全民的普及教育，提出建立统一的学校体制，提出了一套系统、全面的教育理论：第一次提出了一个年限整齐划一、任务明确、互相衔接的完整的学制系统和班级授课制度。这在当时是十分重大的改革，成为近代教育的一个重要标志，因此，他也"被推崇为教育学上的哥白尼"②。而后，启蒙时期的洛克与卢梭的教育思想和教师观则还是建立在家庭教育基础上，他们也都做过家庭教师。夸美纽斯提出的"教育适应自然"原则对后来的很多大教育家产生了很大的影响；夸美纽斯是历史上比较系统的终身教育思想的最早阐述者和倡导者；同时，他还首先带动了欧洲范围内的教育革新运动，为近现代教育理论体系奠定了基础，被誉为"近代教育学的奠基人"。

在《大教学论》"致意读者"中，夸美纽斯声明的"大教学论，就是一种把一切事物交给一切人们的全部艺术"③ 还有另一层意义，那就是打破中世纪教会枯燥无味的教学牢笼，建立起一种新的教学。这是一种教起来有所遵循、教学能产生理想结果的艺术。这种教学是具有创造性的，不是中世纪的照本宣科，而是一种结合儿童实际、顺应儿童，教起来让人感到愉快的艺术，就是说，它不会使教员感到烦恼，或使学生感到厌恶，它能使教员和学生全部都能感到最大的快乐。此外，它又是一种教育彻底、不肤浅、不铺张，却能使人获得真实的知识、高尚的行谊和最深刻的虔信的艺术。④ 这里显示出，《大教学论》是将教育科学的建设和教师的教育教学实践融合在一起的，显示出其作为教师教育思想源头的性质，也说明了教育科学的最初陈述的可能性就在于教师实践的存在，在于现代文明对于教育和教师，特别是对于今天的学生、未来的社会人的期盼。

---

① 王长纯，王晓华，马啸风.傅任敢教育文集[M].北京：教育科学出版社，2011：550.
② 王长纯，王晓华，马啸风.傅任敢教育文集[M].北京：教育科学出版社，2011：550.
③ 王长纯，王晓华，马啸风.傅任敢教育文集[M].北京：教育科学出版社，2011：548.
④ 王长纯，王晓华，马啸风.傅任敢教育文集[M].北京：教育科学出版社，2011：543.

第三节
夸美纽斯对教师的论述

教师的问题在夸美纽斯的教育论述中占有很大的篇幅，他对教师问题做了重要的阐述。

一、教师工作是崇高的事业

夸美纽斯十分重视教师在学习教育中的重要作用，认为教师工作是崇高的事业。夸美纽斯认为，解决学校所有这些问题是与教师的个性品质联系在一起的，是与他们自身对社会使命的认识联系在一起的。做一名教师是非常荣耀的，因为教师"被放在有崇高的名誉的位置上，他们被赋予阳光下无与伦比的高尚的职责"[①]。夸美纽斯根据个人的经验总结了自己对教师角色的看法。他曾经在自己的故乡以及波兰、匈牙利做过一线教师。教师个性的核心是对学生的人道主义态度。夸美纽斯也曾指出，教师可以采用各种教法，"但是他应当格外当心，要把他的动机表示明白，要表明他的动机是根据严父般的慈爱"[②]。

夸美纽斯认为教师工作是崇高的事业。他对教师职业特征、教师要求、教师态度的论述有着令人惊讶的具体性，并合乎现代化的要求。他认为，做一名教师是上帝的馈赠，而如果一个人感受到内心的召唤，他应当为此贡献自己的全部生命。

夸美纽斯高度评价教师的工作，认为这是追求伟大的事业，而"追求伟大的事情在过去是高贵的，在现在是高贵的，到将来永远也是高贵的"[③]。

夸美纽斯用园丁比喻教师。他比较了教师和放牧人、园丁、助产士、军

[①] 夸美纽斯. 组织良好学校准则 [M] //瓦西里耶娃. 俄罗斯国内外教育思想史. 莫斯科：科学院出版中心，2001：96.
[②] 王长纯，王晓华，马啸风. 傅任敢教育文集 [M]. 北京：教育科学出版社，2011：673.
[③] 王长纯，王晓华，马啸风. 傅任敢教育文集 [M]. 北京：教育科学出版社，2011：551.

队统帅：他们都有自己的"群"，照看孩子犹如管理自己花园里的植物。但是为此，必须尊重自己和自己的职业。夸美纽斯指出，如果谁要认为当老师是耻辱的，而待在学校只是为了钱，为了追求更多好处，这样的教师一定会为此逃离学校。国家应当关心教师，使其成为有尊严的、富于智慧的、虔诚信仰上帝的、能干的人。而如果教师不愿意在学校工作，对他来说教师是令其烦恼的工作，那就应当允许这种教师离校，任何人不得妨碍。教师最重要的品质是信任学生，并随时准备给学生以帮助。①

二、教师是学生的榜样、教导者、朋友和学习活动的组织者

夸美纽斯要求教师相信儿童发展的可能，热爱并相信儿童。他指出教师最重要的品质就是相信学生，随时准备帮助学生。夸美纽斯认为儿童孕育着发展的极大可能性，教师应当使学生得到发展的动力与机会。

夸美纽斯认为几乎没有教育不好的儿童。他举例说，"雅典大将塞密斯·托克利斯年轻的时候就是很顽劣的"，后来他根据自己的经历做出总结，"野性难驯的马儿，只要合适地加以训练，是可以成为最好的良驹的"。② 普卢塔克说："许多富有天分的人通通是给他们的教员毁了的。他们没有能力管理或者指导自由的人，他们不是把学生当作马匹来看待，是把学生当作驴子看待。"③ 因此，教师首先要把学生作为人进行培养和教育。这是夸美纽斯教育的一个重要起点。可见，我们平日所说的调皮捣蛋的儿童，虽则会给教师带来一些麻烦与困难，但只要我们善于教育，日后往往会成为杰出的人，比那些拘谨没有朝气的学生更有出息。真正无法教育的人"是一千人里面难得找到一个的"。这使我们懂得，相信教师才能办好教育。④

夸美纽斯要求教师在开始他们的职业时要具备必要的技巧。他强调上课前要做好充分的准备。"园丁在开始工作以前他就去准备好园地、本枝和工

---

① 瓦西里耶娃. 俄罗斯国内外教育思想史 [M]. 莫斯科：科学院出版中心，2001：94.
② 王长纯，王晓华，马啸风. 傅任敢教育文集 [M]. 北京：教育科学出版社，2011：588-589.
③ 王长纯，王晓华，马啸风. 傅任敢教育文集 [M]. 北京：教育科学出版社，2011：589.
④ 王长纯，王晓华，马啸风. 傅任敢教育文集 [M]. 北京：教育科学出版社，2011：588-589.

第一章 文艺复兴时期主要教育家的教育观与教师观

具,以免工作时还要去找必需的用具,否则就会破坏整个工作。"① 教师在课堂中要善于借助各种材料和工具,激发学生兴趣,帮助学生直观掌握学习内容。他要求教师上课时应使用生动、活泼的语言,抓住学生的注意力。

夸美纽斯激烈地抨击旧教育,他以自己为例,说自己"就是一个不幸的人,是千千万万人中的一个,悲惨地损失了一生一世的最甜美的青春,在教育的小节上面浪费了青春的鲜美的岁月"②。夸美纽斯批评旧时学校"教导青年的方法通常都是非常严酷的,以致学校变成了儿童恐怖的场所,变成了他们的才智的屠场"③。他指出:"在较小的村庄和村落中,并没有设立学校。设立了学校的地方,学校也不是为整个社会设立的,而只是为富人设立的,因为进学校得花钱,穷人除了遇到某种机会,比如有人怜惜他们以外,他们是不能够进学校的。在那些被排斥的人中,也许就有极优秀的才智之士,他们这样被糟蹋,被扼杀。"④ 在那个时代,夸美纽斯认为这是教会与国家的大损失。因此,他下决心撰写《大教学论》,阐明"把一切事物教给一切人们的全部艺术",使学生"迅捷地、快乐地、透彻地"在学校老师教导下进行学习。

夸美纽斯在谈到不好的老师时,形象地描绘道:"这种教师好像看不到自己的学生,布置作业时,教师把作业甩给学生,犹如把骨头丢给狗一样,而当学生没完成作业时又像发疯了一样。这是什么?压抑学生的自然秉性,强制激起了学生对课业的反感。"⑤ 夸美纽斯在其著作《把因循守旧赶出学校》中曾指出,教师是学生的榜样,他是学生的教导者、朋友和学习活动的组织者。当然,应当看到,夸美纽斯基于当时的特点,论述了学生认识活动的组织。在组织学生学习活动中,重要的是,帮助他们学会听讲、记忆和观察,图表、直观教具是做什么的,还要帮助他们完成当堂作业。⑥

---

① 王长纯,王晓华,马啸风.傅任敢教育文集[M].北京:教育科学出版社,2011:603.
② 王长纯,王晓华,马啸风.傅任敢教育文集[M].北京:教育科学出版社,2011:583.
③ 王长纯,王晓华,马啸风.傅任敢教育文集[M].北京:教育科学出版社,2011:582.
④ 王长纯,王晓华,马啸风.傅任敢教育文集[M].北京:教育科学出版社,2011:582.
⑤ 瓦西里耶娃.俄罗斯国内外教育思想史[M].莫斯科:科学院出版中心,2001:96.
⑥ 瓦西里耶娃.俄罗斯国内外教育思想史[M].莫斯科:科学院出版中心,2001:96.

三、遵循自然法则，激发学生的求知欲

亚里士多德的自然教育基于保护、发展人的天赋和自然潜能，补缀潜能之不足，并丰富之。其所谓"自然"实质是人的天赋、潜能，即人成长的内在条件和趋势。

（一）遵循自然法则，循序渐进地进行教导

夸美纽斯继承了亚里士多德的自然教育观。他强调教师应"自始至终，要按学生年龄及其已有的知识循序渐进地进行教导。因为按照这种自然方法的法则，学科的各个部门不应当拆散，而应当同时教授，像一株树木的各个部分在每一个生长期间同时生长一样"①。他进一步指出："我们的格言应当是：凡是都要追随自然的领导，要去观察能力发展的次第，要使我们的方法依据这种顺序的原则。"②

（二）遵循自然法则，注重内部发展

夸美纽斯指出，在自然的一切作为里面，发展都是内发的。为此，他以鸟儿做比喻，"以一只鸟儿而论，首先形成的不是足爪、羽毛或皮肤，而是体内各部分；体外各部分要到后来有了合适的时机再去形成。"③夸美纽斯又强调："园丁并不把穗接在外表的树皮里面，也不接在木材的外层，而是切一个口，切到木髓里面，把接穗尽量深深地插进去。就这样把接口弄得很牢固，使树汁不能跑掉，而被迫流到枝条里面，竭尽全力去把枝条灌活。"④以此种自然现象做比喻，夸美纽斯希望"如果教育青年的教育家肯去特别注意知识的根芽，即悟性。这种根芽不久就会把它们的生命力输送给树干，即传输给记忆，最后输送给花儿与果实"⑤。他严肃地批评了那些只知道"默写""死记硬背"，而不能把教材讲清楚的教师。夸美纽斯指出："有些教员在这一点上犯了错误。他们不对所教的孩子把学科彻底讲清楚，却无休止地要他们默

---

① 王长纯，王晓华，马啸风. 傅任敢教育文集 [M]. 北京：教育科学出版社，2011：676.
② 王长纯，王晓华，马啸风. 傅任敢教育文集 [M]. 北京：教育科学出版社，2011：677.
③ 王长纯，王晓华，马啸风. 傅任敢教育文集 [M]. 北京：教育科学出版社，2011：605.
④ 王长纯，王晓华，马啸风. 傅任敢教育文集 [M]. 北京：教育科学出版社，2011：606.
⑤ 王长纯，王晓华，马啸风. 傅任敢教育文集 [M]. 北京：教育科学出版社，2011：606.

写，要他们死记硬背。即使其中有人愿意讲清楚教材，也不知道怎样去讲清楚。就是说，不知道怎样去照料知识的根芽，不知道怎样进行知识的接穗。他们这样把学生弄得筋疲力竭。"① 夸美纽斯强调："学生首先应当理解事物，然后再去记忆它们。教师应当知道一切可以使悟性变敏锐的方法，应当熟练地应用那些方法。"②

（三）遵循自然法则，反对强迫学习

夸美纽斯首先反对强迫学生学习，"凡是强迫孩子们去学习功课的人，他们便是给了孩子们很大的损害"。他接着援引昆提利安（今译昆体良，古罗马著名教育家）的话："知识的获得要靠求知的志愿，这是不能够强迫的。"③ 夸美纽斯强调："孩子们的求学欲望能由教师激发起来。"④ "假如他们是温和的，是循循善诱的，不用粗鲁的办法使学生疏远他们，而用仁慈的情操与言语吸引他们；假如他们称赞学生当时所学功课的美好、快意与安易，假如他们不时称赞用功的学生（对于年幼的学生，他们可以给予苹果、坚果和糖食等等），假如他们把儿童私下地，或在班上叫到跟前，把他们应学的事物的图像给他们看，或向他们讲解光学或几何器械、天球仪以及诸如此类可以激起他们羡慕的东西；或是让儿童带信给他们的父母，总而言之，假如他们和善地对待学生，他们就容易得到学生的好感，学生就宁愿进学校而不愿意待在家里了。而要使方法能够激起求知的愿望，它第一就必须来得自然。因为凡是自然的事情就都无须强迫。水往山下流是用不着强迫的。一切阻止水流的东西移开以后，它就立刻会往下流。我们用不着劝说一只鸟儿去飞，笼子开放之后它立刻就会飞的。眼睛看到美丽的图画，耳朵听到优美的曲调，用不着督促就会去欣赏。在这种情形之下，必须约束的时候比必须督促的时候还多。"⑤

其次，如果想使学生产生兴趣，我们就应用心使方法合口味，务必使一

---

① 王长纯，王晓华，马啸风. 傅任敢教育文集 [M]. 北京：教育科学出版社，2011：606.
② 王长纯，王晓华，马啸风. 傅任敢教育文集 [M]. 北京：教育科学出版社，2011：606.
③ 王长纯，王晓华，马啸风. 傅任敢教育文集 [M]. 北京：教育科学出版社，2011：611.
④ 王长纯，王晓华，马啸风. 傅任敢教育文集 [M]. 北京：教育科学出版社，2011：612.
⑤ 王长纯，王晓华，马啸风. 傅任敢教育文集 [M]. 北京：教育科学出版社，2011：612.

切事物，无论如何正经，都可以亲切地、诱人地放到他们跟前；比如用对话的形式，即诱导学生争相答复，并解释深奥的问题、比较和寓言之类。最后，可以出席公共仪式（如宣告、辩论、考试和升级之类），赞扬用功的学生，给他们小小的礼物（不可偏袒），这样去激起学生的热忱。

（四）遵循自然法则，能够激发求知欲

学校教育是分科进行的，激发学生求知欲要求各学科教师的共同努力，结合学科特点。夸美纽斯认为所教的学科如果合于学生的年龄，解释得清清楚楚，它们本身对于青年人就是有吸引力的；假如解释能用幽默的，至少是比较不甚严肃的语调加以调剂，那就尤其如此。因为这样一来，快乐和有用就合二为一了。夸美纽斯指出：激发学生求知欲十分重要，但不能求之过急，必须考虑学生的特点。

夸美纽斯强调，学生对学校、对课业的态度完全取决于教师。家长应当理解这点，注意在学生面前维护教师的权威。

总之，只有通过多种多样的方式，引起学生求学的欲望，亦即学生的自觉，教学才能有效进行。

四、教师教学要有适合学生心灵的原则与方法

夸美纽斯关于教育教学原则方法的论述很丰富又很具体。他首先提出"教与学的一般要求"，也就是一定能产生结果的教与学的方法。他指出，直到现在为止，教导的方法还是很不可靠。夸美纽斯认为，要把青年才智训练奠定在一种坚实的基础上，而这一基础就是尽量使教育艺术的步骤符合自然的步骤。教育青年的教育家要遵循自然的方法。与此同时，夸美纽斯提出了教与学的基本原则。这些原则紧紧围绕着教育形成人的宗旨，紧紧地贴近儿童的心灵，绝少功利色彩。如在论述教与学的便易性原则时，夸美纽斯开篇讲的一番话是发人深省的，对于教师对教与学原则与方法的理解与运用大有裨益。夸美纽斯指出：

一、关于教育者怎样才能确有把握地达到他的目标的方法，我们已经考虑过了。我们现在要看看这些方法怎样才能适合学生的心灵，使它们用来容易且快意。

二、步随自然的后尘，我们发现教育的过程会来得容易。

1. 假如它开始得早，在心灵没有腐化以前就开始。

2. 假如心有了接受它的适当准备。

3. 假如它是从一般到特殊的。

4. 假如它是从较易到较难的。

5. 假如学生不受过多学科的压迫。

6. 假如在每种情形之下，进展都是缓慢的。

7. 假如按照学生的年龄，采用正当的方法，智性不被强迫去做天性所不倾向的事情。

8. 假如每件事情都通过感官去教授。

9. 假如每件所教的事情的用途不断在望。

10. 假如每件事情都用一种，并且是同一种方法去教。

我说，要使教育来得容易而且快意，这种种就是应当采用的原则。①

"容易"和"快意"是夸美纽斯以上论述的两个关键词，不仅反映了他的自然教学思想，还浸透了他热爱儿童，关心儿童，一切从儿童出发的基本教育理念。

在人类社会现代化进程的最初时期，在教与学的一般要求中，夸美纽斯就提出了"自然并不跃进，它只一步一步地前进；自然并不性急，它只慢慢前进"② 这些卓越的见解。"自然发展的一切事物都是从头开始的，开头虽则显得无关紧要，但是具有巨大的潜伏力量。"③ 自然绝不产生无用的事物；当物体形成时，自然绝不省略任何产生它们所必需的东西；除非有了基础或根柢，自然不在任何事物上起作用；自然把根柢打得很深；自然发展一切事物都是从根柢开始，不从别处入手；自然对于任何事物的用途愈多，则事物明显的再区分就愈多；自然绝不静止，而是继续前进；自然把一切事物在连续的组合里连接起来；自然在质量两方面对树根和树枝保持一种适当比例；自

---

① 王长纯，王晓华，马啸风. 傅任敢教育文集 [M]. 北京：教育科学出版社，2011：610.
② 王长纯，王晓华，马啸风. 傅任敢教育文集 [M]. 北京：教育科学出版社，2011：622-623.
③ 王长纯，王晓华，马啸风. 傅任敢教育文集 [M]. 北京：教育科学出版社，2011：607.

然因为常动，所以才能丰产与强健①。他对教与学原则的以上论述充满哲理，发人深省，对于探索教学规律大有裨益。

五、教师要重视直观教学，启发思维

基于对知识与感觉的关系的认识，夸美纽斯十分重视教学的直观性或者是直观性教学原则的实施。夸美纽斯揭示了直观教学的理论基础。"知识的开端永远来自感官，智慧的开端就是在于真正知觉事物本身。"② 因此，他认为："教导应该尽可能通过感官去进行……听觉应该永远和视觉结合在一起，舌头应该和手臂联合训练。所教的学科不仅应该用口教，这只能顾到耳朵，还应该用图画去阐明，利用眼睛的帮助去发展想象。此外，学生应该学会用他们的嘴去说话，用手去表示他们所说的话，所以，在学过的东西没有彻底在眼睛、耳朵、悟性和记忆呈现以前，任何新课都不能进行。"③ 这就是说把事物呈现在学生面前，实施直观教学是必要的。

在此基础上，夸美纽斯系统、详细地论证了直观教学的三个理由："第一，知识的开端永远必须来自感官，因为悟性所有的都是先从感官得来的，没有别的。所以，智慧的开端当然不仅在于学习事物的名目，而在于真正知觉事物的本身。要到事物被感官领会到了的时候，文字才可实现它的功用，给它以进一步的解释。"④ 第二，科学的真实性与准确性依靠感官的证明多于其他一切。因为事物自己直接印在感官上面，而即在悟性上面则是间接的，是通过感官的。有一件事实可以表明这一点，就是从感觉得来的知识，我们立刻就相信，而先验的推理和别人的指证则总要诉之于感觉。推理所得的结论，除非它可以用例证去证实（例子的可靠性有赖于感官知觉），否则我们不会相信它。没有一个人会如此相信别人的指证，以致不相信自己的感性经验。科学愈是依赖感官知觉，科学的可靠性就愈成比例地增多。所以，假如我们想使我们的学生对事物获得一种真正和可靠的知识，我们就必须格外当心，

---

① 王长纯，王晓华，马啸风. 傅任敢教育文集 [M]. 北京：教育科学出版社，2011：518-624.
② 王长纯，王晓华，马啸风. 傅任敢教育文集 [M]. 北京：教育科学出版社，2011：639.
③ 王长纯，王晓华，马啸风. 傅任敢教育文集 [M]. 北京：教育科学出版社，2011：565.
④ 王长纯，王晓华，马啸风. 傅任敢教育文集 [M]. 北京：教育科学出版社，2011：639.

务必使一切事物都通过实际观察与感官知觉去学得。第三，感官是记忆最可信托的仆役，所以，假如这种感官知觉的方法能被普遍采用，它就可以使知识一经获得之后，永远得以记住。比如，假如我尝过一次糖，看见过一只骆驼，听见夜莺唱过歌，或者到过罗马，每回都用心地把事实印在我的记忆中，那些事情便会是鲜明的，永存的。因此我们发现，儿童容易从图画学习《圣经》上的和世俗的故事。事实上，凡是看见过一次犀牛（哪怕看见的是图画），或者目击过某件事变的人，就能够将那动物描绘出来，把那件事记住，较之听别人形容过六百次都要容易得多。这段对直观教学的论述可谓平实而生动，亲切而深刻，对于青年教师理解并掌握直观教学方法无疑具有很大的促进作用。[①] "十次耳闻不如一次目见。""信托给反复无常的耳朵的事情，较之实际呈现在眼睛跟前由看到的人自己贮存起来的材料，在心灵上所生的印象要小得多。"[②] 同样，一个人如果看见过一次人体解剖，较之读完了最详尽的解剖学，可是从来没有看见过解剖，对于人体各部分的关系一定知道并记得准确得多。所以说：看就是信。"感官可以比作密使与间谍，灵魂得了它们帮助就可以支配身外的万物。"[③] 因此，学习要遵从学生学习的认识特点，从可感觉的事物出发。

同时，教师不能满足于儿童感官的接受，必须进一步揭示并理解事物的性质，即"凡是所教的都必须顾到它的真实的性质与起源去教；就是说，要通过它的原因去教。假如要想学习一件事实的真正性质，这种认识方法就是最好的方法。因为，如果把它的真正性质弄明白，这便不是认识，而是错误。一件事实的真正性质存在于使心出现的过程中。假如它似乎含有不能被那过程所说明的因素，那就显然是理解错了。事物都是由它的原因使它存在的。所以，解释任何事物的原因就需要按照'知识坚定地把握原因'和'原因是悟性的向导'两个原则。这两个原则真正揭露了那件事物的本性，事物是可以这样通过产生它们的过程的知识去最好地、最容易地、最准确地加以认识的。假如有人要读一封信，他便把信按照写信时的方向拿在手里，因为阅读

---

① 王长纯，王晓华，马啸风. 傅任敢教育文集 [M]. 北京：教育科学出版社，2011：639.
② 王长纯，王晓华，马啸风. 傅任敢教育文集 [M]. 北京：教育科学出版社，2011：639.
③ 王长纯，王晓华，马啸风. 傅任敢教育文集 [M]. 北京：教育科学出版社，2011：616.

一封倒着的或横着的文件是困难的，同样，假如一件事实通过产生它的过程去加以解释，它便会容易地和无疑地得到理解"①。夸美纽斯认为秩序是把一切事物教给一切人们的教学艺术的主导原则。如果教师把自然的次序弄颠倒了，他就一定会把他的学生弄糊涂。所以，教学所用的方法应当根据自然的方法。

夸美纽斯指出，直观教材可以是实物，可以是模型，可以是图画，可以把图像、浮雕、表解、规则、教材提要挂在教室，"高级的事物可以由低级的去代表，不在跟前的可以由在跟前的去代表，看不见的可以由看得见的去代表"②。此外，他对直观教具的使用方法也有详细的规定。

当然，感觉不是目的，夸美纽斯十分重视通过感官发展悟性，提倡接触实际，独立思考。他斥责旧时学校只教学生呆读死记，不让学生接触实际，独立思考。他们不把科目对孩子们加以解释，却让他们无穷无尽地默写，要他们熟记功课，其结果就如同《伊索寓言》里的乌鸦一样，只用别的鸟儿的羽毛去装饰它自己。

教学始于观察，但要揭示事物的性质，要解释其原则。这还不够，夸美纽斯还提出要学以致用，这就形成了完整的教与学的过程。"凡是所教的都应该当作能在日常生活中应用并有一定用途地去教。这就是说，学生应当懂得，他所学的东西不是从某种乌托邦取来的，也不是从柏拉图式的观念借来的，而是我们身边的事实之一，他们应当懂得适当地熟识它对生活的用处。这样一来，他的精力和精确性就可以得到长进。"③

六、教师要重视道德教育

夸美纽斯要求教师重视道德教育，学校的真正工作是智慧的学习，它提高我们，使我们得到稳定，使我们的心灵变高贵——我们把这种学习叫作道德，叫作虔信，有了它，我们就高出一切造物之上，就接近了上帝本身。所以，我们必须看看这种灌输真正德行与虔信的艺术怎样才能用一种明确的方

---

① 王长纯，王晓华，马啸风. 傅任敢教育文集 [M]. 北京：教育科学出版社，2011：641.
② 王长纯，王晓华，马啸风. 傅任敢教育文集 [M]. 北京：教育科学出版社，2011：641.
③ 王长纯，王晓华，马啸风. 傅任敢教育文集 [M]. 北京：教育科学出版社，2011：641.

第一章　文艺复兴时期主要教育家的教育观与教师观

法去贯彻，怎样才能介绍到学校里去，使我们能够公正地把学校叫作"人类的锻炼所"①。夸美纽斯认为道德教育是人的教育中不可缺少的，而且道德教育要严格细致，要及早实施。他提出的道德教育十六条基本规则的第一条就是"一切德性都应当培植到青年身上，不能有例外。因为在道德上面，没有一件事情是能够省略而不留下一道罅隙的"②。"德行应该在邪恶尚未占住心灵之前，早早就教。因为，假如你不把优良的种子撒在地上，它便生不出别的东西，只会生出最坏的莠草。但是假如你想开垦那块土地，如果能在开春的时候把它犁一遍，撒一遍种子，耕耘一遍，你的工作就较容易，成功的希望就较大。儿童应当及早好好调练，确乎是一件最重要的事情，因为一只瓶子新的时候可沾染的气味是可以保持很久的。"③

夸美纽斯强调，主要的德行应当首先培植；这些德行是持重、节制、坚忍与正直，这样我们就可以保证建筑不会没有基础，各个部分定能形成一个和谐的整体。但是，"德行不仅包括外表的礼仪，它还是我们的内外动作的整个倾向"④。

夸美纽斯十分重视判断力的形成，"持重应当从接受良好的教导，从学习事物间的真正区别和那些事物的相对价值去获得。对于事实问题的健全判断是一切德行的真正基础"。夸美纽斯认同并援引维韦斯的话："真正的智慧在于具有健全的判断，在于这样去得到真理。这样，我们就不会追随没有价值的事物，好像具有价值一样，也不会拒绝有价值的事物，好像没有价值一样；人们就不会责备值得称赞的事，也不会称赞该受责备的事了。这是人心发生一切错误的根源，人生最不幸的事情无过于缺乏判断，以致对事实做出错误的评价，估计错了。健全的判断应该从幼年开始练习，这样，它到成年时就可以发展起来了。孩子应追求正确的判断，避免无益的判断，因为这样一来，正确的判断就可以变成他的第二天性。"⑤ 对是非对错能做出正确判断，对于

---

① 王长纯，王晓华，马啸风. 傅任敢教育文集[M]. 北京：教育科学出版社，2011：652.
② 王长纯，王晓华，马啸风. 傅任敢教育文集[M]. 北京：教育科学出版社，2011：652.
③ 王长纯，王晓华，马啸风. 傅任敢教育文集[M]. 北京：教育科学出版社，2011：654.
④ 王长纯，王晓华，马啸风. 傅任敢教育文集[M]. 北京：教育科学出版社，2011：563.
⑤ 王长纯，王晓华，马啸风. 傅任敢教育文集[M]. 北京：教育科学出版社，2011：652.

直接作用于行动的儿童的道德是非常重要的，用第二天性表达有利于提高对道德教育里培养判断能力的重视。

"应当教孩子们在饮与食、睡眠与起床、工作与游戏、谈话与缄默方面在整个受教期间实行节制。在这方面，有一条金科玉律'一切不可过度'，应当送进他们的耳中。"①

夸美纽斯结合儿童的特点，强调在道德教育中注重培养坚忍精神，避免不良社交，克服怠惰，严格纪律。"坚忍应当从自我克制去学习；就是要在错误的时候或者过了恰当的时候，就要压下游戏的欲望，要抑制急躁、不满足和愤怒。"② 夸美纽斯指出，这种坚忍精神的培养对于儿童克服困难、战胜诱惑、健康成长极为重要。为此，他警告："儿童必须非常用心地避免不良的社交，否则他们便会受到传染，如不良的社交、不德的谈话、无益的书籍之类（因为邪恶的榜样，不论是由眼睛进入还是从耳朵进入，对于心灵都是一种毒害）。最后，懒惰也应当加以防备，否则，由于懒惰，青年人便会去做邪恶的事情，或养成一种怠惰的倾向。懒惰是绝对不可容许的。我们不可能谨慎到不让任何恶事得到一个进口，所以，严格的纪律是必须用来制止邪恶的倾向的。"③

道德需要践行才能逐渐形成。"我们应当使孩子习于根据理性去行动，不要受冲动的指挥。因为人类是一种理性动物，所以应当听从理性的领导，在行动之先应当仔细想想每种作为应该怎样去做，使自己真正成为自己行为的主人。"④ 夸美纽斯重视德行的践行，认为道德只有在实践中并通过实践才能真正养成。德行是由经常做正当的事情学来的，我们是从学习知道我们应当学习什么，从行动知道我们应当怎样去行动的。孩子们容易从行走学会行走，从谈话学会说话，从写字学会写字，同样，他们可以从服从学会服从，从节制学会节制，从说真话学会真实，从有恒学会有恒；但是孩子必须同时得到忠告和榜样的帮助。"⑤ 对于道德教育来说，局限于一味说教，而不去实践，

---

① 王长纯，王晓华，马啸风. 傅任敢教育文集[M]. 北京：教育科学出版社，2011：652.
② 王长纯，王晓华，马啸风. 傅任敢教育文集[M]. 北京：教育科学出版社，2011：652.
③ 王长纯，王晓华，马啸风. 傅任敢教育文集[M]. 北京：教育科学出版社，2011：654.
④ 王长纯，王晓华，马啸风. 傅任敢教育文集[M]. 北京：教育科学出版社，2011：652-653.
⑤ 王长纯，王晓华，马啸风. 傅任敢教育文集[M]. 北京：教育科学出版社，2011：654.

是不可以的。

夸美纽斯提醒教育者重视榜样的作用。所谓"榜样",夸美纽斯的意思是:"兼指活的榜样和书本上的榜样;事实上活榜样更重要,因为他们所产生的印象更强烈。所以,假如父母是有道德的,是家庭教育中的小心谨慎的保护人,假如导师是用了最大可能的小心选来的,具有优异的德行,这对青年人的道德的正确的训练,便是一大进展。"夸美纽斯的主张可以理解为:一切德性都应当培植到青年身上,不能有例外。

夸美纽斯认为,我们学习的目的是追求德行、虔信与学问,同时为未来美好的生活做准备,他这种观点含有浓厚的民主主义与人道主义的理念。他强调:"人的全面发展是个人的幸福与国家的富强的首要条件。"认识和了解自己"主要包括认识自己的需要、兴趣、情绪情感、性格、能力等"。应当注重理解能力的培养并努力打好学习的基础。夸美纽斯指出:"树木的根越深,树木便越稳固,只有建立在理解的基础上的学习才能使学习更加牢固。"

七、教师教育的制度预想

我们应当看到,夸美纽斯在他那个时代就已经超前地预见到在大学开设教育学系或教师教育系的必要性。夸美纽斯在《大教学论》"论大学"一章里提出建议,建立学校之学校(school of school)或教学法学院(didactic college),这样的学院教授把一切知识教给所有人的伟大艺术,"做这样的事业一个人是不够的,一代人也不够,所以必须许多人一道工作,把前人的研究作为一个起点"。夸美纽斯的这个重要建议当时并没有引起重视,可随着教师教育历史的发展,肯定会把这一建议视为现代大学化的教师教育制度。

夸美纽斯关于包括教师教育在内的论述也是受到了文艺复兴时期诸多进步思想的影响的,如他的关于普及教育的思想就直接来源于德国宗教改革领袖马丁·路德的教育观点。夸美纽斯本人就说过:路德博士(Dr. Luther)在劝告帝国各城镇设立学校的时候(1525年),他在各种事项之中,要求这样两件事。第一,要求在一切城镇村落设立学校,教育一切青年男女,希望一切农夫和工匠能每天花两个钟头在有用的知识、道德和宗教方面接受教导。第二,要求用一种比较容易的教导方法,使学生对学习不感厌倦,而能被不可抵抗的吸引力所诱导,他说男孩子从读书所得到的快乐不会比整天玩球和整天自己作乐所得的快乐少。这就是路德的见解。夸美纽斯十分赞赏地称许道:"这真是一种卓越的见解,配得上这样一个人物。"

在对教师教学的要求上,夸美纽斯强调遵循自然的教学方法,这实际上也是当时众多人文主义教育家的共同追求,但是,他在《大教学论》中做了他那个时代最充分的阐释。

《大教学论》本身便是那个时代关于培养好教师,并为教师自修所用的一部经典著作,影响绵延几个世纪,直至今天。

夸美纽斯的教师教育思想来自他的泛智教育思想、自然适应性教育思想、道德教育思想,并涉及了终身教育思想。他一生致力于民族独立、消除宗教压迫以及教育改革事业,曾担任捷克兄弟会牧师及兄弟会学校校长。但是,文艺复兴这个时代的社会发展还远未现代化,它的自然科学和社会科学并没有摆脱宗教和神学。所以,作为这个时代的一分子,夸美纽斯的思想无法脱离神学的框架,如此的历史造就了这样一个矛盾的人物。一方面,夸美纽斯重视理性与科学,尽管那时对理性的认识是肤浅的,对科学认知有较大局限;另一方面,在一定程度上,他承认认识来自感觉。同时,他又是一位典型的宗教改革教育家,认为《圣经》是认识的源泉。上帝是所有知识源头所在。受制于时代的局限,他对教师教育的论述也有一定局限性,如对教学的直观性作用的过分夸大,没能摆脱基督教神学的羁绊,有浓厚的宗教色彩。夸美纽斯以自然事物与现象解释各种教学教育原则,虽则很生动具体,但是不可避免地忽略了人的社会性和人的培养的复杂性。

夸美纽斯关于教师的所有论述都是建立在他对教师的社会责任、职业特点,对理想教师的深刻理解,以及对实施所有人的教育的高度重视基础之上的。夸美纽斯的全部努力都在于为他的理想国——不同于中世纪黑暗的、文明的新世界做好培养理想人的准备。人是夸美纽斯关于教育、教师理念的核心。夸美纽斯是一个热烈的爱国者,又是全人类发展的积极鼓吹者,向往人类光明的未来。从这个角度看,夸美纽斯应当是全球化时代教育的前驱,是文艺复兴新时代的伟大教育家。

教师教育思想萌芽于文艺复兴时期。夸美纽斯的《大教学论》就是教师教育思想的重要源头,也是今天正在探索的教师教育学的雏形。他在从中世纪到新时代过渡中的基督教世界开启了现代教育、现代教师教育的漫长道路。

第二章

启蒙运动时期主要教育家的教育观与教师观

经历文艺复兴运动，欧洲人文精神觉醒，人的价值受到了重视，在教会桎梏下的人性得到张扬，自然科学取得巨大进展，新的资本主义经济获得迅速发展，资产者队伍开始壮大，一场摆脱封建专制统治和教会压迫的思想解放运动开始了，这就是历史上被称为"启蒙运动"的思想大潮。1784年，哲学家康德在论文《什么是启蒙？》中说："启蒙运动就是人类摆脱自我招致的不成熟……要有勇气运用你自己的理性！这就是启蒙运动的座右铭。"① 这里说的"启蒙"显然是无国界话语，它针对整个人类。后人将崇尚理性进步和自由平等、反对宗教迷信和权威作为启蒙精神。

第一节　启蒙运动

宗教改革是启蒙运动的重要背景，并伴随始终。研究启蒙运动需要加深对欧洲宗教改革的理解，建立两者之间的关联是不可缺少的。

一、关于欧洲宗教改革

宗教改革运动发生于1517年10月31日，时值文艺复兴的尾声，而启蒙运动尚处于蓄势待发之际。此前不久，教皇利奥七世派人到德意志各地兜售赎罪券敛财，引起普遍不满。是日，一位普通的德国牧师路德（Martin Luther，1483—1546）在教堂的大门上张贴了向教会和普通教徒提出的论纲。在论纲中路德宣称信徒得救一不靠教皇，教皇无权赦罪，只能肯定上帝对罪的赦免；二不靠圣礼，否定告解礼，只有靠终生"悔改"即信仰上帝，与上帝直接交往才是基督教的正道。这无疑与天主教的说法相悖。随后，路德又发表了自己的宗教纲领"因信得救说"，声称人可以不凭借教会而直接信仰上帝，这就

---

① 康德. 对这个问题的回答：什么是启蒙？[M] // 施密特. 启蒙运动与现代性：18世纪与20世纪的对话. 徐向东，卢华萍，译. 上海：上海人民出版社，2005：61.

为虔诚的教徒摆脱教会在思想上和组织上的控制提供了理论基础。路德之后的宗教改革大师是加尔文（Jean Calvin，1509—1564），与路德力图使教徒摆脱天主教控制一样，他极力反对"教皇制度"，主张消除等级制度的所有痕迹，而代之以集会选举教长和"长老"负责在信徒中维持适当的宗教活动的俗人组成议会管理教会。在宗教信仰上，加尔文改造了路德的"因信得救"，把预定论作为他全部宗教思想的基础。在加尔文看来，预定论乃是上帝以其永恒的旨意自己决定他对世界上每一个人的命运。永恒的生命，是为某些人先定了的，对于另一些人则是永罚。但他同时认为，虽然一切都是预定的，教徒在现世仍然应该勤奋工作，因为事业上的成功预示着你就是上帝所预先选定的那个人。"因信得救"是宗教改革运动的一个基本信条，它从基督教的基础——信仰上抽空了教会存在的基础。罗素对此进行过概括："在天主教的学说里，神圣的启示并不因为有圣书而结束，而是一代一代地通过教会的媒介继续传下来。因此，个人的意见之服从于教会，就成为每个人的责任。反之，新教徒则否认教会是传达启示的媒介，真理只能求之于圣经，每一个人都可以自己解释圣经。"①

"如果人们的解释有了分歧，那么也并没有任何一个由神明所指定的权威可以解决这种分歧。""因此，在新教徒看来，真理不再需要请权威来肯定，真理只需要内心的思想来肯定。"② 这就使得个人成为自己信仰乃至全部生活的主宰，人不再是依附于教会、没有思想、没有主见的行尸走肉，而是一个独立的、能依靠自己的内心来做出决断的人。总之，德国宗教改革旨在回答一个问题，即拯救人的钥匙不操纵在教会手中，而掌握在人自己的手中，只有人的自身以及由人自身而获知的信念才是拯救人的力量，因而人的毕生追求也就成了人生希望之所在。宗教改革从德国开始，迅速传播至整个西欧，引起了西欧宗教世界的大震动。宗教改革继续促进了摆脱教会统治的人的觉醒（并不是拜托上帝），并且直接推动了欧洲的启蒙运动。

---

① 罗素. 西方哲学史：上卷 [M]. 何兆武，李约瑟，译. 北京：商务印书馆，1963：20.
② 罗素. 西方哲学史：上卷 [M]. 何兆武，李约瑟，译. 北京：商务印书馆，1963：20.

二、启蒙运动之意义

欧洲启蒙运动历经了从 17 世纪末到 19 世纪初的一百多年的时间,其空间上源发于英国,盛行于法国、德国,并迅速波及欧洲其他国家和地区。英国的经验主义哲学和法国、德国的理性主义哲学是启蒙运动的思想基础。启蒙主义思想家高举理性、科学、文明的旗帜,猛烈抨击封建专制主义和宗教神学,宣扬自由、平等、博爱、人权和法制,使欧洲步入了理性时代。

欧洲启蒙运动的核心即理性,而其所要争取的就是自由,希冀通过社会改革来实现他们向往的理想国,其实这是些内容并不完全相同的政治理想。

恩格斯指出:"文化上的每一个进步,都是迈向自由的一步。"[①] 18 世纪是理性时代,当时有两种理性互相对立:一是从培根到洛克的英国的经验理性,一是从笛卡儿到帕斯卡的法国先验理性。洛克作为西方自由主义学说的始祖、英国经验主义的代表人物,其自由理论、经验哲学体现在他的自然法、自然权利、社会契约理论中。卢梭作为 18 世纪法国的政治学家和思想家,一生热爱自由,痛恨奴役,其自由思想也十分丰富。两者的相同点是他们都从自然权利中人们所享有的自然自由这一角度为他们的自由观提供合法性依据。

第二节
洛克与卢梭的教育观与教师观

恩格斯说:"启蒙学者是'非常革命的',他们不承认任何外界的权威,不管这种权威是什么样的。宗教观、自然观、社会、国家制度,一切都受到了最无情的批判;一切都必须在理性的法庭面前为自己的存在做辩护或放弃存在的权利。思维的悟性成为衡量一切的唯一的尺度。"[②] 首先,"理性法庭"

[①] 恩格斯.《反杜林论》引论[M]//中共中央马克思恩格斯列宁斯大林著作编译局.马克思恩格斯选集:第 3 卷.北京:人民出版社,1972:56.

[②] 恩格斯.《反杜林论》引论[M]//中共中央马克思恩格斯列宁斯大林著作编译局.马克思恩格斯选集:第 3 卷.北京:人民出版社,1972:56.

的说法非常形象地概括了启蒙理性具有的至高无上的裁判地位，启蒙思想家们在理性法庭上，对包括教会、圣经和一切以宗教狂热和迷信为特征的天启宗教和中世纪的封建专制都无一例外地进行了激烈的批判。

其次，他们都把理性作为宗教信仰的基础。他们认为上帝是按照一种理性原则来创造世界的，而上帝作为世界的始因或造物主，在创世之后就不再干预世界的事务，而让世界按照自然理性的原则存在和发展。自然神论者拒绝所有的圣经权威和超自然的启示，并宣布唯有理性与自然才是宗教真理的可靠源头。

从此以后，关于一切信念都不能诉诸神的启示来支持，也不需要宗教的教义、仪式来强加于人，而是靠人自身固有的理性来推导出来，理性被当作判断一切正误是非的唯一标准。

伴随着欧洲启蒙运动的是悄然而至的中国热。欧洲启蒙学者对中国文明产生了兴趣，甚至着迷。以"礼"为核心的中国政治文化引起了启蒙思想家们的关注，但此时启蒙思想家在解读中国政治文化时都存在有意识或者无意识的误读。如伏尔泰就认为中国是由明智的君主和哲学家统治的，还以此倡导"开明专制君主"模式。他认为中国的史书充满理性，没有迷信和虚构。这些实际上是把古代中国文明理想化了，其实质是欧洲启蒙者们借此批判欧洲的教权、王权，揭示宗教文化的非理性，为社会变革提供中国的理由。而孟德斯鸠和卢梭则把中国视为启蒙运动最真实的反面教材。

启蒙思想家充分意识到教育对他们政治与社会思想的重要性，试图通过教育培养新人以改造社会几乎成为他们的共识。同时，教育也日益成为统治者改革方案中不可或缺的一部分。启蒙思想家主张人生而无罪，深信教育具有培育新人的效力，他们都或多或少认为自己是施教者，而施教的内容就是启蒙运动。欧洲启蒙运动的重要内容就是崇尚教育和传播知识，倡导一种自由和开明的风气，使所有的人受教育，用自然之光照亮人们心智的黑暗，用理性驱除迷信和愚昧。它引起了当时生活各个方面的变革，改变了人类的基本思想和行为模式，体现了时代的风格和文明的进步。欧洲启蒙运动可以说是人类历史前进过程中的一座丰碑。

洛克、卢梭、康德作为启蒙时代思想解放运动的旗帜，又是那一时期主要的教育家。他们从启蒙时代思想的高度,充分认识到教育在面向未来、培养新人、推动社会进步中的重要作用。教育是人类通过有意识地影响人的身心发展从而影响自身发展的社会实践活动。我们这里先只就大教育家洛克与卢梭的关于教育与教师的论述做一简要的比较分析。

一、高度重视教育在改造社会、培养新人中的作用

约翰·洛克(John Locke,1632—1704)是英国"光荣革命"时期著名的思想家、政治家、教育家,绅士教育思想的代表人物。洛克认识到教育在社会进步和人发展中的重要作用,从他自己的理想国出发,反复强调教育的极端重要性。这里,洛克的代表作《教育漫话》我们采用了傅任敢先生的译本。洛克指出:"我们日常所见的人中,他们之所以或好或坏,或有用或无用,十分之九都是他们的教育所决定的。"[1] 正如洛克所言,教育在人类发展史上起着举足轻重的作用。洛克和卢梭以各自适应时代需求的教育理念,为教育的发展翻开了崭新的一页。在培养目标上,洛克主张绅士教育,根据理性原则培养有德行、有用、能干的资产阶级新人;卢梭则倡导自然教育培养顺应天性发展的自然人。两位思想家都对各自国家传统的教育进行了猛烈的批判,主张培养实用人才,提倡实用的教学内容,倡导行为实践和因材施教,重视身心的和谐发展。两人的教育思想各自又都有创新的成分,虽然有不同,但其思想有相通之处。

洛克认为教育在人的个性形成中发挥着无可取代的作用。"人类之所以千差万别,便是由于教育之故。"[2] 教育是人类通过有意识地影响人的身心发展从而影响自身发展的社会实践活动。

不难看出,作为启蒙运动思想大家的洛克对教育是十分重视的,新的教育观念也是18世纪启蒙运动思想的有机组成部分。当然,这里的教育是与启蒙主义的政治社会理想紧密联系在一起的。洛克认为:对人的成长来说,教

---

[1] 洛克. 教育漫话 [M] //王长纯,王晓华,马啸风. 傅任敢教育文集. 北京:教育科学出版社,2011:440.

[2] 洛克. 教育漫话 [M] //王长纯,王晓华,马啸风. 傅任敢教育文集. 北京:教育科学出版社,2011:440.

育就像流水一样，会改变人的发展方向；良好的教育与训练，能培养出生龙活虎的青少年；不良的教育则形成儿童矫揉造作、偷懒的作风和习惯。

让-雅克·卢梭（Jean-Jacques Rousseau，1712—1778）是法国18世纪启蒙思想家、哲学家、教育家。他与洛克一样十分重视教育。卢梭在《爱弥儿》中说道："我们生来是软弱的，所以我们需要力量；我们生来是一无所有的，所以需要帮助；我们生来是愚昧的，所以需要判断的能力。我们在出生的时候所没有的东西，我们在长大的时候所需要的东西，全都要由教育赐予我们。"① 卢梭以人为本，不是以身为本，他从人摆脱愚昧、获得成长的角度高度评价了教育的价值。

洛克与卢梭在教育理念上还是不同的，洛克秉持绅士教育理念，卢梭秉持自然教育、公民教育理念。这些不同之处在关于教育目的和培养目标等方面表现得尤为突出。

二、高度重视新人培养

洛克和卢梭处于不同的年代和国度，但是他们都生活在启蒙时代。共同之处是他们都倡导理性，鼓吹自由，主张培养新人，推动了教育观念的更新和包括教师教育思想在内的新的教育思想的萌生。

从理想国、理想教师、理想教育和理想人相互承载的关系出发，经深入观察，我们就会发现洛克和卢梭的理想国是不同的。洛克的理想国是绅士主宰的新兴资本主义国家，其教育目的和培养的目标是：富于理智、善于应酬、举止得体、头脑灵活、身体健康、能文能武、精明强干的新兴资产阶级和新贵族子弟。洛克提倡的"绅士教育"，其目的在于为他心目中的理想国培养彬彬有礼、处事精明的绅士。他认为绅士必须是"一个善良的、有德行的、能干的人"②，具备"德行、智慧、礼仪和学问等四种品质"③。这些是"要从内

---

① 卢梭. 爱弥儿：上卷[M]. 李平沤，译. 北京：商务印书馆，2016：8.
② 王长纯，王晓华，马啸风. 傅任敢教育文集[M]. 北京：教育科学出版社，2011：454.
③ 王长纯，王晓华，马啸风. 傅任敢教育文集[M]. 北京：教育科学出版社，2011：503.

心去养成的"①。其中品德的陶冶是第一位的,强调"美德是精神上的一种宝藏"②,而一般知识的传授则是次要的,它只是作为辅助品德教育的工具而已。

不同于洛克,卢梭主张培养自然人。自然人与理想社会的公民是卢梭的理想国的培养目标。一方面,卢梭从人的自然属性出发阐释他的自然教育思想。另一方面,不可忽视的是,卢梭所谓的这种自然人具有很强的政治意味,这种人远离腐朽肮脏的都市,在自然环境中,受到尊重人的自由发展和生长规律的教育,这些人是旧世界的革命者,是新世界的创建者。所以,卢梭的自然教育、自然人、共和国公民,实际上很不"自然",而与社会进步、政治开明紧密相连。在这里,康德的理解是发人深省的。康德指出:"卢梭在根本上并不想让人重新回到自然状态,而是让人从他现在所处的阶段上回顾。他假定人天生如其可以遗传是善的,却是以否定的方式,亦即并非自动地和有意地是恶的,而是仅仅在被恶的或者不适当的向导所传染和腐蚀的危险中才如此。但是,由于为此就又要求有好人,他们自己必须是被教育成好人的,而且他们中也许将没有一个人不在自身中具有败坏之处。所以,我们人类的道德教育问题不仅在程度上,甚至在原则的性质上也都依然未得到解决,因为人类天生的恶的倾向也许受到普遍人类理性的谴责,可能的话也受到抑制,但毕竟没有由此被根除。"③康德的这些话对于理解卢梭的教育观是很有启发的。

三、继承自然教育思想,建立新的教育目的和培养目标

洛克和卢梭两人都继承了文艺复兴时期夸美纽斯的教育思想,分别形成了影响巨大的绅士教育观和自然教育观。两者虽有不同,但都把理性融合进自然教育,使自然教育有了启蒙时代的特征。因此,他们都主张将顺应理性与顺应自然相结合,只是洛克侧重于理性,卢梭侧重于自然。启蒙主义的共同理念是洛克和卢梭的教育观和教师观的前提和基础。

洛克作为绅士教育的倡导者,他十分明确地阐述了他的教育目的和培养

---

① 王长纯,王晓华,马啸风.傅任敢教育文集[M].北京:教育科学出版社,2011:503.
② 王长纯,王晓华,马啸风.傅任敢教育文集[M].北京:教育科学出版社,2011:477.
③ 康德.实用人类学[M].邓晓芒,译.重庆:重庆出版社,1987:239.

目标。洛克侧重于理性的自然教育的教育目的观。其教育目的十分明确，那就是培养绅士。洛克在《教育漫话》中指出："绅士需要的是实业知识，合乎他的地位的举止，同时能按照自己的身份，使自己成为国内著名的和有益于国家的一个人物。"①

洛克要培养的绅士与以往热衷于宗教统治的中世纪封建教士和远离社会实践的古典人文主义者有着根本的区别。洛克侧重于理性的自然教育，盖是因为教育目的的不同。洛克教育的实质目的就是把儿童训练成具有清晰的理智和坚强的意志，掌握经营工商业的知识和技能，仪态高雅，举止适度，通晓世故人情，善于处理公私事务，勤奋勇敢的实业家和事业的开拓者，即绅士。

洛克教育观的自然主义成分可以这样理解，那就是最大限度地顺从自然可能，就是尊重儿童本身。洛克从唯物主义经验论出发承认外部世界的客观存在，反对天赋观念，提出了著名的"白板说"。在《人类理解论》一书中，洛克花了很大的篇幅来证明"一切观念均来自感觉或反省"②。他说："我们来假设心灵就好比是一张白纸，空无一字，也没有任何观念，那么它又是如何具备了这些东西的呢？对此我的回答只有一个词，从经验而来；我们的所有知识都建立在经验之上，我们的知识最终都来自经验。我们的观察或者是关于外在可感觉的对象的，或者是关于我们心灵的运用的，这可以通过对我们自己的观察和反省而得到。这就给我们的理智提供了全部的思维材料。这二者乃是知识的源泉，我们拥有的和理该拥有的一切观念，都由这里喷涌而出。"③

洛克的《人类理解论》出版于1690年，其"白板说"却在大约一个世纪之后的启蒙运动中才产生了深远的影响。洛克的"白板说"被18世纪启蒙思想家理解为人在刚刚出生时的头脑（mind）里面没有任何东西，直到婴儿能够感知事物。也就是说，人能用感官感知外部世界后，大脑才开始储存东西。

---

① 王长纯，王晓华，马啸风. 傅任敢教育文集 [M]. 北京：教育科学出版社，2011：480.
② 洛克. 人类理解论：上册 [M]. 关文运，译. 北京：商务印书馆，1959：68.
③ 贝克尔. 18世纪哲学家的天城 [M]. 何兆武，译. 北京：生活·读书·新知三联书店，2001：201.

18世纪的启蒙哲学家深受洛克的"白板说"影响,他们抛弃了天赋观念说,断定人的观念来源于感觉。他们认为,人的观念和知识都是通过感觉而来的,非先天禀赋。他们据此还推导出——人是可以教育的——这一现代教育思想的基本前提。

洛克在继承培根和霍布斯经验主义认识论的基础上提出了著名的白板说。在洛克看来,心灵如一块白板,"没有一切标记,没有一切观念"①,可以在上面任意涂写,不管是有关认知的、道德判断的或宗教方面的,系由于外界世界作用人的感官的结果。不同于笛卡儿的天赋观念直接呈现说与之后的莱布尼茨的天赋观念潜在说,洛克承认天赋能力,认为人通过天赋能力感觉外在事物和反省内在心理得到观念。所谓感觉,就是"在熟悉了特殊的可感的物象以后,能按照那些物象刺激感官的各种方式,把各种事物的清晰知觉传达于人心"②。洛克把经验分为感觉和反省两类:其中感觉是观念的外在来源,它是通过外物的刺激而产生观念的过程;反省是观念的内在来源,心灵本身就是"内部感官",有对刺激进行反作用的主动性。感觉是在外界事物的刺激下而发生的活动,反省则是心灵自发的活动。洛克把两者视为等量齐观的双重来源。但是,洛克又认识到人的差异,"每个人的心理都与他的面孔一样,各有一些特色,能使他与别人区别开来;两个儿童很少能用完全相同的方法去教导"③。白板也是因人而异,是不一样的,所以教育要因材施教,教师要依据儿童不同的社会学、心理学特征开展有针对性的教育教学活动。

"洛克是指导我们转向17世纪的新知识基础的最好向导,因为他接受了这一激进的中立论:白纸容纳任何符号,并试图重构一种理智的控制同意的新方式。"④ 这暗示人们:一切都是后天的,一切都在理性和经验的范围内,因此,一切问题也必须在理性的角度来思索可能性及其得失。

在洛克看来,人利用天赋能力自主能动地认识世界。洛克认为,"人心有

---

① 洛克.人类理解论:上册[M].关文运,译.北京:商务印书馆,1959:68.
② 洛克.人类理解论:上册[M].关文运,译.北京:商务印书馆,1959:70.
③ 王长纯,王晓华,马啸风.傅任敢教育文集[M].北京:教育科学出版社,2011:542.
④ 阿龙.约翰·洛克[M].陈恢钦,译.沈阳:辽宁教育出版社,2003:30.

很大的力量"①，主要表现为精神的力量，提出认识主体的人具有自主能动性，并论证观念产生发展于自然界，具有积极价值，它启示人在认识世界的过程中要掌握正确的思维方式和认识方法，启示人以自身的能力在自然界中能动地认识自己，认识世界，从而实现自我价值。

洛克的这种以"白板说"为基石的教育理念，是对中世纪教育的反叛，推倒了人生而有罪的宗教桎梏，崇尚后天教育和后天实践，鞭挞了等级差别和遗传决定论，为其理想国中实现教育民主、普及教育提供了理论支持。

与洛克不同，卢梭包括教师观在内的教育思想的基础是自然人说。

"人"是卢梭全部思想的核心和基础。卢梭提出了"现代人"和"自然人"这一对概念，"现代人"是指他那个时代的现代文明造成的现实的分裂的人性状态。"自然人"则指文明产生以前的理想的人，具有完整的人性和朴素的审美趣味。"回归自然"首先是要使被异化了的"现代人"变成"自然人"。在西方思想史上，卢梭第一次提出了人的异化问题，并且提出用培养"自然人"来解决该问题的教育路径。卢梭所要培养的"自然人"不是野蛮人，而是学会使用理性，能自由地运用理性的人。在卢梭看来，"自然人"是"处在社会生活的漩流中，不至于被种种欲念或人的偏见拖进漩涡里"的人；是"能够用他自己的眼睛去看，用他自己的心去想，而且，除了他自己的理智以外，不为任何其他的权威所控制"②的人。卢梭所谓的"自然人"就是"理性人"。卢梭所谓的"自然"绝不是自然界的自然，18世纪所谓的自然指的是一种绝对必然的存在方式，一种不变的法则，但是在承认上帝唯一性的前提下。在18世纪，思想家都向自然寻求指导，自然被认为是不证自明的真理，成为真理的修饰语，出现了"有价值的道德应是'自然道德'，有价值的宗教应是'自然宗教'，有价值的政治法则应是'自然法'。这只不过是用另一种方式在说道德、宗教和政治都应该与在人类本性中显露出来的上帝的意志相一致"③。正是在这种背景下，卢梭提出了"自然人"的培养目标。

卢梭反对传统的说教和不切实际地讲大道理。"不幸的是，我们很容易相

---

① 王长纯，王晓华，马啸风.傅任敢教育文集[M].北京：教育科学出版社，2011：505.
② 卢梭.爱弥儿：上卷[M].李平沤，译.北京：商务印书馆，2016：396.
③ 阿龙.约翰·洛克[M].陈恢钦，译.沈阳：辽宁教育出版社，2003：202.

信我们不理解的话，这种情况开始得比人们所想象的还要早。课堂里的小学生仔细听老师的啰啰唆唆的话，就像他们在襁褓中听保姆的胡言乱语一样。我觉得，教他们不去听那些废话，也就是对他们进行非常有用的教育了。"①

如上所说，卢梭培养自然人的最高目的则是发展人的天性，培养自由人。他认为人在从事社会职业之前，必须先学习做人，即做自然人。正如他所说的："人的生活是我所要教他的行业。当他离开我时，我可向你保证，他将不会是一个官吏、一个军人或者一个牧师；他将是一个人。凡一切适宜于一个人的，他会敏捷地学了起来，而且不比别人差。不管命运怎样变动他的地位，他将是无往而不宜的。"② 他认为这种自然人既不是一个回到原始社会的无文化的人，也不是一个脱离现实的野蛮人，而是生活在社会中的人。卢梭想培养的是能与自然界融为一体的自由的道德公民，这与传统的封建教育所培养出来的人是截然不同的。

卢梭的公民教育思想承担了由"自然人"到"公意"再向"公民"转化的责任。他通过道德教育、自由教育、爱国教育和法律教育构筑起公民教育思想体系；借助个人社会游历、创建公民宗教和建立公共教育等方法培养最有道德、最为贤明的公民。

在卢梭看来，"培养公民，你就有你所需要的一切东西；没有公民，则自国家的统治者以下，除了一些下贱的奴隶之外，你一无所有"③。卢梭公民教育的宗旨是培养最有道德、最贤明的公民，从而为建立理想的政治共同体奠定基础。

《爱弥儿》一书的副标题是"论教育"，教育这个问题的确是卢梭政治思想的一个核心问题。在卢梭看来，教育与政治是密不可分的。准确地讲，此处的"教育"指的是"公民教育"，也就是如何培养公民的问题。公民教育是卢梭美德共和国的微观基础，用卢梭自己的话来说就是："没有自由，祖国就不能生存，没有德性就没有自由，而没有公民则德性也不能存在。如果你

---

① 阿龙. 约翰·洛克 [M]. 陈恢钦, 译. 沈阳：辽宁教育出版社, 2003: 69.
② 卢梭. 爱弥儿：上卷 [M]. 李平沤, 译. 北京：商务印书馆, 2016: 15.
③ 卢梭. 论政治经济学 [M]. 王运成, 译. 北京：商务印书馆, 1962: 21.

们能形塑公民,你们将拥有一切。"①

卢梭将公意作为自我行事的最高准则。卢梭的公民教育包括两个部分——家庭教育和公共教育,它们共同承担着将"人"转变为"公民"的任务。在古今之争的背景下,卢梭提出了现代社会公民教育的解决方案:在理想的城邦中,通过公共教育对全体公民实施公民教育;在腐化的现代民族国家中,公共教育不再可行,只能诉诸改良版的家庭来对个体实施公民教育。

在世界教育发展的历史进程中,卢梭是一名扭转乾坤的勇猛战士。康德提出:"卢梭是另一个牛顿,牛顿完成了外界自然的科学,卢梭则完成了人的内在宇宙的科学,正如牛顿揭示了外在世界的秩序和规律,卢梭则发现了人的内在本性。"② 针对当时欧洲封建教育思想对儿童的压抑和束缚,卢梭看到了儿童的自然天性。若要深入把握《爱弥儿》体现的教育思想的内核,就必须牢牢抓取卢梭对于从儿童身上自然天性的发现,真正的教育在于儿童自然天性的发展。这是理解卢梭儿童观的关键性前提。他提出"遵循儿童的天性,以儿童为中心"的教育口号。他的儿童教育思想不仅是对儿童的新发现,还从一个全新的视角来教育儿童、了解儿童。卢梭的自然主义的教育思想对当时的整个欧洲、而后的各国教育也产生了深远的影响。

这样看来,在教育目的上,洛克与卢梭拥有启蒙主义的共同理念。但是,在培养目标上则有绅士与公民的巨大不同,在其遵循自然教育方面,洛克提出白板说,卢梭则提出自然人概念。这是两种不同的教育理论基础。

四、教育遵循理性原则

洛克代表新兴资产阶级的利益,造就的是未来的统治者,这些"入世"之人为了实现自己的人生目标,具备完美的品质,接受了社会的陶冶,显得世俗化与功利化;卢梭维护的是第三等级的利益,培养的是以个体劳动为基础,有自由思想的小资产者,这种"出世"之人始终保持着他原有的纯洁的自然天性,似乎没受到任何世俗的浸染。然而,洛克与卢梭都处于启蒙时代,

---

① 卢梭. 论政治经济学 [M] //刘小枫. 政治制度论. 崇明, 胡兴建, 戴晓光, 译. 北京: 华夏出版社, 2013: 162.
② 林玉体. 西方教育思想史 [M]. 北京: 九州出版社, 2006: 313.

无论培养的是"绅士"还是"自然人",归根结底都是为了培养身心和谐发展的资产阶级新人(内涵不尽相同),以此来推翻封建统治,实现新兴资产阶级统治,挽救和改造社会,这在当时具有重大的进步意义。洛克将理性原则视为教育的主导者,但也不排斥自然原则。

严格遵守自然原则,用理性去教育孩子,是洛克的一个突出的教育观点;卢梭则将理性原则视为助推器而不是目的。卢梭对洛克的观点清晰地表达了不同的意见:"这个原理在今天是最时髦不过了;然而在我看来,它虽是那样时髦,但远远不能说明它是可靠的;就我来说,再也没有谁比那些受过许多理性教育的孩子更傻的了。在人的一切官能中,理智这个官能可以说是由其他各种官能综合而成的,因此它最难于发展,而且也发展得迟;但是有些人还偏偏要用它去发展其他的官能哩!一种良好的教育的优异成绩就是造就一个理性的人,正因为这个缘故,人们就企图用理性去教育孩子!这简直是本末倒置,把目的当作了手段。"①

五、高度重视道德教育的地位与作用

在教学内容上,洛克和卢梭都强调体育、德育和智育,使学生的身心和谐发展。他们都认为其中最重要的是道德教育。

洛克所提倡的"绅士教育",其目的在于培养彬彬有礼、处事精明的绅士或君子。绅士必须是"有德行、有用、能干的人才",必须具备"德行、智慧、礼仪和学问"四种品质。其中尤以品德的陶冶为第一,认为"美德是精神上的一种宝藏"②,而一般知识的传授是较次要的,它只是作为辅助品德教育的工具而已。同时,他反对把未来"绅士"教育成书呆子,或当作专家、学者来训练,重视"及早实践",他要求把青年培养成"说话绝对真实""善良地对待别人"的诚实的人,要坦白、公正、聪明。洛克反对经院主义的神学教育,主张从上帝获得一切善的思想与信念。从中可以看出,洛克的德育理论是局限于他当时的社会环境和他所持的宗教观,但在他道德教育内容与

---

① 卢梭.爱弥儿:上卷[M].李平沤,译.北京:商务印书馆,2016:99-100.
② 卢梭.爱弥儿:上卷[M].李平沤,译.北京:商务印书馆,2016:477.

方法的具体见解中又都含有合理的因素，尤其在德育方法上的一些主张，有许多是切实可行的，在教育史上也有重要的意义。

洛克《教育漫话》开篇就提出"健康之精神寓于健康之身体"[1]，我们要工作和幸福，必须先要有健康；我们要能忍耐劳苦，要在世界上做个人物，也必须要先有强健的体格[2]。洛克在他的教育体系中始终把道德教育放在基础与核心的位置上。洛克认为："教育上难于做到而又具有价值的一部分目标是德行。唯有德行才是真实的善。"[3] 他还告诉人们："德行愈高的人，其他一切成就的获得也就愈容易。"[4] 由此，洛克形成了一套以所从事的事业和生活为核心，获取个人幸福为主要目的的教育理论体系。

卢梭也极力提倡道德教育，他特别强调道德教育的重要性，认为人在15—20岁的青年期，即"暴风雨"和热情的时期应进行道德教育，主要任务就是要激发青少年善良的道德思想感情、养成正确的道德判断能力和培养坚强的道德意志力。在德育原则上，他提出要及早实践，及早训练，养成习惯，形成于自然，教育要符合儿童心性，根据儿童的个别差异因材施教。德育的方法不是靠道德说教，而是要靠道德示范和善良行为的影响，注重行为实践，重视榜样的示范和感化作用。与卢梭不同，洛克还十分重视儿童养成良好的礼仪，尊重别人、懂礼节、讲礼貌、有风度，"容貌、声音、言词、动作、姿势以及整个外表的举止都优雅有礼"[5]。

两位教育家都认为理应对儿童的身心各方面加以指导和教育，使他们拥有强健的体魄、高尚的品德和丰富的知识，而最重要的是道德成长。只有如此才能使儿童成长为能抵御各种诱惑、反对封建专制和教会统治的绅士或公民，成为新社会所需要的建设者。

他们对德行的论述离不开上帝。他们认为德行要有基础，儿童的心里极早就要印上对于上帝的真实观念，知道上帝是至高的存在，是一切，上帝是

---

[1] 卢梭. 爱弥儿：上卷 [M]. 李平沤，译. 北京：商务印书馆，2016：440.
[2] 王长纯，王晓华，马啸风. 傅任敢教育文集 [M]. 北京：教育科学出版社，2011：440.
[3] 王长纯，王晓华，马啸风. 傅任敢教育文集 [M]. 北京：教育科学出版社，2011：440.
[4] 王长纯，王晓华，马啸风. 傅任敢教育文集 [M]. 北京：教育科学出版社，2011：466-467.
[5] 王长纯，王晓华，马啸风. 傅任敢教育文集 [M]. 北京：教育科学出版社，2011：119.

事物的主宰和创造者,我们从他那里得到一切善,他爱给我们一切,接着就要使他们爱并且敬仰这个至高的存在,这就反映了他们的宗教局限性。

六、关于教师责任的论述

洛克与卢梭关于教师的论述都是基于家庭教育的,洛克与卢梭都做过家庭教师,所以他们主要的教师教育思想体现在对选择教师的要求和教师的责任的论述上。在这点上,他们不如夸美纽斯有远见,夸美纽斯还设想过在大学里实施教师教育体制。但是,洛克和卢梭对教师的论述是深刻的,对于现代教师作用和建设的影响是基础性的、深远的。

(一) 对教师的选择和要求

洛克与卢梭都非常重视教师的选择,并对教师都提出了自己的要求。其中有相同的地方,也有不同的地方,这种差异源于他们的不同的理想国的设想,来自他们对理想教育的不同认知与追求。

洛克受其哲学思想和教育思想的影响,对教师职业有自己独特的认识。他认为教师是民治社会的导师,是理性的代言人,是师生关系平等的维护者,是生活礼仪的践行者。他的教师观对当今的教师教育有一定的启迪作用。

卢梭很重视教师的选择。他分别从教师的品质、威望、知识、年龄等方面做了明确的规定。卢梭认为一个好的教师应当具有两种良好的品质:"一是他绝不做一个只为了金钱而从事这项职业的人;二是他应当做一位优秀的父亲或者有较深教养的人。"首先是像卢梭所说的教师的第一个品质,"他绝不做一个可以出卖的人"①。

洛克作为启蒙主义的代表人物高度重视理性。他指出:"'理性'一词的歧义——在英文中'reason'这个词有几种意义,有时它指正确而明白的原则,有时它指由这些所推出来的明白清楚的演绎……在这里,它是指人的一种能力,这种能力是人和畜类差异之点所在,而且在这方面人是显然大大超过畜类的。"② 同时,洛克在《人类理解论》中提出了著名的"白板说",他

---

① 卢梭. 爱弥儿:上卷 [M]. 李平沤,译. 北京:商务印书馆,2016:30.
② 洛克. 人类理解论:下册 [M]. 关文运,译. 北京:商务印书馆,1981:718.

认为人的心中没有所谓天赋的原则，人心犹如一块白板，人的一切理性与知识都从经验中得来的。因此，重视理性是洛克教师观的重要内容。洛克认为："理性是一切言行举止的最后裁判与指南"，"说理是对待儿童的真正办法"，"无论什么应守的德行，应戒的过失，他们无不可用理说服"①。

根据洛克《人类理解论》中的理性经验论，要讲的理当然是一切有证据的"理"，或是合乎道德良心的"理"。因此，洛克指出，教师对任何人尤其对学生讲理，不能违反经验实证，也不能背离逻辑推理，更不能背叛道德常规，如此，则学生也会久而久之习惯于讲理了。同时，他也谈到要根据身心发展的原则。

在《教育漫话》中，洛克将儿童视为独立自主的个体，天性渴求自由，不能强迫，这种自由是在理性的维护下，不是绝对的自由，是不受或少受别人约束而自我克制的真正的自由，但是这种自由观的源头是来自洛克的哲学"不受强迫"和基于人性的认识。他呼吁："我们要让孩子们享受天赋的自由，这种自由至少可以使他们在一个时期中不沾染我们在奴隶生活中沾染的恶习。"② 关于孩子的教育问题，教育者要"格外地有勇气，敢于问问自己的理性的意见，不去一味服从古老的习惯，我希望这篇文字对于他们能够有些启发"③。

洛克明确地指出，教师"他的责任在把儿童领上正轨，使他们不去接近一切坏事，尤其是不受不良伴侣的熏染"④。而这种地方需要很大的镇定力、忍耐心以及温柔、勤快、谨慎等种种德性，具备这种种德行的人是很难用通常的薪额去请来的，也是不容易找到的。

卢梭自然教育思想则与洛克绅士教育的教师观有所不同。他的自然教育思想要求教师必须按儿童自然发展的程序进行，教育必须服从自然的永恒法则，听任人的身心自由发展。这有点"儿童中心"的味道，忽视教师在教育

---

① 洛克. 教育漫话 [M]. 傅任敢，译. 北京：人民教育出版社，1957：59-80.
② 王长纯，王晓华，马啸风. 傅任敢教育文集 [M]. 北京：教育科学出版社，2011：440.
③ 塔科夫. 为了自由：洛克的教育思想 [M]. 邓文正，译. 北京：生活·读书·新知三联书店，2001：16.
④ 王长纯，王晓华，马啸风. 傅任敢教育文集 [M]. 北京：教育科学出版社，2011：517.

中的重要作用，但他认为教师应是学生的良师益友，这是值得人们借鉴的。因此，卢梭对教师的要求是：从热爱儿童、尊重儿童、发展儿童的新教育理念出发，要求教师不仅应该是儿童的引路人，还应该是儿童发展的守望者、陪伴者。卢梭在《爱弥儿》中说得再清楚不过了："不在于要他拿什么东西去教孩子，而是要他指导孩子怎样做人。"① 带领儿童到大自然去，到社会生活中去，指导他们亲自观察和研究各种事物，激发他们的学习兴趣和求知欲望，让学生通过自身活动获得知识，让教师和父母去"爱护儿童，帮助他们做游戏，使他们快乐，培养他们可爱的本能"②。

（二）教师要考虑儿童年龄特征、个别差异

在智力教育阶段，洛克和卢梭都要求教师要非常清晰地按照儿童发展阶段的特征和个别差异进行适合的教育。洛克主张对绅士的教育应遵循理性原则。考虑儿童在成长的主要阶段的不同特点，洛克认为人在婴幼儿期，心智未开，可塑性强，遵循及时教导的原则，在儿时早管教早引导，使他们早点养成好习惯，同时注意观察他们气性的改变，用心地捉住他们兴致上的有利时机进行教导，教育就可达到事半功倍的效果。

洛克强调："一切德行与价值的重要原则及基础在于：一个人要能克制自己的欲望，要能不顾自己的倾向而纯粹顺从理性所认为最好的指导，虽则欲望在指向另外一个方向。"③

洛克特别指出：教育的根本功能是促进人的成长与发展。教育不能是整齐划一的。"每个人的心理都与他的面孔一样，各有一些特色，能使他与别人区别开来；两个儿童很少有能用完全相同的方法去教导的。"④

卢梭在《爱弥儿》中提出了儿童的自然发展和教育的年龄分期的原则。他按照儿童的年龄特征分为四个时期，规定了每一时期的教育任务，并强调教师应当根据儿童心理、性别的不同而采取具有针对性的教育方法。他明确

---

① 卢梭. 爱弥儿：上卷 [M]. 李平沤，译. 北京：商务印书馆，2016：35.
② 卢梭. 爱弥儿：上卷 [M]. 李平沤，译. 北京：商务印书馆，2016：81.
③ 洛克. 教育漫话 [M] // 王长纯，王晓华，马啸风. 傅任敢教育文集. 北京：教育科学出版社，1999：19.
④ 洛克. 教育漫话 [M] // 王长纯，王晓华，马啸风. 傅任敢教育文集. 北京：教育科学出版社，1999：542.

指出:"每个人的心灵有它自己的形式,必须按它的形式指导他;必须通过它这种形式而不能通过其他的形式去教育,才能使你对他花费的苦心取得成效。"① 还由于男女在性别上的差别,他们的性格与气质不同,因而对他们所实施的教育也必有不同,主张对女子的教育应把其培养成为一位地道的贤妻良母。全部的女子教育都应该适应于、服从于男子教育的需要,这一思想带有浓厚的封建旧教育的色彩。

卢梭反对经验主义脱离实际、死记硬背的教学方法,强调教学应以儿童的经验为基础。他说,"我们的真正教师是经验和感觉",最主要的教学方法之一是观察,还主张在教学中要广泛地使用多种教学方法。卢梭认为,青年时期的知识教育应从经验中获得,即经验教育,"以世界为唯一的书本,以事实为唯一的教训"②。

卢梭反对"服从型教育"和"命令型教育",作为反封建制度的战士,他是坚持反对教育为封建社会"主和奴两种状态"服务的。"自然教育"是卢梭教育思想的核心,他认为"自然教育"的目标就是培养"自然人"。卢梭强调教师要遵循人的自然性的发展顺序,适应儿童生活,儿童力所能及的事情就让儿童自己去做,力所不及的事情就不能强迫儿童去做。他指出,"在万物的秩序中,人类有它的地位,在人生的秩序中,童年有它的地位:应当把成人看作成人,把孩子看作孩子"③,并说如果不按照自然性能,"如果我们打乱了这个次序,我们就会造成一些成熟的果实,它们长得既不丰满也不甜美,而且很快会腐烂"。

卢梭指出:教师要遵循自然,按照人身心发展水平和自然进程施教。教师是学生天性的守护者。卢梭认为,人的本性是善良的,也是容易变坏的。如《爱弥儿》开篇提道:"出自造物主之手的东西,都是好的,而一到了人的手里,就全变坏了。"④ 所以,教师的首要任务便是守护学生的天性,为孩子的灵魂筑起一道围墙,防止学生的心灵沾染罪恶,思想产生谬见。"趁早就让他们支配他的自由和体力,让他的身体保持自然的习惯,使他经常能自己管

---

① 卢梭.爱弥儿:上卷[M].李平沤,译.北京:商务印书馆,2016:108.
② 卢梭.爱弥儿:上卷[M].李平沤,译.北京:商务印书馆,2016:239.
③ 卢梭.爱弥儿:上卷[M].李平沤,译.北京:商务印书馆,2016:82.
④ 卢梭.爱弥儿:上卷[M].李平沤,译.北京:商务印书馆,2016:6.

自己，只要他想做什么，就应该让他做什么。"① 这样，学生便"从小养成了自己动手的习惯，避免养成驾驭他人的思想"②。卢梭认为，儿童是有他们自己的想法和感情的，切不可使用权威，命令行事。他做一切事情都应按照自己的思想，出于自己的意志。

（三）教师要养成儿童良好的心理倾向和态度

1. 好奇心

好奇心是个体遇到新奇事物或处在新的外界条件下所产生的注意、操作、提问的心理倾向。好奇心是个体学习的内在动机之一、个体寻求知识的动力，是儿童心理的重要特征。好奇心与兴趣的最大差别是好奇心没有明确方向，而且很容易满足。但好奇心是儿童发展的种子。洛克是最早系统论述儿童好奇心的教育家。洛克非常细腻生动地分析了儿童的好奇心，并且指出教师应当如何对待儿童的好奇心。他认为，"儿童的好奇心，只是一种追求知识的欲望"，它不但是"一种好现象"，而且是除去生来无知的"一个好工具"。③ 儿童如果不好问，无知就会使他们变成一种愚蠢无用的动物。洛克具体指出了鼓励好奇心，使它经常活动的方法。

第一，儿童无论发出什么问题，你不可制止他，不可羞辱他，也不可使他受到讥笑。你应答复他的一切问题，解释他想要明白的事物，按照他的年龄与知识的能量使他尽量懂得。不过，你的解释或观念不可超过他所能理解的程度，目前用不着的形形色色的事物不可提得太多，免得反而把他弄糊涂。

第二，除了认真地答复他们的问题和告诉他们想了解的事情以外，要采用一些特殊的称誉的方法。你可以当着他们的面，告诉他们所敬重的人，说他们懂得某件事情了。我们从最小的时候起就都是一些自夸自负的动物，你就应当在有益于他们的事情上面使他们的虚荣心得到鼓励，应当利用他们的自夸自负，使他们去做有益于他们自己的事情。根据这种理由，你就可以知道，要使年岁最长的孩子自己去学习并且知道你所要他学习的事物，最好的

---

① 卢梭. 爱弥儿：上卷 [M]. 李平沤，译. 北京：商务印书馆，2016：65.
② 卢梭. 爱弥儿：上卷 [M]. 李平沤，译. 北京：商务印书馆，2016：289.
③ 王长纯，王晓华，马啸风. 傅任敢教育文集 [M]. 北京：教育科学出版社，2011：496.

鞭策莫过于使他去教给他的弟弟妹妹。

第三，儿童的问题不可忽视，也应格外注意，不可使他们得到虚妄的答复。如果受了轻视，或者受了欺骗，他们是容易看出来的，他们很快就会照着别人的样子，学会疏忽、伪善和虚伪等伎俩。我们在一切交往之中，全都不可侵犯真理，尤其是与儿童交往的时候最不可侵犯。儿童在人们所熟悉的事情上面，都是些生手，他们日常遇到的事情对于他们最初都是未知的，正同以往对于我们是一样的。凡是能够碰到殷勤的人，容忍他们的无知，而又帮助他们脱出这种无知的境地的人，就是幸福的人。①

在儿童好奇心方面，卢梭则认为："问题不在于怎样用强力迫使他进行活动，而是要使他产生某种欲望，从而促使他去进行活动。这种欲望，如果在自然的秩序中善加选择的话，就可使我们达到一举两得的目的。"②"这种好奇心只要有很好的引导，就是孩子寻求知识的动力。"③ 因此，卢梭强调："问题不在于教他各种学问，而在于培养他有爱好学问的兴趣，这是所有一切良好的教育的一个基本原则。"④

洛克与卢梭在鼓励和培养儿童好奇心方面存在着许多共同的看法，如：慎重地对待儿童的发问并给予真实、简明、肯定而清晰的答复，不可讥笑他们，不能超越儿童的年龄和理解水平，不妨故意用新奇的事物使儿童发问，鼓励他们自己去求解等。由此可见，洛克和卢梭已经关注到儿童的好奇心与学习的欲望和兴趣的关系问题，并提出了怎样鼓励和培养儿童好奇心的办法。

2. 兴　趣

兴趣是指一个人力求认识某种事物或从事某种活动的心理倾向。重视儿童学习兴趣是启蒙时代教育的突出特点。启蒙时代的理性激烈批判经院主义教育对儿童的精神压迫，强迫学习，以及与之相伴的粗暴的教鞭纪律。洛克和卢梭都继承了夸美纽斯的关于教育与教师的思想，十分重视对儿童学习兴趣的培养。兴趣是由好奇心所产生的一种想做某一件事，想了解某一种事物，

---

① 王长纯，王晓华，马啸风. 傅任敢教育文集 [M]. 北京：教育科学出版社，2011：497.
② 卢梭. 爱弥儿：上卷 [M]. 李平沤，译. 北京：商务印书馆，2016：223.
③ 卢梭. 爱弥儿：上卷 [M]. 李平沤，译. 北京：商务印书馆，2016：215.
④ 卢梭. 爱弥儿：上卷 [M]. 李平沤，译. 北京：商务印书馆，2016：246.

或者想从事某一种实践活动的精神向往。兴趣是最好的老师,它能推动我们去寻求知识和从事某种活动。

洛克强调兴趣在学生学习中的意义。他说:"儿童学习任何事情的最合适的时机是当他们兴致高心里想做的时候。"① 因为儿童兴致好的时候,学习效率要好两三倍,因而,凡是有益于儿童的事情,都应该使他们"快快乐乐地去做。洛克认为如果儿童把学习当作"任务、责任"和"负担"自然也就谈不上有兴趣和乐学。在他看来,儿童爱表示自己是自由和独立的。所以,"儿童应学的事情决不该变成儿童的少种负担,也不应该当作一种任务去加在他们身上,否则他们立刻便会讨厌它"。"因为儿童兴致好的时候,学习效率要好两倍,而勉强被迫去做就要花费加倍的时间和劳苦。"② 因此,洛克建议教师应多诱导多鼓励,使学生把"求学当成另外一种游戏或娱乐去追求","把学习当成一件光荣的、快乐的和消遣的事情或是把它当成一件做了别的事情以后的奖励"。比如,以读书可以变成美好的绅士,受到人人的喜爱和尊重去诱导儿童,这样学生的学习是出于自愿就会产生求知的兴趣、意向和愿望。

卢梭与洛克在这方面意见是一致的。卢梭认为:"问题不在于教他各种学问,而在于培养他有爱好学问的兴趣,而且在这种兴趣充分增长起来的时候,教他以研究学问的方法。毫无疑问,这是所有一切良好的教育的一个基本原则。"③ 他坚决反对急功近利的教育。卢梭还注意结合儿童的心理特征,反对说教,主张用具体事物引发儿童的兴趣。他强调:"我再三再四地说过,只有有形的物质的东西才能引起孩子们的兴趣。"④ 教育要从儿童的现实出发引导他们学习与现实有益的知识,避免纯理论的说教。其次,卢梭主张最初的教育活动要完全是以感觉为指导的,以世界为唯一的书本,以事实为唯一的教训。⑤ 卢梭指出:"通过这个方法,每一个特殊的事物将联系到另外一个特殊的事物,而且指出跟在它后面的事物是什么样子。这个次序可以不断地刺激

---

① 王长纯,王晓华,马啸风.傅任敢教育文集[M].北京:教育科学出版社,2011:469.
② 王长纯,王晓华,马啸风.傅任敢教育文集[M].北京:教育科学出版社,2011:468-469.
③ 卢梭.爱弥儿:上卷[M].李平沤,译.北京:商务印书馆,2016:246.
④ 卢梭.爱弥儿:上卷[M].李平沤,译.北京:商务印书馆,2016:261.
⑤ 卢梭.爱弥儿:上卷[M].李平沤,译.北京:商务印书馆,2016:234.

人的好奇心，使人对每一个事物都加以注意。"①

作为卢梭"自然教育"的产物和"自然方法"的兴趣教育观旨在摧毁中世纪以来宗教的教学内容和教学方法。它要求教给儿童"有用的事物"，即"按他们那样的年龄看来和以他们的智慧理解起来是有用的事物"。因为，这种"只有有形的物质的东西才能引起孩子们的兴趣"，比如爱弥儿在林海中迷路而学习天文和地理知识。在活动中还可以鼓励儿童参加竞赛，用物质刺激他们并使他们克服一定的困难，取得显著的成绩，以激发他们对学习的浓厚兴趣。夸美纽斯只是在教育技术上把枯燥乏味的教学变得饶有趣味。卢梭则不然，他不仅彻底改变"先生教、学生学"的传统，主张根据儿童兴趣在活动中学，而且把智育的重心由书本学习转到现实生活的有用的知识的学习，显然比前人跨越了一大步，可以说是教育史上的一次变革。可是，卢梭过分重视生活经验的价值，主张从儿童兴趣出发，只通过个人活动进行教育，未免过犹不及。

洛克和卢梭关于鼓励和培养儿童好奇心的主张，他们的教育思想都深受自然教育的影响，反映了两位在教育家对儿童心理、儿童个性的关注，推动了教师的教育和教学工作对儿童的心理活动规律和个性差异的关注，但也有过分强调儿童的本能兴趣和需要之嫌，以致为模仿自然使儿童放任自流。

3. 注意力

值得注意的是，洛克对于儿童注意或注意力问题也十分重视。注意（attention）是心理活动对一定对象的指向和集中，是伴随着感知觉、记忆、思维、想象等心理过程的一种共同的心理特征。注意又是心理学中最热门的研究题目之一。在与人类意识有关的许多认知过程（决策、记忆、情绪等）中，注意被认为是最具体的，因为它与知觉的关系非常密切。

洛克明确提出：教员的巨大技巧在于集中与保持学生的注意，一旦做到了这一点，他可以在学生力所能及的范围以内尽速前进了，否则他虽经历一切纷扰忙碌，成果也会很少，甚至没有成果。为此，为了达到这个目的，教师应该使儿童尽量地明白他所教授的东西的用处，应该让他们知道，利用他

---

① 卢梭.爱弥儿：上卷［M］.李平沤，译.北京：商务印书馆，2016：247.

们所学过的东西就能够做出以前不能做的事情。这种事情给他们以能力，能使他们胜过不懂这些事情的人。教师的"举止应温和，即使惩罚他们，态度还是要镇定，要使他们觉得你的作为是合理的，对于他们是有益的，而且是必要的"①。

七、教师要发挥榜样作用

洛克重视教师的榜样作用，他认为榜样是教育的重要手段。而第一个榜样就是教师，然后才是家长。洛克结合实际，从日常家庭教育出发，细致入微地向教师强调榜样的重要意义。

在各种教导儿童以及培养他们懂礼貌的方法中，最简明、最容易而又最有效的办法是为他们树立榜样。一旦你把他们熟知的榜样指给他们，同时说明他们为什么优秀，那种吸引他们去模仿的力量，是比任何能够给予他们的说教都大的。用口头上的开导去使他们明白何为德行，何为邪恶，绝不如让他们看到别人的行动，由你指导他们去观察，叫他们看看那些行动的优点或缺点。这种办法必能使儿童更清楚地懂得其中的善恶美丑，使其印象更深刻，这是任何规则和教训都达不到的。②

为了保持导师对于学生的威信，全家人都应尊敬他，因为被父母或别人轻视的人，是不能够得到他的儿子的尊敬的。父亲应当以身作则，教导儿童尊敬导师，导师也应以身作则，使儿童去做他所希望儿童做的事情。③

正如洛克所说："做导师的人自己便当具有良好的教养，随人，随时，随地，都有适当的举止与礼貌。""每个人的心理都与他的面孔一样，各有一些特色，能使他与别人区别开来；两个儿童很少有能用完全相同的方法去教导的。"④

卢梭强调在道德教育中，教师是善良行为的榜样。儿童阶段的学生，善于模仿，容易受周围环境的影响，但因年龄幼小，不知善，也不知如何行善，

---

① 王长纯，王晓华，马啸风. 傅任敢教育文集 [M]. 北京：教育科学出版社，2011：472.
② 王长纯，王晓华，马啸风. 傅任敢教育文集 [M]. 北京：教育科学出版社，2011：473.
③ 王长纯，王晓华，马啸风. 傅任敢教育文集 [M]. 北京：教育科学出版社，2011：476.
④ 王长纯，王晓华，马啸风. 傅任敢教育文集 [M]. 北京：教育科学出版社，2011：542.

所以，需要通过教师的言行进行潜移默化的引导。"你们要为人公正和善良，要把你们的榜样刻画在你们的学生的记忆里，使他们深入到他们的心。"①

卢梭在论述教师的职业修养时要求教师要当心，"不要在教天真无邪的孩子分辨善恶的时候，自己就充当了引诱的魔鬼"②，并且要求教师必须注重榜样和示范作用，言谈举止要得体适度，在学生面前要以身作则。

卢梭的儿童教育观之所以有这样深远的影响，是因为它恰好反映了18世纪社会发展的需求和教育发展的趋势。在18世纪之前，儿童的生存状况令人担忧，儿童教育的状况严重违背人性。随着文艺复兴运动的兴起，人们的思想观念发生了深刻的变化。从文艺复兴至启蒙运动，家庭中开始有了儿童的身影，父母与孩子的关系趋于缓和，儿童拥有了自己的生活空间，弃婴的数量仍旧偏高，但社会整体的儿童意识有所提高。与此对应，在儿童教育方面，学校教育内容逐渐脱离宗教教义，年级和班级设置渐趋理性化，体罚仍是学校管理常用的手段，但较于之前更加人性化。对待儿童态度的转变以及儿童教育观的渐趋合理化为卢梭提出其儿童教育思想奠定了一定的现实基础。

第三节
洛克与卢梭教育观和教师观不同之影响因素

"理性崇拜"是启蒙运动的重要思想，是自然神论的一种表现形式。卢梭有关自然宗教的观点受到自然神论和泛神论的影响，但与自然神论和泛神论把理性提高到至上地位，提高到上帝本身的做法不同，卢梭的独特之处在于始终把情感、良心当作信仰的首要条件，把宗教看作属于心情的事情。宗教信仰的基础不是知识理性，而是道德良心和自由心情。卢梭企图仅从道德性上构建国家政治体得以实现的基础，归根到底还是一种浪漫的理想，仍然是一种理想的国家模式。"你必须好好地了解了你的学生之后，才能对他说第一句话，先让他的性格的种子自由自在地表现出来，不要对他有任何束缚，以

---

① 王长纯，王晓华，马啸风. 傅任敢教育文集 [M]. 北京：教育科学出版社，2011：126.
② 王长纯，王晓华，马啸风. 傅任敢教育文集 [M]. 北京：教育科学出版社，2011：112.

便全面地详详细细地观察它。"① 可见，观察儿童是了解儿童的窗口，也是在了解儿童本身。"孩子们是善于模仿的，他们看见什么东西都想画，所以我要我的学生也学习这门艺术，其目的，不是为了这门艺术而学习这门艺术，而是在于使他的观察正确和手指灵巧。"② 可见，观察儿童对教师而言是一项艰巨而长期的工作，也是教师了解儿童、走进儿童内心世界的必经之道。卢梭特别强调儿童学习的内容要是儿童所能理解的。"小孩子是学不懂你教他的那些寓言的，因为，不论你怎样努力地把那些寓言写得简单，然而由于你想通过它去进行教育，所以就不能不在其中加上一些小孩子无法理解的思想。"③

卢梭指出在腐败的社会里，人会堕落下去，所以，要把爱弥儿培养为新人，就必须让他在腐败社会之外生活和接受教育。于是，卢梭提出：应该在自然环境中、在乡村中教育爱弥儿。他主张遵循自然来教育儿童。从政治观点来看，卢梭在《爱弥儿》中提出了自然教育论的思想，主张在"自然状态"下人们都是平等的、自由的。在与旧教育的斗争中，卢梭尖锐地指出旧的封建教育违反自然，戕害天性，摧残儿童。所以，他主张废弃旧教育，创办新教育。而从教育思想史的角度来看，卢梭的"自然教育"，是他继承与发展了夸美纽斯关于教育要顺应自然、考虑儿童年龄特征的思想。从《爱弥儿》全书各卷来看，卢梭在论述"自然教育"理论时，都联系到他对自然的教育、人为的教育、事物的教育的看法。所谓"自然的教育"，是指自然环境对于儿童的影响及儿童所具有的自然素质。而爱弥儿在其成长的过程中，接受了"人为的教育"。卢梭认为，我们每个人所受的教育有三种，即自然教育、人为的教育和事物的教育。④ 我们的才能和器官的内在的发展，是自然的教育；别人教我们如何利用这种发展，是人为的教育；我们对影响我们的事物获得良好的经验，是事物的教育。在这里，卢梭把"自然的教育"定位为"我们的才能和器官的内在的发展"，也就是儿童本性的率性发展。由于自然的教育不能由我们决定，人为的教育和事物的教育要服从自然的教育，唯有如此，

---

① 卢梭. 爱弥儿：上卷 [M]. 李平沤, 译. 北京：商务印书馆, 2016：6, 108.
② 卢梭. 爱弥儿：上卷 [M]. 李平沤, 译. 北京：商务印书馆, 2016：6, 198.
③ 卢梭. 爱弥儿：上卷 [M]. 李平沤, 译. 北京：商务印书馆, 2016：6, 143.
④ 卢梭. 论人类不平等的起源和基础 [M]. 李常山, 译. 北京：商务印书馆, 1997：7.

才能实现自然教育的目标。这决定了教育是"消极的",即要听任儿童本性的自由发展,让儿童在感觉中、活动中和游戏中发展感官,获得理智发展所必需的感觉经验。家长和教师在教育上应当"无为",不去超越儿童身心发展阶段,过早地进行知识教育和道德教育。表面上看,这样做牺牲了一些时间,但最终结果是在长大的时候加倍收回来,甚至创造了教育的奇迹。

至于"事物的教育",这是指周围环境对爱弥儿的影响。在这一点上,卢梭以培养"新人"必须避开"腐败"的社会环境对儿童的不良影响为由,要求创造一个对儿童有良好影响的环境,这是对的。他在论述爱弥儿得之于"自然的教育"、得之于"人为的教育"、得之于"事物的教育"时,探索了人的素质、环境、教育这三种因素在人个性形成中的作用这个极其重要的问题。他注意到自然的教育、人为的教育、事物的教育三者之间的统一性,指出:"一个学生,如果在他身上这三种不同的教育是一致的,就趋向同样的目的,他就会自己达到他的目标。"在《爱弥儿》里,卢梭谈到对爱弥儿进行智力教育时,曾指出爱弥儿是从观察自然界的各种事物中获得知识的。他认为:"我们的感觉和各种器官,……就是我们智慧的工具。"[1]"由于所有一切都是通过人的感官而进入人的头脑的,所以人的最初的理解是一种感性的理解,正是有了这种感性的理解做基础,理智的理解才得以形成。若用书籍代替感官,与其说是教给理性,毋宁说是教给我们袭用他人的理性。"[2]而人的培养教育中"构成知识的要素,全为感觉"[3]。

为了让爱弥儿直接观察自然界里的各种事物,爱弥儿的课程是在大自然中进行的。卢梭认为:"大自然把这个世界造成人类的第一天堂,人的思维和行动不能违背自然的进展,而必须遵循自然,跟着它给你画出的道路前进。"[4]儿童正是能够在这里学到自己所需要的各种知识。

卢梭的自然主义教学论从教学思想史的角度来看,最鲜明的特点除了坚持以"大自然为教材"外,就是要求让儿童在观察自然界的各种事物的实际

---

[1] 卢梭. 爱弥儿:上卷 [M]. 李平沤, 译. 北京:商务印书馆, 2016:166.
[2] 卢梭. 爱弥儿:上卷 [M]. 李平沤, 译. 北京:商务印书馆, 2016:14-15.
[3] 卢梭. 爱弥儿:上卷 [M]. 李平沤, 译. 北京:商务印书馆, 2016:29.
[4] 卢梭. 社会契约论 [M]. 何兆武, 译. 北京:商务印书馆, 2003:140.

活动中来发展儿童的智力。卢梭认为，教师在"大自然里"进行教学时，最主要的问题是引导学生通过直接观察山、树、森林、太阳等自然现象之后，向他们提出问题，让他们进行探索，获得知识。他指出："问题不在于告诉他一个真理，而在于教他怎样去发现真理。"① "我的目的不是教给他各种各样的知识，而是教他怎样在需要的时候取得知识。"② 因为教师应该做的，是帮助他的学生去掌握能够用来"获得学问的工具"。他特别强调要培养儿童的独立工作能力。在教学中，教师应提一些问题让儿童自己去解决，教师应该注意的是，"不要教给他各种各样的知识，而是教给他怎样在需要的时候获取知识，是教他准确地鼓励知识的价值，是教他爱真理胜于一切"③。

卢梭在《爱弥儿》里谈到儿童的智力发展与身体健康的关系时，说："你想培养你的学生的智慧，就应当先培养他的智慧所支配的体力。"④ 他说："教育的最大秘诀是：使身体的锻炼和思想锻炼互相调剂。"⑤ 这种从智育的观点来看体育作用的教育思想无疑是正确的，是十分宝贵的。卢梭重视对儿童进行博爱与正义的教育，使爱弥儿具有一颗爱人类的心。卢梭十分强调道德实践，注重"实行"，指出真正的教育不在于口训而在于实行。⑥

总之，卢梭在《爱弥儿》一书中论述了培养爱弥儿这个"新人"的全过程，并且表述了他的政治观点和教育观点，可以说，《爱弥儿》是一部政治与教育的百科全书。

卢梭《爱弥儿》自然教育的核心就是教育要遵循个体的身心特征，也就是卢梭在文中说的教育要"按照孩子的成长和人心的自然"来进行。《一个萨瓦牧师的信仰自由》是卢梭宗教信条最明白而正式的声明。卢梭是自然神论者，信奉的是自然宗教可以直接给人以启示。衡量是非的观念存在于我们自身，通过情感才能使我们辨清善恶。而洛克在其《教育漫话》中提道："除了上帝与我们自己的心灵以外，我们对于其他精神的最明白和最大的发现都是

---

① 卢梭. 爱弥儿：上卷 [M]. 李平沤，译. 北京：商务印书馆，2016：280.
② 卢梭. 爱弥儿：上卷 [M]. 李平沤，译. 北京：商务印书馆，2016：283.
③ 卢梭. 爱弥儿：上卷 [M]. 李平沤，译. 北京：商务印书馆，2016：312.
④ 卢梭. 爱弥儿：上卷 [M]. 李平沤，译. 北京：商务印书馆，2016：153.
⑤ 卢梭. 爱弥儿：上卷 [M]. 李平沤，译. 北京：商务印书馆，2016：274.
⑥ 卢梭. 爱弥儿：上卷 [M]. 李平沤，译. 北京：商务印书馆，2016：13.

上天以启示的方法给予我们的。"这是由于在哲学上，洛克是认识论中经验主义的奠基人。他认为，我们的观念来自感觉作用，或者是来自对我们自己的心灵活动的知觉。我们的全部知识不能先于经验而存在。

如果说在卢梭之前，夸美纽斯、洛克等人已经在某种程度上摆脱了狭隘宗教观的束缚，致力于建构一种顺应儿童自然生长规律的培养体系，那么在卢梭这里，事情并不仅仅是还原儿童那么简单，他还要借这种清白的恢复，将那个与之相对的文明之"恶"揭示给世人。

柏拉图的教育理念也深深影响了卢梭。卢梭在《爱弥儿》中曾多次提到柏拉图《理想国》中的教育理念，并提出了自己的教育理念。

洛克与卢梭对教育、对教师教育的观点，既有相同之处，又有不同之处，这反映了启蒙时代教育思想的基本样态。对封建专制的反抗、对教会统治的鞭挞、对新社会的向往和培养新人的历史认知使洛克与卢梭在教育观、儿童观、教师观上有许多相同之处。但是由于各自的宗教思想、哲学观点、政治理想不尽相同，他们对理想教育的构想、对新人的设想、对教师的要求自然也有很多不同之处。

（一）宗教思想不同

宗教是西方的一种重要文化，对洛克与卢梭的教育思想产生了重要的影响。同为启蒙主义代表人物，宗教倾向不同也使他们的教育观点不同。卡西尔提出："认为启蒙时代的基本精神是反宗教和敌视宗教，这一点值得怀疑。因为这种观点恰恰有忽视这一时代最高的积极成就的危险。……启蒙运动的最强有力的精神力量不在于它摒弃信仰，而在于它宣告的新信仰形式，在于它包含的新宗教形式。"[①] 这里所提到的"新信仰形式"不仅指启蒙运动中的对理性的狂热崇拜，还包括卢梭所开创的自然情感信仰。

洛克出生于清教徒之家，洛克的学业导师是英国近代科学的奠基人波义耳，他是著名的清教徒科学家。因此，加尔文主义清教对洛克学术思想有重大影响。虔诚的加尔文派信徒都相信自己是预定的"选民"，为荣耀上帝而自觉地过着以勤劳、俭朴、积极向上为光荣，以奢侈、浪费、不劳而获为耻辱

---

① 卡西尔. 启蒙哲学 [M]. 顾伟铭，等译. 济南：山东人民出版社，1996：132.

的生活。加尔文派的教会也更符合新兴资产阶级建立"廉价教会"的要求。由此，加尔文思想成为新兴资产阶级精神的真正代表。洛克的《教育漫话》就浸透着加尔文教的元素，他主张的绅士教育中就能看到以勤劳、俭朴、积极向上为光荣，以奢侈、浪费、不劳而获为耻辱的加尔文教的生活态度，以及对待事业的进取心。而这正是洛克绅士教育所追求的。

卢梭出生在日内瓦共和国，那里是16世纪欧洲宗教改革时期加尔文在日内瓦建立的政教合一的政府。因此，卢梭生来就是一个加尔文教徒，但后来受华伦夫人的影响曾一度皈依天主教，而后又重皈加尔文教。卢梭与洛克同受加尔文教的影响，但卢梭在《社会契约论》中做出人是生而自由的却又无往不在枷锁之中的深刻论断，提出了社会契约论思想。卢梭还把宗教分为两种：人类的宗教与公民的宗教。他认为公民的宗教是各国自行规定的宗教，强调公意与情感，以国家为宗教的崇拜对象，凭此最能强化社会的结合，幻想现代社会实现道德政治的"古典理想"，从而否认历史的意义。这使他的启蒙主义主张和教育思想陷入某种困境。

虽然洛克与卢梭的宗教思想不同，但是他们都坚决反对教会统治，猛烈抨击封建专制主义和宗教神学，宣扬自由、平等、博爱、人权。从历史上看，他们的大方向是一致的，与当时其他启蒙者共同开辟了欧洲的理性时代。

（二）哲学观不同

近代英国经验论的先驱——培根，是英国近代经验论的始祖。他提出了认识开始于经验的经验主义基本原则，创立了科学的归纳方法，为后来的英国经验主义的发展奠定了基础。"洛克在讨论人类理性起源的著作中，论证了培根和霍布斯的原则。"[①] 培根和霍布斯的经验论思想是洛克经验论的直接思想来源。洛克也明显地受到过培根和霍布斯的影响。但是，洛克哲学的首要理论来源不是哲学史上的经验主义，而是在我们今天看来与经验主义对立的理性主义。近代经验主义哲学是近代理性主义哲学的一个分支，而不是近代理性主义哲学的对立面。近代早期哲学首要的矛盾和对立不是经验主义与理

---

① 中共中央马克思恩格斯列宁斯大林著作编译局. 马克思恩格斯全集：第2卷 [M]. 北京：人民出版社，1995：164.

性主义的矛盾和对立,而是包括经验主义在内的广义的理性主义哲学与经院哲学的矛盾和对立。近代经验主义哲学和理性主义哲学面对共同的理论敌人,面临共同的时代任务,拥有共同的时代精神,分享很多共同的哲学理念、哲学立场及哲学观点。

洛克哲学观来源不是哲学史上的经验主义,而是在我们今天看来与经验主义对立的理性主义。笛卡儿作为近代理性主义哲学之父,也是整个近代哲学之父,他奠定了整个近代哲学精神和方法的基础。洛克是在笛卡儿的启蒙和影响下才形成他的哲学体系,才奠定英国经验主义的基础的。从后往前看,洛克是英国经验主义的奠基人,从前往后看,洛克是笛卡儿哲学和精神的继承和发扬者。[①]

卢梭的哲学涉及很多方面,这里只强调两个方面。一是卢梭哲学高扬人的自由。在他眼里,人是地球万物的真正主宰,也是人类自身命运的创造者和决定者,自由即人的能动本质是理解和改造现实世界的关键所在,是哲学的根本原则。这是卢梭哲学的本质。二是卢梭的哲学看重理性,但是他强调,"如果人类的保存仅仅依赖于人们的推理,则人类也许久已不复存在"[②]。感性与理性就这样彼此依赖、相互促进,二者都是人类存在和发展所不可缺少的内容。"观念和感情的互相推动","精神和心灵的相互为用",[③] 但我们决不能由此就断定卢梭是反理性主义者。

(三)不同的理想国追求

洛克的政治思想是英国十七八世纪最有影响力的政治思想,他的政治思想在西方政治思想史上具有极其重要的地位。他的代表作《政府论》甚至被一些思想家称为近代资产阶级革命的《圣经》。洛克有人民上权的倾向,主张个人权利不能转让和分割,但是没有系统阐明人民主权。洛克认为,人类脱离自然状态,进入公民社会和建立政府,是人们相互协议、订立原始契约、将其自然法的执行权交给共同体的结果,因此,"政治社会的创始是以那些要

[①] 徐会中. 洛克哲学中的"理性主义倾向"问题及其哲学史意义 [J]. 云南大学学报(社会科学版),2018(6): 22.
[②] 卢梭. 论人类不平等的起源和基础 [M]. 李常山,译. 北京:商务印书馆,1962: 102-103.
[③] 卢梭. 论人类不平等的起源和基础 [M]. 李常山,译. 北京:商务印书馆,1962: 118.

加入和建立一个社会的个人的同意为依据的"①。洛克由此强调：人类天生都是自由、平等和独立的，如不得本人的同意，不能把任何人置于这种状态之外。洛克的思想政治学说是为通过革命上台的资产阶级树立他们的新制度并清除异己的，其所代表的正是资产阶级的利益，而非英国社会的普遍公众。洛克坚定地认为政府的目的是保护财产。结合英国资产阶级革命的背景，封建制度阻碍了资本主义的发展，从而促使革命的爆发，因而革命的成果所保护的也是资产阶级的财产。为了能够更好地保护所谓"人民"的自然权利，洛克提出分权学说。洛克把国家权力进行三分：对外权、立法权、执行权。三种权力应当由三个不同的国家机构分开执掌，防止三权合一而侵害人民权利。实际上，洛克提出的是两权分立，与孟德斯鸠三权分立学说仍有较大不同。他提出分权的目的在于限制王权，为资产阶级争权，实际上是新兴资产阶级与封建贵族的分权。洛克有个重要观点，即"人们之所以联合成为国家并服从政府的统治，最重大、最主要的目的就是保护他们的财产"②。洛克的分权理论反映了当时英国资产阶级与封建阶级的妥协，是为"光荣革命"之后确立的资产阶级君主立宪制做辩护。

作为英国资产阶级和新贵族的代言人的洛克，其政治思想既为英国"光荣革命"后君主立宪制的建立提供了理论依据，也为后来资产阶级以自由与民主的原则建立政府奠定了理论基础，君主立宪制的国家便是洛克的绅士理想国。哲学家梯利说："没有一个哲学家比洛克的思想更加深刻地影响了人类的精神和制度。"③ 洛克的教育理念对当时欧洲以及后来的世界很多国家的教育理论与实践都产生了深远的影响。

1762 年，卢梭写成《社会契约论》一书，提出人生来自由且平等，人民有权根据合意订立社会契约，建立民主共和国，描绘了一幅"理想国家"的蓝图。卢梭主张人民主权的理念，明确将国家主权赋予人民，集行政司法权力于一身，他的人民主权观念为现代民主国家的理论奠定了坚实的基础。卢梭的人民主权思想是《社会契约论》的根本观点，也是《社会契约论》的精

---

① 洛克. 人类理解论：上册 [M]. 关文运，译. 北京：商务印书馆，1959：65.
② 洛克. 政府论：下篇 [M]. 叶启芳，瞿菊农，译. 北京：商务印书馆，1964：59.
③ 梯利. 西方哲学史 [M]. 增补修订版. 葛力，译. 北京：商务印书馆，1995：366.

神所在，人民主权的思想倡导自由和平等。卢梭的"理想国"里，自由和平等的权力是天赋的人权，国家是自由的人民在自由协议下订立的契约，如果自由被强力所剥夺，那么被剥夺了自由的人民拥有用强力夺回自己的自由的权利；国家的主权在人民，政权应该掌握在最广大人民的手中，因此最好的政体是民主共和国。民主共和国就成为卢梭的理想国。

卢梭在《爱弥儿》中说："好的社会制度是这样的制度：它知道如何才能够最好地使人改变他的天性。"[1] 他又说："只有经过社会制度的改造，人才能变成公民。"[2] "天赋人权"和"主权在民"的思想深刻批驳了"君权神授"观点，推翻了君主制的合法性主张，为建立人民主权奠定了理论基础，为建立现代教育制度和现代教师观提供了深厚的思想资源。

第四节

裴斯泰洛齐的教育观与教师教育观

启蒙运动的时代是一个批判与创新的世纪。裴斯泰洛齐（Johann Heinrich Pestalozzi，1746—1827）是 19 世纪在启蒙运动，特别是在卢梭影响下成长起来的瑞士著名的民主主义教育家，也是西方民主主义教育思想的主要代表。

裴斯泰洛齐生活时代的瑞士社会发展落后，经济不景气，贫富差别悬殊。国民教育和教师队伍都存在着诸多问题，背离了社会发展的方向，落后于时代发展的潮流。受到启蒙主义思想影响，裴斯泰洛齐从青年时期就把民主、富裕、文明的国家作为自己的理想国。他认为：改革教育，为贫苦人众提供好的教育，就成为实现其社会理想的必由之路。他为此奉献了自己的一生。裴斯泰洛齐提出了要改革国民教育，首先必须加强教师队伍建设的观点。在当时瑞士乃至许多国家尚未认识到教育、教师教育重要性的情况下，裴斯泰洛齐提出关于教育和教师教育的深刻论述与具有范例性的实践难能可贵，意义深远。裴斯泰洛齐的主要著作有《隐士的黄昏》《林哈德和葛笃德》《论教

---

[1] 卢梭. 爱弥儿：上卷 [M]. 北京：商务印书馆，2016：10.
[2] 卢梭. 社会契约论 [M]. 何兆武，译. 北京：商务印书馆，2003：译者前言.

学方法》《葛笃德怎样教育自己的孩子》《天鹅之歌》《母亲用书》等。

一、教育理想与教育目的观

受到启蒙主义思想影响，裴斯泰洛齐从青年时期就把民主、富裕和文明国家作为自己的理想国。

人是裴斯泰洛齐教育和教师观的核心，人性的研究是其思想的基础。正如裴斯泰洛齐所说，"我多年来一直在研究的唯一的一本书就是人"。①

裴斯泰洛齐坦露："我长年生活在 50 多个贫苦儿童的中间，我与他们同甘共苦，我自己生活得像乞丐，为的是教乞丐生活得像一个人。"② 裴斯泰洛齐提出了要改革国民教育，首先必须加强教师队伍建设的观点。

裴斯泰洛齐认为，教育是使人道德化和改善社会关系的决定性问题。教育的重要意义在于通过和谐发展人的能力，完善人的德行，进而影响到社会和人类。

这里，裴斯泰洛齐提出了教育心理学化、要素教育、建立各科教学法和教育与生产劳动相结合等一些重要思想，并进行了相关的实验。他的理论和实践不仅对瑞士，而且对当时整个欧美都产生了巨大的影响。许多国家都派送青年学生来此学习，一些著名的教育家，如赫尔巴特、福禄贝尔等，也纷纷前往求教。这些学者和教育家将裴斯泰洛齐的理论和实践的经验带回本国，用以指导本国的教育实践和改革。

对于教什么、怎么教，裴斯泰洛齐也有不同于传统的崭新的理解。他指出，教师"并不在于使学生完美无缺地掌握学校所教的知识，而在于使他们具备生活的本领；并不在于使学生养成盲目服从和被迫勤奋的这种习惯，而在于使他们做好独立行动的准备"③。以上说明裴斯泰洛齐把儿童的发展及其能努力贡献于社会看成教育的最终目的。他在《论教育的最高原则》一文中明确指出："适应自然这个原则是一切教育的最高原则。……在人的教育中，

---

① 布律迈尔. 裴斯泰洛齐选集：第 1 卷 [M]. 尹德新，等译. 北京：教育科学出版社，1994：81.
② 罗炳之. 外国教育史：上册 [M]. 南京：江苏教育出版社，1981：194.
③ 罗炳之. 外国教育史：上册 [M]. 南京：江苏人民出版社，1981：306.

一般地说，一切都取决于不违反人的本性，个别地说，一切都应当适应每个人的个别特征。"①

二、裴斯泰洛齐的自然教育论

夸美纽斯在《大教学论》中提出教师的培养职责。他指出："教师是自然的仆人，不是自然的主人；他的使命是培植，不是改变。"② 裴斯泰洛齐则第一次明确提出教师的园丁隐喻："什么是那种正确的教育呢？它如同园丁的艺术，成千上万棵树木在园丁的照料下开花、成长。"③ 裴斯泰洛齐把教育比喻为"园丁的艺术"，强调教育艺术与儿童内在发展能动性的结合。他指出："园丁对于树木的实际生长不能有所作用，生长的原理存在于树木本身。他既没有提供生命也没有提供呼吸。"④ 这也就意味着儿童的发展有其内在的规律和驱动力，教育者要尊重儿童发展的自主性和能动性。他说："人自身有一种力量，用许多方式按照本人意愿控制和影响这种力量。一旦他这样做，就会影响对他的教育和对他发生作用的环境。"⑤ 因此，对儿童自我教育的能动性和积极性的调动和尊重也是教育心理学化的一个内涵。他认为，感觉和直观是人的认识和思维发展的基础。在他看来，这个普遍的心理现象集中体现在德智体各种能力教育的简单要素之中。

关于为什么教，即教育目的，裴斯泰洛齐在《林哈德和葛笃德》第四部有一个明确的表述，卢梭教育顺应自然的原则，认为教育的目的在于发展人的自然本性，教育过程必须遵循人的本性发展规律。据此，裴斯泰洛齐提出教育必须遵循自然发展的规律，"遵循大自然的秩序，使人的头脑心灵和手这些特有的能力得以展开和发展"⑥。人的全面发展要遵循人的发展的天然进程，如果违背了自然规律，将破坏人的内在力量，无法实现和谐发展的教育目的。

---

① 赵祥麟. 外国教育家评传：第2卷[M]. 上海：上海教育出版社，1992：165-166.
② 王长纯，王晓华，马啸风. 傅任敢教育文集[M]. 北京：教育科学出版社，2011：637.
③ 裴斯泰洛齐. 裴斯泰洛齐教育论著选[M]. 北京：人民教育出版社，1992：326.
④ 布律迈尔. 裴斯泰洛齐选集：第2卷[M]. 尹德新，等译. 北京：教育科学出版社，1994：312.
⑤ 布律迈尔. 裴斯泰洛齐选集：第2卷[M]. 尹德新，等译. 北京：教育科学出版社，1994：283.
⑥ 裴斯泰洛齐. 裴斯泰洛齐教育论著选[M]. 夏之莲，等译. 北京：人民教育出版社，2001：288.

根据卢梭在大自然中进行教育的观点，裴斯泰洛齐提出感觉印象是知识和教育的基础。他认为："对大自然的感觉印象是人类教学的唯一真实基础，因为它是人类知识的唯一真实基础。"[①] 他还写道："为人在世，可贵者在于发展，在于发展个人天赋的内在力量，使其经过锻炼，使人能尽其才，能在社会上达到他应有的地位。这就是教育的最终目的。"[②]

在继承了前人关于自然主义教学的基本思想和长期的教育实践的基础上，裴斯泰洛齐提出了"使教学心理化"的主张。在教学方式上，裴斯泰洛齐把直观概念与要素教育相结合，首创了"实物课"教学方式，并提出了三条基本原则，即从事物到词汇，从具体到抽象，从简单到复杂。[③] 在教学内容上，裴斯泰洛齐主张对学生实行包括道德、知识、身体、劳动技能在内的全面的教育。[④] 在教学程序上，裴斯泰洛齐提出了教学过程的三个阶段：第一阶段获得精确的感觉印象，第二阶段把握事物的基本性质，第三阶段确定概念或观念。

裴斯泰洛齐"使教学心理化"的主张把自然教育推向了一个新的阶段，即教学心理学化阶段。由于彼时心理学尚未形成一个学科，裴斯泰洛齐的这一思想还未形成系统的理论。而后，德国的赫尔巴特把这一思想推向成熟的理论化。

裴斯泰洛齐认为人有三种互相依存的状态：自然状态、社会状态和道德状态。自然状态下的自然人是自然的产物，专注于本能的满足、简单的享乐。社会人是社会秩序的产物，通过社会契约来调节。道德人是自我创造的产物，在自我修养中培养出内在的精神力量。他的三重人性观解释了人类本性的各种矛盾，而以人的本性为基础的教育，教育的本质应不仅仅"在智能上有所得或仅仅培养道德品质，或为将来职业做准备，而是静心地不断地培育他，使他各方面都得到培养"，从而发展他的人性，培养他具备幸福生活的能力。因此，教师的教育必须了解儿童的本性，发现儿童的内在潜力，使儿童的道

---

① 裴斯泰洛齐. 裴斯泰洛齐教育论著选 [M]. 夏之莲，等译. 北京：人民教育出版社，2001：200.
② 裴斯泰洛齐. 林哈德与葛笃德 [M]. 北京编译社，译. 北京：人民教育出版社，1984：319.
③ 张斌贤. 西方教育思想史 [M]. 北京：人民教育出版社，2011：353.
④ 张斌贤. 西方教育思想史 [M]. 北京：人民教育出版社，2011：394.

德、智力和身体能力和谐发展,最终实现"道德人"的培养目标。

裴斯泰洛齐认为,人是社会性的动物,人的各种天赋能力的发展既是天性的要求,也是"人类的普遍需要"。他认为要发展人的内在力量,就要求个人与社会相结合,最终实现社会和个人的需要。这是裴斯泰洛齐思想高于卢梭的一面,他认识到了教育的社会功能。同时,裴斯泰洛齐认识到:"最复杂的感觉印象是建立在简单要素的基础上的。你把简单的要素完全弄清楚了,那么,最复杂的感觉印象也就简单了。"① 他的教育思想具有要素主义教育的萌芽。他认为,教育要从一些最简单的、为儿童所能接受的要素开始,再逐渐转到日益复杂的要素,促进儿童全面和谐发展。

三、关于教师与教师工作的论述

(一)高度评价教师及其工作的意义

裴斯泰洛齐认为,虽然"园丁并没有改变树木生长发育的本质,生长发育的本质取决于树木的内因",但他可以"使它的根、树干和枝条免受外力摧残,使大自然的秩序免遭破坏。在大自然的秩序中每棵树的各个部分共同生长,树木才能枝繁叶茂"②。他指出:"缺少优秀教师的地方,那里的学校和乡村学校所推行的一切,都会被视为多余的,都会被那些看不到自己缺少知识的人所不容。谁真正想建立帮助人民进行良好教育的学校,谁就必须首先关心学校是否有优秀教师。"③ 裴斯泰洛齐对教师的素养给予很高的期待:"大自然也只是把最聪敏的头脑和最好的心灵这种素质赋予从事这项职业的人。"④ 他认为,老师从事教学工作绝不是"因无能而找不到受人尊重的职业,才从事教师一职"⑤。

---

① 布律迈尔. 裴斯泰洛齐选集:第 2 卷 [M]. 尹德新,等译. 北京:教育科学出版社,1996:343.
② 布律迈尔. 裴斯泰洛齐选集:第 2 卷 [M]. 尹德新,等译. 北京:教育科学出版社,1994:312.
③ 布律迈尔. 裴斯泰洛齐选集:第 2 卷 [M]. 尹德新,等译. 北京:教育科学出版社,1996:187.
④ 布律迈尔. 裴斯泰洛齐选集:第 2 卷 [M]. 尹德新,等译. 北京:教育科学出版社,1996:187.
⑤ 裴斯泰洛齐. 母爱教育 [M]. 李娟,译. 北京:中国妇女出版社,2015:201.

裴斯泰洛齐呼吁："我的学校的全体教师，以及所有将要来的新教师，活跃地、满腔热情地继续参与我的终身事业，上帝赋予我的事业的力量将降福于我的祖国和全人类。"①

（二）关心与热爱儿童

裴斯泰洛齐对教师的最基本的要求就是关心与热爱儿童。"如果我真正爱他们，想成为他们的老师，我应该像上帝怜爱他的人一样，怜悯这个村的孩子们。怜悯是人类神圣的纯洁的爱的标志。缺乏这个怜悯就不可能通过人为的努力使葛笃德的居室变成圣地，并获得那种自由、欢乐和纯洁。"② "对教学工作的真正兴趣——亲切的语言和更亲切的情感，面部表情以及眼神——绝不会不对学生发生影响。"③

（三）拥有高尚的道德水准和饱满的道德情感

在强调教师爱的同时，裴斯泰洛齐十分重视教师要拥有高尚的道德水准和饱满的道德情感。他指出："如果她自己没有饱满的道德情感，她就不可能激起别人的道德情感，要使他人钟爱任何美德，她自己必须接受自己的责任。"④ "如果教育者心地不良，如果他的教学和教学手段产生于他自身的邪恶和堕落，那么这类教学手段不仅会加剧孩子身上的邪恶和堕落，而且会加剧人民、社会和国家内部存在的邪恶和堕落。"

（四）结合实际，掌握职业技能

"许多人在夸夸其谈各种职业，却没有掌握任何一种职业技能。"⑤ "他仅仅生活在自己书本的梦幻之中，认为自己能够解释一切不可解释之物；不能

---

① 布律迈尔. 裴斯泰洛齐选集：第 2 卷 [M]. 尹德新，等译. 北京：教育科学出版社，1996：224.
② 布律迈尔. 裴斯泰洛齐选集：第 2 卷 [M]. 尹德新，等译. 北京：教育科学出版社，1996：322.
③ 裴斯泰洛齐. 裴斯泰洛齐教育论著选 [M]. 夏之莲，等译. 北京：人民教育出版社，2001：327.
④ 裴斯泰洛齐. 裴斯泰洛齐教育论著选 [M]. 夏之莲，等译. 北京：人民教育出版社，2001：354.
⑤ 布律迈尔. 裴斯泰洛齐选集：第 2 卷 [M]. 尹德新，等译. 北京：教育科学出版社，1996：211.

胜任自己的工作时，只靠花言巧语糊弄，并自视比扶犁的农民高贵。"①

四、裴斯泰洛齐与卢梭的碰撞

裴斯泰洛齐的教育观曾深受卢梭的影响。他按照卢梭的自然主义教育精神，放弃了他日后的科学研究工作，到一个农庄去当农民，给那里造福，扎扎实实地做一些好事。为表示对卢梭的敬意，他唯一的儿子取名为琼·雅克（雅克取自卢梭的名）。根据卢梭在他的教育小说《爱弥儿》中所提出的原则，琼应被培养教育成一个勤劳幸福的农民。裴斯泰洛齐的夫人尚未成为他的女友时，他已经劝她去读《爱弥儿》了，并一再对她肯定地说："我的儿子们应该去种地，他们不应从我这里继承游手好闲的城里人习气。"②

同时，和卢梭不同的是，裴斯泰洛齐拥有自己的实践，他想把卢梭的理论首先用来教育自己的儿子。经验很快使他明白，不应把自然教育和社会教育分成前后两个阶段，而应当从人一生下来即将两者结合起来。裴斯泰洛齐在哲学观和教育观上出现直接的冲突。他曾自问自答："卢梭的错误在哪里呢？答案是：真理不是片面的。"③ 裴斯泰洛齐一般来说不片面看待人，确切地说，是从正反两方面看。人的天性本来就不是用一个模子造出来的，而在很大程度上带有紧张对立的烙印。所有的人都具有两面性，裴斯泰洛齐称之为人的低级天性和高级天性。低级天性指个人保存自己的本能和保存本性的本能。高级天性使人有别于动物的可能，比动物高一等。人能认识真学会爱，相信上帝，相信自己的良知，会执法，会对美好的事物加以阐述和解释，能懂得和实现真善美的更高价值，会从事创造性劳动，会自由采取行动，能负起责任，克服自身的自私观念，会组织公共生活事物，有理智，力求自我完善。④ 正是在自由观、人性观上面，裴斯泰洛齐与卢梭不同了，或者说冲突了。裴斯泰洛齐从实验和理论原则角度出发，认为："自由是一种财富，而服

---

① 布律迈尔.裴斯泰洛齐选集：第 2 卷 [M].尹德新，等译.北京：教育科学出版社，1996：211.
② 布律迈尔.裴斯泰洛齐选集：第 2 卷 [M].尹德新，等译.北京：教育科学出版社，1996：82-83.
③ 布律迈尔.裴斯泰洛齐选集：第 1 卷 [M].尹德新，等译.北京：教育科学出版社，1994：162.
④ 布律迈尔.裴斯泰洛齐选集：第 1 卷 [M].尹德新，等译.北京：教育科学出版社，1994：85.

从同样是。我们要把卢梭分开的东西连在一起。"① 基于对压迫人类家庭的桎梏给人类带来的痛苦，卢梭寻求无限的自由，裴斯泰洛齐则进一步指出放纵自由将会导致教育中的服从变得不可能，进而阻隔情感与知识在师生间传递。但是，若完全依赖父权式专制获得权威服从，又将会滋生新的社会性专制。其中"真理不是片面的"这个答案代表了裴斯泰洛齐的卓越的方法论思想。

也就是说，裴斯泰洛齐并没有把人的本质所谓人性善理想化，更没有对现实做虚幻的描述，像卢梭那样把"爱弥儿"放进他所幻想出来的社会环境。裴斯泰洛齐从那个时代瑞士农村的真实状态说起贤伉俪的故事。这里我们不妨引用一下傅任敢先生所翻译的《贤伉俪》的有关章节。②

在瑞士贫穷落后的蓬那村，充斥着愚昧与不幸。"全村之内只有一家茅舍不受这种搅攘的侵袭，那就是格姝的家庭。"这是因为这个茅舍之家的女主人贤惠、善良、正直、聪颖，既是孩子们客气可敬的母亲，又是他们亲切与严格结合在一起的第一任老师。她把全部的爱献给了家庭，献给了所有的孩子们。

在州官亚纳的坚决支持下，以贤伉俪廖纳德和格姝为代表的村民向压迫者做了坚决的斗争，向乡村的愚昧、落后、迷信与自私做了不懈斗争，终于推倒了以村正亨美尔为代表的邪恶势力，改变了村民的精神面貌，开启了新的生活。格姝教育子女要处处关心、帮助穷人的孩子。在老实人鲁迪家中，面对充满不幸的 7 个孩子的家庭，格姝用爱心帮助鲁迪教育子女，并教给鲁迪和他的孩子们如何料理家务，让鲁迪家逐渐变得整整齐齐，甚至帮鲁迪解决二婚问题。

作为一家主妇的格姝是大教育家裴斯泰洛齐推出的美德的范型、家庭教育的优秀者，更是对现代教师的隐喻。《贤伉俪》中格姝鼓励丈夫与邪恶势力斗争，她深爱她的儿女，忍受着贫困家庭的重担，给孩子们以新的教育。其隐含的意义是：教师首先要像"母亲"一样，充满着热爱儿童、尊重儿童的

---

① 布律迈尔.裴斯泰洛齐选集：第 1 卷 [M].尹德新，等译.北京：教育科学出版社，1994：85.
② 裴斯泰洛齐.贤伉俪 [M] //王长纯，王晓华，马啸风.傅任敢教育文集.北京：教育科学出版社，2011：246-361.

"爱的精神"。但是,这不够。格姝在日常生活中对子女教育是认真而严格的。一次,尼哥把妹妹挤哭了,格姝便叫道:"你的举动不对!你刚才答应我以后做事要格外小心,到现在还不到一刻钟呢。可见你说的话并无诚意。"格姝严厉批评了小尼哥。可见,对儿童深沉的爱不是放任,格姝并没有放弃批评管教,每周一次的孩子的反省活动更是一丝不苟。

该书第三十二章开篇就介绍了村子里第一所学校的要求:"新教师最开心的是让孩子们养成遵守顶严格的秩序的习惯,使他们真能得到生存上的智慧。钟声一响,他便按时上课,决不让任何学生迟到一点点。"请注意,这里用了一个"顶严格"来修饰"秩序"。有一个贤淑而又能干的妇人,名叫马嘉莱,帮他照顾缝衣纺纱等事情,是他学校一个最有价值、最有好心的助手。每逢孩子们纺车出了毛病,停了,她便起身去弄好。如果孩子们的头发乱了,她便在他们用功的时候给编好。如果衣服破了,她便拿针线给缝好。她又告诉他们怎样穿鞋子,怎样穿袜子。这位手工纺织老师多么慈爱,使读者又不禁会想起格姝。这说明裴斯泰洛齐的学校是爱与要求的结合,是学校教育家庭化,那里是母亲的慈爱与父亲慈爱的结合。

这座村子里的小学校的校长和教师顾中尉对儿童充满了爱,但是他对他们不溺爱,而是严格要求,主张教师要拥有教育的权利,对儿童的问题要批评甚至处罚。但是处罚学生的目的是改正他们的错误。学生如果懒惰,不肯用功,他便叫他去劈木柴。大些的孩子在修墙便叫他去运石头。学生如果做事疏忽,他便叫他给学校当信差。几天以内,先生在村里的事情都得由他去做。不听话的、无礼貌的,他便好几天不和他在公众的地方说话,只在私室里,下课以后才和他谈谈,以示处罚。犯事的、坦白的,便用教鞭责打。但是顾中尉处罚儿童的时候,态度仍很和蔼,和他们多谈说,帮他们改过自新。

裴斯泰洛齐教育思想中最突出的一点就是强调情感教育、爱的教育。这与一般教师滥用体罚不可同日而语。他的惩罚是在爱的基础上进行的,既关心爱护,又严格要求,用握手和亲吻的奇妙方式,沟通了师生间的感情,使受罚者获得了心理平衡,真正体会到没有爱就没有罚,罚是为了更深的爱。

上述洛克和卢梭教育观上的不同也来自他们宗教观的一些不同。裴斯泰洛齐关于宗教问题的许多提法和卢梭的思想保持一致。他深受虔信派的影响,从来就不准备把《圣经》看作唯一的为基督信仰提供依据的圣言录。他相信，自然信仰的行动先于接受上帝的启示说。所以，信徒们必须事先很自然地认为上帝是好的，否则就会认为上帝是用启示说在骗人。[1] 裴斯泰洛齐坚决反对宗教生活脱离凡俗的生活。他在小说《克里斯托夫和埃尔泽》中说道："真正的宗教教导人，给人以力量去改造世界，直到生命的最后一刻才把自己的头脑和一颗心留给人类，甚至在灵床上仍然最充分地显示出从宗教得来的、为尘世尽职的智慧和力量。"[2] 在《我对人类发展中自然进程的追踪考察》一书中，裴斯泰洛齐对人性的看法走向成熟，他的认识论的核心是大自然造就的人是不完善的，因此人必须实现他自身的人性化。[3] 在这里，裴斯泰洛齐再次显示了与卢梭人性善不同的观点，提出人必须实现人自身的人性化。这是一个非常重要，但是往往被忽视的思想。

五、对教师教育制度建设的可贵尝试

裴斯泰洛齐的一生是教育思想与实践密切结合的一生。1774 年在新庄，1778 年在斯坦兹创办孤儿院，以家庭方式组织贫苦儿童边学习，边劳动，进行教育。1801 年在布格多夫，1804 年在伊佛东创办享誉欧洲的教育中心——伊佛东学院，伊佛东学院被人称为"教育的圣地"，进行教学的实验。为了改善穷人的生活处境，裴斯泰洛齐不惜陷入贫穷之中。他的教育思想深受卢梭的自然教育理论的影响，他在《隐士的黄昏》一书中阐述了自然教育的重要意义。1780—1798 年，他专心著述，其间，出版了教育小说《林哈德和葛笃德》。1800 年 10 月，裴斯泰洛齐经瑞士共和政府批准，在布格多夫主办了一所新学校。这是一所日间初等寄宿学校，探索初等教育，提出了"教育心理学化"思想。学校获得了巨大成功，德国著名教育家赫尔巴特曾来参观。该校还附设一个培养初等学校教师的师资训练班，即著名的布格多夫学院。布

---

[1] 布律迈尔. 裴斯泰洛齐选集：第 1 卷 [M]. 尹德新，等译. 北京：教育科学出版社，1994：112.

[2] 布律迈尔. 裴斯泰洛齐选集：第 1 卷 [M]. 尹德新，等译. 北京：教育科学出版社，1994：232.

[3] 周采. 外国教育史 [M]. 上海：华东师范大学出版社，2008：242.

格多夫学院专门教授教学方法。尽管这个培训班规模不大——只有 12 名学员，但它被公认为是欧洲最早的师范学校之一。1805 年，他又在伊佛东创办了包括小学、中学和教师培训班一体的新式学校。到 1809 年，在此专习教学法的师范生多达 32 人。夸美纽斯在《大教学论》论大学一章里曾提出建议，即建立学校之学校或教学法学院，看来裴斯泰洛齐首先将夸美纽斯的预想变成了现实，并对此后教师教育的制度安排做了行动上的提示。

到 19 世纪初期，裴斯泰洛齐的实验学校已差不多成为欧洲教学改革运动的中心，最终掀起了"裴斯泰洛齐运动"，而美国亦有自己的裴斯泰洛齐运动。"教学内容必须依照儿童能力增长的程度做出划分。在全部教学中，对于儿童发展的每一阶段来说，哪些内容与此适合，一定要极其精确地加以确定。"

以上叙述涉及裴斯泰洛齐与卢梭思想的碰撞。我们可以看到裴斯泰洛齐与卢梭在教育观念上的不同之处。卢梭的墓志铭写着"自由奠基人"，裴斯泰洛齐的墓志铭则为"人中之神，神中之人"。卢梭教育论对自由发出炽热的呼唤，而裴斯泰洛齐教育理想则立足于拥有基督教信仰的欧洲尘世，在自由后加上了严格的要求，激励人们追求高尚的人性。

六、结　语

1932 年，德国哲学家卡西勒在《启蒙哲学》一书中指出，启蒙运动从表面上看是一个由五花八门的思想凑成的大杂烩，但人们应该从某一中心点去考察启蒙哲学内在的精神脉搏，去发现它真正的历史意义。洛克与卢梭的教育观点有很多不同，裴斯泰洛齐教育和教师观深受卢梭的影响，又与卢梭有所不同。但是，不论是洛克的加尔文宗教观，还是卢梭的自然宗教和公民宗教的思想，抑或是裴斯泰洛齐接近卢梭自然宗教观而信奉的基督教博爱精神，不论是经验理性的洛克还是强调情感的卢梭，不论是洛克的君主立宪还是卢梭的民主共和，抑或是裴斯泰洛齐的民主文明的社会，它们都是 18 世纪理性时代的产物，都秉持启蒙理性。这种理性与此前时代的理性是不同的，它是科学的而非宗教的，是付诸行动的而非沉思默想的，是切合实际的而非乌托邦的，总之是现代的，是开启现代历史、现代教师教育的思想起点。启蒙哲学的基本倾向是：不在于反映和描绘生活，而在于相信人的思维具有塑造生活本身的力量和使命。启蒙哲学在反对神学和17世纪形而上学的斗争中诞生，从而形成了能运用到一切知识领域的分析批判的武器，进而推动了思想的世俗化进程以及科学的进步。

　　第二次世界大战后，著名的思想史专家彼得·盖伊延续了卡西勒的思路，明确倡导现代化启蒙运动论，他的经典著作《启蒙时代》下卷第三篇的总标题即"现代性的追求"。他指出，在启蒙运动蓬勃发展的背景下，西方社会开始在自然与社会科学、文化、艺术、政治、教育等领域转型，并认为这种全面的转变促进了现代性的诞生。[①] 这就是说，启蒙时代关于人的教育和教师的话语既具有全球价值又拥有相对主义性质，既是欧洲中心的产物又是带有世界性影响的思想。我们应当从这一视角去观察与评论启蒙运动和启蒙时期著名教育家的教育观与教师观。

---

　　① 庞冠群. 后现代之后重审法国启蒙运动 [J]. 上海师范大学学报（哲学社会科学版），2019(1)，48：120-130.

第三章

第一、二次工业革命时期教师教育制度化思潮与实践

近代教师教育制度的形成是历史的合力，其中有文艺复兴、宗教改革，特别是启蒙运动所产生的新思想，有第一次工业革命工业化进程显示的新生产力。第一次工业革命（18世纪60年代—19世纪40年代）是一场从英国发起的技术革命。革命从工作机的诞生开始，以蒸汽机作为动力机被广泛使用为标志，而这次工业革命大大加强了世界各地之间的联系，改变了世界的面貌。

第二次工业革命是指资本主义国家在19世纪中期发生的一场经济革命。此次革命促成了电器的广泛使用、内燃机的使用以及通讯事业的发展，人类由此进入"电气时代"。而内燃机的发明解决了长期困扰人类的动力不足的问题。内燃机的发明又促进了发动机的出现，发动机的发明又解决了交通工具的问题，推动了汽车、远洋轮船、飞机的迅速发展，使人类的足迹遍布全世界，也使各个地区的文化、贸易交流更加便利。

第二次工业革命促进生产力飞跃发展，同时危机、革命、战争使社会面貌发生深刻的改变，第二次工业革命的影响延至1945年。其间，两次世界大战爆发，第一个社会主义国家——苏联出现，早发型现代化国家经历社会改革，殖民地、半殖民地人民持续争取独立与自由的斗争。

上面所说的近代教师教育制度的形成是历史的合力，合力中就有空前进步的科学技术，有民族国家在现代化历史进程中的作用，当然还有教育自身的发展，其中国际教师教育制度化思潮发挥了重要作用。教师教育制度的形成既是教育家教师教育思想运动的指向，又是教育国家理论即国家教育政策决策力量的体现，所以说国际社会教师教育制度初建是教育家与决策者合奏的结果。同时，教师教育制度的初建预示着其思想新的、更加丰富与多元发展的开端。

第三章　第一、二次工业革命时期教师教育制度化思潮与实践

第一节

多重因素叠加：近代教师教育制度化思潮背景

近代教师教育制度建立是世界教育史上的一个重大事件。制度化是教师教育的第一次国际性思潮。本研究在梳理其历史脉络过程中发现：教育和教师教育思想的积累，经济、社会、政治体制的现代化，民族国家的建立，国民教育制度的确立是近代教师教育制度化的多重因素，这些因素构成了近代教师教育制度化思潮的背景。

一、近代教育和教师教育制度化思想的积累

本研究第一、二两章对17世纪文艺复兴时代夸美纽斯关于教师的论述，18世纪启蒙时期洛克与卢梭、裴斯泰洛齐与卢梭关于教育和教师论述的比较，大轮廓地描述了教师教育先行者之声，以及以他们为代表的教育家对现代教育的执着思考，为现代教师教育制度化思潮以及制度初建和该制度下教师教育发展的方向提供了基础性的思想资源。

文艺复兴、宗教改革，特别是启蒙运动有力地打击了宗教特权和封建皇权，为新生产力发展提供了广阔的前景，为教育现代化和教师教育制度化思潮与实践提供了必要的条件。

二、民族国家的建立

与18世纪欧洲的帝国或王国不同，19世纪形成的欧洲民族国家，其成员效忠的对象乃有共同认同感的"同胞"及其共同形成的体制。民族国家的出现使教育的发展进入新时空，不论是从民族国家层面，还是从教育家个人层面，建立现代教师教育制度的必要性受到空前的关注，并得到不同程度的国家权力的推行，教师教育思想在教育家和国家教育理论的复杂互动中获得重大发展，成为那个时代的亮点。需要特别指出的是，在这一历史时期，初等教育超越了低下社会地位的局限，为这一时期主要发达国家资本主义经济的

迅速发展，做出了另一轨教育无法替代的根本性贡献，其中特别重要的贡献应当是初等教育的发展触发了现代教师教育制度的酝酿与初创。历史证明，现代教师教育制度的产生与生产力发展水平、现代化历史进程具有直接的内在联系。

大约从18世纪中期至19世纪中期，现代化进程已经超越西欧，波及世界。这一进程首先从英国发端，然后迅速在西欧及其海外移民殖民地扩散。亚洲、非洲、美洲的大量殖民地半殖民地国家被动地卷入现代化浪潮。这些国家饱受殖民者的掠夺，人民也没有停止争取民族独立与自由的抗争。这是伴随现代化第一次浪潮的极其重要的政治、经济、社会和文化的历史现象。

三、经济、社会、政治体制的现代类型的变迁

以色列学者艾森斯塔德（S. N. Eisenstadt）在《现代化：抗拒与变迁》一书中指出："现代化是社会、经济政治体制的现代类型变迁的过程。"① 现代化的世界历史进程起始于西欧，而后又跃出欧洲，走向世界。现代化第一次大浪潮是在启蒙运动思想解放的推动之下，从18世纪后期到19世纪中叶，由英国开端然后向西欧扩散的工业化过程。这不仅是经济与技术问题。"在技术与社会因素的共同作用中，必须强调的一点是，在任何时代，增长不仅仅是整体上的变动，还应包含结构的转变。即使这种增长的冲动是由重大技术创新带来的，每个社会在采用这种技术时必须调整现有的制度结构。这意味着社会组织的巨大变动——新制度的产生和旧制度的逐渐淘汰。各种经济组织和社会集团的相对地位将发生变化。……时代创新对人的信念造成的影响已成为一个时代的重大特征，在早期的较为有限的经验基础上形成的一些旧信条的改变是进行制度变更的前提。因而，一个经济时代中技术和经验互相作用，不仅伴随着制度变更，而且伴随着有关社会信念的改变；而且，为了克服旧信念的阻力并孕育一套新的更适合的价值观所需的努力和时间部分地说明了每个时代的时间长度。"② 作为现代教育制度一级的初等教育就产生于

---

① 艾森斯塔德. 现代化：抗拒与变迁[M]. 张旅平，等译. 北京：中国人民大学出版社，1988：1.
② 库兹涅茨. 现代经济增长[M]. 北京：北京经济学院出版社，1989：5.

现代化的历史进程中。200多年以前发生的工业革命创造了现代生产力，即工业生产力，产生了以往人类历史上任何一个时代都不能想象的工业和科学的力量。这次大浪潮以使用非生物能源（蒸汽）、粗质量机器大生产和初级技术水平为特征。西欧从世界古典文明的边缘跃进为近代文明中心。

四、现代化推动教师教育制度的确立

现代化第一次浪潮极大地推动了工业化进程，而工业化进程需要大量的识字的劳动者从事大机器生产，由此产生了发展教育的急迫性，主要是初等教育。初等教育的发展带动了师资和教师教育的需求。这是历史的逻辑。补充说明一点，当时这些最先开始现代化进程的西欧国家设有古典中学（包括拉丁学校、文法中学等）和大学。这些中学和大学数量很少，是为上层统治者集团服务的，招收的也是这些人的子女。其培养目标大多是官吏、律师和牧师。因此，这类学校与生产力的发展少有联系，而与上层社会联系密切。而且这些学校不关心工业化对劳动力培养的需求，更遑论教师的培养和教师培养机构的设立了。

资本主义经济发展，包括大工业生产与商品的流通迫切需要劳动者接受初步知识与技能的教育。这种根本性的需要使首先踏上现代化之途的欧美国家和日本先后建立了国民教育制度。"国民教育"一词首先是由法国人拉·查罗泰斯（Caradece La Chalotais）提出来的。国民教育制度建立之后相当长时期内实施为双轨制的一轨。初等教育是大众教育，以读写算为主，与中等教育不衔接。16世纪末到19世纪初，英国在上层阶级教育结构之下，酝酿并产生了国民教育制度，初等教育得到普及，课程为基本的读写算知识和道德教诲。英国在1750年与1870年之间成为世界上第一个工业化国家。英国经济起飞有许多因素，如16世纪末开始的长时期技术革新、17世纪的科学进步、丰富的炼铁资源、殖民地资本积累等，但不能忽视教育这个重大因素，而这种教育"绝不是地主贵族的古典课程"。当时，对英国工业生产力起重大作用的是"民众的识字率高，到1770年，农村青年男子中能读写的人已占50%"，而这应归功于初等教育的最初发展。① 19 世纪中叶,日本的识字率极高,成为日本经济增长的重要因素。日本认为民众的教育是国家富强的基础。1872 年,日本驻华盛顿代办向著名的美国教育家证明,日本教育改革的动力是取得经济与军事上的需要。

19 世纪下半叶到 20 世纪初,现代化在欧洲、北美主要国家取得巨大的发展(当然,从今天看来这种发展也带来了沉重的负效应),从而超越其原发地区向地球的广大异质文化区域传播扩散,形成了现代化发展的第二次大浪潮,西方化或欧化成为这一浪潮发端时期的历史潮流。由于新兴工业部门的产生和发展,生产力发展水平进一步提高,新的科学技术层出不穷,要求新一代的劳动生产力具有更加坚实的科学基础知识,这就强化了对中小学教育紧迫而长远的要求,同时自然地增加了对师资的需求,不仅要迅速增加教师教育学校的数量,还要求更新教师教育课程和教学内容,提高教师教育学校的办学质量。

著名哲学家、社会学家涂尔干曾对现代教育学说,乃至新教育制度建设有一段十分深刻的表述:"在此之前,孩子们都被保持在充斥着纯粹理念和抽象实体的环境里。而现在,人们感到需要在现实的学校中教育他们。这种变化不仅是程度上的还是分量上的。如果只是意识到完全文学性的教育的缺陷,意识到需要给予另外一种训练一席之地,这还不够。这里的确发生了一场一百八十度的大转弯,而起因就是那些纯粹世俗的职责,在中世纪乃至于文艺复兴时期都被认为等级低下,缺乏声望,但在当时公众舆论中,却被赋予了重要的地位。从此以后,社会的世俗利益开始显出相当的可敬重的性质,足以赢得教育的关注。由于新教已经敏锐地认识到了社会世俗的一面,所以新教各国就为这种新的教育学说提供了策源地。因为 18 世纪的法国也获得了这种认识,所以此时此地也兴起了同样一种教育学说,并且就已经掌握的情形来说,没有发生过任何借鉴或效仿,但只不过是因为同样的因产生出同样的果。"②

---

① 王长纯,梁建. 世界教育大系·初等教育 [M]. 长春:吉林教育出版社,2000:3.
② 涂尔干. 教育思想的演进 [M]. 李康,译. 北京:商务印书馆,2016:426-427.

启蒙运动及其对国际社会的深刻影响，在现代化压力下进行社会结构的重建，这是现代教师教育制度化思想产生的因，国际现代教师教育制度的兴起便是共同的果。以下将对法国、德国、英国、美国、俄国、日本等国家教师教育制度建立情况做框架式的梳理，以期发现一些值得重视的线索。

第二节
教师教育制度化思潮与实践

在世界现代化运动广阔而复杂的背景下，在第一、二次工业革命的推动下，教师的培养成为普遍的需求，作为第一次国际性教师教育思潮，制度化思想的涌出推动了教师教育制度的初建。本节以最早建立近代教师教育制度的法国和较晚的英国的情况做个案，探究现代教师教育制度化思潮与实践的内在复杂过程。

一、法国近代教师教育制度化的思想与实践

法国最早的教师教育机构的建立始于1684年。17世纪末期，法国天主教人士、知识分子出身的金·巴普第斯德·拉萨尔（1651—1719），为继续从巴黎圣·撒尔俾斯教区开始的反耶稣教派的斗争，致力于建立学校以培训天主教徒。在1684年为法国天主教会的"基督教兄弟会"成员的拉萨尔在里摩日开办了训练小学教师的讲习所，并附设专供实习用的"练习学校"。该练习学校没有得到承认，并且遭到强烈的反对，但是作为基础教育的组织还是获得了发展，师资训练工作也在不间断进行。其主要目的是维护法国封建专制统治，利用扩大教育影响来打击具有资产阶级启蒙思想的新教派。1690年在巴黎的圣·撒尔俾斯教区，天主教向路易十四陈述在每一个教区建立培训男女教师的培训学院的必要性，要求恢复罗马天主教的信仰。这是法国乃至欧洲最早的教师教育设施，但是，这不应当被视为现代教师教育制度的雏形，因为它不是世俗社会的产物，而是宗教活动的需求。

(一）法国大革命与巴黎高师的建立

18世纪初，法国成为启蒙运动的中心，大革命应运而生。这不仅导致了法国社会的巨变，也打破了教会对法国高等教育的掌控。启蒙思想破坏了法国的旧制度，新的建设性思想被提出，其中教育问题也被摆到了重要的位置。启蒙思想家们试图从教育问题中找到改造和拯救社会的方法。他们认为，只有使人们得到全新的教育才能造就新时代的公民。

这里有必要提及孔多塞的影响。孔多塞（Marie Caritat de Condorcet, 1743—1794）是18世纪法国启蒙运动后期的重要代表人物。孔多塞不仅是一位思想家和学者，还是一位革命者，他是真正投入法国大革命的启蒙思想家。孔多塞关于教育的思考并非单纯地就教育论教育，他更多地强调了教育的价值及重要性，把实施公共教育视为大众实现自由平等和维护共和制度的重要路径。和大革命的时代主题一样，孔多塞也力主实现教育上的自由、平等、博爱，倡导建立一个人人都能自由、平等地接受世俗教育的共和制教育体系。对全体国民实行公共教育的思想在孔多塞整体思想中有着重要的地位，同时和他的政治思想以及历史进步主义思想都有着密切的联系。这一教育思想既是对启蒙时代先进思想的总结，又是对它的升华和发展。其教育主张不仅反映了资产阶级建立近代教育的要求，而且对法国教育改革产生了深远影响，成为19世纪法国进行近代教育改革的重要依据，推动了教师教育制度化思想在法国的实践。

教育世俗化被启蒙思想家们视为培养未来新人和消融宗教狂热的基础，并由此引申出了国家主义教育理论。拿破仑时期，建立了"帝国大学"，指导和监督全国的教育，国家增加对教育的干预，法国高等教育中央集权的管理体制已粗具雏形。自此，法国高等教育开始承担起研究与传播科学、为国家服务的职责。

"大革命时期人们从一开始就宣称，必须彻底清除旧的学院，将它们完全废除，从最基础的东西重新开始，打造一套全新的教育体系，能够切合时代的要求。"[①] 法国教育改革家、议员拉卡纳尔（Joseph Lakanal, 1762—1845），

---

① 涂尔干. 教育思想的演进［M］. 李康，译. 北京：商务印书馆，2016：429.

第三章 第一、二次工业革命时期教师教育制度化思潮与实践

1792 年被选入革命立法机关国民公会。在任公共教育委员会委员期间，他提出国民教育计划法案，建议国家为男女儿童提供免费的初等教育。但此法案被否决。罗伯斯庇尔政权垮台后，他就任教育委员会主席，提出修改法案。他萌生了创建中央学校和师范学校的思想，特别重视百科全书科学和应用科学学科，引起社会关注。根据议员拉卡纳尔建立师范学校的提议，共和国政府颁布了建立师范学校的法令。法令规定："在巴黎建立一所师范学校，召集全国各地受过应用科学教育的公民，由师范学校为他们提供各领域最出色的学者传授教学法。"这就是巴黎高师。但巴黎高师正式建校则于稍晚的 1795 年 1 月 20 日。巴黎师范学校的建立为法国现代教师教育的发展做出了卓越的贡献。

巴黎师范学校的一个宗旨就是建立使教学能力能有评价的标准，并按此标准去训练符合标准的教师。[①] 当时规定学生在巴黎学习 4 个月以后就返回原地进行教师培养的实践训练。

1795 年年初，这所旨在培养中学和大学教师、学科设置文理兼备的学校首次开学。不过，由于经费不足、政局动荡等因素，该校不久就关闭了。1808 年，拿破仑颁布法令，恢复巴黎师范学校，并将其办学目标改为培养国立中学师资。波旁王朝复辟时期，法国的学校教育基本上被教会所控制，世俗教育遭受重创，巴黎师范学校亦一度被取缔。及至七月王朝时期，由于曾任教育大臣的 19 世纪法国著名政治家与历史学家基佐的不懈努力，法国的教育取得了显著成就。其间，基佐甚为重视发展师范教育。1810 年在斯特拉斯堡建立了法国第一所初等师范学校。小学教师必须接受教师教育，决定由各省设立师范学校，在地方设立小学教育检定委员会；由国家直接掌握教师。

[①] 巴黎师范学校中"师范"（nomale）一词，源于拉丁语 norma，意为评价事物所依靠的标准，本义为木匠的尺规。该词用于教师培训，把教师学校称为师范学校的背景是：在神圣罗马帝国天主教地区，主要是在哈布斯堡王朝奥地利、意大利和德国，学校依然是传统与保守的，处在教会的强有力的控制下。奥地利女皇玛利亚·特丽莎（1740—1780 年在位）命令阿伯特·费尔卑格（Abbot Fellkeiger）根据普鲁士新教学校 Real schuile 的模式（该模式以非经典的、近代课程为特点）创办学校。阿伯特·费尔卑格在 1774 年在西里西亚把他的奥地利教师学院称为示范（即师范）学校（normalechnle）。巴黎师范学校的一个宗旨就是建立使教学能力能有评价的标准，并按此标准去训练符合标准的培养的实践训练。——载于梁忠义、罗正华主编《世界教育大系·教师教育》笔者撰写的法国部分。

时至 1832 年法国约有 30 所师范学校。1845 年，巴黎师范学校改称巴黎高等师范学校；1847 年，该校迁至乌尔姆街。

（二）《基佐法》的教师教育思想与法国教师教育制度确立

1831 年，哲学教授、法国高等师范学校校长维克多·库森（Victor Cousin, 1792—1867）受政府委托提交旨在通过再造制度形式使法国社会取得更好发展的《关于德意志各邦，特别是普鲁士公共教育状况的报告》，并提出"教师创造学校"的思想。1831 年法国教育部部长基佐主持制定了"大力发展初等教育和师范教育的法案"，即《基佐法》，并于 1833 年公布实行。该法案规定，为了培养初等学校所需要的师资，决定在各省建立一所男子师范学校，根据库森的报告制定资格的标准；废止了 1830 年以前宗教团体和教会推荐教师、颁发教师证书的权力，由国家直接掌握教师资格的标准，所有小学教师必须接受师范教育。这是当时法国师范教育的双轨制。上层阶级的子女在接受精英教育，18 岁取得业士学位升入大学毕业者，要想成为中学教师则可通过职业培训和相应考试达到目的。这就是《基佐法》明确的教师教育制度化思想。

需要注意的是，进入师范学校的学生都属于法国师范教育的另一轨。这一轨系统的学生根本没有机会取得业士学位，更不可能升入大学。如果他们想成为教师，就只去师范学校接受必需的培训而成为小学教师。至此，法国形成了适应中小学教育双轨制的教师教育系统。这就是两种教育制度造成的双轨教师教育制度。正如汉斯（N. Hans）所言，"这是两个法国"[1]。

（三）《费里法令》的教师教育思想和法国教师教育制度的发展

第三共和国初期，共和党人、律师费里出任教育部部长后，于 1881 年和 1882 年颁布了《第一费里法案》《第二费里法案》，在法国教育史上第一次确立了国民教育发展的义务、免费、世俗化三大原则。这也是近代教师教育制度蕴含的思想。

1881 年第一个《费里法案》出台，该法案旨在法国全国保证初等免费教

---

① HANS N. Comparative education: a study of educational factors and traditions [M] // Routledge Library Editions: Education. London: Routledge Taylor & Francis Group, 1949: 291.

育的实施。1882年第二个费里法令公布，使初等教育成为强迫的义务教育。该法令重申教师任教，必须获得国家证书。1889年法国要求教师在师范学校接受培训。该法令还规定小学教师完全在初等教育系统内接受教育，即小学毕业入补习班或高级小学，到15岁然后考入师范学校，学习三年，考试及格获高级证书，然后在小学试教两年。20岁参加专业考试，及格者获得教师能力证书，成为正式教师，为国家文官，并直接从国家领取工资。

由于《费里法案》的出台与实施，法国教师教育制度在推广初等免费教育的过程中得到了进一步充实，对于促进初等教育发展无疑具有重要意义。

至此，法国曾经历了由教会主办的师资培养机构，而后在经济与社会发展的推动下，在教育家和政府决策者思想合力的作用下，法国政府终于建立了近代的、脱离教会的、世俗的教师教育制度。这是一种双轨制的教师教育制度，但不是一成不变的僵化存在，它在法国社会而后的发展中逐步实现了相互靠拢与渗透。

二、英国近代教师教育制度化的思想与实践

欧洲大陆教育家的教师教育思想并没有很快地得到英国的响应。英国情况有些特殊，教育和培训长期由教会主持。18世纪初，英国委托教区牧师塔尔伯特（James Talbot）编写一本教师指导用书《基督新教师》（*The Christian Schoolmaster*）。该书1707年出版，供教师们使用至18世纪末。同时，他们建议学校管理者给新教师参加教学实践的机会，在有经验的教师的带领下观察和实践，鼓励农村在职教师到城市学习、掌握"伦敦法"。此外，他们还有组织、有系统地制定计划，派遣自愿的伦敦教师到农村县镇、学校去传授方法。[①] 19世纪中叶以前，英国的教育，尤其是社会下层的教育主要依靠教会。在从1699年到1846年的一百多年间，英国的师资、教育管理人员以及教育督导人员也是根据教会的需要加以培训的。由于教会严格地控制着教育，基督教教义成为遴选和培训教师的重要内容与标准。

---

① 王承绪. 世界教育大系·英国教育 [M]. 长春：吉林教育出版社，2000：277.

（一）导生制的出现

在工业革命的持续推动下，英国经济与社会发展急需初等教育的发展和教师的培养。18世纪末，英国国教牧师贝尔和公谊会教师兰卡斯特在伦敦南沃克地区创办了一所学校，创立了"导生制"。导生制具有师资培养的性质，是英国现代教师教育的起源。他们朴素的培养教师的想法和实践获得了很大的成功。兰卡斯特和贝尔也"曾被拥戴为人类至高无上的恩人"。人们赞赏地把他们的发明与包括蒸汽机、牛痘的发明在内的当时其他的伟大发明相提并论[1]。

（二）华兹华斯的贡献

在英国初等教育制度和最初的教师教育制度建设中曾有一位诗人做出过重要贡献。他的声音代表了那个时代的要求。他就是英国浪漫派诗人、曾获"桂冠诗人"称号的威廉·华兹华斯（William Wordsworth，1770—1850）。他生活在英国教育史上变革最为激烈的时期。1780年，英国出现了第一所"主日学校"（Sunday school），开启了近代大众教育的热潮，而1870年《初等教育法》（Elementary Education Act）的颁布则标志着国民教育体系的初步建立。

我国著名学者陈寅恪以诗为史料，为史学致知开辟了一种以诗鉴史的新途径，诗歌作品往往保存着一些正史所不载的更为真实的史料。通过此方法，本研究发现了在华兹华斯的诗作中则正是拥有可以研究英国维多利亚时代教育制度与教师教育制度建设的宝贵资料，我们可以更深切地感受初等教育制度、教师教育制度建立的时代呼声。这是一件极具特点的事情，为此本研究要展开重点叙述。

华兹华斯不但见证了其中的关键改革，还一直关注教育问题，在长达六十余年的创作过程中，他关于教育的论述散见于诗歌、文论、信函、演讲等各种文体。华兹华斯关于诗歌教化功能已被学界和大众接受，但他对教育实践的直接或间接介入受到的关注却相对较少且焦点分散。他的教育思想对维多利亚时代的教育，乃至现代英国教育都带来了深刻的影响。阿兰·理查森

---

[1] 奥尔德里奇. 简明英国教育史 [M]. 诸惠芳，李洪绪，尹斌茵，译. 北京：人民教育出版社，1987：76.

第三章　第一、二次工业革命时期教师教育制度化思潮与实践

在专著中以相当篇幅讨论了华兹华斯诗歌中的"教义问答"模式及其对马德拉斯互教制（Madras System）的评价。① 戴娜·波奇认为当代英国教育体制沿袭了19世纪理念，并部分可溯源至华兹华斯。华兹华斯作为英国的浪漫主义之父，在世界文坛上的影响可谓举足轻重。其实，华兹华斯的贡献不仅局限于文学，他对于教育的贡献也不容忽视。牛津学者本杰明·乔伊特（Benjamin Jowett）在1879年声称："没有诗人比华兹华斯为教育人类做出过更大的贡献。"② 华兹华斯的长诗《远游》第一卷曾被选为维多利亚时代教师培训学员的英文读本，供政府资助的师资生学习。

华兹华斯在《漫游者》里呼吁建立国民教育体系并提出了关于政府建立国民教育体系的构想。他写道：

噢，希望有这么一个光辉的时代到来，
当知识被尊为她最宝贵的财富
和最有力的保护，这个帝国
在要求子民效忠的同时，也承担
一份责任，在她分内，去教化
那些生来注定要服务遵从她的人们。
以法令的束缚来保障
她国土上的所有孩子
都能初通文字，并向
他们的心灵注入
既明晓又践行了的
道德和宗教真理，使得他们
不管有多赤贫，都不会
因为没有文化的支撑而萎靡，或者陷入
野蛮的混乱，或者被迫

---

① 徐红霞. 华兹华斯的《远游》与十九世纪英国国民教育[J]. 外国文学评论，2016（4）：123-124.
② 徐红霞. 华兹华斯的《远游》与十九世纪英国国民教育[J]. 外国文学评论，2016（4）：123-124.

>　　终生劳役奔波却得不到任何
>　　智性的工具和手段的帮助；
>　　变成文明社会的一群蛮人，
>　　自由高贵之邦的一群奴隶。①

华兹华斯在对"以法令的束缚"这一表述做注释中，推荐了"导生制"（Monitorial System）。他称赞："贝尔博士的惊人发现使得这种构想足以成为可能。我简直难以想象，如果一个开明而勤勉的政府能普遍推行这种简单的机制，会给人类带来多么巨大的福祉。"②"以法令的束缚"这一表述代表了他强烈的教师教育制度化思想。

华兹华斯呼吁政府以国家名义推广，使其能造福全体国民。导生制学校比主日学校更规范，更有助于有效解决初等教育起步阶段经费和师资不足等问题，因而能在各界支持下迅速扩张，为国民教育的实施奠定了理论和实践基础。③ 华兹华斯不但熟悉导生制的理论，还和其创始者贝尔有私人往来。1811年，贝尔访问了湖区的凯斯克小镇，陪同华兹华斯参观了当地的小学，讲授了示范课。

华兹华斯对贝尔的教学法表现出了极大的兴趣，不但把自己的两个儿子送入施行导生制的学校，还亲自在当地小学试教。华兹华斯传记作者摩尔曼认为，正是在这段时间里，华兹华斯写完了《远游》的最后一卷。④《漫游者》对国民教育的呼吁很有可能是受到了贝尔及其导生制的鼓舞，华兹华斯在1815年致信友人说："如果你读过我的长诗《远游》，你将发现我认为马德拉斯制度有多么重要。印刷术之外，这是对人类福祉贡献最大的宝贵发明。"⑤

---

① 徐红霞. 华兹华斯的《远游》与十九世纪英国国民教育 [J]. 外国文学评论，2016（4）：123-124.
② 徐红霞. 华兹华斯的《远游》与十九世纪英国国民教育 [J]. 外国文学评论，2016（4）：123-124.
③ 徐红霞. 华兹华斯的《远游》与十九世纪英国国民教育 [J]. 外国文学评论，2016（4）：123-124.
④ 徐红霞. 华兹华斯的《远游》与十九世纪英国国民教育 [J]. 外国文学评论，2016（4）：123-124.
⑤ 徐红霞. 华兹华斯的《远游》与十九世纪英国国民教育 [J]. 外国文学评论，2016（4）：123-124.

实际上，华兹华斯是反对导生制学校的。他的理由主要是：首先，不遗余力推行导生制的人混淆了教育与教学。华兹华斯指出，教育"是一切可以引发出人性的事物，其中教学，尤其是学校的传授，不管多么重要，也只是相对微不足道的一部分，但当下民众却倾向于舍本逐末——舍弃生活和自然能教导的一切，去换得从书本和老师那里学来的细枝末节"①。

其次，华兹华斯还质疑导生制作为教学方法的科学合理性，认为它死板僵硬，不利于开发学生的智性。

最后，华兹华斯认为，导生制过度依赖学生之间的竞争，会有损道德："当一个制度如此鼓励炫耀和竞争，不可避免的结果就是何等的自负、傲慢、虚荣、嫉妒、窘迫和伪善！所有这些都与基督教的旨意为敌。"最后，这类学校多是免费开放的，家长无须支付费用，无论其是否能够承受，但华兹华斯认为，盲目的免费会剥夺家长本应承担的责任，也不利于培养儿童的感恩情怀，而感恩是最重要的道德品质之一。

（三）戴维·斯托教师教育制度化思想与实践

本研究提供一个"不幸被人忘记"的19世纪英国大教育家戴维·斯托（David Stow，1793—1864）的有关资料，以便能更深入地了解英国教师教育制度化思想及其实践的真实过程，以及教育家和当权者的共同努力。加入了创世纪教会，他的牧师查莫斯（Thomas Chalmers）向他灌输了对社会责任的热情。查莫斯搬到了新建的圣约翰教区，为减轻城市穷人的贫困，查莫斯开创了一项著名的社会和经济实验。斯托成为积极参与者，应查莫斯邀请在格拉斯哥举办了星期日学校址。在贫穷和肮脏的环境里，斯托磨炼了他的教学技能、哲学素养和对学生的态度，这使他成为那一代最有影响的教育家之一。斯托很快认识到每周仅星期日几小时的教学不足以阻止令人震惊的破烂和贫穷。于是，他创办了格拉斯哥幼儿学校教育协会，并于1828年开办了全日制学校，推行一种激进的"有趣"的学习方法。很快斯托就成了格拉斯哥教育协会的推动力。当时急需受过训练的教师，于是斯托立志办一所教师培训学

---

① 徐红霞. 华兹华斯的《远游》与十九世纪英国国民教育 [J]. 外国文学评论，2016（4）：123-124.

院，承诺不仅担任秘书，还担任筹款人、选址人、大楼管理员、联络官，负责委任职员。当时教育委员会的主席是兰斯顿（Lansdowne）侯爵，他委任斯托成为第一个苏格兰学校督察，并最终批准了大量的政府拨款。1837年10月31日，大不列颠第一所教师培训学院在新的城市道路上隆重开放。如果没有权力机构的认可，斯托在学校创办师范学院这个培训系统的想法是不可能实现的。

受到法国巴黎师范和师范教育的影响，该学院当时根据法语单词"norma"（意为规范，标准）的意义，称为师范学院。斯托要求所招学生更成熟，能学习导生制教育技能，"全世界都在寻找接受格拉斯哥的实习生，而不是贝尔和兰卡斯特的机器人。斯托的教师培养体系进入了英国枢密院教育委员会主席詹姆士·凯-沙特尔沃斯制定的导生制，并受到英国枢密院的推动。这种制度将以学校为基础的教师培养和住校制的培训学院的最好的方面结合起来。很受学校视导员的欢迎"。① 受过斯托"系统"训练的教师被送往英国各地以及海外殖民地的学校。斯托成为苏格兰最好的老师。该校后来合并成了乔丹希尔教育学院，现在是斯特拉斯克莱德大学教育学院。②

（四）詹姆士·凯-沙特尔沃斯的推动

詹姆士·凯-沙特尔沃斯创办的新导生制吸收斯托培训学院要素，提高了生源要求，改进了导生制和初等学校的道德面貌。阿贝尔·琼斯在自传中写道："他（导生）要教年轻人如何管理班级，如何引起学生兴趣，如何经过他和儿童们的共同努力达到最好的效果。"③

在导生制实施之后，教育家凯-沙特尔沃斯（James Phillips Kay-Shuttleworth, 1804—1877）为英国19世纪教师教育主要推动者，著作有《关于巴特西训练学院的第一份报告》（1841），《关于巴特西教区教师训练学院的第二份报告》（1843），《1846年备忘录的说明》（1847）等。

---

① THOMAS J B. British universities and teacher education: a century of change [M]. London: The Farmer Press, 1990: 1.
② STOW D. "A sort of amateur teacher" WECWC [EB/OL]. https://davidstow.org.uk.
③ THOMAS J B. British Universities and teacher education: a century of change [M]. London: The Farmer Press, 1990: 1-2.

第三章 第一、二次工业革命时期教师教育制度化思潮与实践

凯-沙特尔沃斯对英国教师教育制度做过的突出贡献包括：一是沙特尔沃斯创办的教师训练学院是英国第一所师范学校，并且将培养性格作为师范学校的首要教育目标。二是提出见习教师制的想法并努力付诸实践。如前所述19世纪初，宗教团体开办的慈善性质学校中曾流行导生制，到19世纪40年代时，导生制衰落。后成立的教师训练学院学生少，学习时间短。为了解决初等教育的师资短缺问题，凯-沙特尔沃斯在《1846年备忘录的说明》中提出建立见习制替代导生制，即从学生中挑选出优异者作为见习生，以解决初等教育师资短缺问题。

得益于社会财富的快速积累，英国的大批资本家开始增加对教育包括教师培训的捐赠与资助。这是英国的一大特点。1840年，巴特西师范学院创办（Battesea Training College for Teachers）。巴特西师范学院的运作除少部分得益于政府的投入外，大部分都依靠当时富有的慈善家的捐赠。民众教育思潮主要代表人是兰卡斯特和凯-沙特尔沃斯。

开始，英国政府曾尝试将初等教育国有化，但最终失败；1839年，枢密院教育委员会又提出建立国家师范学校（National Normal School）的建议，但这些努力都因遭到了教会势力的强烈反对而失败。最终，英国试图干预师范教育失败，而转为资助师范教育。1846年，英国枢密院教育委员会发布文件，规定将国库的教育补助金的一部分用于支付教师（特指取得合格证书的教师）的薪水，这一规定改善了教师的收入状况，使得教职的从业者的生活变得更有保障，提高了教师的社会地位，使得从事教职不再是"圣人"奉献的途径，而成为一种职业选择。此外，这一规定促进了师范教育的发展，提高了教师培养的质量。到1890年，英国开设了40多所私人师范训练学院，教学方式和教学环境均有改善，并且有的大学也开始加入其中，开始为初等教师教育提供一些夜间培训。

（五）教师教育政策与制度初建

1870年，《初等教育法》（Elementory Educaiton Act，又称"福斯特法案"）的颁布具有里程碑意义，它标志着英国政府终于在教育领域迈开了重要一步，通过立法掌握了初等小学的开办权，进而正式确立了公立初等教育

制度，拉开了国家办学的序幕。《1870年教育法》标志着由国家控制的教育体制的正式形成，也宣告了教会多年来在教育控制斗争中的失败。1890年，在皇家督导团的调节和影响下，克洛斯委员会的成员终于达成了一致意见：有必要加速培养合格的初等学校教师，并提高师范学院的课程标准，适应教育事业发展需要。为了实现这一点，委员会建议创建附属于文学或人学学院的非教会性质的师范日校化（Training College or Department），弥补存在四十余年的小规模的民办师范学院办学力量不足的状况。这种教师教育制度化思想影响深远。公立日间师资训练学院实行免费制，师范生在接受专业培训的同时可攻读学位。委员会建议这类师范专门化的训练时间为3年。"[①] 1890年，英国政府颁布了《1890年教育法》，要求政府和大学合作开办日间师资训练学院，培养小学教师，这开创了英国师范教育由大学来帮助培养中小学教师的制度性实践。走读制学院已经成了英国最重要的师范教育机构。走读师范学院摆脱教会控制，改变了英国传统的师范教育"师徒制"的特点，采取了和大学学院一样的组织管理形式。

20世纪初期，走读师范学院转变成了各大学的教育系。走读师范学院虽然不对招生进行地域限制，但大部分学生还是主要来自学校所在城市和周边地区。随着走读师范学院学校设施的逐渐完备，建立大学教育系的条件成熟，走读制逐渐被寄宿制取代，这为扩大生源提供了条件。1899年，英国政府设立教育署（Board of Education）作为中央级别的教育管理机构。英国教育署有权管理和领导英国的初等、中等及专业性教育，它的设立使得英国政府可加强对教育的宏观调控。1902年，根据《巴尔福教育法》，英国建立了300余个地方教育当局，成为领导地方教育的直接机构。这样，在教育署和地方教育当局的推动下，19世纪末期，英国公立学校的数量大大增加，发展速度已经超过了教会主导的私立学校，这促使地方教育当局开始了针对公立学校的教师培养。各郡的地方教育当局通过立法（即《1902年教育法》），取得了利用地方开办师范学院的权利。此后，由地方教育当局出资建立师范学院，并

---

① 徐辉，郑继伟. 英国教育史[M]. 长春：吉林人民出版社，1993：178-179.

制定相应的管理条例。1904年,赫里福德郡(Herefordshire)师范学院建立,这是英国历史上第一所地方公立师范学院,它开启了地方教育当局直接开办师范学院的序幕。地方公立师范学院的建立进一步削弱了师范教育领域的教会势力,它贯彻了教育的世俗化方针,摒弃了教育的宗教目的。它的建立标志着英国近代教师教育体系的最终形成。

综上,通过考查两个国家教师教育制度化思潮和实践的并不平坦的过程可以发现,现代教师教育制度的建立是与封建王权和宗教教权长期斗争的结果,是先进教育家和有识之士的教师教育化思想力量积极影响社会的结果,是教育家、教师教育最初的经验积累,是权力者不断调整政策的结果。同时,我们也明显看到不同国家现代教师教育制度建立的步骤、时间、政策内容都具有明显的不同,这也是不同国家、不同历史与文化造成的。

第三节 近代教师教育制度化思潮的若干特征

19世纪是国家近代教师教育制度建立的重要时间段落。经历了两百多年的时间,本研究所涉及的主要国家才逐步建立了近代教师教育制度。从世界范围观察,在此后的一段时间里建立并发展近代教师教育制度成为国际主流教师教育思想,教师教育思想则已经是教师教育制度运动的推动力和产物了。而近代教师教育制度则是伴随着现代国民教育制度的产生而产生的。它们的产生都是那一时期经济与社会发展的产物。通过以上对法国和英国教师教育制度化思潮和实践所做一框架式的考察可以发现,教师教育制度化思潮具有如下特征,这些特征内含着近代国际教师教育的基本思想。

一、思想的先行性

在近代教师教育制度建设中,从文艺复兴开始经历了启蒙时代后,现代化最初过程积累起来的教育观和教师教育观为近代教师教育制度建设打下了基础,体现出思想的先行性。

洛克的教育理论对18世纪法国启蒙思想家的教育思想以及德国理性主义思想家的教育主张也产生了深远的影响。拉夏洛泰、孔狄亚克和爱尔维修都曾受惠于洛克的经验论哲学，相信个人和国家的发展取决于教育，提出国民教育主张。爱尔维修更是在洛克"白板说"的基础上提出了著名的"教育万能论"。至于卢梭，我国研究者指出："洛克教育思想中的不少观点在卢梭那里得到重要的发展，成为西方现代教育的重要思想渊源之一。"① 从洛克身上获益良多的还有著名德国哲学家、教育家康德等人。

洛克的《教育漫话》1693年出版后，很快风行欧洲。到18世纪末，该书在英国出了10版，在德国出了7版，在意大利出了6版，在法国出了5版，② 足见其影响。在整个18世纪，"洛克的教育言论愈来愈被当作权威而引用"。③ 美国教育史学者佛罗斯特说：洛克"生活在17世纪，却对18世纪的欧洲和美国造成了无可匹敌的影响。他的著作讨论了社会政治与教育问题，其中所表达的思想被18世纪的许多伟大人物奉若神明"④。

富兰克林1743年发表的《关于推进英属北美殖民地实用教育的建议》、1749年发表的《关于宾夕法尼亚青年教育的建议》以及1751年创办费城文实学校，都体现了浓厚的功利主义色彩。在《关于宾夕法尼亚青年教育的建议》的行文和脚注里，富兰克林经常大段地引用弥尔顿和洛克等人的原话作为课程计划的依据。

在俄罗斯，罗蒙诺索夫对俄罗斯教育最大的贡献之一就是传播了杰出的斯拉夫教育家夸美纽斯的著作。⑤ 教育学术语分类是罗蒙诺索夫的一项成就，在他的教育学术语分类里有一般教育学概念、教学论概念、教育概念、心理学概念，还有学校管理的内容。其中的术语就是来自夸美纽斯、洛克、卢梭的著作。

---

① 杨汉麟，周采. 外国教育思想通史：第5卷 17世纪的教育思想 [M]. 北京：北京师范大学出版社，2017：310.
② 佛罗斯特. 西方教育的历史和哲学基础 [M]. 吴元训，张俊洪，宋富钢，等译. 北京：华夏出版社，1987：405.
③ 滕大春. 外国近代教育史 [M]. 北京：人民教育出版社，1989：43，56.
④ 佛罗斯特. 西方教育的历史和哲学基础 [M]. 吴元训，张俊洪，宋富钢，等译. 北京：华夏出版社，1987：405.
⑤ 瓦西里耶娃. 俄罗斯国内外教育思想史 [M]. 莫斯科：科学院出版中心，2001：202.

明治20—30年代，德国赫尔巴特教育学派曾是日本言语研究的主流。①日本近代史上的第一部教育法规——学制，是在参考法国、德国、荷兰、英国、美国和俄国的教育制度的基础上制订而成的。1875年，柴田承桂翻译出版了《普鲁士学校规则》，介绍了普鲁士的小学和示范学校的规程。1876年荷兰人方卡斯泰尔翻译了《教师必读》。②

二、教育家的参与性

近代教师教育制度的建立与最初发展是教育家思想与教育政策共同作用的产物，也是基于文艺复兴时代和启蒙时代卓越教育思想的重要成果，还是颁布并实施教师教育政策与经验的结果。

继承并发扬了欧洲文艺复兴时期、启蒙时期的教育思想，这一时期诞生了许多杰出的教育家，法国的拉卡纳尔、库森，德国的赫尔巴特、第斯多惠，英国的凯-沙特尔沃斯，美国的贺拉斯·曼，俄国的乌申斯基，日本的森有礼等。他们以自己的教师教育主张和理论观点，甚至是以教师实践指南的形式推动近代教师教育制度的确立与发展。他们其中的一些人就直接参与甚至领导了近代教师教育制度的确立，像库森和森有礼等。

在这个时间段上，我们更能感受到民族国家政策的重大意义，当然这些政策也受教育家思想的影响，但是毕竟只有这些政策才直接促成了现代教师教育制度的逐步建立。这一时期也是民族国家第一次发挥自己在教育发展、教师教育制度建设方面重大作用的时期。同时，正是由于教育家的参与，这些政策的制定与实践才能促进教师教育制度的确立与发展。

三、教师教育的公共性与初等教师教育制度的奠基性

公共性的概念，是随着近现代社会的发展而形成的。哈贝马斯就曾经指出："公共性本身就表现为一个独立的领域，即公共领域，它与私人领域是相

---

① 梁忠义. 世界教育大系·日本教育［M］. 长春：吉林教育出版社，2000：203.
② 梁忠义. 世界教育大系·日本教育［M］. 长春：吉林教育出版社，2000：382.

对的。"[1] 对于个体而言，公共性意味着在一个敞开的公共领域因他者的存在而获得自我在场的真实体验；对于社会而言，公共性则意味着一种"让公开事实接受具有批判意识的公众监督"[2] 的秩序建构原则与价值理念。

这里把教师教育的公共性与初等教师教育制度的奠基性结合起来论述具有一定的历史逻辑。近代初等教育制度是初等教师教育依靠的公共教育制度资源，而初等教育教师履行的是公共使命，即进行小学教育和教学。他们的工资则是由国民政府当局发放。19世纪后半期，面向世俗生活的义务教育开始普及，标志着国家控制教育权的公共教育制度在西方各国相继确立。初等教师教育除了被用来为工业文明培养劳动者后备军，还要为未来国民提供共同的价值体系。

同时，从整体上说，现代教师教育制度既包括中小幼教师的培养，也包括中小幼教师的继续教育。而近代教师教育制度化是从小学教师培养开始的，因此可以说，初等教师教育便成为现代教师教育制度的起点，对现代教师教育制度而言无疑具有奠基性意义。

教育的公共性是教育现代化的一个核心概念。它代表公共教育的核心价值。对教育公共性的追求是教育现代化发展的核心价值和目标。公共教育则是实现教育公共性的制度保障。因此，教师教育制度的公共性主要表现在：（1）公益性。教师教育的目的是基于对民族情感和共同生活的维护，对良好的社会公共秩序的追求，对人类文化科学与共同价值的认同以及对教育质量与效益的严正承诺。（2）平等性。不论血缘、种族、地缘、性别、贫富等方面的差异，对所有适龄儿童平等开放。（3）集权性。在教师教育制度运行中国家集所有权、投资权、管理权于一身，并以立法的形式保障教师的培养与教师的施教。

公共教育的上述特征由工业社会的时代精神和历史特征决定，政治生活的民主化和经济生活的工业化发展了公共事业的公益性、平等性和国家垄断

---

[1] 哈贝马斯.公共领域的结构转型[M].曹卫东，王晓珏，刘北城，等译.上海：学林出版社，1999：2.

[2] 哈贝马斯.公共领域的结构转型[M].曹卫东，王晓珏，刘北城，等译.上海：学林出版社，1999：195.

性。这一方面表明了公共教育具有巨大的历史进步性,另一方面则揭示了公共教育的特征和内涵具有历史阶段性。教师职业的公共性表现在教师职业涉及社会公众、公共经费、社会资源,其职业会影响社会公共利益,同时教师职业劳动的结果具有社会成员共同消费、利用的可能性。

教师教育的公共性指向近代教师教育的价值层面,即为当时义务的初等教育提供符合国家与社会需要的、服务于所有适龄儿童教育的师资。这样的教师可以"通过学校传递人类社会的一切文明和人类一切价值的来源。学校是一个人为的集体,反映世界上最优秀、最重要的东西,公共教育有益于维系共同政治信仰体系,总体上减少社会暴力程度"[①]。这说明现代化进程中近代教师教育制度是为形成全社会共同的价值观念,为提升全体劳动者的基本素质,适应大工业生产的需要而举办的。在近代,教师教育的公共性在于培养具有为公共教育服务精神的新型教师。这种新型教师具有公共使命,这就是要在近代国家认同、形成价值共识、消除社会冲突以及推动生产力发展方面发挥基础性作用。

德国是确立义务教育制度和公共教育制度最早的国家。1753 年普鲁士政府通过对"教堂司事与教员训练所"的财政援助,使其变为国家的设施,成为德国最初的国家举办的培养小学教师的机构。3 年教育,再进入教师训练所接受 3 年的专业训练,专业训师的人在初等学校毕业后通过考试先进预校,接替教员训练所成为培养初等教育教师的一般方式。

大革命前的法国,国家把公共教育,主要是初等教育委托给教会(尤其是天主教会),使天主教会掌握民众的精神世界,以巩固国王的绝对统治。天主教对法国公共教育的影响非常大。法国大革命后,为了排除旧社会王权及教会的影响,制宪议会于 1789 年将公共教育的管理权划归世俗权力机关。此后,1791 年制定的宪法第 102 条规定:"一切市民共同的、一切人不可缺少的公共教育部分,要创设、组织无偿的公共教育。"从而提出了创设共同的、无偿的公共教育主张,将"共同、无偿的教育"限制在初等教育阶段。孔多塞提出公共权力的正义,雷佩尔提强调孩子的权利。这些思想当时并没有实现。

---

① 沛西·能. 教育原理 [M]. 王承绪, 赵瑞瑛, 译. 北京: 人民教育出版社, 2005: 252-259.

1794年，即法国1789年大革命后的第五年，巴黎师范学校建立，该校的一个宗旨就是建立教学能力得以评价的标准。当时规定，学生在巴黎学习4个月以后就返回原地进行教师培养的实践训练。1808年，拿破仑第一帝国公布了关于培养小学教师的法令。该法令规定小学教师必须接受专门培训，培训工作由国立中学和市立中学师范班承担。1810年，法国国家第一所初等师范学校在斯特拉斯堡建立。此间设立师范教育机关的目的是培养有能力传播近代科学文化知识，拥护资产阶级、反对封建势力的革命的教师，他们是法国大革命的产儿。1832年法国约30所师范学校在雅各宾派政治斗争失败后曾被迫关闭。1831年，法国教育部部长基佐主持制定了"大力发展初等教育和师范教育法"。当时规定，根据哲学教授库森"教师创造学校"的思想，要求所有小学教师必须接受师范教育，决定由各省设立师范学校，由国家在地方设立小学教育鉴定委员会，由国家直接掌握教师资格的标准，废止了1830年以前宗教团体和教会推荐教师、颁发教师证书的权力，构成教师规范意识的基础已不再是教会需要，而是由国家赋予的"公共使命"，凸显了初等教师教育制度的公共性。

1879—1886年，法国教育部部长费里等制定了第三共和国学校事业的法制框架。此时法国政府把免费、义务、世俗的初等教育加以逻辑的整合并使之法制化。法国公共教育的三原则"义务、免费、世俗（中立）"对近代世界产生了很大影响，再次说明了教师教育的公共性，证明了初等教师教育制度的奠基性，初等教师教育制度是现代教师教育制度的起点。

四、教师教育的世俗性

教师教育制度的世俗性与其公共性密切相关。它不仅涉及宗教与社会之间的关系，还涉及宗教与国家之间的关系，这其中的一个基本原则是政教分离，在现代化发展的长时段历史过程中，欧洲很多国家从与宗教的复杂历史关系中渐次摆脱出来，国家机关在实现了世俗化的同时，也带来了法治和民主意志。不过，这本身就是一个复杂而多变的过程，不能一概而论。

在世俗化程度最高的法国，国家规定了严格的政教分离制，对宗教团体施加压力，要求其按照天主教的典范组织成中央集权的教会机构，与国家签订教会协定并接受其调控。《法兰西共和国宪法》第一条第一款明确宣布:"法兰西为一不容分割、世俗的、民主的社会共和国。国家确保不分地域、种族、宗教之所有公民,在法律上一律平等。"在"世俗性"形成的第三共和国时期,政府采取各种立法措施以降低天主教会的政治影响力,并在此基础上同时巩固了共和政权,保护了个人相对教会的自由。世俗原则列入宪法后,在法律实践中主要作为限制国家权力的规范,可在特殊场合,如学校,承认教师对学生服饰的管理权。从结果上看,确实是少数宗教的成员成为法律限制的对象。法国社会本身排斥宗教因素之表象、成为新国民认同的"世俗性"以及作为正式组织之教会的缺失才是令问题变得棘手的关键。法国在"世俗化"过程中突出了法国政府的非神权属性;所有的公权力集中于国家部门,任何宗教权威都不得参与其中。同时,在不构成对公共秩序威胁的情况下尊重信仰自由和宗教自由。1880 年,《两份驱逐修会政令》把耶稣会从法国领土驱逐,并要求其他的修会在三个月之内申请许可,否则就要解散。1882 年,《费里法》规定,所有 6—13 岁的儿童必须在公立学校接受免费、世俗的义务教育;学校的宗教教育改为公民和道德教育;宗教教育只能于学校外、在每周一天的假期中进行。[①] 可见,世俗化的进程一直伴随着共和派的反教权主义。在政治话语中,世俗化本身就是反教权主义实现的手段。在反教权主义看来,教会深刻介入俗世生活并把公共权威作为实现其目的之工具。[②]

与法国相反,在英国,基督教的地位类似国家教会,获得了国家的认可,被允许在社会公共场所从事宗教活动,而国家对其他宗教团体也采取宽容态度,给予其较大的自由度,例如可以直接与地方政府及学校主管部门就宗教课以及其他习俗进行谈判。

而德国可以视为法国与英国之间的某种折中做法,国家与宗教间的关系建立在宪法规定的政教分离以及宗教团体自我决定权的基础上,宗教没有被视为国家权力的威胁,宗教与信仰自由和不受干扰进行宗教活动的自由也得到保障。所以,宗教没有被逐出公共空间,教会的社会福利和慈善活动反而

---

① 朱明哲. 论法国"世俗性"原则的斗争面向 [J]. 欧洲研究,2016,34 (6):127.
② 朱明哲. 论法国"世俗性"原则的斗争面向 [J]. 欧洲研究,2016,34 (6):128.

是公共生活的基本组成部分。

五、教师教育视野的国际性与制度建设基础的民族性

教师教育的国际性是指近代教师教育制度的建立显示出教育视野的国际化特点。现代化先行的国家在其教师教育制度化建设进一步发展中都不约而同地注意加强国家之间的教育政策借鉴以及不同民族国家教育家的教师教育思想和经验的交流。这是近代教师教育制度建设的一个特点。以下仅以国际公认的教育事件做一个概要的叙述。

1831年，法国高等师范学校校长、哲学教授库森为变革并创造更好的教育制度，到普鲁士做教育调查，形成了著名的《关于德意志各邦，特别是普鲁士公共教育状况的报告》，其中就包括普鲁士教师的教育、地位、薪酬等情况，并提交给法国政府。同年，在《关于德意志各邦，特别是普鲁士公共教育状况的报告》影响下，法国教育部部长基佐主持制定了"大力发展初等教育和师范教育的法案"，并于1833年公布实行。该报告不仅对法国，也对美国、日本甚至英国的教育都产生了影响。贺拉斯·曼、亨利·伯纳德和卡文·斯托先后到普鲁士学习、了解该国的教育制度，教师教育制度是其中一个重要的内容。

在美国，继赖沃伦德·霍尔于1823年创立私立中等教师训练班（或称"师范班"）之后，詹姆斯·卡特于1827年创办了私立中等师范学校。1839年在霍尔和卡特的倡议下，马萨诸塞州教育委员会接受了布鲁克斯引进的普鲁士培养教师的模式，在列克星顿建立了美国第一所州立师范学校，后来又建立了另外三所中等师范学校，这些学校成为美国第一批州立师范学校。[①]

随着文明开化思潮的传播，日本在文部省设立前有关欧美教育制度的介绍和研究很早就已经开始。福泽谕吉的《西洋事情》（1866）等书介绍了西洋学校制度的概况。明治维新后，由内田正雄翻译、开成学校出版的《荷兰学制》（1869），小幡甚三郎翻译、庆应义塾出版的《西洋学校规范》（1870）

---

① 梁忠义，罗正华. 世界教育大系·教师教育 [M]. 长春：吉林教育出版社，2000：24.

第三章 第一、二次工业革命时期教师教育制度化思潮与实践

等也都详细地介绍了欧美的学校制度。1871年9月,文部省成立之后,立即着手进行师范教育在内的国民教育制度的创建工作,对新制度取法对象的欧美教育制度进行调查研究。文部省发行的《法国学制》(1873—1876),在颁布后出版。《法国学制》当时受到人们普遍的重视,可见其内容已早为人知。文部省成立后的第二个月即着手收集有关欧美教育制度的文献资料,组织人员对这些资料加以翻译、整理,以备起草《学制》时参考。①

在制度政策互鉴的同时,一些先进教师教育思想和经验的国际交流也对教师教育制度的初建发挥了重要作用。如瑞士著名教育家裴斯泰洛齐的教师教育思想和他积累的宝贵教师培训经验、欧洲和美国的裴斯泰洛齐运动,德国教育家赫尔巴特的教育学理论和他的教师培养实验、蜚声国际的赫尔巴特运动等都对欧美许多国家教师教育制度的建立提供了丰富的启示和理论指引。

在具有国际性视野的同时,近代民族主义又是西方国家政治理论的重要意识形态,由此确定了教师教育初建基础具有无可置疑的民族性。

近代西方社会形成的国家是单一民族的国家。近代民族主义是西方国家政治理论的意识形态。西方民族国家的民族主义强调"对国家的高度忠诚,即把国家的利益高于个人利益或其他团体的利益之上"②。近代初等教育制度、初等教师教育制度建设的民族性主要表征的是从民族—国家利益考量初等教育和初等教师教育制度建设的必要性与紧迫性的。其教育内容上重视本民族语言与文化的学习,重视由国家开办初等教育和初等教师教育机构。

随着民族国家的建立,欧洲的"民族—国家—国民"的概念得到凸显,取代宗教至上的中世纪教会统治对上帝膜拜的是对新型民族国家的爱国主义与忠诚,是教育为民族国家的发展、为全体国民服务。但是由于近代欧洲国家的历史背景和社会发展状况是不同的,所以这些国家国民教育思想的民族性表现也是有所不同的。在对一个国家的教师教育制度的深层认识中,必须关注不同的民族性因素,这是一个无法绕过的要件。以当时世界一些主要发

---

① 梁忠义,罗正华. 世界教育大系·教师教育[M]. 长春:吉林教育出版社,2000:197-198.
② 中国大百科全书出版社《不列颠百科全书》国际中文版编辑部. 不列颠百科全书:第12卷[M]. 北京:中国大百科全书出版社,1999:25.

达国家而论：法国是启蒙主义民族文化，英国是民族经济主义文化，德国是民族文化主义文化，俄国是民族主义文化，稍后的美国是工具主义民族文化。

具体而言，法国是启蒙运动的起源地，崇尚理性，并充满激情。因此，法国大革命后，在革命激情下，旧教会主导的学校组织制度全被废除。在高等教育领域，在崇尚激情的民族性推动下，教育制度改革同样激进和彻底。法国彻底废除了 22 所旧大学和学院，其组织制度也被废除。法国大革命于 1789 年爆发，作为法国历史上最为激进的革命，封建专制制度在革命中被彻底摧毁。在推崇理性的影响下，由于认识到教育对法国国家的意义以及制度对于新教育的价值，法国迅速建立了高等师范学校，培养革命急需的教育和科学干部，师范生毕业后很多被分到南方，作为与封建势力斗争的战士。法国启蒙主义民族文化以其固有的崇尚理性与激情的民族性，推动法国近代教育制度的变迁。

同样，在近代早期的英国，经济民族主义者认识到自身利益与国家利益的关系，怀有对英国民族国家的情感，从经济现代化需要的角度提出发展教育的要求。因此，近代英国公共教育思想主要体现在经济理论中。古典政治经济学开拓者威廉·配第首先提出了国家应拨款发展教育的思想，亚当·斯密以劳动分工为起点，论述了强制教育的必要性。其代表作《国富论》提出了强制性教育的观点。斯密主张，教师的收入应分割为两部分，其中一小部分由国家负担，另外的大部分来自学生的学费和礼金，这样教师既会孜孜教诲，又会获得学生的尊重和爱戴。如果教师的报酬全部来自国家授予的薪俸，教师马上便会陷于怠惰，因为只有竞争才能刺激勤勉进取，而固定的薪俸制抽掉了健康的竞争机制，也败坏了教师们昂扬向上的精神。斯密指出必须运用自由竞争机制来管理学校、教师和学生。斯密认为办教育同样也要有竞争。一是教师之间的竞争，"如果竞争是自由的，各人相互排挤，那么相互的竞争，便会迫使每人努力把自己的工作弄得相当正确"[①]。二是各大学之间也要

---

① 斯密. 国民财富的性质和原因的研究：上卷 [M]. 郭大力，王亚南，译. 北京：商务印书馆，1972：319.

有一定程度的竞争。①

马尔萨斯则从贫穷与教育关系入手，证明了国家对教育有着不可推脱的责任；马尔萨斯、穆勒父子、马歇尔也分别提出了发展国民教育的主张。其中，马歇尔明确指出："资本大部分是由知识和组织构成的——知识是我们最有力的生产力。它使我们能够征服自然，并迫使自然满足我们的欲望。"② 因此，发展改良教育，培养熟练技术工人，对于财富的增长具有重要作用。这些经济民族主义思想对当时英国初等教育制度和教师教育制度的形成发挥了重要影响。德国则急于通过教育促进民族与国家的统一，其民族性表现为从民族文化主义和德国统一的需要来发展初等教育和初等教师教育。

那么，近代教师教育制度建设基础上的民族性是不是排他的、封闭的呢？俄国著名教育家乌申斯基对此做过深刻的阐述。这些论述对于我们认识近代俄国民族主义教育文化会有所启发。

关于公共教育民族性的观点是乌申斯基最杰出的、最深刻的教育思想之一。俄国《教育杂志》1857年第7、8期连续刊载了乌申斯基《论公共教育的民族性》一文，该文深刻地阐述了公共教育的民族性问题。

乌申斯基在该文中首先区别了科学与教育。在19世纪中叶，俄国社会思潮的一个流派——斯拉夫派曾发起了关于俄罗斯科学的民族性问题。它反对俄国的西欧发展道路，把在俄罗斯的农社的社会制度理想化，发展了唯心主义的宗教哲学。该派强调每一民族的科学都应先有自己独特的性质，否定科学的普遍意义。斯拉夫派的这种观点遭到了人们的驳斥。乌申斯基反对斯拉夫派的这一立场。他指出，科学的原理应该带有普遍性、不变性，正如自然、理性和历史的规律本身带有普遍性和不变性一样；一切特殊的、全部的，未经人们所共有心理性证明是正确的东西，在科学中都没有地位，揭示世界规律的科学和世界本身以及人认识世界的理性一样，是人类共同的财富。

乌申斯基指出："每一个文明的民族，只有当她能用真理——这种真理对

---

① 斯密. 国民财富的性质和原因的研究：上卷 [M]. 郭大力，王亚南，译. 北京：商务印书馆，1972：322.

② 马歇尔. 经济学原理：上卷 [M]. 朱志泰，译. 北京：商务印书馆，1964：157.

于一切民族来说永远是真理——去充实科学的时候，才可能对科学起作用。他批评了斯拉夫派建立自己特殊民族的科学的观点，认为这不能使科学进步。①

乌申斯基在分析欧洲教育的共同历史基础时指出，公共教育在成为国家和民族生活的一个组成部分之后，它在每一个民族中都走上了自己独特的道路，因而，每一个欧洲民族都具有自己独特的教育体系。在每一个国家中，在公共教育这一共同的名称下，在很多共同的教育形式下，隐藏着自己关于公共教育的独特概念，这个概念是由于民族的本性和历史而形成的。

在对德、英、法、美等国公共教育进行比较分析的基础上，乌申斯基指出虽然这些国家都有相似的教学形式，教学科目也一致，但教育体系都存在重大差别，这种差别是从每个民族所形成的独特的教育观念中产生的。它能反映出每个民族公共教育的方向，反映出每个民族公共教育所竭力追求的，能够决定公共教育形式的那个没有言明的目的。

乌申斯基肯定了不同国家、不同民族中的教育存在着一些共同的东西。这些东西应当学习、研究和借用。乌申斯基指出："一个民族的公共教育的特性表现得越明显，它就越能自由地向其他民族借鉴自己所需要的一切。"②

乌申斯基既反对盲目地向西欧各国仿效教育制度，又不赞成当时斯拉夫派拒绝学习别的民族的教育经验的观点。这种对待别的民族的教育的辩证态度无疑是十分可贵的。当然，乌申斯基上述观点只能代表当时俄国的进步的教育思想。其时，俄国还有人主张推崇帝制的所谓民族主义。

此后，美国教育的民族性体现在19世纪末的教育工具主义，即从教育是改造并完善社会的工具的立场看待教育与教师教育的制度建设。杜威教育哲学曾对此有过丰富的论述。

上述近代国际教师教育制度化思潮的若干特征实际上代表着现代化过程

---

① 郑文樾. 乌申斯基教育文选 [M]. 张佩珍，冯天向，郑文樾，译. 北京：人民教育出版社，1991：2.

② 郑文樾. 乌申斯基教育文选 [M]. 张佩珍，冯天向，郑文樾，译. 北京：人民教育出版社，1991：66.

中具有奠基意义的最初的基本思想,即近代教师教育的现代性思想、教育家参与教师教育决策的思想、教师教育公共性思想、教师教育世俗性思想、教师教育的国际视野与教师教育民族性思想,这些思想是国际教师教育制度得以建立、教师教育思想而后多元发展的基石。

第四节

科学主义与人文主义两种倾向的博弈：近代教师教育思想变迁的一个新观察点

近代教师教育制度化思潮推动了教师教育制度的确立,但并不是教师教育思想发展的终结,它在现代化的不同历史时期不断变化,高潮迭起。因此,需要不断丰富我们的观察角度。科学主义与人文主义两种倾向的博弈则是本研究探索教师教育思想变迁的一个新观察点。

关于科学主义与人文主义的冲突问题,早在1936年美国著名学者萨顿出版了一本小册子《科学史和新人道主义》。在这本书中萨顿提醒道:科学和人道主义之间存在着严重的隔阂,而这种隔阂将危害整个人类文明。萨顿指出:"我们这个时代最可怕的冲突就是两种看法不同的人们之间的冲突。一方是文学家、史学家、哲学家所谓的人文学者,另一方是科学家。由于双方的不宽容和科学正在迅猛地发展这一事实,这种分歧只能加深。"[1] 科学家一方认为"艺术家和历史学家都是一些毫无用场的梦想家","那些傲慢的文人们,即所谓的人文主义者,喜欢宣称他们起的作用更高级更重要,因为他们的研究对象正是生命中永恒的要素,而科学家们所关心的只是瞬息万变的事物"。[2]

23年后,1959年英国学者C. P. 斯诺做了《两种文化和科学革命》的演讲,揭开了被遮蔽的两种文化之间断裂的现实。"文学知识分子在一极,而在

---

[1] 萨顿. 科学史和新人文主义 [M]. 陈恒六, 刘兵, 仲维光, 译. 北京: 华夏出版社, 1989: 49.

[2] 萨顿. 科学史和新人文主义 [M]. 陈恒六, 刘兵, 仲维光, 译. 北京: 华夏出版社, 1989: 9.

另一极的是科学家,其中最具代表性的是数学家和物理学家。在这两极之间是一条充满互不理解的鸿沟","他们对对方存有偏见,他们的态度是如此的不同,以至于在情感层面上也找不到共同之处"①。

从此,科学文化与人文文化开始在世界范围内展开了热烈的讨论。但是,科学主义与人文主义的冲突或者断裂并不是此时开始的。著名学者默顿在1938年撰写的著作《十七世纪英格兰的科学、技术与社会》中指出:"无论如何,已经证明了由清教主义促成的正统价值体系于无意之中增进了现代科学。"② 早在17世纪,英国新教追求实际效果的价值取向,极大地促进了英国当时科技和社会的发展,至此,科学文化与人文文化开始分庭抗礼,而且科学文化已经在力量方面超过了人文文化,由此也开始了两种文化现代意义上的断裂。在对教师教育思想的历史探索中,我们发现早在19世纪人文主义和科学主义两种倾向的矛盾冲突就有了明显的表现。也正是因为如此,科学主义与人文主义两种倾向的博弈成为研究教师教育思想变迁的一个重要观察点。

一、人文主义与科学主义的滥觞

(一) 关于人文主义

《大美百科全书》对人文主义的定义是:"严格而言,是指文艺复兴时期文学上崇拜的所谓'新学',即希腊罗马学术的再兴。其'新'主要是在于探讨古典著作本身的价值,而不是它们对基督教的效用,并坚信如此的学术研究——而非宗教,才是人类价值的最高度表现,以及发展自由且负责的个人的方法。此名词源自15世纪意大利文的 humanista(人文学者)和 humanities(人文科学)。广义的人文主义是远自古希腊近至20世纪现代的一种概念,具有多样的表现形式,基本上是一种着眼于人类为具有真理和正义之源的既有尊严又富理性之本体的哲学观。人文主义所诉求的终极领域是人类的理智,而非任何外在的权威,其目标是在有限的存在中的最大之善。人

---

① 斯诺.两种文化[M].陈克艰,秦小虎,译.上海:上海科学技术出版社,2003:5.
② 默顿.科学社会学:理论与经验研究[M].鲁旭东,林聚任,译.北京:商务印书馆,2003:183.

第三章 第一、二次工业革命时期教师教育制度化思潮与实践

文主义和宗教、科学或任何特定的政治体制可有亦可无关联,其精神是现世的、宽容的,其学习方法则为教育、自由研究和启蒙。"①

因此,把人和与人有关的事物看作核心、尺度和最高目的的人生哲学,都是真正的人文主义。这种哲学主张被人们广泛地用来认识和解释人性,因为它具有普遍性和永恒性。鉴于它始终注重基于传统之上的更新,所以它有助于人性更加和谐地发展,最终有利于在必要时捍卫可能在某种程度上受到威胁的人的价值。②

文艺复兴时期的人文主义是一种以人为本而不是神本的理性思想,反映了处于上升时期的市民阶层和新兴资产阶级的追求和要求主要关注人和人性,这包括人的尊严、人的价值、人的创造力在各个领域的彰显。人文主义思想就成为文艺复兴运动的中心概念。

其实,现代意义的"文艺复兴"概念是在而后,从启蒙运动时期开始逐渐被建构起来的,文艺复兴的意义开始被不断提升。首先使用现在表示文艺复兴时代英语首字母大写的"Renaissance"一词的是法国史学家米什莱(Jules Michelet,1798—1874)。他在其著作《法国史》第七卷讲述16世纪的历史时用这一词作为标题,并赋予其新的内容。米什莱认为传统的"文艺复兴"一词难以概括16世纪的伟大成就,它不仅仅是一种新艺术和想象力的自由运用;也不仅指它指的是希腊罗马古典研究的发现与传播。米什莱深刻地指出文艺复兴时代的两个意义非凡的发现,即:"……世界的发现和人的发现。16世纪……从哥伦布到哥白尼,从哥白尼到伽利略,从地上的发现到天上的发现。人重新发现了自己。"因此,他使用首字母大写的"Renaissance"一词来表达16世纪"世界的发现和人的发现",即人类精神的觉醒及其成就。这是米什莱思想的深刻之处。从米什莱开始,"文艺复兴"开始演变成一个历史分期的概念,开始被看作欧洲文化史上一个具有独特精神并与中世纪截然对立的时代。但是,需要指出的是,米什莱的文艺复兴观主要局限在16世纪的

---

① 外文出版社《大美百科全书》编辑部,光复书局《大美百科全书》编辑部. 大美百科全书:第14卷 [M]. 北京: 外文出版社,光复书局,1994: 286.

② 杨寿堪,等. 20世纪西方哲学:科学主义与人本主义 [M]. 北京: 北京师范大学出版社,2003: 274-276.

法国，而后布克哈特在此基础上提出了新的综合性解释。但与米什莱，不同的是，布克哈特借用了米什莱创造的"文艺复兴"（Renaissance）一词认为意大利14—16世纪的历史构成了一个欧洲文化史上的伟大时代，远比法国的16世纪重要。①

自14世纪发端的这场意大利文艺复兴运动，特别是由于15世纪君士坦丁堡的陷落，大批研究希腊文化的学者和希腊典籍流入意大利，而被推向了高潮。15世纪后期和16世纪迅速从意大利波及德国、法国、英国和西班牙，乃至整个欧洲。

文艺复兴时期，人文研究与神学研究相对立，强调现实人生的意义，提倡个人自由，重视知识理性。文艺复兴是"一次人类从来没有经历过的最伟大的、进步的变革"。②爱德华·麦克诺尔·伯恩斯说："文艺复兴包括一些当时占统治地位的理想和看法，……但是他们中间最重要的是人文主义。"③

以人文主义为中心概念的文艺复兴是一场反封建主义、反宗教神学和经院哲学的革命。作为一种思想解放运动，人文主义最突出的表现或特征就是从根本上改变了人们的价值观念，使欧洲人从以神为中心转变为以人为中心，促进了人的觉醒，促成了人类理性对自然和自身的觉醒。文艺复兴时期人文主义的最大功绩如米什莱所说是"世界的发现和人的发现"。

这种以人和现实世界为中心的新价值观，打破了大一统的封建神学统治，并逐步渗透到经济、政治、文化、教育、哲学、科学等社会生活的各个领域，使当时的社会发生了全面而深刻的改变。文艺复兴倡导的人文主义，将人置于世界的中心地位，使西方社会对事物普遍原理和原因的探究摆脱了以往宗教神学的束缚。一种新的注重人的经验、主张从对所研究事物的直接观察中得出结论的思维方式开始崭露头角，并取得了科学发现上的突破。人类在确证性知识的把握上，不再依照神学的演绎，而是依靠经验的归纳与证实。观

---

① 刘耀春. 雅各布·布克哈特与意大利文艺复兴：对《意大利文艺复兴时期的文化》的再思考[J]. 四川大学学报（哲学社会科学版），2011（1）：38.
② 中共中央马克思恩格斯列宁斯大林著作编译局. 马克思恩格斯选集：第3卷[M]. 北京：人民出版社，1972：445.
③ 伯恩斯，拉尔夫. 世界文明史：第2卷[M]. 罗经国，等译. 北京：商务印书馆，1987：119.

第三章　第一、二次工业革命时期教师教育制度化思潮与实践

察和实验的方法成为科学家认识世界、把握事物间规律性联系的重要手段。

近代自然科学得益于文艺复兴的思想解放运动，得益于人文主义的崛起而获得极为迅猛的发展，所以有人说"近代自然科学是人文主义的女儿"[①]。文艺复兴时期的人文主义教育主张培养造就完美的人、全面发展的人。它包含着理性精神和科学精神，在很大程度上体现了感性和理性。从 18 世纪开始，启蒙运动的结果是相当于人文主义的新哲学变得范围更广和具有更明显的意义，它一般定义为"赞美人的本性和一种注重现世生活代替中世纪占统治地位的来世生活的价值观"[②]。但另一方面，启蒙运动后由于过分强调理性，片面地对科学进步的欢呼使对科学的崇拜淹没了人对人生意义的追求。这也挤掉了科学后面的人性，加剧了科学世界与人文世界的对立。

19 世纪中期，科学技术推动的第一次工业革命已在欧美国家获得了很大发展。一方面，科学之于生产力提高、经济发展、物质丰富，乃至教育发展，都做出了巨大的贡献。但是，另一方面，教育中的科学主义似有全面压制人文主义之势。由于在实践领域受科学技术和现代工业生产的驱动，科学主义教育本身也被工业化和技术化了。统一的教育内容、统一的课程编制、统一的教学方法、统一的考试标准，制造出统一的"教育产品"。这样的教育批量生产出来的人不关心世界的价值和意义，更遑论人的情感。人们只服膺于功利性目的，充其量只是发育不全的"技术人""工具人"。培养专业人才而不注重一般人的培养——教育思维模式的功利化显露出来，出现了一系列社会性问题。于是，人文主义观点与科学主义、专业主义产生冲突。一些教育家站出来表达了对狭隘专业主义倾向的忧虑、愤懑，提出要培养真正的人、有道德的人，而不是受利益诱惑、金钱至上的人。其中，俄国教育家皮罗戈夫的论述尤为深刻，发人深省。此后，每当科学主义在教育发展中对人的培养造成不利影响时期，就会有人文主义教育家出来揭示其危害，提出新的教育改革思想。总而言之，现代教师教育制度的确立不是结束了不同思想倾向的博弈，而是在不同思想的张力之间不断演化与发展。

[①] 文德尔班.哲学史教程：下卷［M］.罗达仁，译.北京：商务印书馆，1996：472.
[②] 纳尔特.欧洲文艺复兴的人文主义和文化［M］.黄毅翔，译.上海：上海三联书店：2018：8-9.

(二) 科学主义

在古希腊时期,"科学"这一概念与哲学一样,都被视为对事物普遍原理和原因进行探究的一种方法或学问体系。只是到了近代,才产生了实证意义的科学概念。欧洲社会自然科学革命始于 16 世纪左右,17 世纪开始进入蓬勃发展时期,因此,17 世纪也被誉为欧洲历史上"科学的世纪"。英国哲学家罗素(William Russell)就曾指出:"近代世界与先前各世纪的区别,几乎每一点都能归源于科学,科学在 17 世纪收到了极奇伟壮丽的成功。"[①]

那时是社会科学、教育科学的自然科学时代。在近代西方,当自然科学从以神学为基础的经院哲学的束缚下解放出来之后,理性精神被张扬到极致,而理性的绝对化则导致了科学主义的盛行,从而抹杀、消解了人的纯真本性,使人失去了作为主体的意义。与此同时,人文主义思潮再次兴起,要求恢复人的本真存在,反对把人对象化,提倡人文精神。

近代以来,经验主义、唯理主义只是埋头为自然知识寻找理性的基础,却不问人生意义、人的内在精神。哲学本身的古老旨趣是探求人生的意义和归依,这一旨趣必然与科学发生冲突,此时这种哲学显然被近代科学主义的唯理论和经验论挤出了轨道。

在近代,在培根的"知识就是力量"的口号影响下,人对知识的追求偏离原初的善,带上了功利色彩,自然和他人都是实现个人功利的手段。"知识就是力量"这种世界观客观上曾促进了近代国家的发展,结果却造成了知识与德性的分离,心物、主客、灵肉的分裂。科学主义只强调经验事实的证实,无视认识主体的"剧作者"的价值,人的精神实在也被排除了。

休谟提出"事实的知识"来自经验,只有或然性;关于"观念关系"的知识是由理性思维活动获得的,具有普遍必然性和确定性。真理的标准就是感觉本身。他给自己写于 1739—1740 年的著作《人性论》加的副标题为"在精神科学中采用实验推理方法的一个尝试",表达了要在哲学领域用科学驱逐形而上学。休谟指出:"显然,一切科学对于人性总是或多或少地有些联系,任何学科不论似乎与人性离得多远,它们总是会通过这样或那样的途径回到

[①] 罗素. 西方哲学史:下卷 [M]. 马元德,译. 北京:商务印书馆,1976:43.

第三章　第一、二次工业革命时期教师教育制度化思潮与实践

人生。即使数学、自然哲学和自然宗教，也都是在某种程度上依靠于人的科学；……在逻辑、道德学、批评学和政治学这四门科学中，几乎包括尽了一切需要我们研究的种种重要事情。"① 科学主义完成于19世纪中叶法国哲学家、社会学家孔德。孔德指出，人类精神的发展经历了神学、形而上学、科学（又名"实证"）三个阶段。他认为，实证阶段是人类知识的最高阶段。

在教育上，斯宾塞认为科学知识最有价值，创立了普通学校的课程体系，以自然科学为重点，强调了对人生的实际有用性。斯金纳认为教育隶属技术部门，把教学过程看成工艺过程。他提出科学地安排教学工艺，最大限度地提高教学效率的科学主义观点，导致教室与工厂车间的相似效应。

科学主义，又称唯科学主义，在国外曾是一种贬义词，专指那种崇拜自然科学，并把自然科学方法视为唯一有效方法的主张。据英国著名学者哈耶克考察，"科学主义"这个词最早见于1867年默里（Murray）出版的《新英语词典》，意指"科学家的表达习惯和模式"。② 韦莫斯在1944年发表的《科学主义的本质与起源》一书中提出："'科学主义'一词的意义可以理解为一种信仰，这种信仰认为只有现代意义的科学和由现代科学家描述的科学方法，才是获得那种能应用于任何现实的知识的唯一手段。"③ 韦莫斯把科学主义归结为一种科学方法万能论的信念，把科学主义概括为一种关于科学是人类知识中最有价值的信念，科学方法是获取知识的唯一手段。而托姆·索雷认为："科学主义是一种关于科学的信念——特别是自然科学——它认为科学是人类知识中最有价值的部分，之所以最有价值，是因为它是最权威的、最严密的和最有益的。"④

以上这些观点是彼此关联的、互补的，只有将它们整合在一起，才能大体上表征和覆盖科学主义的内涵。

近代以来，科学技术成了一种与人异在的客观力量，反过来窒息着人的

---

① 休谟. 人性论：上册 [M]. 关文运，译. 北京：商务印书馆，1979：6-7.
② 哈耶克. 科学的反革命：理性滥用之研究 [M]. 冯克利，译. 南京：译林出版社，2003：6.
③ 郭颖颐. 中国现代思想中的唯科学主义：1900—1950 [M]. 雷颐，译. 南京：江苏人民出版社，1989：16.
④ 陈其荣. 科学主义：合理性与局限性及其超越 [J]. 山东社会科学，2005（1）：1.

生存的价值与意义。科学崇拜也使教育产生了知识与道德、理论与人性的冲突。科学与人文的冲突，开启了人文主义与科学主义的博弈。这一点在17—19世纪，特别是19世纪引起人们的忧虑与重视。

17世纪开始，一些思想家、哲学家、教育家和学者们就开始为此而不安，发出呼吁重视人、人的尊严、人的思想、人的道德。法国著名哲学家、科学家帕斯卡尔（1623—1662）在他的《思想录》中提出了"芦苇思想论"的著名观点。人是"能思想的苇草——我应该追求自己的尊严，绝不是求之于空间，而是求之于自己思想的规定。我占有多少土地都不会有用；由于空间，宇宙便囊括了我并吞没了我，有如一个质点；由于思想，我却囊括了宇宙"[①]。"思想——人的全部的尊严就在于思想。因此，思想由于它的本性，就是一种可惊叹的、无与伦比的东西。"[②] 卢梭认为，科学甚至文明不会给人带来幸福，只会带来灾难，所以他主张离开社会，返回自然，从与社会文明隔绝的自然中重新找回人的信念、人的尊严。

歌德的《浮士德》则向人们揭示：占有必将伴随着失落，满足伴随着死亡，快乐的顶峰必将是痛苦的深渊，无情地向外追寻必将遇到虚无的困惑。席勒抱怨机器的轮盘使人失去了生存的和谐和理想的青春激情。

18世纪康德的"人为自然界立法"的观点，集中表达了对人的关怀，并把人的主观能动性问题直接提了出来。康德的三大问题可归结为一个问题，即人是什么。康德在科学的认识是如何可能的问题的背后，揭示出更为重要的问题，即人的自由为什么是可能的。在《实践理性批判》的结尾，康德指出："有两种东西，我们对它的思考越是深沉和持久，它们所唤起的那种越来越大的惊奇和敬畏就会充溢着我们的心灵，这就是繁星密布的苍穹和我心中的道德律。"[③] 康德在仰视外部自然璀璨的同时，心中充盈着对人的善的追求。人在康德哲学中是目的而不是手段。

18世纪末19世纪初，德国出现了新人文主义教育。以赫尔德、席勒、歌德、洪堡为代表的"新人文主义"（neuhumanismus）倡导对个体进行全面的

[①] 帕斯卡尔. 思想录 [M]. 何兆武, 译. 北京：商务印书馆, 1995：158.
[②] 帕斯卡尔. 思想录 [M]. 何兆武, 译. 北京：商务印书馆, 1985：164.
[③] 古留加. 康德传 [M]. 贾泽林, 侯鸿勋, 王炳文, 译. 北京：商务印书馆, 1981：141.

精神与道德教育，使之达到最高水平的完满性与自由，主张在教育中尊重人性，重视人性的和谐发展，人的身体和精神的均衡发展，认为教育的主要目的在于充分发展人的一切力量，陶冶人成为完美的人；亦要求注意学习自然科学，重视审美教育，并建议在艺术教育中渗入道德的要素；强调感情的陶冶，用以人格为中心的人性陶冶取代唯理的绅士教养。

康德之后，19世纪人类哲学思想得到了丰富的、多样化的发展，对人的关注成为一个要点。19世纪俄罗斯现代哲学奠基人索洛维约夫在《完整知识的哲学本原》（1877）中写道：任何哲学必须回答的首要问题都是存在的目的问题，无论单个人还是整个人类，都面临这一终极目的，表现了对人生存问题的关怀。他将这一存在的目的问题摆到了俄罗斯民族的面前。[①]

二、教育领域科学主义与人文主义两种倾向的博弈

综合国际有关研究，科学主义与人文主义的不同，似可粗略地归纳为：科学主义认为，科学是探索真理的唯一方法与途径，是推动社会发展的唯一力量；而人文主义则往往是靠主观推理获得结论，这种结论是毫无意义的。教育领域科学主义在教育目的上以国家与社会需求定向，表现出重国家与社会，轻个人，重物质，轻精神的功利主义倾向；在培养目标上重视知识人、科学人、专业人的培养，而非道德人、一般人、完人的培养；在教育内容上重视自然科学知识、技术知识的学习，重理轻文；人文主义倾向与科学主义倾向在教育思想上则相反，主张对儿童精神层面的培养，反对知识的灌输，抨击培养专门人才的导向，强调教育目的是培养人，关心人的价值与人性的向善，十分重视道德教育、个性培养，牵挂人的命运。在教育领域里科学主义倾向往往在科技革命的感召下首先兴起，并明确地提出自己的教育主张。而人文主义倾向则往往是针对科学主义在教育领域的种种主张提出批评，并表达自己的教育思想。人文主义与科学主义两种倾向的博弈推动了这一时期教育思想、教师教育思想的发展，成为内在的发展逻辑之一。

在讨论科学主义和人文主义两种倾向的时候，马克思主义的有关论述是

[①] 刘文飞. 弗拉基米尔·索洛维约夫的思想史意义[J]. 俄罗斯研究，2016（4）：15.

我们分析的理论基础。这些论述很多，其中包括："在社会历史领域内进行活动的全是具有意识的，经过思虑或凭激情行动的，追求某种目的的人。"只有把人"当成他们本身历史的剧中人物和剧作者"，才能达到社会研究的"真正出发点"。"人的思维是否具有客观的真理性，这不是一个理论的问题。""人应该在实践中证明自己思维的真理性，即自己思维的现实性和力量，亦即自己思维的此岸性。"

第四章

现代教育开端的教育哲学和教师教育思想

首先，现代教师教育是现代教育的重要组成部分。所谓现代教育（modern education），是"建立在现代大工业生产基础上的教育"，是"从18世纪起至现在，包括资本主义社会和社会主义社会的教育"。这一时期的根本特点是科学、技术和生产相结合，促进生产力的高度发展，生产工艺的不断变革。[①] 上一章在探讨近代教师教育制度化思潮的时候，曾经提到第二次工业革命的开端和对近代教师教育制度的推动作用。本章主要涉及19世纪的教师教育思想，因此，首先需要从阐释这段时间的重大背景开始。

第一节

第二次工业革命下的社会变动和教师教育理论的觉醒

19世纪60年代的第二次工业革命促进了当时发达国家经济、社会、科学、教育的深刻变化，迎来了一个崭新的历史阶段。

20世纪是历史学界公认的"现代"的起始，本研究涉及的国家由第二次工业革命持续发展进入了更为充满矛盾、危机、变革、发展的时代。这也是教育成为现代教育、现代教师教育思想得以产生的新世纪。

一、关于第二次工业革命

19世纪60年代后期，本研究涉及的国家都先后开始第二次工业革命。这次工业革命远超过一国范围，而是在几个先进的资本主义国家几乎同时发生，其规模广泛，发展迅速。

19世纪随着资本主义经济的发展，自然科学研究取得重大进展。1866年，德国人西门子（Siemens）制成了发电机；1870年，比利时人格拉姆（Gramme）发明了电动机，电力开始用于带动机器，成为取代蒸汽动力的新能源。电力工业和电器制造业迅速发展起来。人类从蒸汽机时代进入了电气

---

① 顾明远.教育大辞典：下册［M］.增订合编本.上海：上海教育出版社，1998：1691.

时代。从此，各种新的科学创造和新技术不断涌现，并被应用于工业生产各个领域，极大地促进了社会与文化的大变动。

首先，第二次工业革命极大地推动了社会生产力的发展，对人类社会的经济、政治、文化、科技和教育都产生了深远的影响。资本主义生产的社会化大大加强，垄断组织应运而生。

第二次工业革命开始时，一些像日本这样的资本主义国家还未完成第一次工业革命，于是就出现了两次工业革命成交叉进行的态势。

第二次工业革命自然科学和生产技术的结合，使科学技术成为生产力发展的直接动力。它呈现出几个值得重视的特点。

（1）第二次工业革命显示出科学技术巨大的历史推动力。

（2）实现科学和技术紧密结合。第一次工业革命时期，许多技术发明都来源于工匠的实践经验，科学和技术尚未真正结合，而在第二次工业革命时期，自然科学的新发展使其开始同工业生产紧密地结合起来，科学在推动生产力发展方面发挥出更为重要的作用。

（3）第二次工业革命推动了经济与社会多方面深刻的变动，取得了一系列重大的成果。

二、第二次工业革命的巨大影响

（一）自然科学的大发展

19世纪是一个智力活动异常活跃的时期，科学、数学和刚刚脱离哲学建立起独立学科的心理学都取得了很大发展。自然科学的发展促发了工业革命，而工业革命反过来又推动了自然科学的大发展。本研究在这里只举出两个例子加以说明。

第一，英国物理学家、化学家迈克尔·法拉第（Michael Faraday，1791—1867）。1831年，法拉第首次发现电磁感应现象，进而得到产生交流电的方法。他因此实现了关于电力场的关键性突破。人类进入了电气时代，以电力的广泛应用为显著特点的第二次工业革命极大地推动了经济的发展，并使资本主义垄断组织产生。总之，19世纪以来，自然科学革命的巨大成绩创造了全新的工业，并深刻地影响着人们的生活方式和思维方式，直接或间接地影响着整个世界。

第二，特别需要指出的是：以"自然选择，适者生存"为核心的达尔文进化论从根本上推翻了"神创学"，将"变化""发展"等观念引入自然科学和社会科学领域，使人类的思想认识发生飞跃。英国博物学家、进化论的奠基人达尔文（1809—1882），于1859年出版了《物种起源》。该书以大量资料证明了形形色色的生物都不是上帝创造的，而是在遗传、变异、生存斗争和自然选择中，由简单到复杂，由低等到高等不断发展变化的，提出了生物进化论学说，从而摧毁了各种唯心的神造论和物种不变论。达尔文"保持思想自由"的主张和"观察—搜集—分析大自然事实"的研究方式，给自然科学家以坚定的信念，使他们不顾宗教势力的迫害和社会愚昧势力的歧视、打击，承前启后，不断地推动自然科学研究的深入与创新发展。同样，这种方法给社会科学研究者以重要启示，促进了最初社会科学方法的形成和社学科学的建立，并对教育研究的方法论产生了巨大影响。

（二）19世纪哲学的重要发展

19世纪哲学争论析售点在于科学方法的本性，以及是否能够或在多大程度上需要采用自然科学观察和实验的方法来理解人类行为和人类社会。实在的本性、知识和道德的基础、个人自由的有限性等议题都得到了系统研究。

19世纪哲学从笛卡儿和培根的近代哲学出发，首先迎来了德国康德、黑格尔的哲学，然后迎来了通过继承与批判黑格尔哲学、费尔巴哈哲学等人类优秀哲学成果而产生的马克思主义哲学，并对世界产生了深远影响。同时，各种思潮的迅速发展也推动了现代哲学的发展。此外，以"回到康德那里去"为口号，主张重新从康德的起点上前进的新康德主义也成为当时哲学的一大流派。

（三）社会科学的形成

欧洲社会大变革、工业革命和城市化的进程，特别是近代西方自然科学和技术革命直接推动了社会科学的最终形成。

社会科学作为以社会现象为研究对象的科学，其宗旨是研究并阐述各种社会现象及其发展规律。其形成的直接原因是在社会革命过程中，人们需要对社会发展规律做出解释，而自然科学的发展又直接促使人们采取各种自然科学的研究方法进行社会研究，因而最终推动了社会科学的产生。

马克思、恩格斯于1848年撰写的《共产党宣言》是本时期社会科学发展的重要标志。本研究特别注意一个影响久远的思想："历史向世界历史的转变。"① "资产阶级，由于开拓了世界市场，使一切国家的生产和消费都变成世界性的了……过去那种地方的和民族的自给自足和闭关自守状态，被各民族的各方面的相互往来和各方面的相互依赖所代替了。物质生产如此，精神生产也是如此。"②

科学技术的进步对人类思想方法和教育研究产生了巨大影响。人们重视科学与合乎科学的思想，特别是生物科学随着达尔文进化论的传播而受到极大重视，严密的观察与有条理地整理资料，被当作科学方法的本质，拒绝根据任何表面现象判断任何事物。在社会科学领域内，思想与风俗习惯都必须仔细而客观地加以考查，找寻足够证据，并把观察到的事物纳入合乎逻辑且系统的理论框架。

社会科学是在19世纪才出现的，但如果没有古希腊的苏格拉底、柏拉图、亚里士多德的追求理性的精神，就不会有第二次工业革命下的社会科学的诞生。这也是一个复杂的继承与创新的学术过程。

19世纪面临的人口激增、劳动条件恶劣、财产的变化、都市化、技术和机械化、工厂制度、参政人数状况等诸多问题，都成为社会科学的重大课题，都几乎立刻成为社会科学的生长点。而实证哲学、博爱精神和进化观点三种思想倾向也影响了刚刚形成的社会科学。

同时，社会科学有力地促进了教育研究方法的变革。在教育领域开始运用自然科学，特别是进化论带来的方法，学校也开始注意以科学方法进行训练，认真从事教学科学研究，这给20世纪初叶的教育研究在内的人文社会科学带来了科学的气氛。

---

① 中共中央马克思恩格斯列宁斯大林著作编译局. 马克思恩格斯选集：第1卷[M]. 北京：人民出版社，1995：89.
② 马克思，恩格斯. 共产党宣言[M]. 北京：人民出版社，1978：28-29.

（四）促进了教育的发展

第二次工业革命在很大程度上提高了人们对教育的认识。科学、工业、商业与技术的进步无不与教育发展紧密相连，教育自身与社会整体不可分割。民族主义的兴起与发达国家都对教育提出新的要求，以及中产阶级对教育的关注和教育与社会关联的新认识，使得人们强烈而不断地要求把教育的目标定为改进社会，推动国家发展，促进普通教育和教师教育的蓬勃发展。

1. 初等教育的持续发展

19 世纪科学技术的进步，第二次工业革命的持续发展，教育成为不能忽视的重大因素。而这个教育"绝不是地主贵族古典课程"。这一时期初等教育超越了其低下社会地位的局限，对当时主要发达国家资本主义经济的迅速发展做出了另一轨教育无法替代的根本性贡献。

2. 教师教育制度逐步形成

经过 18 世纪末至 20 世纪初，在工业革命推动下，发达国家教师教育制度化思潮持续不断，教师教育制度基本形成，并得到初步发展。在近代，国际教师教育制度化思潮特征实际上代表着现代化过程中具有奠基意义的最初的基本思想，即近代教师教育的现代性思想、教育家参与教师教育决策的思想、教师教育公共性思想、教师教育世俗性思想、教师教育视野的国际性与制度建设基础的民族性，这些思想是国际教师教育制度得以建立、教师教育思想而后多元发展的基石。

3. 主要发达国家中学教育开始发展

4. 教育理论研究获得重大发展

第二次工业革命在推动教育实践与教育制度发展的同时促进了教育理论研究获得重大发展，其主要标志就是赫尔巴特教育学带来的教师教育理论觉醒和实验热潮。

三、赫尔巴特对教育科学和教师教育思想与实践的贡献

19 世纪教育发展的一件大事是继裴斯泰洛齐之后赫尔巴特及其学派（Herbartian）建立教育科学和对教师教育理论建设做出了重要贡献。它是 20 世纪初的教育观革新和教师教育理论建设的重要背景。

本书第二章曾介绍过裴斯泰洛齐传承了希腊开始的自然教育传统，重视观察和实验，首次提出教育心理学化的主张，并身体力行地做好课堂教学改革，获得广泛好评。

据载，赫尔巴特曾多次观摩裴斯泰洛齐的课堂教学，并与裴斯泰洛齐会晤。赫尔巴特非常赞赏裴斯泰洛齐的教育思想与实践。受裴斯泰洛齐的影响，赫尔巴特明确强调教育学必须以心理学为基础，把教育发展成一门学术性学科。

本研究主要集中在赫尔巴特对教师教育思想的贡献，认为赫尔巴特开启了一个教师教育理论觉醒的时代，促进了教师教育的实践自觉。前者表现在赫尔巴特的著述中，后者则反映在赫尔巴特及其后继者的教师培养实验工作中。赫尔巴特的《普通教育学》（1806）的出版标志着教育学已经成为一门独立的学科。

赫尔巴特的著述中首次系统地阐释了教师为什么而教、教师应秉持的教学原则是什么、教师应具备怎样的学生观、教学的内容是什么、教师应采用什么样的教学方法、教学过程有哪些阶段、教师应按照什么样的教学顺序展开教学、教师对学生和自己应持有怎样的态度等方面的教育与教学问题。这些回答成为培养新教师和在职教师的实践哲学。赫尔巴特的代表作《普通教育学》就成为那个时代教师与教师教育的指南。正如杜威所说，"赫尔巴特的伟大贡献在于使教学工作脱离陈规陋习和全凭偶然的领域。他把教学带进了有意识的方法的范围，使它成为具有特定目的和过程的有意识的事情，而不是一种偶然的灵感和屈从传统的混合物。而且，教学和训练的每一件事都能明确规定，而不必满足于终极理想和思辨的精神符号等模糊的和多少有些神秘性质的一般原则"[①]。

（一）作为教师教育指南的赫尔巴特的《普通教育学》

作为教师教育指南的赫尔巴特的《普通教育学》主要解决了脱离教学工作陈规陋习和全凭偶然操作的问题，把教学带入了教师有主动意识的、有方法和原则的新时代，使它成为具有特定目的和过程的有意识的事情，而不是

---

① 杜威. 民主主义与教育［M］. 王承绪, 译. 北京: 人民教育出版社, 2001: 80-81.

一种偶然的灵感和屈从传统的混合物,因而也就成为教师教育的专有内容。

综合已有研究,这一指南主要有以下九方面内容。

1. 教师为什么而教,这是一个根本性问题

教师首先要认识教育的目的,教师在目的统领下开展教学与训育工作。赫尔巴特把教育目的划分为"必要的目的"和"可能的目的"。

必要的目的是指与儿童养成内心自由、完善、仁慈、正义、公平等道德观念有关的目的,是道德,这是教育的最高目的。

所谓"可能的目的",或称为"选择的目的",是与儿童未来要从事的职业有关的目的。"兴趣是同欲望、意志和审美有共同之处的,是同漠不关心相对立的。"[①]

在教学的过程中,兴趣是首要的目的。因此,教育者要培养学生多方面的兴趣,使其一切能力得到和谐的发展。这就是教育的可能的目的——"平衡的多方面兴趣",这是赫尔巴特的"教育目的的第一部分"。

2. 教育学应该以心理学为理论基础

赫尔巴特在教育史上第一个明确提出:"教育学作为一门科学,是以实践哲学和心理学为基础的。前者说明教育的目的,后者说明教育的途径、手段与障碍。"[②]

教师应如何管理儿童?这是每一位教师从上课伊始就要面对和解决的问题,但是这个问题并没有得到专门研究。赫尔巴特在洛克白板说的基础上指出儿童生来并无意志,有的只是一种不服从的烈性。"这种烈性就是不守秩序的根源,它扰乱成人的安排,并把儿童未来的人格本身也置于种种危险之中。"[③]

3. 提出一系列儿童管理方法

为了让教师更加顺利地实施教育与教学,赫尔巴特强调对儿童的管理,

---

① 赫尔巴特. 教育学讲授纲要 [M]. 李其龙,译. 北京:人民教育出版社,2015:3.
② 赫尔巴特. 普通教育学·教育学讲授纲要 [M]. 李其龙,译. 杭州:浙江教育出版社,2002:187.
③ 赫尔巴特. 普通教育学·教育学讲授纲要 [M]. 李其龙,译. 杭州:浙江教育出版社,2002:24.

但"管理并非要在儿童心灵中达到任何目的",而是为了保证教学与训育的正常开展,提出了包括监督、威胁、惩罚、权威与爱等一系列儿童管理方法。赫尔巴特把儿童管理放在《普通教育学》的第一部分。以曾经做过老师的身份来理解,笔者认为可能是因为教师若不能走近儿童并把儿童管理好,那就连教学过程都无法开始,何谈教学与训育呢?这也可能是一种实践哲学的反映吧。

4. 提出教育性教学的原则

赫尔巴特提出教育性教学原则。教育在这里指的是道德教育。赫尔巴特认为:"不存在'无教学的教育'这个概念,正如反过来,我不承认有任何'无教育的教学'一样。"[①]

赫尔巴特根据其心理学理论,论证了教学是形成道德观念的最基本的手段。他在西方教育史上第一个明确地提出"教育性教学"的概念。他所说的"教育性教学",就是说任何教学都必须具有教育性,教育不能离开教学。"教学如果没有进行道德教育,就只是一种没有目的的手段;相反,道德教育(或者品格教育)如果没有教学,就是一种失去了手段的目的。"赫尔巴特对教育与教学关系已经有了超出同时代的认识。教育性教学的基本思想,已为现代教育学所承认,并得到进一步发展。

5. 教师应当教什么?根据学生的六种兴趣提出六种教学内容

赫尔巴特根据他提出的多种兴趣理论把人的兴趣分为两大类,每一类又分为三种;应设置与每一种兴趣相适应的课程,以便发展各种兴趣。第一类兴趣属于认识自然现实的,是知识的兴趣。它包括经验的兴趣、思辨的兴趣和审美的兴趣。第二类兴趣属于认识社会生活的,是同情的兴趣。经验的兴趣是关于认识事物"是什么"的兴趣,与之相适应的学科是自然科学,如物理、化学、地理等。思辨的兴趣是关于思考事物"为什么"的兴趣,与之相适应的学科为数学、逻辑学、文法。审美的兴趣是对事物美丑善恶进行评价的兴趣,与之相适应的学科是文学、唱歌、图画。同情的兴趣是关于人类交

---

① 赫尔巴特. 普通教育学·教育学讲授纲要 [M]. 李其龙, 译. 杭州: 浙江教育出版社, 2002: 38.

际知识的兴趣,与之相适应的学科是外国语和本国语。社会的兴趣是关于民族和社会知识的兴趣,是同情的兴趣的扩展,与之相适应的学科是历史、政治、法律。宗教的兴趣是关于研究人与上帝关系的兴趣,与之相适应的学科是神学。

6. 教学形式阶段论

赫尔巴特认为,兴趣活动可以划分为注意、期待、要求和行动四个阶段。[①] 儿童在学习活动中的思维过程主要有专心和审思两种,专心是集中地认识事物,审思是将专心得到的知识进行同化,是道德教育的基本途径,即通过教学来进行教育。

7. 教师怎样进行教学?赫尔巴特提出四段教学法

赫尔巴特细致地研究了教师向学生传授知识和学生获得知识、形成观念的具体过程,提出关于教学过程的"形式阶段"理论。在赫尔巴特看来,课堂教学要围绕着明了、联想、系统、方法四阶段进行。[②]

8. 教师的教学方法进程理论

赫尔巴特把经验主义和理性主义相结合,并在此基础上提出了从感觉经验开始,经过分析和综合,最后达到概念的教学方法进程。

统觉[③]过程大体上具有三个环节,即感官的刺激、新旧概念的分析与联合、统觉团的形成。与此相适应,应当有三种不同的教学进程。

(1) 单纯提示的教学。"我们可以从目及的视野中获得材料,通过对邻近世界的描述来扩大眼界。我们可以由周围年长者的生活线索把儿童引导到其

---

① 赫尔巴特. 教育学讲授纲要 [M]. 李其龙, 译. 北京: 人民教育出版社, 2015: 48.
② 赫尔巴特. 教育学讲授纲要 [M]. 李其龙, 译. 北京: 人民教育出版社, 2015: 44.
③ 统觉是赫尔巴特教育学的术语,指意识观念由无意识中选择那些能通过融合或复合而与自身原有观念化为一体的观念的同化过程。其基本含义是,当新的刺激发生作用时,表象就通过感官的大门进入意识域上,二者的联合就进一步巩固了它的地位。而统觉发生的条件,主要是指兴趣。兴趣赋予统觉活动以主动性。当观念活动对事物的特性产生了兴趣时,意识域上的观念出现高度活跃状态,更易唤起原有的观念,并争取到新的观念的引入。也就是说,学习存在于观念的联合之中。这种联合借助于统觉和抽象化手段发展成为富有意义的观念团。赫尔巴特认为,任何观念的存在都不是孤立的,总是与其他观念相互联系,组成一个观念团,这个观念团通过统觉过程把与之相一致的新观念吸收进来。观念团随着统觉过程而不断扩大和完善,最终形成统觉团。统觉团是观念体系的最终形式,是心灵发展的最高阶段。赫尔巴特的统觉说,启示教师在教学上应使学生实现新旧知识结合,使新知识纳入学生知识体系中。这种统觉沟通新旧,便于学生理解并扩大观念团,提升知识结构的水平。

第四章 现代教育开端的教育哲学和教师教育思想

出生以前的时代。凡是与儿童以往观察到的相当类似并有联系的一切，我们一般都能通过单纯的提示使儿童感知到。"①

（2）分析教学。"分析教学在单纯提示教学基础之上，通过分解其所遇到的特殊现象，上升到一般的领域。因为特殊是从一般中抽出来组成的。"②"应切记逻辑与组合学说之间的关系，并切记，对一个人视野中事物的组合进行分析，可以指明逻辑的一般性，从而增加一个人对于其他新的观念的可接受性，在这些观念中，已知的成分能以其他形式并同其他成分组合在一起出现。"③

（3）综合教学。"综合教学必须照顾两个方面，必须提出成分并构成它们的联合。这里的'构成'不是完全完成。因为完成是无止境的，这种综合的应用在经验学科中尤为普遍。但是，他认为从多方面致力于这种综合可以使人找到认识实用科学的道路。而在这些科学中，假如一系列的概念可以用于说明一系列现象的话，那么综合就是其媒介。"④

9. 训育艺术

赫尔巴特提出了一些训育措施，更提出了训育的艺术。"通过应得的赞许给儿童以快乐，这是训育的出色的艺术。这种艺术很难能教给谁，但是真心热爱这种艺术的人是比较容易得到它的，同样是有一种不愉快的艺术，即给儿童的心灵造成一定的创伤。我们不可蔑视这种艺术。当儿童不听简单的训话时，它常常是不可缺少的。但是，教育者必须自始至终用温和的感情来控制它，同时使人原谅它，使它得到宽容；而且只是为了克服学生的傲慢顽固时才应用它。"⑤

以上九项内容是赫尔巴特在 19 世纪初期提供的教师指南和教师教育指南。这一指南开启了近代教师和教师教育的有意识的主体实践活动，标志着教师教育制度化过程中教师教育的理论觉醒时期的到来。赫尔巴特的教育哲

---

① 赫尔巴特. 教育学讲授纲要 [M]. 李其龙，译. 北京：人民教育出版社，2015：70-71.
② 赫尔巴特. 教育学讲授纲要 [M]. 李其龙，译. 北京：人民教育出版社，2015：72.
③ 赫尔巴特. 教育学讲授纲要 [M]. 李其龙，译. 北京：人民教育出版社，2015：72.
④ 赫尔巴特. 教育学讲授纲要 [M]. 李其龙，译. 北京：人民教育出版社，2015：75.
⑤ 赫尔巴特. 教育学讲授纲要 [M]. 李其龙，译. 北京：人民教育出版社，2015：140-141.

学，特别是他的教育目的论在那个时代是很丰富很深刻的。

（二）赫尔巴特教育目的论

赫尔巴特的著述把兴趣作为教学目的，把思想范围①作为认知建构的基础、反对教师的园丁说等观点都是超出前人的卓见。而最重要的是赫尔巴特提出了教育目的理论，这是促使教师教育理论觉醒的关键问题。因为理解并实施教育目的是教师教育永久的问题，教育目的是指引教师工作的指针，是规划教师教育的出发点，是教师教育研究的基点。把握教育目的是教师教育理论觉醒的标志。

我们研究赫尔巴特的教育目的论应该回归到他的《普通教育学》《论世界的美的启示为教育的主要工作》《教育学讲授纲要》等著作，也应当充分了解赫尔巴特和他的学生们所进行的教师教育实验的深远意义。

在赫尔巴特之前，教育学家们通常把道德教育和教学分开进行阐述，教育和教学通常被赋予不同目的和任务。

康德认为，"根本目的并不因此就是最高目的，它们中间就理性完善的系统统一性而言只能有一个最高目的。因此，它们要么是终极目的，要么是作为手段必然属于终极目的的从属目的。前者不是别的，就是人的全部规定，而探讨这种规定的哲学就叫作'道德'。受到康德影响，赫尔巴特不仅提出教育目的的问题，还进一步把教育目的划分为两类。一类是可能的目的，这类目的要求发展儿童多方面的兴趣，使一切能力得到和谐发展②。一类是指必要的目的。这是教育所要达到的最高目的，也就是要养成内心自由、完善、仁慈、正义和公平五种道德观念。赫尔巴特在论述教育目的时曾明确指出："从教育的本质来看，统一的教育目的是不可能产生的。"这里，赫尔巴特以"教育者要为儿童的未来着想"为依据，认为不可能有统一的教育目的。他指出，"人的追求是多方面的，所以教育者所关心的也应当是多方面的"。与儿童未来从事的职业有关，是教育者当前应该关心的问题。但是，"大家都必须热爱

---

① 在赫尔巴特看来，思想范围在道德性格形成中具有基础作用，它不仅包括知识的积累，还包括理性、情感与价值观的积累，是一种情感与认知交织在一起的人的综合性的生态阈限。
② 赫尔巴特. 普通教育学·教育学讲授纲要[M]. 李其龙，译. 杭州：浙江教育出版社，2002：38.

一切工作，每个人都必须精通一种工作。但是，这种专一的精通是各人所意向的事情，而多方面的可接受性，只能产生于个人从一开始就做出的多方面的努力之中，这就是教育的任务。[1] 因此，我们把教育目的的第一部分叫作兴趣的多方面性，但我们必须把兴趣的多方面性同过分强调多方面性，即许多事情都浅尝一下，区别开来。

与此同时，赫尔巴特又强调必要的目的，指出"教育的整个任务可以概括于道德概念之中"。培养有美德的人作为最高教育的目的，包括一切次要目的在内。学生只掌握知识和技术是不够的。赫尔巴特提醒我们："一个人的价值不是用他的才智来衡量的，而是用他的意志来衡量的。""道德只有在个人的意愿中才有它的地位，所以我们当然先应该这样来理解：德育绝不是要发展某种外表的行为模式，而是要在学生的心灵中培养起明智及其适宜的意愿来。"[2]

以上这两类目的看来似乎是矛盾的，赫尔巴特正是从破解这两类目的的矛盾中展开了自己的教育目的的思想。

赫尔巴特本人在《普通教育学》中就直接提出了教育目的阐释的矛盾性。"诚然，最严重的困难存在于教育目的本身的两个主要部分之间。多方面性怎么能接受道德的严格限制呢？"[3]

首先，赫尔巴特认为脱离多方面兴趣的可能目的，"假如仅仅向上看到我们的最高目的，那么个性与人世间的多方面兴趣通常就会被遗忘掉，直到不久之后连最高目的也被遗忘为止。当人们迷蒙地把道德置于对超验力量的信仰中时，那么支配世界的实际权力与手段就会落到无信仰者的手中"[4]。这样，任何一种教育目的都会落空。所以，多方面兴趣的可能目的不可抛弃。

"我们把教育目的的第一部分叫作兴趣的多方面性。我们必须把兴趣的多

---

[1] 赫尔巴特. 普通教育学·教育学讲授纲要 [M]. 李其龙, 译. 北京：人民教育出版社，2015：31.

[2] 赫尔巴特. 普通教育学·教育学讲授纲要 [M]. 李其龙, 译. 北京：人民教育出版社，2015：31.

[3] 赫尔巴特. 普通教育学·教育学讲授纲要 [M]. 李其龙, 译. 北京：人民教育出版社，2015：35.

[4] 赫尔巴特. 普通教育学·教育学讲授纲要 [M]. 李其龙, 译. 北京：人民教育出版社，2015：35.

方面性同过分强调多方面性，即许多事情都浅尝辄止区别开来。因为意愿的对象、意愿的各个方向都不比其他东西更使我们产生兴趣，所以为避免弱点与优点的并列，我们还得补充一个限制词：平衡的多方面兴趣。由此我们可以得到通常的一种表达：一切能力的和谐发展。与此相关联就产生了这样的问题：心灵能力的多方面性意味着什么？各种能力的和谐发展又意味着什么？"① 这种反问使读者陷入沉思：心灵在哪里？能力和谐发展根基在哪里？

赫尔巴特对此做了明确的回应："个性有许多，但多方面性的观念只有一个。各种个性都全部包括在多方面性中，就像部分包含在整体中那样。"② 而包含在多方面性中的个性核心就是道德。教师要使道德成为多方面兴趣的核心，使学生具有和谐发展的意志力量。由此，赫尔巴特得出结论："所以，使绝对明确、绝对纯洁的正义与善的观念成为意志的真正对象以便使性格内在的、真正的成分——个性的核心——按照这些观念来决定性格本身，放弃其他所有的意向，这就是德育的目标，而不是其他。"③

赫尔巴特认为："有道德的人自己命令着自己。"④ 在他看来，一个人必须在道德困境中听从自己内心审查者的命令，有道德的人是一个能够根据人性的普遍法则来判断自己意志的人。但是，学生的自我道德判断能力不是天生形成的，需要通过后天教育来培养。教师必须影响学生的选择，因为教育的自主性是通过"他律"实现的，换句话说，一个人通过教育协调思考和行动的能力是可能的。

"德育绝不是要发展某种外表的行为模式，而是要在学生心灵中培养起明智及其适宜的意志来。"⑤ "个性越广泛地与多方面性融合在一起，性格就越

---

① 赫尔巴特. 普通教育学·教育学讲授纲要 [M]. 李其龙，译. 北京：人民教育出版社，2015：31.
② 赫尔巴特. 普通教育学·教育学讲授纲要 [M]. 李其龙，译. 北京：人民教育出版社，2015：39.
③ 赫尔巴特. 普通教育学·教育学讲授纲要 [M]. 李其龙，译. 北京：人民教育出版社，2015：32.
④ 赫尔巴特. 赫尔巴特文集：教育学卷2 [M]. 李其龙，郭官义，等译. 杭州：浙江教育出版社，2002：180.
⑤ 赫尔巴特. 赫尔巴特文集：教育学卷2 [M]. 李其龙，郭官义，等译. 杭州：浙江教育出版社，2002：31.

第四章　现代教育开端的教育哲学和教师教育思想

容易驾驭个人。"① 个性与多方面性的融合,"这里浮现在我们眼前的不是个别目的的一定数量(个别目的论在什么地方都是我们事先无法知道的),而主要是成长着的人的活动,即他那内在的和明显地表露出来的活动力与敏捷性的和。这种总和越大,越充实,越广泛,越和谐,就越完美,而我带着善意要去实现目的的把握就越大"②。

"总而言之,教育目的可以区分为未来成人的——既非教育者,又非儿童的——意向目的和道德目的。"

以上,本研究试图以赫尔巴特在《普通教育学·教育学讲授纲要》里的关于教育目的的表述文本回答两种教育目的的矛盾关系,进一步了解赫尔巴特关于教师为什么而教思想的理论背景。

同时请注意,赫尔巴特又强调:"人的价值虽然不存在知识而存在于意愿之中,意愿扎根于思想范围之中。"③ 这里,赫尔巴特又把道德连接到教育教学的各个方面,高度重视人的道德养成,促成了赫尔巴特教育目的论的逻辑自洽。但与康德不同的是,赫尔巴特没有把道德看作一种先验的绝对命令,而是将道德看作一种可以生长的精神力量,这和康德哲学的先验自由不同,认为学生具有"意志转化为道德的可塑性"④。

道德教育的最高目的是培养儿童明辨是非的观念以及相应的意志力,使儿童具有"绝对清晰、绝对纯粹的善与正义的观念"⑤,让儿童把"所有任意的冲动推回去"⑥。赫尔巴特认为:"我们可以将教育唯一的任务和全部任务概括为道德。"⑦ 1835 年在《教育学讲授纲要》中,赫尔巴特也指出:"德行

---

① 赫尔巴特.赫尔巴特文集:教育学卷 2 [M].李其龙,郭官义,等译.杭州:浙江教育出版社,2002:39.
② 赫尔巴特.赫尔巴特文集:教育学卷 2 [M].李其龙,郭富义,等译.杭州:浙江教育出版社,2002:39.
③ 赫尔巴特.教育学讲授纲要 [M].李其龙,译.北京:人民教育出版社,2015:10.
④ 赫尔巴特.教育学讲授纲要 [M].李其龙,译.北京:人民教育出版社,2015:3.
⑤ 赫尔巴特.教育学讲授纲要 [M].李其龙,译.北京:人民教育出版社,2015:3.
⑥ 赫尔巴特.教育学讲授纲要 [M].李其龙,译.北京:人民教育出版社,2015:260.
⑦ 赫尔巴特.赫尔巴特文集:教育学卷 2 [M].李其龙,郭官义,等译.杭州:浙江教育出版社,2002:177.

是整个教育目的的代名词。"①

抓住这个论断说开去，可以认为教育多方面的全部工作，其多种兴趣都与道德紧密联系。道德的确是教育的最高目的，甚至是"整个教育目的的代名词"，但道德也应贯穿教养的其他部分，建立根植于多方面的道德，是其"教育性教学"的思想基点。赫尔巴特指出个性是教育的起点，兴趣是教育的直接目的，道德是教育的必要目的。这两种目的逻辑统一于教育的最高目的——道德中。所以，赫尔巴特强调："教学的最终目的虽然存在于这个概念——德行之中，但是为了达到这个最终目的，教学必须特别包含较近的目的，这个较近的目的可以表达为'多方面的兴趣'。"②

赫尔巴特十分崇敬康德，他不止一次地自称为"康德派"。"有两样东西，越是经常而持久地对它们进行反复思考，它们就越使心灵充满常新而日益增长的景仰和敬畏：我头上的星空和我心中的道德定律。"这是康德的名言。我们能在赫尔巴特的教育目的论中看到康德思想的影子。

赫尔巴特高度重视儿童的可塑性，注重儿童精神及道德的发展。康德宿命论不承认学生是可以变化发展的，也不相信教育学，根本不接受"由不定型向定型过渡的可塑性的概念"③。赫尔巴特则反其道而行之，他明确指出："教育作为一门科学，是以实践哲学和心理学为基础的。"④ 赫尔巴特的观点是："教育学的基本概念则是学生的可塑性。"⑤ 正是基于学生的可塑性，在实践哲学基础上，赫尔巴特提出了上述道德教育目的。

另外，我们还应看到1871年德意志完成统一之前，德国资本主义经济发展还很迟缓，封建力量还很强大，新兴资产阶级力量还很软弱。在这一背景下，赫尔巴特重视儿童个性，"把学生个性作为出发点"⑥，无疑具有进步意义，他的教育目的论对推动教师教育理论觉醒有重要意义。但是，赫尔巴特

---

① 赫尔巴特. 教育学讲授纲要 [M]. 李其龙，译. 北京：人民教育出版社，2015：9.
② 赫尔巴特. 论世界的美的启示为教育的主要工作 [M] // 张焕庭. 西方资产阶级教育论著选. 北京：人民教育出版社，1979：259-260.
③ 赫尔巴特. 教育学讲授纲要 [M]. 李其龙，译. 北京：人民教育出版社，2015：3.
④ 赫尔巴特. 教育学讲授纲要 [M]. 李其龙，译. 北京：人民教育出版社，2015：3.
⑤ 赫尔巴特. 教育学讲授纲要 [M]. 李其龙，译. 北京：人民教育出版社，2015：3.
⑥ 赫尔巴特. 教育学讲授纲要 [M]. 李其龙，译. 北京：人民教育出版社，2015：3.

所倡导的上述道德观念只能局限于个人道德的完善。康德认为:"教育不应该让儿童继续追求一切形式上的欲望与幻想,在心灵之中必须有某些关切的东西,关切我们自己、同我们一起成长的他人与世界之至善。"[①] 康德的实践性教育观点已经从个人道德私域上升到全社会公共范畴。在这点上,赫尔巴特没有达到康德的高度。

尽管如此,赫尔巴特的教育目的论毕竟使教师的实践成为真正的实践,具有深刻的理论基础。因此,教师的工作成为有意识、主动、系统、有步骤的实践。这为那个时期正在逐渐建立的教师教育制度下教师的培养与培训提供了理论与实践的参照,对国际社会产生了广泛而深刻的影响。

(三)赫尔巴特及其学派的教师教育实验

教育实验在当时的德国也是一种教育思潮。1879年,德国心理学家冯特曾在莱比锡大学创设了世界上第一个心理学实验室,在思想和方法上为实验教育思想提供了可以直接借鉴和吸取的东西。

赫尔巴特在《教育学讲授纲要》中阐述了教育实验对发展科学教育理论的重要性。"科学的教育学只能建立在经验之上。然而,这种经验绝不是那种直觉经验,因为直觉的经验并不具备科学意义上的真实性,什么不是真实的,每个人都是凭他的经验来说的。"[②] 因此,赫尔巴特主张具有科学意义上的经验必须来自实验。他说:"但愿那些很想把教育基础仅仅建立于经验之上的人们,对其他的实验科学做一番审慎的考虑;但愿他们认为值得去了解物理与化学;这一切无非是为了确定某一个个别原理在经验范围内所能达到的最大作用。"[③] 赫尔巴特把教育研究同实验科学,尤其是物理学和化学研究相比较,说明科学的教育学必须建立在实验研究的基础之上。

在哥尼斯堡大学,赫尔巴特还创办了一个教育科学研究所和实验学校。所有这些最终使得教育学从哲学中独立出来,成为科学共同体中的一员。更可贵的是,哥尼斯堡大学的教师培训机构成为教师教育实验的先驱,主办者

---

① 康德. 康德论教育 [M]. 李其龙,彭正梅,译. 北京:人民教育出版社,2017:54.
② 康德. 康德论教育 [M]. 李其龙,彭正梅,译. 北京:人民教育出版社,2017:65.
③ 康德. 康德论教育 [M]. 李其龙,彭正梅,译. 北京:人民教育出版社,2017:65.

以赫尔巴特教师教育指南性质的著作指导教师培训。

赫尔巴特的学生齐勒尔（1817—1882）曾在莱比锡大学学习，1864 年成了莱比锡大学的教授。第二年，他发表了他的《教育性教学原理的基础》，赫尔巴特学派运动，可以说正是从该著作出版开始的。齐勒尔是莱比锡大学的教育学教授，他在莱比锡大学建立了一所实验学校和一个推广赫尔巴特学派思想的研究中心。他的研究班和实验学校开办于 1863 年，并在他担任教授职务期间一直开办。1868 年，齐勒尔和另一个杰出的赫尔巴特学派的学者斯托伊联合，建立了科学教育学学会。这个学会把赫尔巴特学派的思想传播到整个德国。它在德国的每一个州都建立了许多分支，主办了一部年鉴，并促进有关赫尔巴特学派的思想和实践的讨论、实验和出版。1876 年，他发表了《普通教育学讲演》。

齐勒尔的学生耶拿大学教授莱因（W. Rein，1847—1929）的工作为 19 世纪末和 20 世纪初赫尔巴特学派培养教师定下了模式和基调，莱因给 19 世纪末、20 世纪初迅速增多的师范学院提供了一个翔实而清楚的教学计划，使这些学院能够很容易并有信心地引导其训练对象。莱因 1878 年与人合作撰写了《初等学校的教学理论和实践》。他在 1890 年写了《教育学大纲》。1894—1905 年，他设计和编辑了《教育学百科手册》。特别是他主办的《耶拿大学教育学研究班通报》，从 1888—1918 年几乎每年都出版，包括理论和学校实践的新闻和论文，是当时教师教育的重要资源。耶拿大学成为继伊佛登大学之后，世界教师培养和教育学研究中心。1896 年，一位佩服他的美国人写道："莱因博士已经使耶拿的教育学研究班成为欧洲最著名的教育学研究班，来自各文明国家的学生们云集到他的门下。"正当教师和培训教师的人们，特别在讲英语的地域中，正在寻找这样一种提供思想方法和全面看问题的观点时，赫尔巴特学派的莱因给这个时期的教师教育提出了一个言之有理和成体系的方法。

此外，克利斯蒂安·乌福尔 1882 年出版的《赫尔巴特教育学引论》对教师培训产生了重要作用。它被形容为"成千上万名教师走过的桥梁"。[①]

可以说，赫尔巴特及其追随者的教师培训的长期实验与实践为那一时期正在建立的教师教育制度提供了目的明确的、系统的教育教学实践的蓝图。

在第二次工业革命的条件下，教育面临如何成为社会改造的推动者、自身改革的发起者；教师如何改变传统的教学思想和方法，如何实现课堂的民主与进步；如何创立不同于以往时代的包括中学教师在内的教师教育；如何进一步探讨教师在社会发展和教育改革中的地位与作用等问题。

这一时期，不同教育家都对上述问题都从不同角度做了回答，他们的教师教育思想得到了充分的显示。这就是现代教师教育思想发生的历史逻辑。而这其中就有如何继承与批判赫尔巴特教育学代表的传统教育，还有19世纪末以后就从来没有停止过的教育思潮的更迭。许多教育家与社会思想家们都试图提供更为新颖而富有成效的观念，去理解工业革命下不断变动和需求空前增多的新时代。

20世纪人类进入现代历史时期，而这一时期正如美国最著名的教育史家卡伯雷在1909年做的简要分析："我们正站在教育进步新时代的门槛上。"这就是现代教育大幕的升起。而杜威是现代教育理论的代表。同时，现代教育又是"对美国杜威教育思想体系的称谓与德国赫尔巴特为代表的传统教育相对"[②]。因此，本研究就以现代教师教育思想的开端为标题，重点叙述杜威的教育观和教师教育思想。

可以说，杜威在新时代的门槛上，在肯定了赫尔巴特的巨大贡献的同时，又中肯地提出批评。"这个观点的基本理论上的缺陷在于忽视生物具有许多主动的和特殊的机能，这些机能是在它们对付环境时所发生的改造和结合中发展起来的。哲学上有关教师教授学生的职责讲得很有说服力，但是关于教师的学习权利却一字不提。这种哲学强调智力环境对心灵的影响，但忽视环境实际包含个人对共同经验的参与。这种哲学出乎情理，过分夸大有意识地形

[①] 康内尔. 二十世纪世界教育史 [M]. 张法琨, 方能达, 李乐天, 等译. 北京：人民教育出版社, 1990：102—114.

[②] 顾明远. 教育大辞典：下册 [M]. 增订合编本. 上海：上海教育出版社, 1998：1691.

成和运用的方法的可能性，而低估充满活力的、无意识的态度的作用。这种哲学坚持古旧的和过去的东西。一切教育都能塑造智力的和道德的品质，但是这种塑造工作在于选择和调节青年天赋的活动，使它们能利用社会环境的教材。而且，这种塑造工作不只是先天活动的塑造，而是要通过活动进行塑造。这是一个改造和改组的过程。"① 这是1916年杜威在其代表作《民主主义与教育》中对赫尔巴特教育思想的批评，也正是从对赫尔巴特教育思想的肯定（本节前面提到过）与否定中展开了自己教育哲学的论述。

"从19世纪90年代到第一次世界大战，教育理论与实践普遍地活跃起来了。"② 这是教育的改革时期。从全球范围观察，在以杜威教育哲学开头的这一时期出现的其他西方教育哲学流派不是线性的、简单的，而是与多种不同的观念杂糅在一起的，交叉地呈现出来的。应当说，对20世纪上半叶国际教育领域具有最大影响的是杜威的教育哲学及其关于教育与教师教育的论述，杜威的论述成为现代教师教育思想的开端。

与此同时，1917年，社会主义国家苏联的诞生改变了世界格局。杜威教育哲学对苏联早期教育和教育家也产生了较大影响。③

本丛书有学者对这一时期许多教育家进行了论述，这里只想从杜威哲学

---

① 杜威. 民主主义与教育 [M]. 王承绪，译. 北京：人民教育出版社，2001：81.
② 康内尔. 二十世纪世界教育史 [M]. 张法琨，方能达，李乐天，等译. 北京：人民教育出版社，1996：8.
③ 这在苏联著名教育家、早期苏联教育领导人之一克鲁普斯卡雅的重要著作《国民教育和民主主义》中得到了体现。《国民教育和民主主义》著于1915年，1917年由俄国生活与知识出版社刊行。到1920年12月，《国民教育和民主主义》已刊印了3版，1930年又发行了第四版。苏联教育人民委员卢那察尔斯基曾指出，《国民教育和民主主义》是苏联教育改革初期制定整个工作纲领的依据；无论是确立新的教育思想，还是实施新的教育措施，以及安排具体的教学进程，无不以《国民教育和民主主义》所阐明的教育思想为依据。"克鲁普斯卡雅对美国的学校及杜威的教育思想进行了专门的评述，她指出，美国学校的一个特点，就是他们很注意和尊重学生的个性。在美国，学校是为学生开办的，要照顾到学生的兴趣、爱好。美国学校里有一段特别的时间，在这段时间里学生可以学习他最感兴趣的东西，学生可以不要教师的帮助而独立活动，学生们不仅有权独立工作，而且有权独立思考，每个学生既是学生，又是老师。正是在这样的背景下，杜威实用主义教育思想在苏联得到传播，并产生了比其他欧美教育思想更大的影响。"引自：单中惠. 现代教育的探索：杜威与实用主义教育思想 [M]. 北京：人民教育出版社，2002：416.

发生背景和杜威与康德不同的哲学观及其本人的民主主义社会的社会观来考察杜威关于教育和教师教育的论述。

第二节
杜威教育哲学的发生学考察

杜威的教育观和教师教育观来源于他的教育哲学。杜威的教育哲学19世纪末20世纪初在国际社会产生广泛的影响,这种影响不仅体现在其教育思想得到众多支持,还体现在它的提出引发了巨大的反抗声浪,出现了众多对立的思想流派。从宏观上考察,20世纪国际上具有深远影响的是杜威的教育哲学及其关于教育与教师教育的论述。杜威对教师及教师教育的论述成为现代教师教育思想的开端。本研究系列丛书有学者专门对这一时期许多教育家进行了论述,这里只想从杜威哲学发生背景和杜威与康德不同的哲学观及其本人的民主主义社会的社会观来考察杜威对教育和教师教育的论述,并考察其他与杜威思想不同或不完全相同而产生的西方教育流派的教师观。为此,首先要看到杜威教育哲学的产生有其深厚的背景。

一、美国社会改革运动

19世纪末,美国经历了由农业国向工业国的转变。资本主义大工业的发展、城市化的进程所引发的问题使社会矛盾尖锐化。因工业经济程序混乱而丧失土地的农民和同样遭受损害的劳工要求进行农业和工业改革。大城市贫民并没有消极地接受他们的命运,而是积极地同强占其耕地,使其陷入贫穷的恶劣行径进行顽强的抗争。平民党和进步党便是这种抗争的组织。他们对当时的资本主义经济发起了猛烈的攻击。他们大力倡导普及教育,把教育视为社会与经济改革的工具。他们使教育政治化,把教育推向社会政治、经济和伦理道德的舞台。

可以说,平民党和进步党运动对美国教育与哲学、社会科学、社会改革实践的结盟做出了重要的贡献。当时,美国出现了一批揭露丑闻的记者,一批社会改革的鼓吹者,他们既是工业化的产儿,又是新时代的助产士。这些人披露了美国教育体制的腐败、管理的无能和知识的贫乏。赖斯（Joseph Mayer Rice）的《美国公立学校制度》一书论述了国民教育的缺陷,并把它与城市化、工业化和贫困、掠夺等问题联系起来。赖斯成为美国第一个把教育与社会改革运动结合起来的人。他的这本书拉开了进步主义教育运动的序幕。同时,他们中间还有许多人对贫困儿童的生活和学习的处境做了令人震惊的真实的揭露,对美国当时的教育制度进行了无情的揭露与批判。

上述这些黑幕揭发者使教育成为美国公众关心的热点问题,并对教育改革运动产生了广泛的影响,也推动了把教育视为社会改革重要工具的教育专业理论队伍的形成。当时,美国广大劳动者的社会改革要求通过知识分子、作家、记者、工联主义者、自由主义者、无政府主义者和共产主义者及在贫民区进行福利工作的社会改革者而得到了有力的表达与传播,并波及社会科学的各个领域。美国社会科学界企图寻找一种思想力量来解决紧迫的社会问题。新兴的知识中产阶层通过对变革需要的明确表达和变革途径的探寻,响应了这一社会改革要求。

二、对教育的重新审视

1865 年,美国社会科学联合会建立,其任务是提出因工业化和都市化而造成的社会问题的解决方案。其目标是研究各种社会问题,如医疗卫生、文化教育、社会福利、法律经济、监狱、农场等。这一阶层的主要人物都认为"知识可以在某种程度上消灭贫困和因贫困而产生的罪恶"。美国社会科学联合会认为施舍不可能根治工业社会的罪恶,他们把目光转向教育,希望通过教育培养出具有"爱国心、道德感"的新一代公民。通过教育消灭无知被认为是解决社会问题的体面而经济的办法。

在这种社会改革运动中,教育不仅没能脱离与哲学的联系,反而与之关系更加密切。用哲学观点与方法对教育根本性问题从社会改革角度进行重新审视,成为美国 19 世纪末历史发展的必然,以此为宗旨的美国杂志便是以"社会前沿"命名的。

19 世纪末,美国社会改革运动思想上的阻力来自斯宾塞的社会达尔文主义。当时，斯宾塞的社会达尔文主义也深受美国统治集团的青睐。在斯宾塞看来，人类的命运与宇宙一样受进化论的支配。这种进化是不能预知的。而且，正如宇宙的结果无从知晓一样，人类的最后命运也是不可知的。他认为，干预进化过程是无效且有害的行为，社会的干预会妨碍进化的正常秩序。这与干涉物理现象一样会导致无法预料的、很可能是有害的效应。因此，社会改革是徒劳的、有害的。斯宾塞认为教育的目的也只是为了维持资本主义现存制度的生活做准备，他反对教育改革、免费教育、开放图书馆。斯宾塞认为，普及初等教育是可以的，但普及公立中等教育和免费开放图书馆不仅没有必要，而且有害。

当时，英国斯宾塞的社会达尔文主义和宿命论成了美国社会改革运动的思想障碍，也是美国教育改革的理论阻力。批判地对待斯宾塞的思想已是19世纪末美国社会科学界的一项迫切任务。

1899年，美国芝加哥简·亚当斯（Jane Adams）在芝加哥建立了美国第一个在贫民区进行福利工作的社会团体——赫尔之家。该团体为贫困大众提供慈善服务，实际上是一个具有世界影响的美国社会改革的重要团体。杜威是赫尔之家的理事。赫尔会所在杜威教育思想形成中起了非常重要的作用。如果说赫尔之家是杜威的导师，那么亚当斯则是他的领路人。正是在这一时期，杜威在接受斯宾塞进化论思想影响的同时，又论述了有别于斯宾塞的社会的有意识的选择、积极适应等哲学观点，并以此为基础，注入了带有激进色彩的社会政治思想，也注入了将教育作为社会改革工具的教育哲学观点。

三、将自我中心转向人—环境中心

下面就来考察杜威的哲学思想，主要是从通过与康德哲学比较来认识杜威哲学的要点，以便从哲学层面把握杜威对教育与教师教育的论述。复旦大学杜威与美国哲学研究中心主任刘放桐教授的研究对本研究有重要启发。①

法国哲学家笛卡儿被誉为"近代哲学之父"。他在1637年发表了最有名

---

① 刘放桐. 杜威在西方哲学上的"哥白尼式的革命"：与康德和马克思的比较[J]. 河北学刊，2014, 34 (3): 13-18.

的著作《正确思维和发现科学真理的方法论》，通常简称为《方法论》。其中的著名论断是"我思故我在"。笛卡儿认为："这条真理是十分确实的，十分可靠的，怀疑派的任何一条最狂妄的假定都不能使它发生动摇，所以我毫不犹豫地予以采纳，作为我所寻求的那种哲学的第一原理。"[1] 笛卡儿哲学证明了真实世界的存在，但同时他认为宇宙中共有两个不同的实体，即精神世界和物质世界（"灵魂"和"扩延"），两者本体都来自上帝，而上帝是独立存在的。他认为，只有人才有灵魂，人是一种二元的存在物，既会思考，也会占空间，而动物只属于物质世界。笛卡儿的"我思故我在"弘扬了理性，突出了主体作用，开启了近代哲学转向。但是，康德则指出"我思故我在"的"我"其实是思维者的"我"，而不是可做主体的"我"，这是一种身心二元论。

此后，启蒙运动时期最后一位主要的哲学家伊曼努尔·康德（Immanuel Kant，1724—1804）对笛卡儿哲学做了令人印象深刻的剖析。

在康德看来，笛卡儿的根本错误在于，把一个单纯逻辑的自我当作一个实在的自我，并企图独立于一切经验而对其加以认识。具体地说，他们先天地从"我思"中推论出关于自我的一系列属性，如实体性、单纯性、人格性和精神性。但康德深刻揭示出，他的这种做法实际上是把本来仅仅作为逻辑条件的自我实在化了，即当作了一个可以先天地被认识的形而上学实在的对象。[2] 试试看，能对这个"我"做具体描述和定义吗？只有对某物或某"我"（的心理）做具体研究时它才成为主体，但此时你研究的并非那个正"我思"的"我"，你的研究实际上是那个无形的承担着思维的"我"在做。

这样，康德就确立了现代主体理论的根本内容，从根本上消解了笛卡儿的心灵与物体的二元论，将主体确定为认识的中心，标志着认识论转向的完成。而康德"人即目的本身"的论断在启蒙时代意义非凡。这不但是鼓吹人的个性解放，而且扭转了作为成长中的儿童在人类社会中的地位。也就是说，康德扭转了主体必须符合对象的观点，而主张倒转过来，假定对象都必须符

---

[1] 笛卡尔. 谈谈方法 [M]. 王太庆，译. 北京：商务印书馆，2000：26-27.
[2] 罗喜. 笛卡尔与康德论"我思" [J]. 世界哲学，2021（4）：43.

合主体，以主体为中心，也就是以人的自我为中心。于是，由于以人的自我为中心的提出，康德便完成了哥白尼式的革命。

康德的"'革命'是从神权走向人权的过渡"[①]。从这个意义上观察，康德的哥白尼式的革命无疑具有划时代意义。康德哲学强调实践，强调道德，强调自由，并非如传统那样强调知识，而这正是他对哥白尼式革命的追随，也是其理论的要点。

杜威在20世纪重新提出哥白尼式革命时加上了修饰语"真正的"，即"真正的哥白尼式的革命"。其意义何在？杜威批判了康德哥白尼式革命的不足，并阐释了自己的新的哲学思想。杜威的一大贡献是使主体所利用的观念越出传统认识论范围而成为对所采取行动具有控制性作用的工具，也就是观念成为"实验过程"的工具，即主体本身的生活、活动或者说实践的工具、手段、方法，而这样的工具、手段、方法只能从具体的实验过程出发，适应实验的需要，在实验中产生，它们作为指导观念的价值也是由实验来检验的。所以，它们不可能是先验的具有普遍性和必然性的东西，而只能"是试验性质的，是有条件的，而不是具有严密的、决定性的"。杜威的这种哲学考虑的是如何真正地把关于心灵、理性、概念和心理过程的传统观念颠倒过来。而这种"颠倒过来"，正是杜威所谓"真正的哥白尼式的革命"的根本内容。杜威这种颠倒的关键在于把以康德为代表的传统形而上学之以自我（心灵）为中心改变为以自我与其所处的环境（自然）之间的相互作用为中心。这种相互作用是变化不定的，是相对的。杜威就此指出："旧的中心是心灵，它是用一套本身完善的力量去进行认知的，而且它也只是作用了一种本身同样完善的事先存在的外在材料上的。新的中心是自然进程中所发生的变化不定的交互作用，这个自然进程并不是固定的和完善的，而是可以通过有意操作的中介导致各种不同的新的结果。正如地球或太阳并不是一个普遍而必然的参考系的绝对中心一样，自我或世界，灵魂或自然（即当作孤立而本身完善的东西理解的自然）都不是这个中心。在交互作用着的许多部分之间有一个运动

[①] 杜威. 杜威全集. 晚期著作 1925—1953：第4卷 1929 [M]. 傅统先，童世骏，译. 上海：华东师范大学出版社，2015：229.

着的整体,每当努力向着某一个特殊的方向改变这些交互作用着的各个部分时,就会有一个中心浮现出来。"①

四、实践的转向取代近代哲学的认识论转向

在杜威的论著中,交互作用(interaction)与贯通作用(transaction)这两个词往往是同义使用的。它们所针对的都是旧哲学中把认知与所知、主体与对象、物质与精神、经验与自然、有机体与环境、理论与实践、知与行等分离开来的观点,强调这些对立面都是不可分割的,都"应当看作一个共同过程的两个侧面"②。杜威哲学的一个根本特点就是强调这些相关方面("对立面")的统一。杜威哲学往往被称作行动哲学、生活哲学、实践哲学,而行动、生活、实践等都是指相关方面的统一的过程。因此,他所谓的哲学中的"真正的哥白尼式的革命",也正是把自我中心论转向人—环境中心,转向相互作用中心论,这实际上就是转向关系、互动、行动、生活、实践中心的哲学。换言之,他的哥白尼式的革命实际上也就是以这种内涵的实践的转向取代近代哲学的认识论的转向。

行文至此,不禁想起卡尔·波普尔(Karl Raimund Popper)所言:"柏拉图著作的影响,不论是好是坏,总是无法估计的,人们可以说西方的思想或者是柏拉图的,或者是反柏拉图的,但在任何时候都不是非柏拉图的。"③ 从这个角度看,杜威的哲学既是反柏拉图的,在某种意义上它又是柏拉图的。杜威反对柏拉图的理念论,反对那种相信不变的永恒实在,反对这些实在是宇宙万物存在的原因的基础主义。杜威强调生活和实践的观点,是西方哲学实践转向的最具代表性的人物。同时,对柏拉图关于教育与理想国关系的论述,杜威却又深有同感,并呼吁:"对于当今的哲学探讨,没有什么比一个

---

① 杜威. 杜威全集. 晚期著作 1925—1953:第 4 卷 1929 [M]. 傅统先, 译. 上海:华东师范大学出版社. 2015:232.

② 杜威. 杜威全集. 晚期著作 1925—1953:第 16 卷 1949—1952 [M]. 汪洪章, 吴猛, 任远, 等译. 上海:华东师范大学出版社, 2016:272.

③ 波普尔为《社会科学国际百科全书 12》撰写的 "柏拉图" 条目(SILLS D L. International encyclopedia of the social sciences [M]. New York:The Macmillan Company and the Free Press, 1968:163).

'回到柏拉图'的思潮更有益。"① 如此,教育便成了哲学的一种实践,一种追求理想国的实践。因此,杜威的哲学思想必然会贯穿其教育理论与实践的始终。杜威肯定了被他当作实践的人的生活、行动、实验探索在整个哲学中的决定性意义。

杜威的主要贡献则在于总结了近代实验科学的方法并将其运用于哲学,揭示了认识论转向后形成的康德等近代哲学的片面性,明确反对以自我为中心,要求代之以自我与环境、心与物、主体与客体等的相互作用为中心;而这种相互作用就是人的经验、生活、行动或者说实践,在哲学中具有核心地位。杜威由此明确地论证了西方哲学的实践的转向,比康德的革命具有更为进步的意义。② 杜威用"科学""行动""进步的教育"来推进一个"民主的社会"。民主社会便是杜威的理想国。在杜威看来,民主社会"一定使各分子有自由发展、自由交换、互相帮助、互相利益、互通感情、交换思想知识的机会,社会的基础是由各分子各以能力自由加入贡献的"③。

我国学术界讲杜威的哲学思想常使用的"实用主义"一词源于英文"pragmatism",而后者又源于希腊语"πραγμα",意思是"deed",即为"行动"之意。1800年出现于美国,使其成为学说的是威廉·詹姆士、查尔斯·皮尔士和约翰·杜威。他们认为,思想只有当建立之上的行动取得预期效果时才是可行的。④ 杜威的理论体系认为思想、观念、理论等都是人行为的工具,其真理性标准在于能否指引人们的行动以取得成功。因此,杜威的又被称为哲学"工具主义"。

但应注意,杜威认为在哲学发展的过程中意义对人类社会的贡献最大,而不是简单的效果。杜威指出,观念必须在实验中锻炼,只有经过实验证明,在实践上能解决实际问题的观念,才是"有价值的观念"。所以,杜威认为其

---

① 杜威. 杜威全集. 晚期著作 1929—1953:第 5 卷 1929—1930 [M]. 孙有中,占晓峰,查敏,译. 上海:华东师范大学出版社,2015:117.
② 刘放桐. 杜威在西方哲学上的"哥白尼式的革命":与康德和马克思的比较 [J]. 河北学刊,2014,34 (3):13.
③ 杜威. 杜威五大演讲 [M]. 胡适,译. 合肥:安徽教育出版社,1999:28.
④ BARNHART C L, BARNHART R K. The world book dictionary:Vol. 2 L-Z [M]. Chicago:World Book-Childcraft International, Inc., 1981:1635.

"哲学思想"更好的名字应该是"实验主义"（experimentalism）或者"工具主义"（instrumentalism）。他明确肯定了被他当作实践的人的生活、行动、行为在整个哲学中的决定性意义。综上所述，杜威哲学从不同角度说有不同称呼。杜威本人曾称其理论为实验主义（experimentalism）、工具主义（instrumentalism）和经验自然主义（empirical naturalism）。它们的共同特点都是对人的生活、行动、行为、实践的强调。杜威哲学的这些不同名称从不同角度体现了他对近代哲学二元分裂的超越，对独断论、怀疑论和思辨形而上学的超越。

需要指出的是，杜威不满意"pragmatism"一词对他哲学思想的概括。我国学者张东荪最早把"pragmatism"译成"实用论"，后来放弃了。后来胡适提出用"实验主义"代替，又被李季等人批评，后者认为"实用主义"更合适。从1906年起围绕着对杜威哲学的理解与名称问题，国内学界有过跨世纪的争论，这种争论折射出不同学者的学术观点和论述角度。

近年来，把杜威哲学说成是实用主义已被一些学者判定为百年误读。我国当代学者的以下说法不无道理。"实用主义在中国传统儒家重义轻利文化氛围内，实际上是具有一定的贬义性的。所以，对那些不得不为之的实用理念和作为，专以经世致用、入世为民的高帽加以粉饰和提升。"[①] 综上，本研究尝试不以实用主义去称呼杜威的哲学思想、教育哲学思想和以杜威为代表的教育哲学流派，为突出杜威哲学思想的整体性而用了杜威哲学和杜威教育哲学的称谓。

五、以个人—社会关系为中心的社会理论

民主主义是杜威的社会理想，民主社会是杜威的理想国。杜威的理想国是民主主义社会，而这种民主主义社会不是一般意义上的政治制度的框架，他是从社会生活和个体的行为的角度阐释他对民主的更为深入的理解，是从现存社会的问题及问题的解决的社会理想出发的。杜威在《民主主义与教育》

---

① 傅松涛，王冉. 教育史学的社会生态研究范式 [J]. 河北师范大学学报（教育科学版），2017, 19（1）：8-15.

一书中指出："如果我们愿意把教育看作塑造人们对于自然和人类的基本理智和感情的倾向的过程，哲学甚至可以解释为教育的一般理论……凭借教育的艺术，哲学可以创造按照严肃的和考虑周到的生活概念利用人力的方法。教育乃是使哲学上的分歧具体化并受到检验的实验室。"[①] 杜威认为民主主义"首先是一种联合生活的方式，是一种共同交流经验的方式"[②]。杜威认为，民主的含义比一种特殊的政治形式要更为宽泛，作为政治的民主只是用于促成一种更为广泛的生活方式，进而促成社会与个体的全面发展。

杜威批判了当时美国盛行的自由主义哲学，指出这种自由主义实际上是支持着有先定的特权的个体解放，却对所有人的普遍解放漠然视之。自由主义哲学下的自由经济必然会激化社会不平等、不公正等严重问题。这种极端个人主义未能重建自我以便适应当代社会生活的现实，"个人只有当其观念与理想同他们活动于其中的那个时代的现实相一致时，他们才能重新找回自己"[③]。如此这般，杜威提出了新个人主义理论，强调"人"的"合作性"以及与社会组织的"一致性"。

杜威对旧有个人主义做了积极改造，强调个人与社会之间的不可脱离的关系，强调个人与环境、社会组织的和谐。他指出："社会当然只不过是个人相互之间这种那种形式的关系，而且所有关系都是相互作用，而非固定的模式，构成人类社会的具体的相互作用包括参与中的予与取以及一种共享中的予与取，这种共享增进、扩大并深化着那些相互作用之因素的能力与作用。顺从意指没有充满活力的相互作用，以及对交流的阻止与窒息。正如我一直试图要说明的，它是在缺乏被纳入思想与欲望的内在倾向中的种种联系的情况下，用于维系人们的人为替代品。"[④]

正因如此，杜威的社会理论的核心是个人与社会的关联。也是因为这个

---

① 杜威.民主主义与教育[M].王承绪，译.北京：人民教育出版社，2001：347-348.
② 杜威.新旧个人主义：杜威文选[M].孙有中，蓝克林，裴雯，译.上海：上海社会科学院出版社，1997：7.
③ 杜威.新旧个人主义：杜威文选[M].孙有中，蓝克林，裴雯，译.上海：上海社会科学院出版社，1997：81.
④ 杜威.新旧个人主义：杜威文选[M].孙有中，蓝克林，裴雯，译.上海：上海社会科学院出版社，1997：89.

原因，他才会重视沟通、对话、合作、共同体、促进社会进步的行动。我们注意到，杜威在这里也显示出与赫尔巴特崇尚私德不同。1922年，杜威在《人性与行为》一文社会经验语境下探讨智力和道德判断问题。他明确指出，道德是社会性的。① 这是现代社会的公共生活的重要思想。杜威哲学上的人—环境中心，人的相互作用中心，社会理论上的以个人—社会关系为中心的核心思想是本研究梳理杜威教育哲学和教师教育思想的纲领，而主张整体论，强调联系、沟通、合作，反对非此即彼就成了杜威哲学和教育观的方法论基础。

六、杜威关于科学人文化的论述

1948年，杜威出版了论文集《人的问题》，再次谈到人和人生问题，不过这次是从哲学发展和科学意义的更广阔的、更深刻的层面论述了哲学回归和科学人文化的问题，以及一般教育和教师教育中自然科学科目和人文科目的关系。可以说，关于科学人文化的论述是杜威哲学和教育哲学一种极具特色的表达，这也是教师教育思想变迁中遇到的科学主义和人文主义两种倾向博弈的大事件。

第一，回归人的生活的哲学：科学人文化的指导。

杜威在《人的问题与哲学现状》一书的自序里做了明确的说明："哲学在最初因以获得其名称的追求智慧的工作，逐渐退居于幕后。因为智慧与知识不同，智慧是应用已知的去明智地指导人生事务之能力。"② 他又说："哲学现在所处的困境之原因是：有用的知识越增加，哲学则越忙于完成其与人生无关的任务。"③ 因此，杜威建议，从人生关系上去讨论哲学的现状。

杜威指出："目前有些实际问题对于人生的关系是如此深切的，以致成为道德的论点。这些问题在范围上扩大了，在强度上加深了。它们在实际上涵

---

① MCDERNOTT J J. The philosophy of John Dewey [M]. Chicago：The University of Chicago Press，1981：712.
② 杜威. 新旧个人主义：杜威文选 [M]. 孙有中，蓝克林，裴雯，译. 上海：上海社会科学院出版社，1997：9.
③ 杜威. 新旧个人主义：杜威文选 [M]. 孙有中，蓝克林，裴雯，译. 上海：上海社会科学院出版社，1997：4.

盖着现代生活的一切方面，涵盖着家庭的、工业的、政治的生活。但是当这种情况发生的时候，哲学多半使这些问题退居于比较所谓知识问题更次要的和从属的地位。同时，实际知识和发明上与技术上的科学的应用又增进得如此迅速，以致所谓知识的基础和可能性的问题变为遥远的专业性的事务。忽略迫切的论点和过分重视对人生事务无关系的缺点的结果是：哲学逐渐为一般民众所不信任。这种不信任反过来又成为规定哲学在世界中的任务的一个决定因素。如果哲学不管科学和重要人生事务上的变化情况，继续忙于研究知识的条件问题而忽略知识的后果这个重要问题，那么，哲学能做什么呢？"①

杜威如此发问。他的回答是，利用现代科学方法和结论来改造传统形而上学，以消解传统哲学的一切二元对立，改造后的哲学回归人的日常生活，连接科学与人们的行动方式，成为帮助人们应对和处理社会问题的工具和方法。这里可以看到杜威哲学对于科学与人文态度是基于人生、为解决实践问题的一种协调，也是杜威看待教育与教育学的思维工具。

第二，科学与人生的联系。

科学人文化的真谛在对于科学与人文的态度上，杜威并非偏执一端，而排斥另一端。杜威强调"人文主义……是人类生命的扩张，而非人类生命的萎缩，其中自然与自然科学成为服务于人类至善的心甘情愿的仆人"②。同时，杜威认为，要完成现代社会文化的民主改造，就需要完成"使科学人文化"的重要任务。③ 杜威努力将科学服务于人类的生活，通过对科学观的人文化引入科学，使之充盈人性和文化，防止科学实践脱离人的生活实践，同时使科学服务于文化和生活的人文理想。因此，杜威才提出，现代社会文化的民主改造的一个重要任务，就是"使科学人文化"。④

这样，科学人文化就有可能与人生、人的社会实践联系起来，而弱化科学独占鳌头的地位，克服科学主义倾向。杜威教育观和教师教育思想在某种

---

① 杜威. 新旧个人主义：杜威文选［M］. 孙有中，蓝克林，裴雯，译. 上海：上海社会科学院出版社，1997：4.

② DEWEY J. The late works：1925-1953（Vol. 5）［M］. Carbondale：Southern Illinois University Press，2008：31.

③ 杜威. 人的问题［M］. 傅统先，邱椿，译. 上海：上海人民出版社，1965：23.

④ 杜威. 人的问题［M］. 傅统先，邱椿，译. 上海：上海人民出版社，1965：23.

程度上试图达到科学主义和人文主义相互的平衡,应当也是这一时期教育观与教师教育思想变迁的一件很有意义的标志性事件,推动多元文化的协同发展。

在 20 世纪西方学术界实证主义得到广泛的运用,对此,胡塞尔尖锐地揭示出实证主义的问题所在。他指出:实证主义将科学的理念还原为纯粹事实的科学。科学的"危机表现为科学丧失其对生活的意义"①。杜威也认为,科学都深受人性、文化实践和生活实践的影响。杜威对人文主义做出阐释:"'人文主义'的根本意思是指对人类的兴趣充满明智的感觉,社会的兴趣的最深刻的意义就是道德的兴趣,对人来说,社会的兴趣必然是至高无上的。"②杜威的教育观与教师教育思想由于以人与环境互动的哲学思想为基础,以人与社会联系为中心为其社会理论基础,从而使科学主义和人文主义倾向在他这里达到了某种意义上的融合。

第三,科学与人文二元论的否定:关于教育领域自然科学和文学科目关系的论述。

在具体教育领域里,杜威从对人的问题的哲学理解出发,坚持人文学科与自然科学的联系,并把它称为教育改革的一种哲学。杜威的教育观与教师教育思想由于以人与环境互动的哲学思想为基础,以人与社会联系为中心为其社会理论基础,科学主义和人文主义倾向在他这里达到了某种意义上的融合。

杜威认为:人的家乡是自然界,人要实现他的目的,就要依靠自然条件。离开这种条件,他的目的就变成空想和没有根基的幻想。③ 他十分重视自然科学的进步所取得的成果。"从一开始,近代科学的兴起就预示着恢复自然和人性的紧密联系。因为近代科学把自然知识看作取得人类进步和幸福的手段。"④ 杜威强调自然科学的研究成果和研究方法又会提供给人文社会科学研究在多

---

① 胡塞尔. 欧洲科学的危机与超越论的现象学 [M]. 王炳文,译. 北京:商务印书馆,2001:15.
② 杜威. 民主主义与教育 [M]. 王承绪,译. 北京:人民教育出版社,2001:306.
③ 杜威. 民主主义与教育 [M]. 王承绪,译. 北京:人民教育出版社,2001:302.
④ 杜威. 民主主义与教育 [M]. 王承绪,译. 北京:人民教育出版社,2001:308.

方面的新思考。

如前所述，杜威对人文主义做了这样的阐释："人文主义"的根本意思是指对人类的兴趣充满明智的感觉，社会的兴趣的最深刻的意义就是道德的兴趣，对人来说，社会的兴趣必然是至高无上的。任何学习要是增加对生活的价值的关心，任何学习要是产生对社会幸福更大的敏感性和推进社会幸福的更大的能力，就是具有人本的学习。①这种阐释深刻地剖析了人文主义的道德指向，说明了教育的人文价值。人文主义是教育须臾不可离开的。因此，杜威在这种科学与人文思想的基础上提出了一系列重要的教育观念。

（一）杜威强调教育科目的文化价值

"事实上，任何科目如果在它最广阔的意义范围内理解它，就具有文化的价值。了解各种意义，了解各种联系，了解事物的背景。我们学习科学事实或科学规则，如果注意科学事实与物质和技术的联系，也注意科学事实与人的联系，就能扩大科学事实的含义，给予科学事实更大的文化价值。科学事实直接应用于经济，如果所谓经济是指有金钱的价值，那么，这种应用是偶然的，是第二位的，它只是科学事实的实际联系的一部分。重要的问题是要从科学事实的社会联系，从它在生活中的作用了解科学事实。"②

（二）反对人文科目和自然科学科目的二元对立

关于自然科学和文学科目在课程中的地位发生的冲突的问题，杜威有过重要论述，在其代表作《民主主义与教育》中辟专章做了阐释。杜威指出：任何教育理论要想制订一个比现在更为统一的教育计划，必须面临人和自然的关系问题。

杜威分析道："从一开始，近代科学的兴起就预示着恢复自然和人性的紧密联系。因为近代科学把自然知识看作取得人类进步的物质手段。但是，科学的比较直接的应用符合一个阶级的利益，而不符合人类共同的利益。同时，人们承认的科学眼里的哲学表述有一种倾向，或者把科学划为仅仅是物质的，把人划为精神的和非物质的，或者把心理变成主观的幻想。因此，在教育上

---

① 杜威. 民主主义与教育 [M]. 王承绪，译. 北京：人民教育出版社，2001：306.
② 杜威. 民主主义与教育 [M]. 王承绪，译. 北京：人民教育出版社，2001：306.

趋于把科学看作独立的科目，包括关于物质世界的专门知识，而保存旧时的文学科目，作为明显的人文主义科目。先前有关知识的演进和据以制定的课程计划的论述，旨在克服这两方面的分离，承认自然科学教材在人类事务中所占的位置。"①

杜威提出："教育应该从人文主义的科目和自然主义的科目这种密切的相互依存关系出发。"② 他还进一步做了说明：教育不应把研究自然的科学和记录人类事业的文学隔离开来，而应把自然科学和历史、文学、经济学和政治学等各种人文学科进行杂交。从教学法的角度看，这种做法，问题要比下面的做法简单一些：一方面，在科学的教学中，把科学看作仅仅是专门的知识和专门的物质操作方式；另一方面，在人文学科的教学中，把它们作为孤立的科目。上面这种方法在学生的经验中造成人为的分割。学生在校外碰到很多自然的事实和原则，都是和人类行动的各种方式联系的。"在他们参与的所有社会活动中，他们必须了解这些活动所用的材料和过程。如果学生在学校时就断绝这种密切的联系，就会破坏学生心理发展的连续性，使学生对他的学习感到难以形容的不真实，剥夺他对学习的正常动机。"③ 杜威的这种思想在某种程度上消除了教育领域中除了科学与人文科目的割裂。

（三）加强教育各类学科联系与交流：科学人文化途径之一

从人文主义的科目和自然主义的科目这种密切的相互依存关系出发，杜威强调教育不应把研究自然的科学和记录人类事业的文学隔离开来，而应把自然科学和历史、文学、经济学和政治学等各种人文学科进行杂交。从教学法的角度看，这种方法，其问题要比下面的做法简单一些：一方面，在科学的教学中，把科学看作仅仅是专门的知识和专门的物质操作方式；另一方面，在人文学科的教学中，把它们作为孤立的科目。上面这种方法在学生的经验中造成人为的分割。学生在校外碰到很多自然的事实和原则，都是和人类行动的各种方式联系的。在他们参与的所有社会活动中，他们必须了解这些活

---

① 杜威.民主主义与教育［M］.王承绪，译.北京：人民教育出版社，2001：308.
② 杜威.民主主义与教育［M］.王承绪，译.北京：人民教育出版社，2001：304.
③ 杜威.民主主义与教育［M］.王承绪，译.北京：人民教育出版社，2001：304.

动所用的材料和过程。如果学生在学校时就断绝这种密切的联系，就会破坏学生心理发展的连续性，使学生对他的学习感到难以形容的不真实，剥夺他对学习的正常动机。

杜威提出的科学人文化，要求科学为人生服务，为社会进步服务，他对人文主义重视生活意义、重视道德问题的积极评价，对教育领域人文科目和自然科学科目关系的论述都给教育和教师教育的改革留下了广阔而深远的思考空间，对理解以下论述的杜威教育哲学具有特殊的意义。杜威科学人文化思想是在思想史上首次对教育领域里科学主义和人文主义两种倾向的沟通与平衡在他那个时代做出的尝试，是在人文主义和科学主义两种倾向之间寻求中道的可贵探索。但是，科学主义与人文主义两种倾向的博弈并没有因此终止。这种博弈以及这种博弈携带的思想作为教师教育改革与发展的深层逻辑会在未来的时期得以重演，在新的时代重演。

第三节
杜威关于教育的论述

"一个符合逻辑和理性的教育观点，应该是一个人社会哲学的逻辑产物。"① 一个人社会哲学的逻辑又深植于他的哲学土壤。杜威的教育思想也是他个人—社会联系中心取向的社会理论的逻辑产物。这一民主主义社会观点与上述人与环境中心的哲学观相照应，共同决定了杜威的教育观和教师教育观的本质特征。

一、什么是教育？这是杜威教育哲学的核心问题

杜威高度重视教育改造社会的功能，他认为，教育是消灭贫困、无知和绝望生活的工具。1897 年，杜威在其发表的《我的教育信条》中就明确指

---

① CONANT J B. "Who should go to College?" [J]. Ladies Home Journal, 1948 (5): 106.

出:"我相信,教育是社会进步和社会改革的基本方法。"① 杜威认为,社会的人和其他生物一样,求生存是最重要的,但为此不能消极被动地适应环境,而应当接受环境的挑战,积极主动地去适应。这就是人的经验过程,这种经验与人的生活、行动、实践又是同义的。因此,这种哲学被视为一种实践哲学、行动哲学。这种哲学认为,人必须不断地行动、实践,不断奋斗、进步和进化;人的行动与动物本能活动的区别在于人能够运用思维进行探索,从而自觉地适应环境;思想观念并不是某种绝对的物质或精神存在的反映,而是应对环境的工具,其真理性的标准在于它们是否能使人的活动获得成功,对于帮助人获得预期效果是否有用。杜威指出教育是生活的需要,是社会的职能。他以经验为中心提出了教育即指导、教育即生长、教育即生活,教育即经验不断地改造的教育哲学。福禄贝尔把生长作为幼儿园教育的基石。杜威接受了这个观点,但是他拒绝了福禄贝尔把生长看作潜在的天赋能力的暴露的观点。杜威还反对福禄贝尔的神秘主义和象征主义,认为它们大都是形而上学的,对于幼儿园的实际工作来说根本是不必要的东西。福禄贝尔最强调宗教,这是杜威实验主义难以接受的。作为一个哲学上的唯心主义者,福禄贝尔接受了向着上帝生长的观念。然而在杜威看来,向着任何一种遥远目标生长是不可能的,因为这样的目标必然具有固定不变的性质。

杜威在《民主主义与教育》中做出了教育专门性的定义:"教育即改造。""教育即指导。""教育就是经验的改造或改组。这种改造或改组,既能增加经验的意义,又能提高指导后来经验进程的能力。"② 杜威接着对教育指导问题做了深入的阐释。《民主主义与教育》第三章"教育即指导"指出:"我们现在研究教育的一般功能采取的一种特殊形式,即指导、控制或疏导。这三个词中,'疏导'一词最能传达通过合作帮助受指导的人获得自然能力的思想;'控制'一词,更确切地说,表示承受外来的力量并碰到被控制的人的一些阻力的意思;'指导'是一个比较中性的词,表明把被指引的人的主动趋势引导到某一连续的道路,而不是无目的地分散注意力,指导表达一种基本

---

① 杜威. 杜威教育论著选 [M]. 赵祥麟,王承绪,编译. 上海:华东师范大学出版社,1981: 11.

② 杜威. 民主主义与教育 [M]. 王承绪,译. 北京:人民教育出版社,2001: 87.

的功能,这一功能的一个极端变为方向性的帮助,另一个极端变为调节或支配。但是无论如何,我们必须慎防有时加进'控制'的意义。"① 他认为,应该指导儿童重视现在的生活行为和不断生长的作用,"过去是幻想的伟大源泉;它给生活增加新的方面,但是条件是必须把过去看成现在的过去,而不是另一个和现在没有联系的世界"②。"指导"是实现教育本质的教育哲学方法论。"指导"是教育即生长、教育即生活、教育即经验不断地改造的适切的方法和方向。

"指导"是十分重要的。早在1899年,杜威在其发表的《学校与社会》一书《学校与儿童生活》的讲演里就说过:"教育的问题就是要抓住他的活动并给以指导的问题。通过有组织的运用,它们就会朝着有价值的结果前进而不致成为散乱的,或听任其流于仅仅是冲动性的表现。"③ 总之,杜威关注"教育即指导"的主要原因在于,指导是实现"教育即生活""教育即生长""教育即经验的重组或改造"的方法论基础。如果没有教育指导,儿童就会迷失方向,从而不可避免地失败,更谈不上社会改造与社会进步。总之,"教育即指导"强调了学校教育的意义与教育的方向,很好地沟通了民主社会需要和儿童成长的关系,也是杜威教育整体论、反对非此即彼方法论的有力证明。

杜威教育哲学是对当时阻碍教育发展的保守观念的否定,肯定了教育在发展所谓民主社会中的重要作用。那种把工人悲惨境地归因于人性弱点的观点已不能再强加给社会科学和教育哲学思想,也不能用天生智力差异来解释愚昧无知,不能用懒惰、酗酒来解释贫困。杜威在《民主主义与教育》一书中所讲的,就是要在整个教育领域检验他的哲学理论,通过改变人的思想与行动,促进社会的改革。

综上所述,我们可以说,杜威教育哲学以及作为一门独立学科的教育哲学,其谱系绝不是以传统哲学作为参考系的,它是"受社会、知识、文化和

---

① 杜威. 民主主义与教育 [M]. 王承绪, 译. 北京: 人民教育出版社, 2001: 30.
② 杜威. 民主主义与教育 [M]. 王承绪, 译. 北京: 人民教育出版社, 2001: 86.
③ 杜威. 学校与社会·明日之学校 [M]. 赵祥麟, 任钟印, 吴志宏, 译. 北京: 人民教育出版社, 2001: 42.

历史的压力影响而造成的"①，是社会改革运动的产物，是社会科学发展的产物，是教育改革运动的产物，是杜威哲学的运用，是教育思想更新的产物。杜威教育哲学在其诞生伊始就向世间表明它是社会改革的思想力量，对美国当时教育改革与发展发挥了深刻的理论作用。杜威一生都以改造社会作为教育理论建设的方向。

康德曾把哲学分为学院概念和世界概念。从学院哲学来看，哲学是知识或是来自概念的理性知识体系，就世界概念来说，"哲学是关于人类理性的最后的科学。这种崇高的概念赋予哲学以尊严，即一种绝对价值"②。从教育哲学在美国诞生的历史可以看出，它绝不是一种学院哲学和私人"话语"，而是在生动真实的社会实践中对教育根本问题的探索与思考。这是教育的改造，也是社会的改造。而教育的改造、社会的改造，其深层次都来源于哲学的改造。在《民主主义与教育》一书中，杜威如此描述了他理想中的民主社会："倘有一个社会，它的全体成员都能以同等条件，共同享受社会的利益并通过各种形式的联合生活的相互影响，使社会各种制度得到灵活机动的重新调整，在这个范围内，这个社会就是民主主义的社会。"③

二、关于杜威的儿童中心说

儿童中心说是杜威的教育思想中备受关注与非议的地方。因此，这里我们首先运用前述的杜威这种"真正的哥白尼式革命"的个人—环境取向的哲学和个人—社会互动的社会理论来研究儿童中心说——这一最易造成误解、最易引发争议的问题。

从杜威哲学的要点看，杜威把自我中心论转向个人与环境相互作用中心论，把旧个人主义转向个人—社会互动中心，这就是杜威哲学的和民主主义社会理论的根本立场，而确立这一立场并不是一蹴而就的，而是在杜威的思想变化和发展过程中逐渐形成的。所以，割裂杜威的整体论述，把杜威的教

---

① KAMINSKY J S. A new history of educational philosophy [M]. Westport: Conn Greenwood Press, 1993 (3): xl.
② 康德. 逻辑学讲义 [M]. 北京: 商务印书馆, 1991: 14.
③ 杜威. 民主主义与教育 [M]. 王承绪, 译. 北京: 人民教育出版社, 2001: 109-110.

第四章　现代教育开端的教育哲学和教师教育思想

育主张用儿童中心论来概括是武断的、片面的。杜威的教育思想、他对师生关系的论述是围绕着个人包括社会在内的环境中心进行的，是以转变旧的教育观念、改造教育、改造社会为目的的，也是个变化和发展的过程。

本研究拟从以下五个方面对杜威儿童中心说的问题进行讨论。

第一，从时间上看，儿童中心不是杜威首先提出的。早在启蒙运动时期，卢梭从自然教育思想出发就提出过儿童中心观。卢梭在《爱弥儿》当中要求"要按照你的学生的年龄去对待他"[1]，因此卢梭被认为是现代儿童中心说的鼻祖。[2] 而在美国儿童中心说也先是由被杜威称为"进步教育之父"的弗朗西斯·韦兰·帕克（Francis Wayland Parker，1837—1902）提出的。帕克指出："儿童必须是教育经验的中心。""教育要使学校适应儿童，而不是使儿童适应学校。"他在教育理论、课程与方法上进行了许多改革。1875年至1880年间他担任昆西市学校督学，首次将进步主义教育思想付诸实践，提出以儿童为中心设置综合课程，把儿童置于教育中心位置，对课程进行重组。其改革的主要内容是：重视发展儿童个性，学校以儿童为中心而不再以课程为中心；他们认为儿童是教育的起点、中心，也是目的，教育的最终目的在于促进儿童的发展，相较于此，教材与课程只是附属，是帮助儿童生长的工具。因此，决定学习质与量的关键是儿童本身而并非课程。帕克的进步主义教育思想曾对杜威产生了较大影响。

第二，从提出的经过上看，儿童中心论的提出是杜威对进步主义教育反对传统教育的支持。1899年杜威在英国出版的《学校与社会》一书的前三章是1899年4月对关心芝加哥大学初等学校（即芝加哥大学实验学校或简称杜威学校）的家长和人士所做的即席演讲。其中在第二章《学校与儿童生活》里，杜威明确提出以儿童为中心观点，在《学校与儿童生活》里有两处谈到儿童中心。一处是以儿童的生活为中心。"在这种学校里，儿童的生活成了压倒一切的目标。促进儿童生长所需的一切媒介都集中在那里。学习？肯定要

---

[1] KEGAN R. The evolving self: problem and process in human development [M]. Cambridge, MA: Harvard University Press, 1982: 8.

[2] BOYD W. Editorial epilogue [M] // The emile of Jean Jacques Rousseau. New York, NY: Teachers College Press, 1956: 169-198.

学习，但生活是首要的，学习是通过这种生活并与之联系起来进行的。当我们这样以儿童的生活为中心并组织儿童的生活时，我们就看到他首先不是一个静听着的人，而是完全相反。人们常说，教育就是'引出'（drawing out）。如果只是与注入式的过程相对而言，这种说法是十分好的。但是要把引出的观念与三岁、四岁、七岁或八岁儿童的平常活动联系起来毕竟是困难的。他的各种活动已经太多、太充足了。他不单纯是需要成人向他提出强烈的告诫和技能以便逐渐把潜藏着的活动的幼芽引发出来的处于休眠状态的人。儿童已经是十分积极的了。教育的问题就是要抓住他的活动并给予活动以指导的问题。通过指导，通过有组织的运用，它们就会朝着有价值的结果前进而不致成为散乱的，或听任其流于仅仅是冲动性的表现。"① 还有一处谈到儿童是学习和教育的中心。"关于儿童的学习，可以谈得很多，但学校不是儿童生活的地方。现在我们的教育中正在发生的一种变革是重心的转移。这是一种变革，一场革命，一场和哥白尼把天体的中心从地球转到太阳那样的革命。在这种情况下，儿童变成了太阳，教育的各种措施围绕着这个中心旋转，儿童是中心，教育的各种措施围绕着他们而组织起来。"② 这里杜威明确提出以儿童为中心的观点。该文在1899年英国出版的《学校与社会》中首次出现，并在1915年在美国出版的《学校与社会》修订版中继续保留。这就说明儿童中心的确是杜威教育思想的一部分。也可以说，这是杜威与进步主义教育运动的一个重要连接点。

第三，杜威的芝加哥实验学校的工作和研究成果为进步主义教育运动做出了重要贡献。杜威与进步主义同样对传统学校的形式主义进行批判，反对传统教育对儿童的压制，主张关注儿童和改革学校课程脱离实际的现状，但是他们的哲学基础是不同的。尽管如此，由于杜威的理论贡献及对进步主义教育的支持，1927年杜威应邀担任进步教育协会名誉会长。

第四，从《民主主义与教育》开始，儿童中心说在杜威理论中就已衰落。

---

① 杜威. 学校与社会·明日之学校 [M]. 赵祥麟，任钟印，吴志宏，译. 北京：人民教育出版社，2004：42.

② 杜威. 学校与社会·明日之学校 [M]. 赵祥麟，任钟印，吴志宏，译. 北京：人民教育出版社，2004：41.

应当注意到，在 1916 年出版的《民主主义与教育》中，不论是在论述其理想社会还是教育哲学时，儿童中心既没出现在杜威的社会理念中，也没有出现在他的教育哲学视野里。《民主主义与教育》是杜威的代表作，杜威在自己的传记中专门写道："《民主主义与教育》一书乃是把我的哲学陈述得最充分的一本著作。"① 由此看来，杜威确实提出过儿童中心说，但不是其首创，是接着说，是杜威参与当时教育变革思潮发出的一种声音，呼应了 19 世纪末 20 世纪初产生的进步主义教育运动批判传统教育的主张。但从总体看，儿童中心说在杜威教育思想中并不占重要地位。

第五，方法论基础不同，最终导致杜威放弃儿童中心说。其实，仔细阅读会发现，1916 年的《民主主义与教育》保留了《学校与儿童生活》中与儿童中心内容相近的"教育即指导"的内容——"教育的问题就是要抓住他的活动并给予活动以指导的问题。通过有组织的运用，它们就会朝着有价值的结果前进而不致成为散乱的，或听任其流于仅仅是冲动性的表现"②，却没有了儿童中心说。杜威对进步主义教育的观点——"决定学习质与量的关键是儿童本身而并非课程"明确表示反对。杜威认为进步主义这种观点是一种二元对立。无论是"训练"还是"兴趣"都太过偏激，他认为在分裂的情况下更是行不通。杜威立足于经验，将儿童与课程视作一个整体，以及解决儿童与课程矛盾的根本。儿童与课程本身并不对立，若把儿童与课程看作可以相互支持与解释的对象，则会有新的发现：儿童与教材都并非一成不变，其内在蕴含的经验不断在生长，因此唯有以经验为支点而非片面的儿童中心说才可能将儿童与教材有机结合起来，才会有促进儿童生长的更好效果的教学。

可见，杜威对儿童中心说早有自己的思考，后来 1938 年他发表了声明，割裂了自己同进步教育运动的关系就不足为奇了。

应当看到，杜威一系列有关儿童教育的论述都与传统教育观念不同，他提出了很多新的儿童教育思想。他敏锐地认识到："儿童的世界是一个具有他

---

① 杜威. 学校与社会·明日之学校 [M]. 赵祥麟，任钟印，吴志宏，译. 北京：人民教育出版社，2004：380.
② 杜威. 学校与社会·明日之学校 [M]. 赵祥麟，任钟印，吴志宏，译. 北京：人民教育出版社，2004：42.

们个人兴趣的人的世界，而不是一个事实和规律的世界。儿童世界的主要特征，不是什么与外部事物相符合这个意义上的真理，而是情感和同情。""儿童的生活是一个整体、一个总体。……凡是在他的心目中最突出的东西就暂时对他构成整个宇宙。那个宇宙是变化的和流动的，它的内容是以惊人的速度在消失和重新组合。但是，归根结底，它是儿童自己的世界，它具有儿童自己的生活的统一性和完整性。"① 杜威解释说："我为什么再三申明天然本能的重要？因为有许多教育学者把这个不学而知的本能看得太轻了，……他们总想把儿童期缩短，将成人的知识经验硬装进去。他们以为儿童期是完全白费了的，哪里知道这是真正的教育基础！"② 这使我们想起卢梭《爱弥儿》中的一段话："大自然希望儿童在成人以前就要像儿童的样子。如果我们打乱了这个次序，我们就会造成一些早熟的果实，它们长得既不丰满也不甜美，而且很快就会腐烂。……儿童是有他特有的看法、想法和感情的。"③ 这些关于儿童教育的论述可能会从另一个角度帮助我们理解杜威曾提出过的儿童中心说。

特别是在1933年出版的《儿童怎样思维：再谈反思性思维与教育过程的关系》一书中，杜威明确指出："过去教育习惯于把教师看作专制独裁者。近来新教育尽管也认为教师是必需的，却又把教师视为微不足道的因素，甚至是近乎邪恶的存在。实际上教师是社会集团的明智领导者。教师是领导者不是因为官职，是由于他拥有广阔而深厚的知识和成熟的经验。""自由原则把自由赋予学生，而教师却不在其中，他必须放弃所拥有的领导权。这种假设简直是愚蠢的。"④ 杜威充分肯定了"教师是领导者"，又批判了儿童中心论关于"儿童自由"的原则。这又是杜威拒绝进步主义的儿童中心观点的一个明证，理应受到重视。放任儿童、放弃教师的领导者权的确是对杜威教师教育思想一种极大的误解。

---

① 杜威. 杜威教育论著选 [M]. 赵祥麟，王承绪，编译. 上海：华东师范大学出版社，1981：76-77.
② 杜威. 杜威五大演讲·教育哲学 [M] //沈益洪. 杜威谈中国. 杭州：浙江文艺出版社，2001：92.
③ 卢梭. 爱弥儿：上卷 [M]. 李平沤，译. 北京：商务印书馆，2016：91.
④ DEWEY J. How we think: a restatement of the relation of reflective thinking to the educative process [M]. First Gateway Edition. Boston, MA: D. C. Health & Co. Puldishers, 1971: 273-274.

三、关于杜威的"从做中学"说

"从做中学"首次出现在杜威和他的女儿伊芙琳(Evelyn Dewey)合著的《学校与社会·明日之学校》(*Schools of Tomorrow*)中。

杜威在《学校与社会·明日之学校》的序里强调"本书不试图发现一种完整的教育理论,也不考察任何'体系'或讨论杰出的教育家的观点。这不是一本教育学教科书,也不是学校教学新方法的说明"[1],而是要介绍美国越来越多的学校兴起的教育改革,"用来做例证的学校或多或少是随意选择的"[2]。

杜威指出,正在进行的教育改革"运动的各种特征标志着我们所叙述的学校的特征"[3],"而且更重要的是认识到教育在民主社会中一定要起的作用"[4]。

最后,该序确认"本书各章的表述也是由她(指 Evelyin Dewey)负责的"[5]。那也就是说提出从"做中学"的《学校与社会·明日之学校》不是由杜威本人撰写的,但是经过杜威同意的。

《学校与社会·明日之学校》第四章《课程的改组》认为儿童和课程是两种有效的力量,两者相互发展,相互作用。在参观学校的时候,对一般学校教师感兴趣的和有帮助作用的就是各种方法、课程、儿童度过时间的方式:那就是所形成的儿童和他的环境之间的调整方式。[6]

紧接着,《学校与社会·明日之学校》的作者提出"从做中学",认为

---

[1] 杜威.学校与社会·明日之学校[M].赵祥麟,任钟印,吴志宏,译.北京:人民教育出版社,2004:213.
[2] 杜威.学校与社会·明日之学校[M].赵祥麟,任钟印,吴志宏,译.北京:人民教育出版社,2004:213.
[3] 杜威.学校与社会·明日之学校[M].赵祥麟,任钟印,吴志宏,译.北京:人民教育出版社,2004:214.
[4] 杜威.学校与社会·明日之学校[M].赵祥麟,任钟印,吴志宏,译.北京:人民教育出版社,2004:214.
[5] 杜威.学校与社会·明日之学校[M].赵祥麟,任钟印,吴志宏,译.北京:人民教育出版社,2004:213.
[6] 杜威.学校与社会·明日之学校[M].赵祥麟,任钟印,吴志宏,译.北京:人民教育出版社,2004:250.

"'从做中学'是一句口号,这句口号几乎可以用来作为对许多教师正在试图实施这种调节的方式的一个一般的描述"①。该书怀着热忱对许多实验学校不同形式的"从做中学"做了生动的介绍。"从做中学"也就是对所参观的实验学校改革情况的简练描述,而不是简化理论。不论是当时的进步主义教育的积极推进者们,还是后来的一些教育界人士,都把"从做中学"作为杜威重要的教育理论表达,他们的背景不同,但是似乎都多少有些误解。

"从做中学"关注的是实践课,是儿童身体的参与,而不是学校的全部课程。从儿童学习与发展的角度,作者指出:一个儿童自身学习的最难的课程就是实践课,假如他学不好这门课程,即使再多的书本知识也补偿不了:这就是他同邻里和工作进行调整的真正的问题。实践的方法本身是作为解决这一问题的最便利、最适当的方式自然地提出的。② 由此可见,不同的学科本身——算术、几何、语言、植物学等——就是各种各样的经验。它们是前人努力和成功的结果,是代代相传而积累起来的。普通学校的这些科目,不是仅仅作为一种积累,不是作为一种零碎经验的大杂烩,而是以一些有组织的方式提出来的。因此,儿童的日常经验,他的一天天的生活,以及学校课堂的教材,都是同一事物的各个部分;它们是人类生活的第一步和最后一步。把这两者相对立,就是把同一个正在生长的生命的婴儿时期与成年时期相对立;把同一种力的运动方向与其最终的结局相对立;也就是要使儿童的本性与其将来的命运彼此发生冲突。

同时,作者还不忘强调:"当然,做中学并不是指用手工来代替课本的学习。与此同时,要允许儿童一有机会就做些手工,这对抓住儿童的注意力和兴趣有很大的帮助。"③

该书在第十一章《民主与教育》中也有两处谈到"从做中学"。作者从改造旧教育,建设民主社会需要的教育的高度思考学校教育问题。作者指出:

---

① 杜威. 学校与社会·明日之学校 [M]. 任钟印, 吴志宏, 译. 北京:人民教育出版社, 2017: 250.

② 杜威. 学校与社会·明日之学校 [M]. 任钟印, 吴志宏, 译. 北京:人民教育出版社, 2017: 250.

③ 杜威. 学校与社会·明日之学校 [M]. 任钟印, 吴志宏, 译. 北京:人民教育出版社, 2017: 252.

都要"致力于抛弃那种只适合于小部分人和专门阶级的课程"①，要朝向"一种将真正地代表一个民主社会的需要和条件的课程"②。

"在那些真正重视民主问题的教育家看来，极其需要的似乎是使儿童与他的周围环境尽可能完善和明智地联系起来，这既是为了儿童的利益，也是为了社会的缘故。""只有教育界的先行者，才认识到幼年儿童在多大程度上学习运用他们的身体，以及在没有运用身体培养心灵和没有运用心灵训练身体的制度下不可能保证有全面的智力。"如此，重视教育与环境的联系，儿童身体的参与，重视活动对培养儿童的意义，是卢梭以来许多教育家早就有深刻论述的。③

"现代心理学已经指明这样一个事实，即人的固有的本能是他学习的工具。一切本能都是通过身体表现出来的；所以抑制躯体活动的教育就是抑制本能，因而也就是妨碍了自然的学习方法。前面描述的所有学校，都在一定程度上把这一事实应用到教育中去，运用了学生的自然活动，也就是运用了自然发展的种种方法，作为培养判断力和正确思维能力的手段。这就是说，学生是从做中学的。"④

这样，"从做中学"就成为著名教育家和心理学家有关论述的、顺理成章的结果。而"当一个学生从做中学的时候，他精神上肉体上都在体验某种被证明对人类有重要意义的经验，他所经历的心理过程，与最早做那些事情的人所经历的心理过程完全相同。由于他做了这些事情，他明白了结果的价值，也就是说事实的价值。一种陈述，哪怕是关于事实的陈述，你不能揭示出事实的价值，或是事实本身的真实意义，那就是"仅把书本知识喂给儿童"⑤。

综上可发现，"从做中学"不是一个原创的理论表达，而是当时教育改革

---

① 杜威.学校与社会·明日之学校[M].任钟印，吴志宏，译.北京：人民教育出版社，2017：359.
② 杜威.学校与社会·明日之学校[M].任钟印，吴志宏，译.北京：人民教育出版社，2017：213.
③ 杜威.学校与社会·明日之学校[M].任钟印，吴志宏，译.北京：人民教育出版社，2017：360.
④ 杜威.民主主义与教育[M].王承绪，译.北京：人民教育出版社，2001：361.
⑤ 杜威.民主主义与教育[M].王承绪，译.北京：人民教育出版社，2001：361-362.

试验受到历史与现实著名教育家和心理学家理论影响的结果。

杜威《学校与社会·明日之学校》是 1915 年出版的，首次在其中两章提到"从做中学"。但是，第二年出版的杜威的重要代表作《民主主义与教育》就没有将"从做中学"纳入理论视野，从此以后"从做中学"更是罕有提及了。

杜威的代表作《民主主义与教育》坚持了重视对活动、经验、学习思维做了深刻的论述。他指出："我们要决定某一已完成的行动或即将完成的行动的意义时产生了对思维的刺激。然后我们就预期到种种结果。这就是说，现在的情境，不论是在事实上，还是在我们看来，都是不完全的，因而也就是不确定的。预测一些结果就是一种建议性的或试验性的解决方法。要使这种假设完善起来，必须对目前的情况进行仔细的考察，阐发假设的种种含义，这个工作叫作推理，这个假定的解决方法——观念或理论——还必须通过实践进行试验。如果它在世界上能带来某些结果，某些明确的变化，它就被认为是正确的，否则就要加以修改，再进行一次尝试。思维就包含所有以上这些步骤——感觉问题所在，观察各方面的情况，提出假定的结论并进行推理，积极地进行实验的检验。"[①] 这是杜威很重要的观点。他还进一步结合教学做了具体的阐释。

"最重要的是我们要知道，思维就是有教育意义的经验方法。教学法的要素和思维的要素是相向的。这些要素是：第一，学生要有一个真实的经验的情境——要有一个对活动本身感兴趣的连续的活动；第二，在这个情境内都产生一个真实的问题，作为思维的刺激物；第三，他要占有知识和资料，从事必要的观察，解决这个问题；第四，他必须负责有条不紊地展开他所想出的解决问题的方法；第五，他要有机会和需要，通过应用检验他的观念，使这些观念意义明确，并且让他自己发现它们是否有效。"[②]

教师所要做的事是使每一个学生有机会在教学的活动中使用他自己的力量。心智、个人的方法、创造（这些都是可以调换的名词）表示有目的的或

---

① 杜威. 民主主义与教育 [M]. 王承绪, 译. 北京：人民教育出版社, 2001：166.
② 杜威. 民主主义与教育 [M]. 王承绪, 译. 北京：人民教育出版社, 2001：166.

有指导的活动的性质，如果我们按照这个信念去做，即使按传统的标准我们也将获得更多的创造性。①

杜威的最后一篇教育文章是1952年为克拉普（E. R. Clapp）《教育资源的使用》（*The Use of Resources in Education*）一书所做的引言。引言中指出："没有一种教育——或关于任何其他事物——是进步的，除非它不断取得进步。"② 杜威的教育思想是不断发展、不断进步的。因此，我们不能用静止的眼光来判断杜威教育观。杜威在《我们怎样思维·经验与教育》新版序言中就坦诚地说过：新版"是重新写过的，在一些主要观念上有发展。关于教学部分的变化也是明显的。这些变化反映了学校中发生的巨大变化。该书新版增加了讲课（recitation）一章"③。杜威指出："在讲课中，教师与学生达到了最紧密的接触。指导儿童的活动，激发儿童求知的热情，影响儿童的语言习惯，指导儿童的观察等种种可能性，都集中在讲课上。"④ 杜威强调"用'讲课'（recitation）一词来指明在一节课的时间内，教师与学生、学生与学生之间最亲密的理智的接触这一具有决定意义的事实。'复述'（recite）一词的意思是再引证、重复、反复叙说。如果我们把这一段时间称作'重复'（reiteration），这一名词就会比平常所指的复述间接知识、记忆以及在一定的时间内做出正确回答的'讲课'（recitation）一词更加模糊，基本的事实是，讲课是刺激、指导儿童思维的场所和时间。"⑤ 这里，杜威把讲课和培养学生思维紧密结合起来，这应当是深刻地道出了现代教学的一个重要特点，对于现代教师教学思想具有标志性意义。在杜威的这部代表作中，"从做中学"不再提了，但是作为教育哲学史上的里程碑的杜威的经验论得到了很大发展。据此，"从做中学"在杜威著作中的消失是否可以作为杜威教育思想发展的一个表征呢？本研究认为应当是可以的。

杜威经常重申的观点是："个体永远是经验的中心和目的，但是个体的生

---

① 杜威. 民主主义与教育［M］. 王承绪, 译. 北京：人民教育出版社, 2001：188-189.
② 杜威. 学校与社会·明日之学校［M］. 任钟印, 吴志宏, 译. 北京：人民教育出版社, 2017：22.
③ 杜威. 我们怎样思维·经验与教育［M］. 姜文闵, 译. 北京：人民教育出版社, 2005：7.
④ 杜威. 我们怎样思维·经验与教育［M］. 姜文闵, 译. 北京：人民教育出版社, 2005：231.
⑤ 杜威. 我们怎样思维·经验与教育［M］. 姜文闵, 译. 北京：人民教育出版社, 2005：7.

活经验的实际表现取决于联合生活的性质和发展。""我对经验的信仰以及对个体是其中心和目的信念一直没有改变,只是在不同时期侧重点有一些变化。现在我比以前更愿意强调,个体是联合生活的性质和发展的最终的决定性因素。""珍视自己和他人的自由权的个体,在思想上和行动上都具有民主风范的个体,是民主制度存在和持续的唯一和最后的保障。"① 杜威的这些思想是我们理解他教育观点的社会理论基础。

第四节

杜威的教师教育观

一、对教师的论述

杜威对教师的论述是相当具体的,又是从他的个人—环境中心哲学观和个人—社会互动观的高度,从教师与社会、学生、环境的交互作用的多个侧面进行阐释的。不过我们不要忘记杜威对教师社会责任的重要论述。其中体现了明确的个人—环境互动的哲学与个人—社会联系的社会理论观点。

首先,杜威高度评价教师的作用。如前所述,杜威在《我们怎样思维·经验与教育》中就强调教师是领导者。1937 年,杜威曾指出:教师职业"是全人类最高贵的职业。然而,这一高贵的职业给予我们的应该是责任感,而不是自满"。他直接把教师与社会改进连在一起,并给予教师重托。1934 年,杜威认为,建设一个更公正、更人道、更安全的社会秩序,是师生的共同努力目标。杜威强调,时代脱节了,教师无法逃避与大家一起把时代纠正过来的责任,即使他们想逃避也不行。杜威认为,教育者的首要社会责任不是延续现存社会秩序,而是要鼓励学生和教师拿出改进现存社会、经济和政治体制的规划,由此对社会的日益完善做出贡献。

应当重视的是,杜威不是一个单向思维方式者,从他的哲学观考察,他

---

① DEWEY J. I believe [M] // BOYDSTON A. The later works of John Dewey: 1925-1953. Carbondale and Edwardsville: Southern Illinois University Press, 1988: 91, 92.

是一个联结主义者,他是从教师与社会、学生、环境的交互作用中阐释教师作用和教师教育制度建设的。

二、对教师教育制度安排的论述

教师教育制度初创时期强调的是书本知识的掌握与传递。教育实习并不受重视,时间短,要求单一,主要通过学徒制的传统工厂方式去传授并继续已有的教学方式、技能和习惯,重视模仿与训练。在工业化迅速发展的情况下,社会对人才的要求也相应提高,教师仅靠书本知识、以传授加记忆的方式培养出来的学生已经不能适应时代的要求了,那么,教师及教育者就不得不改变传统的培养方式。

杜威由此认为,教育学院在整个教师教育中处于主导地位,教师教育是教育学院的主要工作。但是,杜威并没有把教师教育工作仅仅局限于大学中的教育学院,在他看来,教师教育机构是一个系统而不是一个孤立的单位和场所。他曾明确指出:毋庸置疑,如果不总是事实的话,至少在理想状态下,与师范学校相联系的初等学校,包括高级中学,是教师教育机构的一个有机组成部分。

美国教育学学科制度化进程与美国教育机构的变化进程是密切联系在一起的。美国教育学先在师范学校中获得发展空间,后又被引入大学。可以说,美国师范学校运动是美国教育学得以发展的实践动因。美国教育学在教育机构中的发展主要是以一门学科的形式体现的,主要涉及教育学的学科地位、学科功能以及学科发展的学术性等问题。随着历史的发展,美国师范学校纷纷升格为师范学院。综合大学的教育学院和文理学院的教育专业或教育系成为美国教育学存在的组织形式。在美国大学制度框架下,美国教学的学科化、专业化、学术性逐渐凸显,但也面临着发展的困境。从历史的角度来看,美国师范学校中出现了实践形态的教育学思想,后来逐渐清晰起来,而大学中的教育理论化倾向日渐突出。"作为近代大学以及教育学学科制度化的最初发源地,德国并没有在教育学学科制度化的道路上一路领先。相反,教育学最终在大学里取得独立的学术地位与组织建制却是在美国。"①

如前所述，杜威将康德的以自我为中心转向以自我与所处环境相互作用为中心，这实际上就是转向关系、互动、行动、生活、实践中心论。我们将杜威的哲学观点、社会理想和大学教育学院工作经历结合起来考察他对教师教育制度安排的论述是很有必要的。1894 年来到芝加哥大学时，杜威就强调大学教育系最基本的构成条件应是创设一所理论工作与实践要求相结合的学校。1896 年，芝加哥大学实验学校成立。实验学校一方面教育儿童，另一方面则要培养大学里学习教育学的学生。实验学校旨在检验和开发教育方法，其理论假说主要来自杜威的机能心理学和民主教育观。

1905 年，杜威应邀到哥伦比亚大学哲学系任教，也在师范学院讲授教育哲学和伦理学课程。正是在这一时期，杜威形成了一种坚定的信念和观点，即在哲学与教育之间存在着紧密而重要的关联，学校既是解决教育问题的必要场所，又是将哲学转化为"活生生的现实"的重要场所，因为学校里年轻人的思想还有待形成，需要在一种均衡和连贯的哲学的指导下形成理智的和情感的倾向，进而塑造自身的经验。基于这样的认识，杜威在哥伦比亚大学期间结合其在芝加哥大学期间所开展的教学、科研和管理工作，把主要精力倾注在理论研究方面，试图创立以教育哲学为核心的教育学理论体系，并在此基础上阐明民主教育的本质及职业教育的功能等重要理论问题，从而构建起以教育哲学为核心的教育学理论体系和学科架构，深化了大学教育学科建设和发展的内涵。

综上所述，杜威在其大学教育学院工作实践中提出的教育学是一门大学学科的论断、他关于创造以教育哲学为核心的教育学理论体系的思想，关于确立一种通识性的、整合性的专业发展理念，关于促使科学（包括心理学）与伦理学（包括哲学）的理论假设在教育实践中紧密联结起来的思想，关于大学教育院（系）最基本的构成条件应是创设一所"理论工作与实践要求相结合的学校"的思想，关于教育学是科学与社会进步之间的重要联结纽带，并成为科学和教育实践的重要媒介的思想，都已成为杜威重视教育学科建设、

---

① 李福春. 美国教育学发展考析 [J]. 大学教育科学，2010 (6)：81-88.

专业建设、课程建设的核心观念，是他教师教育思想的重要组成部分。

三、大学创建实验学校，实现大学与中小学合作，推动理论创新和实践发展

杜威"教育一体化持续发展思想"表明了大学与中小幼合作是教育革新的必由之路，这要求教育打破各自封闭、人为割裂的界限屏障，实现多向激活，共同发展。

实验学校对于教育系的研究具有重要的作用，它在教育系的科学指导下高效运转。芝加哥大学教育系的理念及实践与实验学校的理论和实践是高度相关的。现提出相互之间合作问题的研究，有利于深化对双方的认识，以便更准确地了解教育实体的运作，更好地研究与学习双方的教育成果。

1901年7月，芝加哥大学成立包括教育系、一所初等学校和一所幼儿园在内的教育学院。这为杜威尝试把教育学建构成大学的综合性学科提供了制度安排上的保障。杜威在芝加哥大学时期的研究，深化了实验学校作为教育系有机部分所起到的重要作用。实验学校有"展示、测验、证明和批判（教育学）理论的现状与原理，以及增加（教育）专门领域的事实与原则"的重要作用。这也开创了那个时代大学与中小学的联系。这也是杜威实践转向、重视沟通交流、重视个人与环境的互动、高度评价科学作用思想的具体体现。新颖的实验学校作为教育系内部教育化专业实验的一个特殊"实验室"，与多领域的实验室间展开了合作活动。杜威为指导实验学校付出了巨大的精力，而他对实验学校的办学指导也深刻地体现了他在哲学、心理学和教育学上主张的进一步发展。

芝加哥实验学校开展过多种多样现代教育领域的教育实验，它为杜威建构自己的教育思想体系打下了必要的基础，也为杜威撰写许多重要的教育著作提供了素材。所有这些都为现代教育实验探索做出了巨大贡献，是为建设适合于现代社会发展的教育进行的大胆的开拓。[①] 杜威思想的形成与实验学校中组织的实验活动息息相关，实验学校实际上是教育系一个特殊的"实验

---

① 单中惠. 杜威学校教育实验探析[J]. 教育研究与实验，2002（2）：57-62.

室"。如果大学中没有将教育研究和教师、管理者以及其他实践者的专业准备联系起来的各类教育系，改进研究和实践之间关系的努力将因此而失败。这里杜威教育哲学重视实践、重视实验、重视通过实践与实验改进学校教育的初衷得到进一步反映。

杜威指出，"杜威学校"的目的是"加深和扩大社会的接触和交往，以及共同社会的范围"。它的实验在于研究那些可以导致社会良好结果的能力倾向所需要的研究。实验学校是把教育的社会功能方面放在第一位的。在《民主主义与教育》中，他强调教育是社会的过程，也是社会的功能，其主导思想是学校即社会。在杜威的词汇中是没有儿童中心学校的，甚至杜威对儿童中心主义是持批判态度的。他不把个性看作孩子所固有的东西，而是看作通过学校教学的缜密指导获取的。在《芝加哥实验的理论》这本书中，杜威讲到进步学校往往只强调个人的能力倾向和本能，而忽视了作为培养社会人的学校教育在社会功能意识方面的缺失，进步主义教育在教育目的和社会目的的关系上是处于失调状态的。坚持人固有的社会属性，自我在根本上乃是社会的自我，个性是社会的产物，并非某种天生的固定的东西，个人和群体不可分。自我在社会经验中成长，并反映社会化过程的内在结构。[1]

杜威根据他的建构主义学习理论指出学习需要凭借学生自己的直觉的个人经验，这是学生所拥有的最丰富的资源。[2] 职前教师教育的理论教学应帮助师范生把他的直接的个人经验理论化，这是最具特点的杜威方式。"教育系和一般的'教育学院'对教育和教育研究的改善是有重要作用的。其创立的目的在于通过发展和传播教育系统知识来提高教学和学校管理的效率。它们对这种目标的实现是必不可少的。如果大学中没有将教育研究和教师、管理者以及其他实践者的专业培养联系起来的教育系，那么努力改进研究和实践之间的关系将因此而失败。田野研究旨在帮助教师和管理者有效开展日常工作或迅速交流所遇到的具体政策问题。田野研究有可能帮助弥合教育研究与教

---

[1] 孙有中. 美国精神的象征：杜威社会思想研究[M]. 上海：上海人民出版社，2002：290.
[2] DEWEY J. The relation of theory to practice in the education of teachers[EB/OL]. https：//www.doc88.com/p-7394576003655.html，2021.

育实践长期存在的沟壑。"①

四、关于教育实习方式的思想

首先，杜威曾明确指出，对教师进行的充分且适宜的专业教育并不完全是理论性的，它还要有一定数量的实习工作。② 杜威提出了实习方式，即学徒制和实验制。杜威于1904年提出以实验为中心的实习工作的理由。他认为，实习工作可以是"学徒性质"，主要目的是使师范生能用"其职业必要的工具"，包括教学和班级管理的策略和技能武装自己。这个目的完全是实践性的。与此相反，实习工作也可具有实验性质，其主要意图是"有理论指导的教学"，"提供智力方法"，目的是激起人们的理智反应。杜威强调，学徒方法和实验方法并不是简单地相互排斥的。但是，在实际工作中以哪种方式为主还是有基本区别的。③

杜威还指出，实习工作如果重点放在学徒方式上，反映的是对教师教育中角色扮演者的诉求，因为这种实习的结果是即时可见的。杜威提醒说，眼前的结果可能不利于教师长期职业生存与发展。师范生通过对教师的模仿只可能获得方法的外在形式，但是运用这种方法"缺乏真正的教育性"。④ 杜威指出："实习工作主要应当关注师范生的反应，使他成为一个有思想、机敏的人，而不是简单地帮助他立即熟练掌握某种技能。"⑤杜威反对那种抽象空泛的理论教学。杜威建议延长实习时间，培养师范生学习教学。杜威提出实习教师先以助理身份观察指导教师如何用心与学生互动，然后在给予教师充分自由的情况下指导其独立进行教学，这样师范生承担的就是一种"不一样的学

---

① 韦布. 美国教育史：一场伟大的美国实验［M］. 陈露茜, 李朝阳, 译. 合肥：安徽教育出版社, 2010：95.
② DEWEY J. The relation of theory to practice in the education of teachers［EB/OL］. https://www.doc88.com/p-7394576003655.html, 2021.
③ DEWEY J. The relation of theory to practice in the education of teachers［EB/OL］. https://www.doc88.com/p-7394576003655.html, 2021.
④ DEWEY J. The relation of theory to practice in the education of teachers［EB/OL］. https://www.doc88.com/p-7394576003655.html, 2021.
⑤ DEWEY J. The relation of theory to practice in the education of teachers［EB/OL］. https://www.doc88.com/p-7394576003655.html, 2021.

徒工作",最后践行的也就是与学徒式不一样的教学实践。杜威希望借此培养能进行独立思考的、能不断地重组经验的专业人员,而不是仅掌握某些技能或只能懂一些知识的教书匠。

在杜威的心目中,良师必须是课堂心理学家,能把学科或教材知识心理化,并能解释学生的内心生活世界。如此做法,只有可能融入实验制,而非学徒制的模式当中。顺此思路,杜威于1904年对实习安排提出的第一项建议,是在实习学校进行观察,但"不直接进行教学,而是先要协助任课教师……特别关注落后或曾辍学的儿童……"①用心研究学生特性,并据以组织与运用能激发学生用心思考的教材教法等,是能成为良师的关键,而这也正是实习教师观察的重点。②

五、教师教育机构的职责与功能

杜威强调从事教师教育的机构的功能应是现在与未来需要的结合,保守与变革的结合。这点我们在杜威《教师教育中理论与实践的关系》(The Relation of Theory to Practice in Education of Teachers)一文中能够发现。杜威在该文中揭示,学校内外的当权者认为教师培训学校仅仅是为满足人们已经意识到的需求。因此,在这种情况下,教师培训学校只是继续用现有的教育实践方式行事,只是偶尔会对一些细节做改进。

杜威在《教师教育中理论与实践的关系》一文中明确提出,教师培训学校接受并符合现行教育标准并没有履行其应负的全部职责。而发现问题并能引领改革方向的教育领导才是其工作不可或缺的一个重要部分。需要的事情是改革教育,而不只是能把当前的事情做好的老师,更需要的是能变革构成现行教育的已知概念的教师。杜威教师教育思想立足于现实,又超越了现实需要。他把教育改革、观念的变革,以及实现教育引领作用放在重要的地位,教师教育机构必须履行其全部责任。杜威的这一思想同他的教育要改革、教

---

① DEWEY J. The relation of theory to practice in the education of teachers [EB/OL]. https: // www. doc88. com/p-7394576003655. html, 2021.

② DEWEY J. The relation of theory to practice in the education of teachers [EB/OL]. https: // www. doc88. com/p-7394576003655. html, 2021.

育要促进社会进步的基本主张是一致的,并为教师教育和师范生的培养提供了宽广而长远的视域。

杜威的教育哲学产生以后,美国教育发生了深刻的改变,现代教育思想和传统教育思想两大教育思潮的博弈此起彼伏,影响着国际教育观和国际教师教育思想的发展。杜威本人曾应邀访问过日本、中国、苏联、土耳其、墨西哥等国,他的著作和讲演被广泛地翻译出版,被译成了35种语言,在世界各国广为传播。杜威教育哲学及其流派产生了世界性影响,也产生了学术界不同的回应。除了当时一些西方教育哲学流派以外,20世纪60年代美国著名教育家布鲁纳不同意杜威的"一切学习来自经验"的"经验课程论",他从认知心理学角度提出了"结构课程论"。布鲁纳批评当时美国"在经验主义论点长期成为支配意见,而'学习理论'又长期当它的扩音器"[1]。

第五节

20世纪其他西方教育哲学流派的教育观与教师观

20世纪是现代教育思想十分活跃的时期。杜威教育哲学产生了广泛的影响。这一时期以及稍后的一段时期,由于对杜威反传统教育的拥护,也由于对杜威教育哲学的抨击,还由于杜威教育哲学本身的问题与局限,但主要是由于时代的变化,西方出现了一系列教育哲学流派。同时,杜威教育哲学当然不可能是终结性的,它只是开端。其间,又有学术共同体从各自不同的学术立场展开了新的探索,形成了一些新的教育哲学流派。于是从20世纪初到20世纪70年代西方就有各种重要的教育思想流派出现,平均4—5年就会出现一个教育哲学流派。在教育哲学发展历史上诞生于20世纪初的教育思想在空前的广度与深度上影响了西方乃至世界的教育理论与实践。

对杜威教育哲学流派的核心思想,前面本研究已对作为其代表人物的杜威的教育观点做了阐释,这里不再赘述。西方很多教育家对西方工业文明中

---

[1] 布鲁纳. 教育过程 [M]. 邵瑞珍,王承绪,译. 北京:文化教育出版社,1982:4.

社会发展和同时代乃至以前时代的教育思想进行了批判，他们都从不同的角度寻求摆脱西方社会综合危机的途径，形成了诸多教育思想流派，显示出各自的思想之光，但也无一不暴露他们自身的局限与不足。

在杜威教育哲学出现后，进步主义、要素主义、永恒主义、新托马斯主义、要素主义、社会改造主义、存在主义、分析主义等教育哲学流派相继出现。以下仅对上述西方教育哲学的教育观与教师观做一概要叙述。

一、进步主义教育哲学

进步主义教育哲学是19世纪末20世纪初产生的一种新教育理论。1919年，进步教育学会成立。1919—1929年间，进步主义教育重心在于重视儿童的教育，大都提倡卢梭的自然教育法，重视儿童的兴趣，破除班级授课制。进步主义教育拥护反传统的杜威教育哲学，进步主义教育运动与杜威曾一起对传统学校的形式主义进行批判，反对传统教育对儿童的压制，主张对儿童的关注和改革学校课程脱离实际的现状。1927年，杜威应邀担任进步教育协会名誉会长，提出"适应儿童，而不是使儿童适应学校"的原则。1938年，杜威发表了著名的声明，割裂了自己同进步教育运动的关系。本研究集中于对初始阶段进步主义教育的叙述。其基本观点有：学生有自然发展的自由，兴趣是全部活动的动机，教师是一个指导者而不是监工，立足于学生生活经验教育。学校的任务是使学生在一个尽可能好的学习情境中成长。

进步主义不是一个观点一致、学术思想清晰的流派。"这场进步主义教育运动从它兴起时就明显表现出一种多元论和经常矛盾的特点。读者想通过仔细查阅有关记录以得到任何关于进步教育的简略定义，那将是徒劳的。"[①] 但是作为一个流派还是在学校教育的主张上拥有一些共同的要求："以表现个性、培养个性，反对从上面的灌输；以自由活动，反对外部纪律；从经验中学习，反对从教科书和教师学习；以获得为达到直接需要和目的的各种技能和技巧，反对以训练的方法获得那种孤立的技能和技巧；以尽量利用现实生活中的各种机会，反对为或多或少遥远的未来做准备；以熟悉变动的世界，

---

① 彭漪涟，马钦荣.逻辑学大辞典[M].上海：上海辞书出版社，2010：697.

反对固定不变的目标和教材。"①

　　进步主义教育哲学认为，实地考察、实习和教师指导是沟通学校知识与现实世界的桥梁，强调学生的社会交往是比较有效的学习方法，教师和学校应在课程设计中建立与社会的相互关系。这就要求教师具备不同于传统学校教师的性情，不同于传统学校教师的方法。教师要具备多学科的专业知识，且所获得的知识一定要具有广度与综合性，还要明白知识的发展过程。根据杜威的观点，教师要学习教育理论，具有时代精神。"教师要明白我们生活在一个怎样的世界；要考察它的力量；要决定哪些力量是世界在其潜能中从过去遗留下来的过时的东西，以及哪些力量会指向一个更好的和更幸福的未来。"② 在教学中，教师是建议者与劝告者，要创设调动学生进行探究的课堂环境，引发学生兴趣，使学生在特定的情境中积极探究。因此，进步主义教育哲学认为教师是一个"情境创设者"。

　　与此相关，补充一点。19世纪末和20世纪前期欧洲兴起了新教育运动，批判传统教育，主张儿童个性自由发展。新教育运动在不少国家建立了各具特色的新学校，如比利时教育家德可乐利在布鲁塞尔建立的生活学校，等等。该运动建立了新教育联谊会，并与美国进步主义教育协会有过合作交流。欧洲的新教育运动要求教师转变观念，把儿童作为教育的中心，强调教育与社会生活的联系，建立以科学和生活代替古典知识在学校中的主导地位，重视儿童的自由、兴趣、主动性、经验及活动在教育教学过程中的作用，倡导教师实施个别化的教学方式等。欧洲的新教育运动缺乏统一的理论基础，但是他们的培养目标与美国进步主义教育大相径庭。欧洲的新教育运动要培养的不是社会的公民，而是现代的科学精英和有才能的统治者。

二、要素主义教育哲学

　　要素主义教育哲学最初萌生于瑞士著名教育家裴斯泰洛齐的教育观。在20世纪二三十年代经济大萧条后，以进步主义教育为代表的现代教育模式成

---

① 杜威. 杜威教育论著选 [M]. 赵祥麟，王承绪，编译. 上海：华东师范大学出版社，1981：430.
② 杜威. 人的问题 [M]. 傅统先，邱椿，译. 上海：上海人民出版社，1965：48.

为美国民众诟病教育的靶子。一时卷起千层浪，众多批判进步主义教育的流派纷纷出现。要素主义教育应运而生。德米阿什克维奇博士首先提出"要素主义"这一概念，他把"保存和传递人类文化要素视为首要职责的人们"定义为"要素主义者"；要素主义流派的重要代表人物是巴格莱。1938年，"要素主义促进美国教育委员会"的成立，标志着要素主义教育正式形成。要素主义是对美国基础教育影响最大的一种教育理论。

要素主义教育哲学以唯心主义的实在论和唯心主义的理想主义为哲学依据，激烈地批判了杜威的教育思想。要素主义中的要素就是指公认的最基本的系统知识。它批判杜威的教育思想使美国教育失去要素，软弱无力，质量下降。从挽救20世纪30年代初美国的经济与社会危机出发，要素主义教育哲学创始人提出要建立强有力的生机勃勃的教育理论，以取代杜威的教育思想。要素主义教育哲学强调要素的学习与训练、教师的权威、严格的纪律和严格的考试标准与要求，并因此受到统治者的青睐，并于20世纪50年代中后期再次崛起，对美国乃至西方的教育理论与实践产生了重要的影响。

要素主义主张教师是一个有知识、有见识的观察者，而学生没有知识也没有见识，教师的主要任务是带领学生去发现知识。在这个促使学生去发现知识的过程中，主动性在教师，而不在学生，教师处于中心地位。要素主义把教师角色定位为："无论何人，如果不是真理、智慧和德行的真诚的追求者，就没有资格担任领导或教导他人。"[1] 无疑，要素主义在教导学生乃至民众这个问题上，赋予了教师特殊的知识权威甚至道德权威。所以，要素主义立场之下的教师角色定位就是典型的"知识权威者"。"要素主义把教师放在这个大千世界的核心地位。"[2] 教师应成为学生知识品德的典范。要素主义教育强调教师在教育过程中的主导作用，反对任凭儿童自由发展的教育观点，认为中小学阶段教师便是教学的权威，学生的任务便是听从教师的教导，因为儿童不能真正理解所有要求掌握的东西，必须由教师引导、教育和训练。

---

[1] 卡尔. 教育的意义 [M]. 徐悟, 译. 北京：中国人民大学出版社, 2015：62, 185.
[2] 陈友松. 当代西方教育哲学 [M]. 杨之岭, 林冰, 蔡振生, 等译. 北京：教育科学出版社, 1982：89.

三、永恒主义教育哲学

永恒主义教育哲学产生于 20 世纪 30 年代。当时，进步主义教育所提倡的那种漫无目的、杂乱无章的课程系统，以儿童为中心、放任自由的教育方法和教学组织形式以及没有严明纪律的学校管理，造成了美国教育质量严重下滑，破坏了人们往昔较为稳定的心理和社会文化。人们呼吁要通过教育培养真正的有现代文化素养的公民，以维护原有社会秩序。永恒主义正是在这种批判进步主义教育的浪潮中诞生的新的教育思维，它倡导恢复传统古典教育，加强人文教育。

永恒主义教育的代表人物有美国的赫钦斯（R. Hutchins）、阿德勒（M. J. Adle）、英国的利文斯通（R. Livingstone）和法国的阿兰（Alain）。

永恒主义教育哲学以古典实在论为哲学基础，从 20 世纪 30 年代起举起新传统主义的旗帜，批判以经验为中心，忽视人类文化遗产的继承，忽视道德教育和理性发展的教育思想。这种教育哲学提出永恒是教育的基本原则，把学习优秀的文化遗产放在重要地位，企图用古典名著去促进青年人理性的发展，强调教育是生活的准备，应具有高远的目标，重视人的精神发展和多方面的培养。

"对永恒主义者来说，全部的教育问题的答案来源于对什么是人性这一问题的答案。在永恒主义者看来，人性是不变的。"[1] 这种人性观是永恒主义者的基础。赫钦斯也认为："作为一个人来说，在每个时代和每个社会都是相同的，因为这是作为一个人的本性所造成的。"[2] 阿德勒明确提出："如果人是理性的动物，在全部历史时代中，其本性都是永恒不变的话，那么不管处在什么文化和时代，每一种健全的教育方案都必须具有某种永恒不变的特点。"[3] 这就是永恒主义教育的理论逻辑的演化过程。

---

[1] 范斯科德，克拉夫特，哈斯. 美国教育基础：社会展望 [M]. 北京师范大学外国教育研究所，译. 北京：教育科学出版社，1984：55.
[2] 赫钦斯. 教育中的冲突 [M] // 张焕庭. 现代西方资产阶级教育论著选. 北京：人民教育出版社，1979：218.
[3] 陈友松. 当代西方教育哲学 [M]. 杨之岭，林冰，蔡振生，等译. 北京：教育科学出版社，1982：65.

永恒主义主张选择永恒性知识的目的在于使人的潜在理性得到最充分的发展。教师既不是给学生提供知识的源泉，也不是文化知识遗产的传递者。在此过程中，"教师的作用是第二位的"①。永恒主义认为，学习活动的本质是学习者自我的积极活动，"教师充其量不过是学习的辅助性因素"。"与理解的扩展方面相对应的教学模式则采用苏格拉底式的'产婆式'即询问法和讨论法来唤醒学生的创造力的想象和智慧。"② 同时，赫钦斯在他的《普通教育》一文中指出："应当予以鼓励的各种变化，不是在内容方面，而是在方法方面。考虑到个别差异的情况，除了考试的科目以外，应准备取消一切必修科目，并允许学生在他看来已准备好这样做的任何时候学习它们。"③ 永恒主义强调依据不同学科、不同类型学生和学习的因材施教，以达到学生在教师的引导下主动建构知识的目的。"在永恒主义者看来，教学是一种艺术，是激励和指导发展个人固有的理性思维力的艺术，这种能力是全人类所共有的。教学主要是规劝、解说、苏格拉底式的对话和口头阐述。"④

永恒主义者们并未否定学生在学习过程中不需要教师的帮助。教师的主要目标是帮助学生开启洞察力，以使他们从过去伟大的思想家那里获得智慧。这个帮助学生的过程是一个师生合作的过程。教师的作用是在与人的自然发展过程中进行合作，而这种合作的作用是帮助、促进人的发展，既不是教师中心，又不是学生中心，教师是一个"积极合作者"。

四、新托马斯主义教育哲学

作为罗马天主教的官方哲学，新托马斯主义是一种具有世界性影响的宗教哲学。它来源于欧洲中世纪的经院哲学，自1879年罗马天主教皇利奥十三世发表教皇通谕，号召"重建托马斯主义"以来，教皇的追随者便进行了恢

---

① 陆有铨. 现代西方教育哲学 [M]. 北京：北京大学出版社，2012：109，141，203，205，198.

② 艾德勒. 儿童教育建议：教育宣言 [M] // 王承绪，赵祥麟. 西方现代教育论著选. 北京：人民教育出版社，2001：255.

③ 赫钦斯. 普通教育 [M] // 华东师范大学教育系，杭州大学教育系. 现代西方资产阶级教育思想流派论著选. 北京：人民教育出版社，1980：203.

④ 范斯科德，克拉夫特，哈斯. 美国教育基础 [M]. 北京师范大学外国教育研究所，译. 北京：教育科学出版社，1985：56.

复托马斯经院哲学的种种活动，由于这一派别对托马斯经院哲学做了适应现代社会的改造，因而被称为"新托马斯主义"。第二次世界大战后，新托马斯主义作为一种哲学和社会思潮表现极为活跃，其影响也从法国、意大利、西班牙等信奉天主教为主的国家扩展到信奉新教为主的国家。调和理性与信仰，科学与宗教的关系，是新托马斯主义的时代特点。他们认为，信仰与理性并不是互相抵触的，而是互相帮助的；强调用基督教的思想解释和认识自然科学的问题，为宗教信仰寻找证据。梵蒂冈于1936年成立了"罗马教廷学院"，还邀请20世纪著名的自然科学家普朗克-波恩参加。教皇也经常出席各种会议，表示关心、倡导科学。罗马教皇约翰·保罗二世在罗马强调神职人员必须钻研科学，要求他们"既要有真正的科学训练，又要有深刻的知识"。新托马斯主义协调理性与信仰，科学与宗教的关系，是基督教哲学在20世纪对科学所持的新态度，是贯穿于新托马斯主义的整个思想体系的基本原则。

在教育领域，新托马斯主义者一度力图控制遍布世界各地的教会学校和少数具有教会背景的高等院校，其对一般院校的影响也不容低估。

新托马斯主义教育哲学与永恒主义教育哲学出现在同一历史时期，它以新经院哲学为基础，从神学的角度批判教育思想的实践，无视学生宗教信仰的教育，使教育背离了与神性相结合的人性和以上帝对人的爱为基础的道德，引教育入歧途。这种教育哲学从培养与神性相统一的人性出发，十分强调道德教育，主张用复兴道德力量去救治资本主义社会的精神危机与人性的疾患。新托马斯主义的代表人物有法国的马里坦、吉尔逊，美国的西蒙、莱因、哈林顿、柯林斯和意大利的詹皮尼等。其中马里坦是主要代言人。新托马斯主义的教育观点主要就是由马里坦阐发的。

在教育过程和方法问题上，新托马斯主义者十分注重受教育者的内部动力因素，强调学习者自身的主体作用，应当说这一思路是不断为近现代教育学所肯定的，无疑是克服教育中机械训练、强迫灌输现象的良剂。新托马斯主义者把受教育的主体精神提到了极高的地位，从人的自我教育和终身教育的意义上来理解，的确抓住了教育过程中最本质的东西，具有很大的启发意义。新托马斯主义者对人的自然倾向在爱和关注的气氛中发展方面的论述，有助于在教育过程中将学生的自然活动导向精神活动，有助于学生在教师的爱和鼓励下健康成长，这也是其对教学论的贡献。但新托马斯主义者的宗教哲学，特别是其认识论，决定了他们不可能正确处理感性和理性的关系，尽管他们也认识到了实践的作用和儿童认知的特点，但并不了解来自感性的理性认识最终必须在实践中接受检验的意义，这必然将教学过程和方法最终导向纯思辨甚至是神秘主义的死胡同。而且，儿童的自发冲动并不局限于所谓的自然倾向的范围，儿童的全面发展也不可能在"沉思的方法"中实现，新托马斯主义教育思想的流弊在此暴露无遗。我们必须清醒地认识到新托马斯主义者坚持对人的信念是以对神的信仰为前提的。这是与现代人的培养背道而驰的。马里坦指出，教育的核心应当放在人的个性的形成和解放上。个性是人的自我的内在性，与个性相联系的是人的灵魂，是人的精神性。人之为人在于人的核心，而人的核心是人的灵魂。因此，个性才是人之核心。不过，马里坦同时指出，教育者也不应将个性与个体性割裂开来。有一些教育者认为，人的自身存在着两者分裂着的存在，即个体和个人。这些人否认人的个体性，只片面地强调人的个性这一维度。这种观点是错误的。按照马里坦的看法，教育者最重要的品质，乃是在尊重儿童的人身的同时，也要尊重儿童的灵魂，"要意识到他最深处的本质和内在的机敏，并对他神秘的特性寄予一种神圣而充满爱意的关注"①。"教育的全部艺术就在于启迪、教育和修正、教导和启蒙，这样才能在人类活动的默契中，减少自我趋向性，增强个性及其精神的宽宏大量所持有的雄心壮志。"② 总之，该流派在坚持神的信仰的前提下主张教育应该同时关注人的身体和人的灵魂，既要关注人的个体性，又要关注人的个性，这样培养出来的人才是一个真正的完美的人。

五、社会改造主义教育哲学

社会改造主义教育哲学诞生于 20 世纪 30 年代。康茨在 1932 年的进步主义教育协会的会议上做了题为《进步教育敢于进步吗?》的演讲，这篇演讲词与另外两篇演讲词《透过灌输施教》及《自由、文化、社会规划与领导》

---

① 马里坦. 教育在十字路口 [M]. 高旭平, 译. 北京：首都师范大学出版社, 2010：12.
② 马里坦. 教育在十字路口 [M]. 高旭平, 译. 北京：首都师范大学出版社, 2010：42.

(分别发表于教育主管部门会议）共同组成了1932年出版的代表作《学校敢于建立一个新的社会秩序吗？》，这本小册子成为社会改造主义的经典。这三篇充满激情、勇敢乐观、铿锵有力、振聋发聩的演讲词，一经发表就引起了巨大的社会反响。在这一代表作中，康茨考察了教育的文化、社会和政治目的，阐述了教育者的责任等问题。当然，其中的众多观点和论述也遭到了一些保守的教育者和进步主义教育者的批判。对于这本小册子的内容及其所体现的思想，后文将会做专门的论述。

1932年，拉格在《进步主义教育》杂志上发表了题为《通过教育改造社会》的论文，克伯屈则出版了他的《教育与社会危机》一书。这些讲演、论文以及论著的问世，对社会改造主义基本理论的宣传起到了重要作用，它标志着社会改造主义教育哲学的初步形成。

1935年，康茨的另一本著作《教育的社会基础》问世。这本书是应美国历史协会社会研究分会邀请所做的专题文章汇集。在这本书中，上文提到的小册子的观点再次被加以论述。他大胆提出教育领导要具有社会改造的作用。康茨指出："教育工作者如果不走出学术殿堂，他就没有担负起自己的责任。他们除了要履行义务外，还要为国家提供教育领导，并要为形成教育哲学观、教育政策和教育方案承担广泛的责任。"[①]

社会改造主义教育是进步主义运动发展的产物，是教育"危机"时代的产物。1950年，改造主义教育代表人物布拉梅尔德认为，"危机时代"的教育必须把实现明确而切合实际的社会目的作为自己的目的。尽管我们能运用科学方法设计出原子弹，但我们还没学会使用科学方法解决道德问题、政治问题和经济问题。因此，"教师的首要责任是帮助年轻人学会使用科学方法，解决道德和社会问题"[②]。

布拉梅尔德提出"社会一致"这个改造主义教育的重要概念，指出教育"必须尽最大可能不仅同意怎样去采取行动，还要确定我们想往何处去"。

社会改造主义哲学抛弃了教育思想以个体经验为中心的说教和教育无目

[①] COUNTS G S. The social foundation of education [M]. New York: Charles Scribner, 1934: 2-5.
[②] 涂诗万. "必要的乌托邦"：改造主义的"教育学想象力"[J]. 现代教育论丛, 2021 (4): 8.

的论，给教育思想注入了"学校是改造社会的工具"的新内容，强调"教育应当成为制定一个明确的社会行动的方案的主要手段"，以"社会经验取代个人经验"，主张学校首先应当承担新文化建设的任务，这是教育改造社会的大目标所要求的。

社会改造主义不只是希望把学校的管理办成社会民主管理的样板，更强调教师在改造社会方面的模范先锋作用。康茨指出，进步主义教育运动的一个严重缺陷是："它产生了一种关于教育意义的过于狭窄的概念"，即只看到教育对于促进个人发展的作用，而忽略了教育与社会的相关。[1] 他指出：作为文明理念的活生生的化身，教师必须要把自己从传统的关于教师作用的思想中解放出来，勇敢地面对社会问题，为建立一个新的社会秩序、一种新的文明，而充分运用自己的权力，承担起自己的责任。

可见，根据社会改造主义教育流派的主张，教师要勇于参与政治活动，在社会改造方面发挥自己的作用。教师需要处于政治过程的中心地位，同时，应建立有影响力的教师组织。

社会改造主义教育看重教师的劝说作用。他们与传统进步主义教育稍有不同，在正视课堂的讨论、质疑或分歧的同时，认为教师在学生同意的情况下可以灌输某种理念。布拉梅尔德在其著作《趋向改造的教育哲学》中指出："我们既是教师，又是公民，有深刻的信念和所承担的义务，并且有无可非议的特殊爱好。我们不只是要在公共场合宣传我们的信念、承诺和特殊爱好，不只是要邀请别人完全自由地检查我们的每一信念，而且要致力于使绝大多数人接受我们的这些信念。"

教师在保证学生与自己真正参与社会民主政治建设中应处于前列。教师除了自己要行动起来，还要说服学生投身于社会的改造。因此，教师就是一个"社会改造引领者"。

六、存在主义教育哲学

存在主义教育是现代西方资产阶级教育思想的一个流派，产生于第一次

---

[1] 张斌贤. 话语的竞争：进步主义教育协会史 [J]. 高等教育研究，2014，35（2）：77.

世界大战后的德国。奥地利哲学家布贝尔和美国教育家尼勒等人把存在主义哲学观点应用于教育理论，逐渐形成了存在主义教育思想流派。存在主义者在教育领域中对现存的教育制度和各派教育理论的基本主张给予批评，认为已有的教育把个人太简单化、太客观化了，实施的是一种"太严肃"的教育，把个人的自我发展置于次要的地位。

存在主义教育哲学的哲学基础是存在主义。存在主义把"人"提到一切事物的本体地位，重视个人主体性尊严和价值。它从揭示人的本质存在（生存）出发来揭示一切存在物的存在结构和意义，以及人与世界的关系，把一切哲学问题都归结为或从属于人的存在的问题。出现于20世纪50年代以后的存在主义教育哲学认为，教育的对象是一个具体存在的，具有本身价值的活生生的个人，教育的目的不在于如教育思想所言的使个人适应社会，而在于维护个人的自由，帮助人对自己命运做出选择，并使人因对自己决定所产生的后果负责而建立起人格的完整的人，教育不仅要传授知识和训练技能，而且要进行感情和意志等多方面的培养。这种教育哲学来自对西方工业文明对人的桎梏的抗议，他们认为，个人因此失去了精神家园，失去了自由，也失去了尊严，人已不是他的真实存在。存在主义教育哲学中孕育着后现代主义教育的某些思想，它抨击并企图挽救西方世界"人的危机"。

存在主义认为教师应把学生置于可选择的环境中，让学生自己自由选择，帮助学生定义自己的本质。好的教师会帮助学生发现与发展自己的个人价值，哪怕这些个人价值会与传统价值相冲突。教师应怀着自己特定的清晰的目的真诚地与每个学生交谈。教师要擅长创造自由、开放和激励的环境。换言之，教师在角色实施的过程中要有所为有所不为。"有所为是指教师一方面要尊重学生的主观性，把学生当作一个人而非物对待，又要维护自己的主观性，使自己作为一个自由的人来行动；有所不为是指教师不能作为学生知识和道德的源泉或输送者，也不能作为学生的监工。"① 教师的角色是一个"自由激励者"。

---

① 陆有铨. 现代西方教育哲学 [M]. 北京：北京大学出版社，2012：109，141，203，205，198.

七、分析主义教育哲学

分析主义哲学只是一种分析方法,其关注点在于对概念、命题进行分析,以便使它们的意义更加明晰,更加准确。从 20 世纪 50 年代开始,分析主义哲学被引用于教育理论,形成分析主义的教育哲学,代表人物有英国的德·彼得斯·奥康纳和美国的谢夫勒。

分析主义教育哲学以分析哲学作为思考教育问题的方法论。分析主义把哲学问题归结为语言问题,认为哲学的首要任务是运用现代逻辑工具对语言进行分析。20 世纪初,奥地利数理学家弗雷格是分析主义的先驱。该哲学的口号是"逻辑是哲学的本质"。出现在 20 世纪 50 年代的分析主义教育哲学运用分析哲学,对传统教育哲学中的模糊概念进行并非语言游戏的次元性或较高次元的分析,以清理教育思想与理论上的迷雾,建立真正的"科学"的教育哲学;但它把逻辑规则作为检验真理的标准,脱离社会与教育的重大问题,无视真理的实践标准。分析主义教育哲学代表人物之一彼得斯抨击杜威的"教育即生长"的论断是语病,提出"教育即启发",认为教育过程在于引导启发学生进入各种形式的知识或思想领域。分析主义教育哲学强调教师在传授知识时必须清晰、明确。教育理论界所提出的命题或概念,应该有一系列的标准,要帮助教师,要致力于"清理许多各式各样混乱的定义、口号"。

应该说,哲学的变迁是上述西方教育哲学对教育意义新发现、新阐释的主要条件。正是由于与哲学的结盟,不同的教育哲学流派才能站在哲学的高度从不同角度审视教育的历史、现在和未来,才能使教育的理论研究具有深刻性。也正是由于这个原因,不同的西方教育哲学流派也因其背后不同哲学所固有的局限与特点,使其自身也不可避免地带上这种局限性和特点。

20 世纪国际上出现的上述众多的教育哲学流派反映出教育哲学的一些基本特征。

（一）参与性

上述西方教育哲学流派都表现出对社会改革、经济发展、民族与国家未来变化的积极、主动的参与精神。它们都对各自所处的国家的社会状况有较深刻的认识，都试图以自己所提出的教育思想参与社会变革，通过教育的改革培养符合它们要求的新一代青年人，进而实现各自的理想国。

（二）批判性

上述西方国际教育哲学流派都是在对以往的或同时代的教育思想、理论进行批判的基础上形成的。对于教育的一些根本问题，不仅分析主义教育哲学，其他流派的教育哲学，也都从各自不同的哲学观点、政治立场出发，都在批判的基础上做了重新的思考。它们都遵循否定之否定的逻辑。每一个教育哲学流派的出现都是以否定某一（些）教育理论模式作为自己存在的理由的，当然，否定的同时，又有吸收与继承。

（三）探索性

上述西方教育哲学流派往往都是在某一（些）教育观与教师教育思想在教育发展、社会演进方面表现出无能为力，在教育理论思维出现空场，而时代又呼唤新教育的时刻，它们以自己的哲学观点与方法，对教育理论与实践中的重大问题进行新的探索，这些探索固然不乏有价值的思考，但也显现出其不成熟性和局限性。正如一位外国学者在评论皮亚杰时所说的，每个伟大的科学家注定不但要遭到挑战，而且迟早会有新的发现，还要修改自己的学说，甚至全部推翻它。他的成功的标志不是因为他的学说站得稳，没有争论，倒在于它展开了探索的新领域，而同时提供了一个明确的、可以理解的、对现象的理解。

（四）理论与实践的整体性

20世纪诞生的西方教育哲学的流派多数都是着眼于社会发展的实际、教育发展的实际和社会科学与教育思想发展的实际。它们的理论构想又是企图引导教育，乃至社会走出危机的实际。当然，这些教育哲学绝不是消极地描述西方教育的实践，而是从哲学的高度审视实践，把握实践，并提出各自的思想与理论。20世纪众多教育哲学流派的活动证明了教育哲学是理论与实践的统一体，孤立的理论是无力的，片面的实践则将导致失败。

（五）历史性

上述19世纪中叶到20世纪中叶这些西方流行的教育哲学流派从不同方面提出了对包括教师教育在内的教育重大问题的许多有益思考，拓展了人类的教育思维。它们的理论思维的价值具有历史价值，将会对国际社会教育的发展产生久远的影响。它们之间的矛盾与争辩也将继续以不同形式在现在与未来继续开展，并且必将影响未来的教育与社会的发展。

第五章

新技术革命时期国际主流教育思潮及教师思想的转换

新技术革命时期国际主流教育思潮的兴起是一个值得重视的大事件。这种思潮的产生、发展对教师教育的理论与实践产生了重要影响。本章将阐释国际主流教育思潮的兴起、重智主义教育思潮的教育观和教师观、要素主义教育家科南特的教师教育思想、理性主义取向的教学思潮、人文主义教育思潮的呼唤和后现代主义教育观与教师观。

第一节　国际主流教育思潮的兴起

第二次世界大战结束前后，发达国家掀起中小学教育改革浪潮。英国1944年"推出的《巴特勒教育法》，率先于资本主义各国进行了战后教育重建工作"①。其宗旨是普及中等教育。这项法律包括：一是向所有5—15岁的儿童提供免费义务教育；二是建立统一的教育体制，取消过去那种"初级教育"和"继续教育"两级分段制，将教育过程划分为初等、中等和高等三个阶段。在中等教育阶段上，设立三种类型的学校，分别是文法中学、技术中学和现代中学，形成了初等教育、中等教育和继续教育相互衔接的国民教育制度。《巴特勒教育法》是英国教育制度发展史上十分重要的法令，是英国二战后教育改革的重要文件。

稍后，法国临时政府委托一个委员会制订战后教育发展计划。1947年，委员会提出一份报告，该报告以其先后两任主席命名，称"郎之万—瓦隆计划"（即《郎之万—瓦隆教育改革方案》）。该计划受"统一学校"和"新教育"两种思潮的影响，首次提出了"教育民主化"的思想和"以儿童为中心"的改革。《郎之万—瓦隆教育改革方案》的主要内容如下：

1. 提出了战后法国教育改革的六项基本原则，包括社会公正、学科价值平等、方向指导和职业指导等。

---

① 袁桂林. 英国普通学校课程改革及原因分析 [J]. 外国教育研究，1992（1）：7.

第五章　新技术革命时期国际主流教育思潮及教师思想的转换

2. 实施6—18岁的免费义务教育，主要通过基础教育阶段、方向指导阶段和决定阶段进行。

3. 对义务教育后的高等教育改革提出了设想。

4. 对教育中注意学生的特点、采取小组教学、鼓励学生的创造性和责任感等提出了要求。

该方案虽然由于二战后初期的历史条件未能实施，却成了二战后法国教育改革的依据。在它的影响下，法国开始大力扩充初等教育，同时把较好的初等学校升格为中学。在这一方案的影响下，欧洲其他国家也逐步将中等教育作为教育的一个层次而不是一种类型加以规划和发展。它指出了"战后教育改革"的方向。它所提出的"教育民主化"成为法国教育后来诸次改革的思想源泉和改革蓝本，对法国教育的发展产生了较大的影响，被称为法国教育史上的"第二次革命"。

从此，在全球化和地方化互动日益加深的形势下，制订教育政策法令以促进教育改革、推动持续发展成为不可扭转的潮流，改革逐渐成为各国教育发展的主旋律，制订教育政策法令推动教育发展开始成为20世纪下半叶世界教育领域的重要特征。因此，对教育政策的研究受到国际社会空前的重视，甚至成为一种新的学科，一种与教育改革实践密不可分的学科。

作为关注当下与未来的教育政策，它首先是一种经过权力者选择后的教育思想，当然也是接受并综合多元教育思想影响的结果。因此，教育政策就成为一种不可回避的思想存在，一种权力者意志与决断的存在，是一种对现实教育改革与发展有指导作用的主流教育思想。

人类历史进入20世纪40年代末期以来，新技术革命的浪潮出现了。这场新技术革命是以计算机为中心的，包括生物工程、海洋科学等一系列新兴科学和技术。人类数千年缓慢发展的历史时代已经结束，进入一个巨大的变革与转折时期。新技术、新工业，未来社会与经济的发展与人的智力高度相关。生理、心理等诸多科学的研究成果使人更深刻地认识了自身，新的方法论（系统论、信息论、控制论、协同论、耗散结构论、突变论）则正在使人类的思维方式大大地前进了一步。

综上所述，由于包括国际政治、科学技术的时代变化引起了不同国家对教育改革的共同需求，各国教育政策表现出来的教育观念显示出相似取向，形成国际性的主流教育思潮。世界各国都把改革与发展教育作为社会发展的重要内容，教育改革已成为全球的趋势。正是在这种背景下，首先受到新技术革命猛烈冲击的国家逐渐形成了现代国外教育家群。苏联的赞科夫、苏霍姆林斯基、巴班斯基，美国的布鲁纳、布卢姆，联邦德国的瓦根舍因、克拉夫基则是这一群体的杰出代表。当然，瑞士的著名心理学家、发生认识论创始人皮亚杰，跻身于现代教育家群也是当之无愧的。作为教育家群体意识的教育思潮、作为国家理论的教育政策所折射出的思想趋向，都是人类社会的产物，是世界范围内教育变革的产物，他们的共同思想正是反映了人类社会对新的历史性挑战在教育这个重要的方面所做出的积极反应。这也是那一时期教师教育思想的核心内存。

作为教育家群体意识的教育思想，作为国家理论的教育政策，它们都分别致力于从教师观，教师应有的教育目的观，教师教育的体制、课程、教学、原则、方法等方面转换，提出了当时最新的思想，并在世界范围内产生了很大的影响。20世纪50年代中后期先后出现的、对教师教育产生重大影响的有重智主义、理性主义、人本主义、后现代主义等教育思潮。其中重智主义、理性主义的教育思想受到国际社会的高度重视，成为国际主流教育思想。人本主义、后现代主义等教育思潮为现代教育和教师教育的改革也提供了可贵的思想资源。以下我们将集中于对重智主义教育思潮的考察，对其他教育思潮则做一概略叙述。

第二节

重智主义教育思潮的教育观和教师观

20世纪50年代后半期，国际上教育领域出现了重智主义教育思潮。应当说，这一思潮是国际政治、社会、经济、文化、科技和教育发展的综合产物。苏联的赞科夫（Леонид Владимирович Занков，1901—1977）提出发展性教学思想，受到苏联当局的认可与支持，成为当时苏联的主流教育思想、苏联现代教育的旗帜,并产生了广泛的国际影响。赞科夫的代表作有:《教学与发展》《教学论与生活》《和教师的谈话》《论教学论研究的对象与方法》《论小学教学》。美国的布鲁纳(Jerome Seymour Bruner,1915—2016)受皮亚杰心理学理论影响,以结构发生论挑战行为主义心理学,掀起了第一次认知革命,他在教育领域提出了学科基本结构思想,得到当权者的推崇,成为美国这一时期推动教育革命的主流思想。布鲁纳的代表作有:《教育过程》《论认识》《教学理论探讨》《认知生长之研究》。不论是赞科夫还是布鲁纳,他们的教育思想都十分重视儿童智力的发展,共同促发了这一时期重智主义教育思潮的形成。

一、赞科夫和布鲁纳各自思想建构的心理学取向

本节首先关注的是赞科夫和布鲁纳在各自思想建构取向上的不同心理学理论基础。不论是赞科夫思想建构取向——维果茨基文化历史理论,还是布鲁纳的认知心理学理论,都坚决反对刺激—反应的行为主义心理学理论;但是构成他们教育思想基础的心理学理论基础是不同的。这些不同的心理学基础建构的教育观和教师观,既共同反映了这一时期的主流教育思想,又反映出它们各自不同的特点。

(一)维果茨基文化历史学说:赞科夫教学与发展思想的心理学基础

赞科夫提出的是发展性教学思想,主张教学走在学生发展的前面,促进学生的发展。他的核心概念——最近发展区和理论基础均来自他的老师——维果茨基。维果茨基曾指出,如果教学仅停留在儿童智力已达到的水平,那么这种教学对儿童的智力发展不会有枳极的作用。经过反复的实验研究,维果茨基得出结论,"我们至少应该确定两种发展水平,不了解这两种发展水平,我们就不能具体地寻找到儿童发展进程和他学习可能性的关系……第一种发展水平我们称为学生的现实发展水平,这种水平是指由于一定的业已形成的儿童发展体系中的儿童心理发展的那种水平",另一种水平是指"儿童能够借助于成人的帮助完成任务的状况,这就是我们指出的最近发展区,这意味着,借助这种教学方法我们不仅能够考虑今天刚刚完成的发展过程,刚刚完成的发展体系,已经成熟的过程,还能够考虑到目前正在确立的过程。这

些过程只是正在成熟,正在发展。儿童今天靠成年人的帮助能够做的东西,明天他就会独立地完成。因此,最近发展区能够帮助我们确立儿童的明天、他发展的动力状态,使我们不仅能看到在发展中已经取得的成就,还能看到正处在成熟过程中的东西"。[1]

维果茨基认为教学只有与儿童智力发展中正在成熟的机能相适应,才能有效地促进智力的发展。因此,教学对儿童智力发展的促进作用具体表现为依靠教学创造最近发展区,并使最近发展区能转化到现有发展水平的范围之中。这就是赞科夫发展性教学理论心理学基础的来源——"最近发展区"学说。

赞科夫在他的小学教学实验中遵循维果茨基"最近发展区"学说,把教学目标设定在儿童发展的明天,在儿童心理机能已经成熟,但是还不能独立完成某种任务时,教师或较有知识的他者帮助一下,"够下树上的桃子",新知识学到了,心理获得发展了。这种知识的建构就是社会取向的建构。这是一种主张合作生成的社会建构主义。学习是一种构建过程。知识不是通过教师传授得到的,而是学习者与外部环境交互作用的结果。学习者在一定的学习环境下,借助他人(包括教师和学习伙伴)的帮助,利用必要的学习资料,通过意义建构的方式而获得知识。因此,建构主义学习理论认为"情境"、"协作"、"会话"和"意义建构"是学习环境中的四大要素。

(二)认知心理学:布鲁纳学科基本结构思想的心理学基础

布鲁纳反对把人看成客观事物的消极接受者。他指出:"我们对世界的认识,并不仅仅是一种对'那里'的秩序和结构的反映或反射,而是能够在事前编造成一种可以预言世界将是怎样的或者可能是怎样的构成物或模式。"[2] 这里布鲁纳把人的认知过程看成一种积极主动的建构过程。这个建构过程不是如维果茨基那样的社会建构,凸显师生合作、同伴合作,而是注重掌握学科的结构;也不是只关心现成的正确答案,他强调学习的过程,而不是学习

---

[1] 维果茨基. 维果茨基心理学研究选集 [M]. 俄文版. 莫斯科:俄罗斯联邦教育科学院出版社,1955:440-448.

[2] 张奇. 学习理论 [M]. 武汉:湖北教育出版社,1999:160.

的结果。因此，布鲁纳认为，学生在掌握学科的基本结构的同时，还要掌握学习该学科的基本方法，其中发现的方法和发现的态度是最为重要的。

布鲁纳强调学生有学习的潜能，有独立发现问题、解决问题的能力，在教师指导下会有所发现，智力伴随发现获得发展。他强调学生的学习过程不是被动的而是主动的，他们的学习主要受学习的内部动机（如好奇心、上进需要等）的激发、指引、维持、促成。因此，布鲁纳的建构主义是个体倾向的。其建构主义思想认为学习的过程是学习者主动建构知识的过程；建构主义认为知识不再是我们通常所认为的课本、文字、图片以及教师的板书和演示等对现实的准确表征，而只是一种理解和假设。布鲁纳的认知—发现说强调学生应独立地完成学习任务，认为"处于指导下的某种学习，就应当是一种个别学习，一种危险度低的学习。既不伤害身体，也不丧失面子，也不由于自卑而变得萎靡不振"[①]。学生在学习过程中所接受的外来信息来自教师而不是同伴。

二、赞科夫与布鲁纳的教育观和教师教育观的比较

以下本研究拟从为什么教、教什么、怎么教、需要怎样的教师教育四种不同水平及各自的心理学基础对赞科夫与布鲁纳的教育观和教师教育观做具体的比较分析。

（一）在为什么而教方面即教育目的方面

1. 赞科夫的教育目的观

赞科夫与布鲁纳都强调智力发展的重要性。赞科夫是从回答"现时代和苏联学校的发展所提出的质量问题"[②]对教育目的进行思考的。

赞科夫的发展性教学思想的要义是，教学要走到儿童发展的前面，用教学促进儿童的发展。这个发展是以智力发展为核心的一般发展的理念。这个一般发展包括能力、情感、意志、品质、性格和集体主义思想等各个方面。我们在比较赞科夫的发展性教学思想与凯洛夫的教育学时就会发现，它们最

---

① 钟启泉，黄志成. 美国教学论流派 [M]. 西安：陕西人民教育出版社，1993：33.
② 赞科夫. 教学论与生活 [M]. 俞翔辉，杜殿坤，译. 北京：教育科学出版社，2001：序言.

不同的是，赞科夫第一次把智力发展放在突出的地位。赞科夫在小学教学实验中并没有提出解决人的一般发展问题，也没有对身体发展的研究，他的研究局限于教学与儿童心理发展的关系，也就是集中在教学与智力发展的关系上。所以我们说，赞科夫的发展性教育思想，是以智力为核心的一种教育思想，是重智主义教育思潮的一个重要组成部分。

布鲁纳则指出，每个时代的人都要有新的方式去塑造每个时代的教育。布鲁纳认为新的时代需要重视学科基本结构。他的学科基本结构思想或者他的教育观是通过运用发现法，学习学科基本结构理论，从而促进儿童获得能力和智力上的发展。这与杜威的经验主义和赫尔巴特的知识中心主义都是不同的。这种理论侧重于儿童智力，特别是探究思维能力的发展。虽然赞科夫和布鲁纳都重视智力发展，并以此为目的，但是具体而言还是有所不同的。赞科夫在重视智力发展的同时，强调一般发展，这是一个无所不包的提法。赞科夫也承认自己的小学教学实验还是局限在心理发展方面，而心理发展方面就不仅有智力的发展，根据维果茨基的文化历史理论，还有情感和意志。这方面是布鲁纳没有谈及的。维果茨基十分重视对智力发展与情感关系的研究，他关于心智发展的思想涵盖的不仅是认知水平，还有情感水平的发展。他从来不把认知和情感分割开来，而是把两者视为一个整体。对智力落后问题的研究突出体现了维果茨基关于智力与情感不可孤立看待的重要思想。他指出："对智力落后儿童特点的理解意味着，首先不是简单地把智力缺陷的重心移到情感范围的缺陷上，而是首先摒弃孤立地、形而上学地把智力和情感作为独立存在的实质来研究，承认它们内在的联系和统一，从把智力和情感的联系看成思维单方面地、机械地依存于情感的观点中解放出来。"[1]

此外，赞科夫在教育目的上还重视意志品质的培养。他认为教师最主要的品质就是要热爱儿童，着眼于儿童的明天，着眼于儿童的发展。所以，赞科夫在阐释教师为什么而教时，他在教学原则的第一条就提出教师教学的高难度原则，就是让教学走到儿童发展的前头，超越了凯洛夫的教学的可接受

---

[1] 维果茨基. 维果茨基心理学研究选集 [M]. 俄文版. 莫斯科：俄罗斯联邦教育科学院出版社，1955：453-480.

第五章　新技术革命时期国际主流教育思潮及教师思想的转换

性原则。这就是要让具有合理难度的教材激发学生的意志品质，激发学生的精神力量，通过克服困难，掌握科学知识，并获得心理发展。赞科夫主张教学法要触及学生的情绪和意志领域，触及学生的精神需要便能发挥高度有效的作用。

布鲁纳则指出，他们面临的时代，社会经济与科技的发展过程的特征是人的质量比人的数量更重要，必须通过教育来促进人的智力发展。因此，布鲁纳思想的中心概念是发展智力。他说："我们也许可以把培养成绩优异的学生作为教育的最一般目标；但是，应当弄清楚培养优异成绩这句话是什么意思，它这里指的，不仅要教育出成绩优良的学生，而且要帮助每个学生获得最好的智力发展。"[1]

布鲁纳提出的学科基本结构理论以他的认知心理学研究成果为基础，认为杜威和赫尔巴特的教育思想已不适用。作为美国著名的认知心理学家，布鲁纳从20世纪40年代就开始从事认知心理学研究，他把认知发展和教育结合在一起。他提出的学科基本结构理论是与他对认知心理学的研究密不可分的。

布鲁纳根据他对儿童认知智力发展阶段的研究，认为对儿童提早进行教育，打破常规，把一些重要学科下放到低年级，不仅可能，而且是改变学生认知落后现状的有效途径。他提出："我们一开始就提出这个假设：任何学科都能够用在智育上是诚实的方式，有效地教给任何发展阶段的任何儿童，这是个大胆的假设，并且是思考课程本质的一个必要的假设。不存在同这个假设相反的证据；反之，却积累着许多支持它的证据。"[2] 儿童智慧发展的研究突出了这个事实：在发展的每个阶段，儿童智慧的发展都有他自己的观察世界和解释世界的独特方式。布鲁纳认为，在儿童发展过程中必须遵循顺序和阶段性，要根据儿童智力发展过程三阶段的顺序与特点，对教材进行螺旋式的组织编制。同时，各阶段之间相互联系，前一阶段孕育后一阶段的发展因素，可以为后一阶段提前到来创造条件。缩短阶段周期，加速儿童智力发展

---

[1] 布鲁纳. 教育过程 [M]. 邵瑞珍, 译. 北京：文化教育出版社, 1982: 30.
[2] 布鲁纳. 教育过程 [M]. 上海师范大学外国教育研究室, 译. 上海：上海人民出版社, 1973: 23.

的可能性是存在的。他指出："不必奴性地跟随着儿童的认知发展的自然过程。向儿童提供挑战但是合适的机会使发展步步向前，可以引导智力发展。经验已证明：向成长的儿童提出难题，激励他向下一阶段发展，这样的努力是值得的。"①

布鲁纳把思维的培养放在儿童教育的首位。过去，新老行为主义心理学以 S—R 理论出发，拒绝对人内部心理活动、思维进行研究，他们把知识、经验放在儿童教育的第一位。认知心理学则不然。布鲁纳提出："我们也可以把培养成绩良好的学生作为教育的主要目的。但是，应当清楚这句话是什么意思：不仅要教育出成绩优良的学生，而且要帮助每个学生获得良好的智力发展。"② 高度重视认识（思维）能力的培养，是对传统教育中陈腐观点的尖锐挑战，它已成为当时儿童教育的一个显著的特征，这也就提出了人类社会发展对人才质量的要求。

布鲁纳的教育目的观，即他通过教育促进儿童智力发展的目的有着明显的政治与经济意义。他曾指出，只有帮助所有学生充分利用他们的智力，那么在这个复杂的工业社会里，美国才能有机会很好地生存下去。他明确说过："正在形成作为我们这一代标志的，可能是广泛地重新出现的对教育和智育目标的关切，但又不放弃这样的理想，即教育应作为训练民主社会里平衡发展的公民的手段。"③

这里既可以看到布鲁纳感受到教育的时代特征，又能清楚地看出布鲁纳理论为美国在冷战中保持霸权服务的政治目的。

（二）在教什么方面，即教学内容上都高度重视理论知识在儿童智力发展中的作用

赞科夫的著名教学原则里就有理论知识起主导作用的原则。这一原则要求把教学认知方面的问题提到首要地位，重视理论知识的学习。这不仅是促

---

① 布鲁纳. 教育过程 [M]. 上海师范大学外国教育研究室，译. 上海：上海人民出版社，1973：27.

② 布鲁纳. 教育过程 [M]. 上海师范大学外国教育研究室，译. 上海：上海人民出版社，1973：30.

③ 布鲁纳. 教育过程 [M]. 上海师范大学外国教育研究室，译. 上海：上海人民出版社，1973：1.

进学生发展的强大手段，也是切实掌握技能和技巧的可靠基础。① 这就与传统的凯洛夫教育学以掌握系统的科学文化知识的主张划清了界限。

布鲁纳则认为，任何一门学科都不能把这门学科所有的知识摆到教学大纲中，因此，最好的办法是让学生掌握每门学科的基本结构，即各种学科中那些广泛地起作用的概念、定义、原理和法则的体系。学科的基本结构包括两个方面：一是掌握该门学科的基本概念、基本原理；二是掌握该门学科的态度和方法。

赞科夫和布鲁纳重视理论知识的思想体现了他们对于发展儿童思维能力的高度重视，反映了当时的教育既要学生掌握知识，又要发展以思维能力为核心的智力这一重要趋势。

赞科夫主张教学内容应为科学基本知识，那这和发展智力不矛盾吗？对这一问题，赞科夫从乌申斯基的有关论述出发做了深刻的阐释。乌申斯基曾在《星期日学校》一文里谈到他是如何看待教育的形式目的和实质目的之间的关系的。乌申斯基指出，第一种目的即形式目的，在于发展学生的智慧能力，发展他的观察力、记忆、想象、幻想和理性②。为了达到第二种目的即实质目的，"必须合理地挑选用于观察、认识和思考的事物"，即那些应能唤醒儿童的智慧能力的事物。赞科夫认为：十分重要的是，教师不应当迷恋其中的任何一个目的，以至忘记了另外一个。③

与此相关，乌申斯基肯定了两者之间的内在联系。在此，赞科夫援引乌申斯基批评"形式教育论"的话："像人们以前所理解的那种理性的形式的发展，乃是一种并不存在的幻影，理性只有在实际的知识中才得以发展……"④赞科夫指出，乌申斯基在学生的智力发展上有两条工作途径：一条途径是在获得知识的过程中"顺便地"（乌申斯基本人的用语）进行智力练习；另一条途径则在更大的程度上指向发展本身，然而在这里学生的活动也是凭借一

---

① 赞科夫. 教学论与生活 [M]. 俞翔辉，杜殿坤，译. 北京：教育科学出版社，2001：26.
② 乌申斯基. 乌申斯基文集：第 2 卷 [M]. 莫斯科：俄罗斯联邦教育科学院出版社，1948：500.
③ 赞科夫. 教学论与生活 [M]. 俞翔辉，杜殿坤，译. 北京：教育科学出版社，2001：6.
④ 乌申斯基. 乌申斯基文集：第 6 卷 [M]. 莫斯科：俄罗斯联邦教育科学院出版社，1950：661.

定的教学材料进行的。第二条途径首先引向逻辑思维的形成。苏联教育科学中有一条公认的原理，就是学生的发展正是在掌握科学基础知识的过程中达到的。①

与赞科夫不同，布鲁纳主张学习基本结构。他主张探求一套向优秀学生挑战，又不破坏那些不幸学生信心和意志的教材。那么教材内容应当是怎样的呢？布鲁纳认为，由于知识爆炸，新知识源源不断，任何一门学科都不能把这门学科所有的知识都摆到教学大纲中，因此，最好的办法是让学生掌握每门学科的基本结构，即各种学科中那些广泛地起作用的概念、定义、原理和法则的体系。学科的基本结构包括两个方面：一是掌握该门学科的基本概念、基本原理；二是掌握该门学科的态度和方法。布鲁纳这种学习学科基本结构的思想体现了认知心理学对于发展儿童思维能力的高度重视，反映了当代教学理论中既要学生掌握知识，又要发展以思维能力的智力这个重要趋势。知识要能促进思维的发展，激发智力的形成。在培养儿童思维能力所用的材料上，要把握以思维能力为核心的智力这个重要趋势。学习学科的基本结构可以从理论的高度把握学科内容，有举一反三的效果；学习学科的基本结构可以有助于记忆，实现迁移，可以沟通各种不同层次的知识，促进思维的发展。

（三）在怎么教的水平方面有两个层次，一是教学的指导思想，即教学原则层次，二是教学方法层次

1. 在教学原则方面

赞科夫着眼于儿童的明天，但着眼于儿童的发展，毕竟不是一件容易的事情，所以他重点阐释了发展性教学的教学原则（怎么教）。

赞科夫认为要促进学生的一般发展，应该遵循与传统教育学不同的教学原则。赞科夫从多年的实验教学中概括出五条新的教学原则，这些原则成为他发展性教学理论的重要内容。这五条原则是：以高难度进行教学的原则；以快速进行教学的原则；理论知识起主导作用的原则；使学生理解学习过程

---

① 赞科夫. 教学论与生活 [M]. 俞翔辉，杜殿坤，译. 北京：教育科学出版社，2001：32.

的原则；要求教师进行目标明确的和系统的工作，使班上的所有学生都得到发展。[①] 要求对所有的人，而不仅是对优选出来的人，给予最大限度的培养和发展。赞科夫指出，这一原则"体现了社会主义人道主义的崇高理想"。[②]

赞科夫还指出：我们的研究发现，那些对学生经验无从调动和浅层调动的教师总是喜欢切割教学，致力于完成逐项教学任务，而对学生鲜活的经验缺乏一种关注的能力。他们很难寻找到教学与学生经验之间的相关性，对学生经验的观察和发现也都是碎片化的。其实，教学就是师生生活的一部分，"不要忘记学生本身的生活"。[③]

布鲁纳则提出了动机、结构、程序和强化的四项教学原则。（1）动机原则。强调教师要注意儿童学习的心理倾向和动机，促进儿童的好奇心、胜任力等内在动机。（2）结构原则。教师在教学过程中应注意使学生掌握学科知识的结构。（3）程序原则。教学活动的程序会影响儿童获得知识和发展能力的效果，因此教师在教学过程中应注意设计和选择最佳教学程序，其包括的主要因素有学生以往的学习、发展的阶段、学习材料的性质和个性差异。（4）强化原则。教师在教学过程中应注意反馈，使儿童通过反馈知道自己的学习结果，并使他们逐步具有自我矫正、检查和强化能力。布鲁纳明确地把直觉思维作为一种学习方式来评价。他认为直觉思维作为正常的学习工具它的作用往往被忽视或低估。真正的问题，特别是学科边缘的问题很少能够使学生按部就班地在教科书上发现。

2. 在教学方法方面

赞科夫主张学生过一种积极而丰富的精神生活。赞科夫指出：为了正确而有效地贯彻教学原则，关键在于必须懂得用什么途径可使这项原则取得一定效果。只有在此基础上才能制定出这样一些教学方法和方式，它既适合于教学的任务和教材的特点，也适合于教学的年龄阶段等。[④] 赞科夫认为，教学法一旦触及学生的精神需要，教学就能发挥其作用。所以，一个首要的观点

---

① 赞科夫. 教学论与生活 [M]. 俞翔辉，杜殿坤，译. 北京：教育科学出版社，2001：32.
② 赞科夫. 教学论与生活 [M]. 俞翔辉，杜殿坤，译. 北京：教育科学出版社，2001：33.
③ 赞科夫. 和教师的谈话 [M]. 杜殿坤，译. 北京：教育科学出版社，1980：8.
④ 赞科夫. 教学论与生活 [M]. 俞翔辉，杜殿坤，译. 北京：教育科学出版社，2001：143.

是学生生活的观点。学校在组织学生学习活动的一开始就要把学生心理活动的各个方面都吸引到这一活动中来,使学生的精神生活生气勃勃,培养他们积极向上的智力情绪、道德情绪和审美情结。为此,教师首先要有高涨的情绪,创造与学生和谐相处的气氛,要使课堂与沸腾的生活息息相关,要激起学生在情感、情绪、思想方面的交流,畅抒己见,使学生的课堂生活、学校生活乃至家庭精神生活丰富多彩。

发展性教学让儿童通过活跃的思考、推理、论证和对比来阐明所学现象的各个方面,这不仅有助于掌握概念,而且有助于掌握技巧。[①]

赞科夫指出,教师在教学过程中采用的教学方法有助于培养学生对学习的精神需要,形成学生的内部诱因。

赞科夫强调要形成学生对学习的内部诱因、好奇心。外部刺激与内部诱因相比较,前者的获得未经过紧张的脑力劳动,没有和兴趣相结合,作用是暂时的;而后者则相反,形成内部诱因最根本的就是培养学生对学习的精神需要。学生产生了对学习的需要,对知识的渴望就会变得强烈,愿意完成难度大的作业,体会到紧张的脑力劳动后的满足。这时学习的内部诱因就在学习中占主要地位了。因此,好的教学方法应该能够培养学生的精神需要,形成学生学习的内部诱因。

重视间接法。赞科夫指出,教学法一旦触及学生的情绪和意志领域,触及学生的精神需要,便能发挥高度有效的作用。同时十分强调,教学过程中采用的教学方法应该使学生能从各方面深入地理解和体会课文,有效地使用间接法(这是利用积极的精神生活,并不只靠记忆工作,而是要靠思考、推理、独立地探求问题的答案的方法),积极地发展学生的言语,讲清基本概念并精心安排练习。赞科夫所谓的间接法与传统的直接依靠记忆获得知识不同,而是让学生通过大脑对知识进行信息加工,充分利用积极的精神生活,而不是依靠死记硬背,更重要的是通过自己的思考、推理获得问题的答案,此时知识便成为学生思考的产物。

"确定各种教学方法之间的相互关系,在对这些方法进行比较研究时是不

---

① 赞科夫. 教学论与生活 [M]. 俞翔辉, 杜殿坤, 译. 北京: 教育科学出版社, 2001: 103.

可缺少的。因为研究某一种方法的效果,只有通过比较研究,即只有对各种方法的效果进行对比的过程中才能做到,而且,只有对于没有共同特征的一些教学方法进行效果的对比,才有理论上和实际上的意义。"①

而布鲁纳的教学方法与赞科夫有明显不同。他提出了著名的发现法。在发展儿童思维能力的教学方法上,认知心理学认为,教一门学科,要使知识的获得过程体现出来。教数学,应当像一名数学家那样思考数学。布鲁纳独创了"发现法"教学。按布鲁纳的解释,其主张把教材,把反映学科基本结构的教材当作学生思维能力的材料。他主张以"发现法"教学,发现法就是以发展探究性思维能力为目标、为步骤的学习法。发现法可分为四步:(1) 带着问题,以发展探究性思维为目标,以学科基本结构为内容,以再划具体事实;(2) 树立假说;(3) 上升到概念;(4) 是转化活的智力。发现法的意义在于发挥作为思维主体的儿童的主观积极性,形成迁移能力,培养学生创造探索的精神。认知派为了发展儿童的思维能力,十分重视研究学生的学习活动,提出了有价值的那个时期的建构主义学习理论。②

布鲁纳一个重要的理论观点就是掌握一门学科,不但要掌握其基本结构,还要掌握这门学科的基本态度和方法。他重视怎么教的问题,强调教学材料应该与教学方法相结合,学习学科基本结构就要广泛地使用发现法。

布鲁纳认为,发现并不限于那种寻求人类尚未知晓的事物的行为,正确地说,发现包括用自己的头脑亲自获得知识的一切形式。根据这种解释,学生的发现与科学家的发现仅是程度上的差别,教学中学生的学习就是一种发现行为。所以,教师的教学不应使用讲授法使学生处于接受知识的消极状态,而应该是假设式的,引导学生自己去发现。

"发现"的目的在于创造新事物。布鲁纳说,发现,本质上都是重新整理或改造证据,以便一个人能超过如此重新结集的证据,达到新的洞察力。这种新的洞察力对学生来说就是创造性思维的能力,这是发现学习的目标。

布鲁纳认为,发现式的学习方法是一种在教师的指导下,以培养创造性

---

① 赞科夫. 教学论与生活 [M]. 俞翔辉, 杜殿坤, 译. 北京: 教育科学出版社, 2001: 151-152.
② 王长纯. 认知心理学和儿童思维能力的培养 [J]. 思维科学, 1986 (2): 23.

思维为目标，以学习学科基本结构为内容，以再发现为步骤的学习方法。

布鲁纳的发现法是从他的认知心理学观点出发的，是对儿童在学习过程中主观能动作用的高度评价，是分析判断杜威教育思想的结果，从对培养学生的创造性思维和创造精神来说，这种方法具有强烈的时代特征。按照布鲁纳的意见，发现式学习方法的训练可以从小学低年级开始。这种训练有两个重要条件：一是教师向学生提供相应的材料，让学生整理和改造；二是保留着结论和规律，让学生自己去发现或利用某些原理，让学生寻找新问题的答案。在这样的教学过程中，学生所学到的就可以超过所提供的某些材料，形成新的洞察力。但是，布鲁纳并未谈及教师对学生的教育问题。

布鲁纳认为，教师运用发现法要根据三个要素对学生进行指导：一是应使学生掌握探索解决问题的方法。学生遇到问题时，要能以积极进取的态度去研究问题；二是要使学生能灵活运用和组织信息，使解决问题的路线范围逐渐缩小，增加解决问题的"限定度"和"明确度"；三是解决问题要有耐心的探求。

布鲁纳指出："当然，或许没有什么事是真正困难的。我们恰恰是不得不等待到适当的观点和表达它的相应语言的出现。给予某种教材或某个概念时，容易问儿童琐细的问题或引导儿童提出琐细的问题，也容易问儿童不可能回答的困难问题。这里的诀窍在于发现既能答得了又能使之前进的难易恰当的适中问题（medium questions）。这是教师和教科书的大事。有人借助精巧的'适中问题'去引导儿童更快地通过智慧发展的各个阶段，更深刻地通晓数学、物理和历史的原理。"[1]

（四）在需要怎样的教师教育方面

1. 赞科夫和布鲁纳都高度重视教师的作用

赞科夫和布鲁纳都高度评价了教师的作用，重视教师在教学过程中的主导作用。特别指出，教师还应当具有模范作用，并富有创造精神，这也与传统教育中教师循规蹈矩、照本宣科、简单重复的做法划清了界限。

赞科夫抨击了苏联传统教育中以知识为中心、依靠记忆性学习、重复训练的方法提高儿童的学习成绩的做法。他坚持教学要走到发展的前面，用教

---

[1] 王长纯. 认知心理学和儿童思维能力的培养 [J]. 思维科学，1986（2）：28.

学促进儿童的发展。因此，赞科夫特别重视教师基本素养，提出教师应当在他们所教的那些学科里面，拥有足够的知识。教师要有尽可能多、广、深的知识，去影响儿童的精神世界。赞科夫重视教师思维能力的锻炼，要求教师要对各种学习方法进行比较并恰当地加以使用。他重视教师要具有创造性思维的品质与创造精神。"所谓创造性，就是有一种不断前进，向着更完善、更新鲜的事物前进的方向。明天一定要比今天更美好。这是一个进行创造性工作的教师的座右铭。"①

在对在职教师进行培训方面，赞科夫强调，教师培训要特别重视将理论知识与教师的教学过程有效地结合起来。

布鲁纳在《教育过程》一书中在论述了他学科基本结构问题之后，集中谈了教师和教师培训的问题。他深知，教师才是课程改革的真正实施者，是影响国家未来的教育改革的推动者。

布鲁纳重视教师在教育改革中的作用。他借用过程哲学代表人物怀特海的话"教育应该向学生揭示伟大的真谛"，主张教师传播知识就应揭示伟大的真谛。同时，布鲁纳还指出教师不仅要传播知识，还要做楷模。布鲁纳认为：教师也是教育过程中的直接个人象征，是学生可以视为同自己一样，并拿来同自己做比较的人物。有谁不能想起某个教师的影响呢？有的是热心家，或持某个观点的信徒，或由于酷爱某个学科而充满热忱的训练家，或有爱打趣然而具有严肃的精神的人。教师不仅是传播者，而且还是模范。看不到教学的妙处及其威力的教师，就不见得会促使别人感到这门学科的内在刺激力。不愿或不能表现自己直觉能力的教师，要在学生中鼓励直觉，不大可能有效。他如果是这样的不牢靠，不敢犯错误，那就不能使他成为一个有希望的勇敢的模范。倘若教师不愿冒做出不肯定假设的风险，为什么学生应该冒这种风险呢？②

2. 坚持要求教师面向全体学生

赞科夫提出的第五条教学原则就是要求教师进行目标明确的和系统的工作，使班上的所有学生都得到发展。

---

① 赞科夫. 和教师的谈话 [M]. 杜殿坤，译. 北京：教育科学出版社，1980：250-251.
② 布鲁纳. 教育过程 [M]. 上海师范大学外国教育研究室，译. 上海：上海人民出版社，1973：63.

按赞科夫的说法，这条原则"在小学实验教学体系中占有特殊地位"①。他强调："这一原则有着特别重要的作用，因为在学校里，正是对于差生，人们总是把倾盆大雨式的俄语和算术的训练性练习压到他们身上。这种措施在传统教学法里被认为是克服差生学业落后状况所必不可少的。然而，学习落后的学生，不是较少地，而显然是比其他学生更多地需要在他们的发展上系统地下功夫。"② 赞科夫指出："他们的经验证明：这种工作能使差等生在发展上取得很大进步，从而也就使他们在掌握知识和技巧方面达到较高的成绩。相反，许多训练性的作业使得差等生负担过重，不仅不能促进这些儿童的发展，反而只能加重他们的落后状态。"③ 因此，赞科夫认为，这一要求也适用于苏联学校。因此，应当注意适当地安排教学和教育工作，使全体学生包括最差的学生都达到尽可能高的发展水平。④

赞科夫实验体系的各项原则，体现在变动后的小学教学内容中，体现在教学和教育方法以及各门学科的教学法结构中。实验体系包括整个小学教学，而不是只涉及个别学科或部分教学。构成这一体系的基础的，不是某些孤立分散的原理，而是有机地相互联系的各项原则。布鲁纳同样十分重视提高所有学生的学习质量。他曾指出，只有帮助所有学生充分利用他们的智力，那么在这个复杂的工业社会里，美国才能有机会很好地生存下去。

布鲁纳认为，培养儿童智力发展，达到智育目标，必须使教学面向全体学生，设计的教材既能"向优秀学生挑战的材料，又不破坏那些不很幸运学生的信心和学习意志"⑤，并探求掌握这样教材的可行方法。

赞科夫从苏联的国家发展和教育改革需要出发，基于维果茨基学说形成了具有自己特点的教师观。

（1）赞科夫将热爱儿童看作教师最主要的品质。赞科夫说："当教师必不可少的，甚至几乎是最主要的品质，就是要热爱儿童。"⑥ 像赞科夫所说，

---

① 赞科夫.教学论与生活［M］.俞翔辉，杜殿坤，译.北京：教育科学出版社，2001：32.
② 赞科夫.教学论与生活［M］.俞翔辉，杜殿坤，译.北京：教育科学出版社，2001：32.
③ 赞科夫.教学论与生活［M］.俞翔辉，杜殿坤，译.北京：教育科学出版社，2001：32-33.
④ 赞科夫.教学论与生活［M］.俞翔辉，杜殿坤，译.北京：教育科学出版社，2001：33.
⑤ 赞科夫.教学论与生活［M］.俞翔辉，杜殿坤，译.北京：教育科学出版社，2001：33.
⑥ 赞科夫.和教师的谈话［M］.杜殿坤，译.北京：教育科学出版社，1980：29.

第五章　新技术革命时期国际主流教育思潮及教师思想的转换

"有一句俗话说：'漂亮的孩子人人都喜欢，而爱难看的孩子才是真正的爱！'对于这种'难看的'学生，如果我们真正地了解他，教师很可能发现，原来他有着一副爱钻研的头脑，一颗体贴和同情别人的好心肠，以及一种异乎寻常的积极性。为了说清问题的实质，让我们打一个跟教学和教育并不相干的比喻。我们面前有一块土地，土质不好，而且掺着碎石子。它既不会叫人看了高兴，也没有希望提供最起码的收成。可是来了一批地质工作者，进行一番勘探，结果在地下深处发现了巨大的宝藏。"[1] 同时，不能把教师对学生的爱，"仅仅设想为用慈祥的、关注的态度对待他们。这种态度当然是需要的，但是对学生的爱首先应当表现在教师毫无保留地贡献出自己的精力、才能和知识，以便在对自己学生的教学和教育上，在他们的精神成长上取得更好的成果"[2]。在《赞科夫新教学体系及其讨论》一书中他曾要求，教师不应只限于传授知识、训练技能和技巧，还要教育学生，这是教育的神圣职责。所以，教师是不满足于现状、更富求知精神和创造思想的人，他们身上几乎"都有一种创造性地对待自己工作的思想的火花"[3]。

（2）赞科夫十分强调教师要充分了解学生。在《赞科夫新教学体系及其讨论》一书中，他认为，了解儿童，了解他们的爱好和才能，了解他们的精神世界，了解他们的欢乐和忧愁，恐怕没有比这一点更重要的事了。这样，赞科夫就把对儿童的了解变成了对教师的最基本的要求之一。

（3）建立良好的师生关系。赞科夫认为，就教育工作的效果来说，很重要的一点是要看师生之间的关系如何。他将良好的师生关系看作顺利完成教学任务的一个重要条件。良好的师生关系会影响班级的气氛，在《和教师的谈话》一书中，赞科夫曾指出，如果班级里能够创造一种推心置腹地交谈思想的气氛，孩子们就能把自己的各种印象和感受、怀疑和问题带到课堂上来，开展无拘无束的交谈。

赞科夫探明了教学结构是影响学生一般发展的外在因素，它通过激发和推动学生对学习的内部诱因的发生和发展，加速学生的发展进程。教学的激

---

[1] 赞科夫.教学论与生活［M］.俞翔辉，杜殿坤，译.北京：教育科学出版社，2001：30.
[2] 赞科夫.和教师的谈话［M］.杜殿坤，译.北京：教育科学出版社，1980：30.
[3] 赞科夫.和教师的谈话［M］.杜殿坤，译.北京：教育科学出版社，1980：238.

发和推动作用的发挥关键在于教师，教师对教学的整体把握在一定程度上决定着学生学习的效果和一般发展的水平。因此，赞科夫极其关注教师的问题，并在实验过程中展开了一场关于新教学体系的讨论，帮助教师转变观念，提高认识，形成了独特的教师观。

布鲁纳则从美国教育改革需要和认知心理学角度出发，提出了与赞科夫不同的教师观。

（1）布鲁纳强调教师要有教与学的自由，期待教师与家长合作，使教师有时间学习、研究，提高教学质量。布鲁纳指出："为了传播知识和作为胜任工作的模范，教师必须自由地教，自由地学。对于能获得这种自由的手段，我们注意得不够。显然，我们忽略了把受过教育的家长派用场。在各种各样的学校里，任用家长做那些难倒教师的半职业性工作的计划，试验得很成功。家长的确能够协助管理学习室，协助看例行测验的卷子，协助准备实验室材料，协助做学校所需要的成打的例行工作。结果，就可以使教师腾出手来教，来研究。如果教师也进行学习，教学便会出现新的质量。"①

（2）布鲁纳呼吁改善师范教育，教师要学会掌握现代教育技术，并把这些作为教育改革的目标。"现在有一些措施，必须用来改善教师的质量，其实已经建议过多次了。这里不需要多加推敲。诸如改善新生的招收，改善选择的机会，改善师范院校里属于实质性的教育，由更有经验的人对较年轻的教师进行在职训练，在职训练班和夏季大学，采用闭合电路电视对教师继续进行教育。所有这些，都必须明显地作为目标来追求。"②

（3）呼吁提高教师社会地位和工资待遇。不同于赞科夫，布鲁纳明确要求要提高教师社会地位与工资待遇。他认为："抬高教师职业的声望也同样重要。这种抬高将取决于我们美国对教育改革重视的程度，取决于教师可得到的便利和工资，以及对加强他们可以依靠的来自工会和来自我们大学的支持

---

① 布鲁纳. 教育过程［M］. 上海师范大学外国教育研究室，译. 上海：上海人民出版社，1973：63.
② 布鲁纳. 教育过程［M］. 上海师范大学外国教育研究室，译. 上海：上海人民出版社，1973：63.

第五章　新技术革命时期国际主流教育思潮及教师思想的转换

的努力程度。改善教师的工资待遇。"①

（4）布鲁纳十分重视由于新技术革命而产生的教育技术问题。特别是他难能可贵地指出："装置本身不能解决他们的目的。期望视听辅助器或教学机器做灵丹妙药的那种奔放热情，忽视了试图完成的任务的重要性。"②

以上四个方面是这一时期重智主义思潮代表人物赞科夫和布鲁纳在教育观和教师教育思想上的共同特点和各自的不同。这些共同特点集中反映了那一时期的时代要求，反映了重智主义教育思潮带来的趋向。其关键词是心理学新基础、智力发展、理论支持、面向所有学生、教师的榜样与创造性。而产生这种基本趋向的推动力量则是那一时期政治、经济、科学技术、文化、教育变化与发展的共同产物。

三、结　语

在这一时期美国教育革命过程中，发现法由于被布鲁纳纳入了他的学科基本结构理论而受到了广泛的重视。但是这种方法被布鲁纳片面强调，忽视了学生学习过程中主要是学习间接知识的特点，将学习过程同一般认识过程以及科学家发现等同起来，而且无视学生个性的多方面差异，看不到自身的局限性产生的消极后果。20世纪60年代，以课程改革为中心的美国教育革命很快成为过去，代之以"回复基础"的教育运动。他本人在1971年发表的《教育过程再探》中公开承认自己的改革失败了，布鲁纳的教育改革失败无疑有着深刻的社会政治原因，但其理论的缺陷也是不可忽视的。布鲁纳的学科结构理论的认识心理学依据尽管有积极的、辩证的方面，但其教学理论本身则在很大程度上混淆了学科与科学的概念，教学过程和一般知识过程的区别；否定了教材与生活实际的联系，漠视不同学科的差异，轻视基础技能的教育和训练，忽视了知识不断分化、综合的发展趋势。

除此以外，我们发现重智主义教育思潮两位代表人物总的说来既有科学

---

①　布鲁纳. 教育过程［M］. 上海师范大学外国教育研究室，译. 上海：上海人民出版社，1973：63.
②　布鲁纳. 教育过程［M］. 上海师范大学外国教育研究室，译. 上海：上海人民出版社，1973：63.

主义倾向，又带有人文主义的色彩。这个发现对于深入研究他们的教育观和教师观很有意义。

重智主义教育思潮从国家需要出发考虑教育发展的方向。这一时期有关国家制定了重视智力培养的教育政策。教育领域的科学主义倾向表现在教育目的上重视国家与社会的需要，而非个人的发展或全人的发展，具有轻精神的功利主义色彩；在培养目标上重视智力的培养，而非人文主义那样重视道德人、一般人、完人的培养；在包括教师教育的教育内容上重视科学知识、学科知识和技术知识的深造，轻视传统的教育理论知识和经验以及人文主义培养。

赞科夫和布鲁纳这两位教育家虽从各自国家需要出发重视智力培养，但也时而带有人文主义色彩。如赞科夫阐释第五条教学原则时，曾明确指出："要求对所有的人，而不仅是对优选出来的人，给以最大可能限度的教养和发展，体现了社会主义人道主义的崇高理想。"① 布鲁纳则要求对所有的人，而不仅是对优选出来的人，给以尽最大可能的培养。这又使人们发现了其中的某种人文主义之光。

布鲁纳十分重视由于新技术革命而产生的教育技术问题。面对新技术革命下教育技术的发展，他难能可贵地指出："装置本身不能解决他们的目的。期望视听辅助器或教学机器做灵丹妙药的那种奔放热情，忽视了试图完成的任务的重要性。"② 布鲁纳的这席话说在第三次工业革命时期教育技术领域科学主义与人文主义博弈初期，其影响深远。③ 布鲁纳的这一态度使我们看到这位重智主义的认知心理学家具有某种人文主义倾向。这是很有意思的一件事情。科学主义与人文主义两种倾向对一个教育家来说可能并不是非此即彼的选择。

尽管布鲁纳学科基本结构理论存在着深刻的矛盾和明显的缺陷，但是这

---

① 赞科夫. 教学论与生活 [M]. 俞翔辉，杜殿坤，译. 北京：教育科学出版社，2001：34.
② 布鲁纳. 教育过程 [M]. 上海师范大学外国教育研究室，译. 上海：上海人民出版社，1973：63.
③ 1968 年美国计算机辅助教学实验的开创者安东尼（Anthony G. Oettingger）在《哈佛大学教育评论》载文《教育技术：新神话与旧现实》中指出教育技术的应用仍然存在很多问题。他坦言所主持的两所学校的计算机辅助教学实验没有完成目标。

个理论在新技术革命条件下对人类教育科学的贡献也是深刻的和明显的。因此，我们对布鲁纳的学科基本结构理论、发现式教学、螺旋式课程编排以及他对学生智力与直观思维培养给予的高度重视和对教师的论述都应给予充分的肯定。

20世纪90年代后期，皮亚杰、布鲁纳、维果茨基、维特罗克等人的早期建构主义思想获得了很大发展。教育界人士认识到学习活动不是由教师单纯向学生传递知识，也不是学生被动地接受信息的过程，而是学生凭借原有的知识和经验，通过与外界的互动，通过合作交流，主动地生成知识的意义的过程。布鲁纳的建构主义思想也获得了新的发展。20世纪70年代末，由布鲁纳主持将维果茨基的"文化—历史"发展理论著述翻译并介绍到美国以后，维果茨基学说对美国等西方国家的教师教育研究与实践发挥了积极作用。不过，这已经是后话了。

第三节
要素主义教育家科南特的教师教育思想

20世纪上半叶，美国进步主义教师观造成了教师队伍的质量平庸。当时以培养教育工作者定向的教师观重教育学科，轻文理学科，重视所谓的操作性，轻学术性，而这已远远不能适应20世纪50年代末美国社会政治、经济发展的需要。在冷战愈演愈烈的情况下，受到重智主义影响，美国要素主义教育思想家科南特（James B. Conant，1893—1978）强调，一个合格教帅必须具备正规大学或学院颁发的学士学位证书、教学实习合格证书、教学证书。他指出，如果学校教育，特别是中小学教育要保证为国家培养足够数量的科学家和工程师，就必须使教师深入学习数学和自然科学，成为某一学科的专家和学者。于是学者型教师观就出现了，基本主张是：良师必学者。

1961年，科南特在卡内基促进教育基金会的资助下，对美国22个州、77所开设师范课程的高等院校进行了两年的实地考察和研究，于1963年完成了调查研究成果——《美国师范教育》。该书对美国教师教育改革提出了二十七条建议，成为当时美国教育改革的重要指导文献。这是对 20 世纪 60 年代以来产生重要影响的教师教育著作，它为提高美国教师教育质量、培养具有较高水平的师资提出了重要的教师教育思想。

一、提高职前教师教育生源质量

这里所说的职前教师教育即通常所指的师范教育。在《美国师范教育》一书中，科南特对美国教师教育改革问题提出了建设性的意见和改革措施。首先从源头上就是要吸收高水平的学生学习师范课程，从事教师职业。科南特认为，要提高师范生的质量，应该从生源抓起。他明确指出："我们应该努力在全国基础上从中学毕业班最有才智的三分之一人中招生，用以充当我国的教师。"[1]

为了保证教师教育的质量，科南特还提出了实行淘汰制。他指出：有些大学的高才生由于各种原因成为蹩脚的中小学教师，对这样一些人，应及早淘汰，甚至在大学期间学习高等师范课程时就予以淘汰。为了征集最有能力的学生到教师职业中来，科南特提出设立贷金制（Loan System）[2]。

二、进行教师教育课程完整的新设计

科南特认为应该给未来的教师们五年时间的训练，开始两年一律给予广泛的普通教育，包括文学、历史、政治学、数学、自然科学和音乐等，还可以选修一些其他课程，这样做是为了拓展师范生知识的广度，也是为了提高他们学习的兴趣。第三、四学年为精深专业教学，即集中精力学一个专业，学到超过"导论"的水平。他指出："只有把一门科目学到超过导论的水平，一个大学生才能了解这一门科目连贯的全貌，得到关于知识广阔范围的鸟瞰，而感受到训练素质的锐利锋芒，并能满意地显露出学者的思想和习惯。"[3]

---

[1] 科南特. 科南特教育论著选 [M]. 陈友松, 译. 北京：人民教育出版社. 1988：61.
[2] 科南特. 科南特教育论著选 [M]. 陈友松, 译. 北京：人民教育出版社, 1988：238.
[3] 科南特. 科南特教育论著选 [M]. 陈友松, 译. 人民教育出版社. 1988：61.

三、高度重视教师教育的通识教育

早在 1945 年，由哈佛大学出版的哈佛委员会的报告书《自由社会的通识教育》(General Education in a Free Society) 的导言中，科南特就曾强调："通识教育的核心问题是使自由和人道的传统持续不断。单单获得知识，发展专门技能与专门能力，并不能为理解奠定宽广的基础，而理解恰恰是维护我们的文明的基本因素。"① 但通识课程不应超过未来教师大学四年学习时间的一半。科南特重视教师所任教学学科的学习，科南特设想未来小学教师学习任教学科课程要达到 36 学时，而未来中学教师要达到 48 学时，其中包含 6 学时的导论课。而教育专业课程要调整，科南特批评美国教师教育机构中那种散漫、无系统地安排各类课程的不良倾向，他提出未来小学教师必修的教育专业课程在整个教学计划中不超过四分之一，而未来中学教师则不超过八分之一。② 通过分析科南特的教师教育课程计划，我们可清晰地认识他的教师教育观。他把教育看成一门和医学相似的专业，把教学看成一种技艺，需要在实践中不断锻炼的技能。

四、重视理论价值

科南特重视教师培养中的理论价值。他提出要在"民主的社会因素""教师对儿童行为方式的兴趣与经验""儿童身心成长的知识""发展儿童心智技能的教学原理"等理论的基础上发展教学技能。这其实显示了科南特理论高于技能的教师教育思想。

五、提出建立临床教授制度的主张

科南特充分重视教学实习的重要性，主张在大学设立指导实习的"教育临床教授"，与中小学的"协作教师"（cooperating teacher）共同负责师范生的教学实习，并把教学方法的学习与对实习生教学实习的评价相结合。科南

---

① 赵祥麟. 外国教育家评传：第 3 卷 [M]. 上海：上海教育出版社，1992：146.
② 科南特. 科南特教育论著选 [M]. 陈友松，译. 北京：人民教育出版社，1988：250.

特认为指导教学实习的教育学教授，类似于医学院的"临床教授"，他们的职称是"小学教学理论与实践教授"或"数学教学（或其他科目）教授"，他们既是学院或大学的教授，又是优秀的中小学教师，应让他们负责和评价未来教师的教学实习。临床教授的主要任务并不是从事研究、发表论文，而是经常回到中小学当一位任课教师，以不断更新教学经验。他们在学院的工作可以是专职的，也可以是兼职的。①

六、加强大学与中小学合作

科南特的教师教育思想在强化教师教育学术性的同时，要注重教育专业学科的发展；主张大学与中小学紧密合作来做好未来教师的教学实习。特别需要指出的是，科南特提出了"教育临床教授"的实习指导方案。可以说，科南特的教师教育思想为即将来临的教师专业化思潮提供了重要的理论资源。

七、严格认证标准

科南特强调要制定严格的教师资格认定标准。当时美国教师教育机构学制不同，毕业生所获得的教师证书也是形形色色的。因此，他主张由州政府规定条件并在其监督之下进行教学实习，通过教学实习来检验未来教师是否胜任，将颁发鉴定证书的责任完全交给高等院校。

八、重视在职教师的培训

科南特对在职教师培训有过许多重要论述。在在职教师培训的意义和方法上，这位美国哈佛大学前校长科南特强调："中小学教师应紧追着时代，充实自己，尤其在急遽变迁的社会，学校董事会应与师资训练机构密切合作，举办短期研习班，以供教师在职进修。"②

科南特建议：地方学校董事会应大刀阔斧地修改其薪金等级表，教师试用期满转入任用期，应大幅度提高薪金，依据高等教育程度，不应按所得课

---

① 科南特. 科南特教育论著选 [M]. 陈友松，译. 北京：人民教育出版社，1988：296.
② 郭为潘. 明日的师范教育 [M]. 台北：幼狮文化事业公司，1980：92.

程学分（或学期小时），只要求教师获得硕士学位，硕士学位通常要求接受正规的全日制住校学习或上过四期暑期学校，必须学习提高教学能力的课程，这种增加薪金的方法应由州法律做出强令规定。关于各研究生院的硕士学位课程，科南特建议：教育研究生院或与其相等的机构（指在没有这种单设的可授予学位的学院里），要为提高教师教学能力设计必要的课程。他还特别倡导暑期学校的培训形式。由于他的倡导，暑期学校的培训得到很大发展。

与过去的教育家相比，科南特是继杜威之后对教师教育的论述最富有完整性、深刻性、简洁性与可操作性的人。科南特的教师教育思想产生了深入而广泛的影响。《错误的教师教育》(The Miseducation of Teachers)的作者克尔纳曾指出，科南特"这次，他恰恰是一个起义者，在教师教育的政治结构里策划着一场政变，提出了轰轰烈烈的地方分权运动，提出重新建立过去几十年被严重腐蚀的机构自治，建议把优异的学术成绩作为教师和教育学院学生训练计划的必要条件。这一切，促进了革命，最起码是一场拟订的革命"[1]。

在这种教师观的影响下，美国取消了所有的师范院校，改由综合性大学和文理学院的教育系培养教师。大学本科毕业并获得学士学位成为申请教师资格证书的首要条件，但是学者型教师观并没能解决美国的教育和社会问题。尽管如此，科南特的教师教育思想仍然具有重大意义。他的思想毕竟不仅对美国，也对世界其他国家的教师教育改革都提供了有价值的思想资料。

第四节
理性主义取向的教学思潮

20世纪50年代中后期，世界范围的重智主义的教育思潮具有科学主义倾向，不论是赞科夫的发展性教学思想，还是布鲁纳学科基本结构理论，虽然在教育改革中产生了很大作用，但都造成了中小学生负担加重、成绩下降的

---

[1] KOSRNER D. Proposals for radical reform [J]. Phi Delta Kappan, 1963: 7.

共同后果。面对这一共同后果,美国和苏联以不同的方式分别采取了新的措施,以解决学困生问题,广泛地提高了中小学生的学习成绩,满足各自阵营社会与经济发展和在竞争中制胜的需要。于是,国际上涌现出理性主义取向的教学思潮,在美国表现为恢复基础运动中的理性主义教学思想,在苏联表现为克服大面积留级现象的巴班斯基最优化教育过程的思想。

一、理性主义发展的历史线索与理性主义取向的教学思潮

理性主义教学思想这里指的是以理性主义或科学主义影响下的教育哲学为基础的教学思想。美国理性主义教学思想显示了科学主义教育哲学在受到人们多方面批判之后,在经历了自我改造与反思之后,开始重新崛起,并在教育特别是在教学领域里产生了广泛的影响。苏联理性主义教学思想则是在强调教学的经济学原则的基础上,关注普遍提高教学效益的尝试,由于代表了国家的需求而获得高度重视。美国和苏联的理性主义取向的教学思想在20世纪七八十年代汇集成影响世界基础教育和教师教育的不可小觑的思潮。

(一)当代理性主义教学思潮的概述

理性主义教学思潮将自己的注意力放在提供学生掌握知识的有效途径上,力图通过建立新的教学机制使青少年适应社会的要求,大面积地提高学习成绩,满足国家经济与社会生活的要求。因此,这种思想一方面得到了中小学教师的高度重视,另一方面则强化了科学主义倾向在教育教学改革实践中的作用与影响。

技治主义教育学以及由其产生的理性主义教学范式在培养学生智力发展方面依靠的是对认知目标的行为主义的划分和确定。它要求在教学过程中首先应该确定学生应该掌握的行为目标,即学生应该掌握哪些能够外显的能力、技能,要求设计明确的教学目标,并且具体化到规定学生在每一目标下应该掌握的能力与技能。

美国教育家梅格(R. F. Meger)首先对教学目标做了行为主义的解释。他主张把笼统的教学目标转换成为可测量的行为单位的语言。[1] 美国课程专家

---

[1] MEGER R F. Preparing educational objectives [M]. Palo Alto: Calif, 1981.

第五章　新技术革命时期国际主流教育思潮及教师思想的转换

鲍尔（Gordon H. Bower）和希尔格德（E. Hilgard）指出，把教育目标经过再思考转换成为行为主义术语时，"能够不仅对教师，而且对学生产生良好的作用，它迫使教师考虑对于认知过程什么是最重要的，那些行为表现可以证实这一点"[①]。美国心理学家、教育家赫尔曼对理性主义教学范式操作要求进一步做了明确的说明。他提出，创建让学生学会的环境，对教学采取行为主义方法。这种教学观最本质的特点就是首先要确定对学生学习施加影响的操作方法。为此，他强调教学过程的高度明确性，使教师和学生明了教学目标和相应的必须掌握的东西。美国心理学家、教育家赫曼对理性主义教学范式操作要求进一步做了明确的说明。他提出，建立让学生学会的环境，对教学采取行为主义方法。这种教学观最本质的特点就是首先要确定对学生学习施加影响的操作方法。为此，他强调教学过程的高度明确性，使教师和学生清楚地明了教学目标和相应的必须掌握的东西。这种明确性不允许教师用动听的、但含糊的目标掩盖教学的缺陷与不足。

这些理性主义教学范式的观点受到了不少教育专家，特别是中小学教师的广泛关注。这些观点有助于他们提高教学质量，达到教学目标，形成明确的教学操作，并把这种构想付诸实践。

在理性主义教学范式的框架内，学生成为由外部操纵或控制的实现教学目标的客体。其中一个关键就是不断地把教学目标、学生应知应会的内容，变成可观察到的外显的行为，使之实证化。理性主义教学范式在与人本主义者辩论过程中竭力捍卫自己的观点，其教学策略进一步要求制订明确的教学单元，建立明确的教学目标和相应的评价机制。

20世纪60年代，苏联顿河畔罗斯托夫市创造了大面积克服留级现象的先进经验。在认真地总结了这一经验的基础上，苏联教育科学院院士巴班斯基1972年出版的《教学过程最优化：预防学生成绩不良的观点》一书中提出了教育过程最优化思想。此后，巴班斯基同俄罗斯联邦教育部普通教育科学研究所所属的罗斯托夫实验室，在顿河畔罗斯托夫市第一和第二十九学校进行

---

① BOWER G H, HILGARD E. Ideas from learning theory useful in education clarizio [J]. Contemporary Issues in Educational Psychology, 1987（2）: 68.

了 4 年的教学实验。1977 年，他出版了《教学过程最优化：一般教学论观点》一书，提出了"教学过程结构"的概念，并从对这一概念的分析出发，把教学目的、任务、内容、形式、方法、原则统统置于"系统"的形式中加以探讨。自 1979 年以来，巴班斯基在《苏联教育学》《国民教育》等刊物上发表了一系列长篇论文，对他的教学过程最优化理论进行了全面具体的阐述。

1978 年，全苏教师代表大会倡议要"广泛地研究、总结和推广教学教育过程最优化的先进经验"。[①] 巴班斯基提出的教学教育过程最优化理论丰富了苏联的教育学理论，对苏联中小学教育和教师教育的理论与实践产生了较大的影响。

巴班斯基用系统分析的观点和方法研究教学论，使其教学思想达到了一个新的水平。系统分析是从系统观点出发，将研究的对象看作一个系统，分析综合，找出各种可行方案，做出最优化选择，实现系统目标的最优效果。巴班斯基把教学视为系统，这个系统包括：①教师；②学生；③教学条件；④教学过程（包括任务、内容、方法、手段、速度，对教学结果的分析等成分）。把教学视为系统，可以使我们清楚地看到教学的整体面貌及各组成部分，建立教学的整体观。同时，巴班斯基的观点与传统教学论不同，把教学过程置于系统之中，强调教学过程的作用。他认为，整个教育系统都是围绕着教学过程来进行的，系统的其他成分如教师、学生、教学条件也都是围绕着教学过程发挥自己作用的。巴班斯基的教学最优化理论和措施体系就是在教学过程基础上建立起来的。巴班斯基提出教学过程最优化理论考虑了系统的整体性和动态性，旨在发挥系统的整体功能。

在理性主义教学范式中，个性认知结构及其认知潜力的发展是功利主义取向的，是在机械论的基础上实现的。当代理性主义教学范式使中小学教师感兴趣的是：在这种范式的框架内，认识进步的起点在学习的每一阶段都是依靠每个学生现实的知识水平，而这一水平又可以被准确地加以说明。这种做法在某种程度上也是抛弃了发展性教学思想和学习学科基本结构思想的主

---

① 巴班斯基. 教学教育过程最优化：方法论原理 [M]. 赵维贤, 译. 北京：人民教育出版社，1986：2.

要观点。

（二）理论基础

1. 掌握学习理论的基本依据

布卢姆在谈到他提出的掌握学习理论的时候曾经说过："我对这个问题的思索受到了约翰·卡罗尔学校学习模式理论的很大影响。在我对卡罗尔模式进行解释的时候，搞清楚了一个问题：如果学生学习某门功课的能力倾向正态分布，而且所有的学生给以同样的教育，教育的质与量及时间都相同，那么该课程考试成绩也将是正态分布。在这种条件下教学开始所测得的学生能力倾向和教学结束时测得的成绩有很高的相关，一般可达到 0.70。相反，如果学生的能力倾向是正态分布，而教学质量和学习时间能够适合学生学习的特性和需要，那么绝大多数学生都能达到掌握该课程的水平。此时教学开始测得的能力倾向和教学结束测得的成绩之间相关将接近于零。"[1] "重要的是，如果能较早地提供经常的学习条件，那么几乎所有人都能学习，世界上的任何人都能学习。"[2] 根据布卢姆的上述解释，结合他 20 多年的实验研究成果，我们可以进一步具体地表述掌握学习理论的基本依据：任何一个学生只要有充足的学习时间，就能完成任何学习课题，并非只有能力强的人才具有完成高级课题的潜力。在现实中出现的学生达到度的差异，是由于该生所需要的学习时间量与实际耗费的学习时间量的差异所致。由此可知，掌握学习理论就是依据大多数人都具有相等的学习潜力这一事实，认为使大多数人都受到良好的教育，大面积地提高教学质量是可能的。

布卢姆通过实验、观察、跟踪研究，分析了学生能力倾向分布，大约有 1%—5% 的学生居于分布的上位，人约有 5% 以下的学生，由于有各种缺陷，跟不上学业，成为学困生。其余 90% 以上的学生能力倾向的差异，只不过是学习速度差异所致。布卢姆进一步指出，只要根据每个儿童的能力和能力倾向以及学习成绩状况，有重点地给予适当的学习课题和适当的学习时间，改进教学方法、学习方法，那么，所有儿童都能达到确定的（最低限度指标的）

---

[1] BLOOM B. Human characteristics and school learning [M]. New York：McGraw Hill，1976：4.
[2] BLOOM B. Human characteristics and school learning [M]. New York：McGraw Hill，1976：7.

全部教育目标群。

2. 巴班斯基教学教育过程最优化的原理

教学过程最优化是巴班斯基教学教育过程最优化理论的核心。巴班斯基运用辩证的、系统的分析方法分析了教育过程,提出了教学过程最优化理论。他认为教学过程最优化是指:在全面考虑教学规律、原则、现代教学的形式和方法的情况下,在全面考虑教学系统的特征以及内外部条件的基础上,组成对教学过程的控制,以保证过程(在最优化的范围内)发挥从一定标准来看最有效的作用。教学过程最优化也可以具体地理解为教师有目的地选择组织教学过程的最佳方案,这一方案能保证在规定时间内,使教学和教育任务的解决达到可能范围内的最佳效果。简言之,"教学过程最优化是在全面考虑教学规律、教学原则、现代教学形式和方法、教学系统的特征以及内部条件的基础之上,为了使过程从既定标准看来发挥最有效(即最优化)的作用而组织的控制"[①]。这里,巴班斯基承认:"最优控制的一般理论,在一定程度上,可以作为发展教育过程最优化思想的基础。"[②]

在阐述教学过程最优化意义的同时,巴班斯基强调,最优化并不意味着对课堂教学做局部的改进和完善,而是有科学根据地、自觉地挑选和实施一整套措施体系,这使教师所获得的不是比以前略好的效果,而是不增加时间的额外消耗(即不造成负担过重),师生支出最低限度的必需精力的情况下,取得对该具体学科而言最大可能的效果。"最优的",并不等于"理想的"。"最优化"这一术语指的是一定的学校、一定班级在具体条件的制约下所能达到的最大成果,也就是指学生和教师在一定场合所具有的全部可能性。

教学过程最优化理论不是一种固定不变的公式,不是某种包医百病的灵丹妙药,而是指导教师合理地组织教学过程的重要方法论原则。这一理论要求改进教师对学生的研究,并把对学生在某一时刻的实际可能性的诊断作为教师的一定的活动方式,这应是教学过程的重要一环。教师充分了解学生和师生协调一致产生的"教育共振",是提高教育质量的重要条件。这种理论要

---

① 巴班斯基. 教学教育过程最优化:一般教学论方面 [M]. 北京:人民教育出版社,1984:57.
② 巴班斯基. 教学教育过程最优化 [M]. 吴文侃,等译. 北京:教育科学出版社,1986:1.

第五章　新技术革命时期国际主流教育思潮及教师思想的转换

求教师根据国家教学大纲的统一要求，结合本校、本班的具体情况，找出使全体同学包括差生最后达到教养、教育和发展的可能的最高水平。

教学过程最优化理论要求教师了解各种教育观点或方法的辩证矛盾性，了解它们的适宜范围，合理地结合和有选择地使用它们（既不是对传统教育中教学观点的一概否定，也不是对新教学理论所有观点的无条件接受）。总而言之，巴班斯基教学过程最优化理论充分考虑教师活动的合理化，以对师生的科学管理为基础，从学校的实际出发，将原有的教学形式、方法手段系统化，实现最优组合，通过合理运用教学系统中各要素之间的相互作用所提供的"附加量"来提高教学质量，从而使教师对最优化的认识从经验水平提高到理论认识的水平上。

此外，巴班斯基将最优化分为"总体最优化"和"局部最优化"。"总体最优化"是一个整体的、综合的观点。它要求以综合性地解决教养、教育和发展任务为目标，把获得教学教育一定效果在时间、精力、经费等的最低消耗为衡量最优化的标准；它要学校领导、全体教师和家长共同努力完成最优化教学提出的任务。"局部最优化"是指根据总体目标的一部分，或按照个别标准进行最优化，参加人员也不是整体。在学校实践中，人们往往注意到的是个别的、局部的问题，领导和教师常常感兴趣的也是集中精力消灭薄弱环节。巴班斯基关于"总体最优化"和"局部最优化"关系的思想强调，局部的最优化只能带来局部的改进，而这一局部的改进有时甚至是以损害其他方面为代价的。巴班斯基指出，教师在对自己提出具体任务的时候（如学生深入和牢固地掌握知识的任务，或者是培养一定个性的任务），必须保证在解决这一任务时，绝不能对其他主要的教学和教育任务的解决产生消极影响。

巴班斯基"总体最优化"的思想突出了"培养全面发展的人"这一教育目标，他要求从对教学的总任务到对每一节课教学任务的规划、实施、效果评价上都要从教养、教育、发展三个方面统一考虑，努力克服传统教育学理论把教育与教学，传授知识与德育、发展相割裂的观点。实际上，巴班斯基最优化教学的理论基础除和当时苏联教育家相同的内容以外，最突出的就是显而易见地引入了科技革命方法论的新成果——系统论与控制论。

（三）当代理性主义教学思想的时间观

在当代理性主义教学思想对教学目标实证化的努力过程中，又别开生面地与以往行为主义教育学不同，把时间这个可测事物作为影响教学的主要变量。哈佛大学的研究人员卡罗尔和布卢姆都从"时间"因素中引出关于提高教学质量的一系列理论思考，成为当代美国理性主义教学思想的代表人物。

美国哈佛大学研究人员卡罗尔 1963 年在《师范学院记录》第 64 卷发表了《学校学习模式》一文。该文提出：直接影响儿童在校学习的一切变量均可用时间来说明。卡罗尔简明地陈述了他的基本思想："……学习者在学习一个特定的课题时，如果花费了他需要用来学习该课题的时间量，那么他就是成功的。"① 然后，他通过描述那些影响学习者学习时间量的因素，对这一思想做了详尽的阐述，并提出学习程度等于学习者实际用于学习任务的时间与所需时间总量之比的函数，即：学习程度=f（实际学习所需学习时间）。有关时间因素的分析，也是布卢姆掌握学习理论产生的直接动因。布卢姆是美国杰出的教学专家，他在谈到他提出掌握学习理论的时候说："我对这个问题的思索受到约翰·卡罗尔学校学习模式理论的很大影响。在我对卡罗尔模式进行解释的时候，搞清了一个问题：如果学生学习某门功课的能力倾向呈正态分布，而且所有的学生给以同样的教育，教育的质与量及时间都相同，那么该课程考试成绩也将是正态分布的。在这种条件下教学开始所测得的学生能力倾向和教学结束时测得的成绩相关很高，一般可达 0.70。相反，如果学生的能力倾向是正态分布的，而教学质量和教学时间能够适合学生学习的特性和需要，那么绝大多数学生都能达到掌握该课程的水平。此时教学开始时测得的能力倾向和教学结果测得的成绩之间相关将接近于零。"② 布卢姆明确指出，时间"可以按研究者所期望的那样，达到宏观（年、月）或微观（分、秒）上的任何精确程度，单位一致，有一个绝对零点，个体之间能进行灵活

---

① CARROLL J B. A model for school learning [J]. Teachers College Record, 1963 (8): 723-733.

② BLOOM B. Human characteristics and school learning [M]. New York: McGraw-HillBook Company, 1982: 4.

比较"①。

基于上述认识，布卢姆进一步分析了学校学习的各种情况，接受行为主义影响，并利用认知心理学研究成果，提出了掌握学习理论。所谓掌握学习，是指只要提供足够的时间和帮助，任何学生都可以完全掌握教学过程中要求他们掌握的全部内容。布卢姆认为，许多学生在学习中未能取得优异的成绩，主要问题不是因为学生的能力差，而是由于没有足够的学习时间和没有得到适当的帮助，是教学的问题。

布卢姆的著作很多，主要的就有17种，包括《教育目标分类学》《人类特性和学校学习》《学生学习的启蒙形式和总结评价手册》等名著。掌握学习是代表布卢姆基本教育思想的重要理论，被列为美国最有意义的教育研究成果之一，并对美国和世界上其他许多国家的基础教育产生了影响，成为职前教师教育和在职教师接受继续教育的重要内容。

掌握学习理论产生的时代背景为新技术革命时期，美国和其他发达国家，其经济依靠新的科技成果获得了迅猛的发展和变化。这种发展和变化对劳动力提出了更高的要求。劳动力需要具有比过去更为复杂的技能。这就需要扩大教育范围，只让少数人完成中等或中等以上的教育，解决不了这一迫切需要。因而，发达国家必会使更多的人接受，并且不是一般地接受，而是成功地接受中和高等教育，并且为之寻找到一条合理的途径。布卢姆正是基于这样一种认识，为了在新的条件下，维持美国经济的发展和在全球的实力地位，提出了面向绝大多数学生的掌握学习理论。

巴班斯基同样重视教学效果与时间的联系。关于效果标准，巴班斯基指出，这"是每个学生了该时期内在学习成绩、教育和发展程度上，达到实际可能达到的水平，但是，按规定的评分标准，不能低于及格水平"②。也就是说，每一个学生在某一时期内，根据所提出的任务，尽自己最大可能所能达到的教养、教学和发展方面的水平。在这个标准里，巴班斯基提出了自己对教育教学效果的观点，即看教学效果不能只看分数，只看学业成绩，而是应

---

① BLOOM B. Time and learning [J]. American Psycologist, 1974 (9): 56.
② 巴班斯基. 教学教育过程最优化：方法论原理 [M]. 北京：人民教育出版社，1986：23.

该全面考虑学生的教养、教育和发展的水平。同时，在这个标准里，巴班斯基强调了要从实际的具体情况出发完成教学教育目标、任务，而不是从本本出发，或是消极迁就现实而降低要求。

关于时间标准，巴班斯基指出："这是学生和教师遵守为他们规定的课堂教学和家庭作业的时间定额。遵守这一标准，学生和教师就能摆脱过量的负担。"[①] 具体地说，这是指学生和教师都必须遵守学校卫生及有关文件规定的课堂教学和家庭作业的时间定额。当时苏联学校卫生学为各年级学生规定的家庭作业时间定额为：一年级不超过 1 小时，二年级为 1.5 小时，三、四年级为 2 小时，五、六年级为 2.5 小时，七年级为 3 小时，八至十年级为 4 小时。教师的工作是每周 18 课时上课，18 课时备课、检查作业、答疑，平均每天工作量为 6 小时。

巴班斯基首先提出重视教学过程中"师生时间消费的合理性"问题。巴班斯基指出："所谓最优化的教学，就是在教养、教育和学生发展方面保证达到当时条件下尽可能大的成效，而师生用于课堂教学和课外作业的时间又不超过学校所规定的标准。我们认为，最优化的基本标准就是获取尽可能大的成效和师生消费合理的时间去取得这些成效。现阶段改进教学过程的实质，其实也像发达的社会主义社会改进任何劳动活动一样，就在于高效和达到高成效的最优途径之间这个相互关系。"[②] "没有教师和学生之间的活动，没有他们在教学上的相互作用，教学是不可能的。不管教师如何传授知识，要是学生没有同时开展积极的活动来掌握知识，要是教师没有激发组织这种活动，那么教学过程实际上没有进行，教学上的相互作用实际上没有发挥出来。因此，在教学过程中所发生的不只是教师对学生的影响，而是他们的相互作用，这里体现出教师的教学和个人范例的影响，同学生对于这些影响的内在反映的统一，出现了学生主动掌握知识、技能和技巧，以及品质修养和心理发展

---

① 巴班斯基. 教学教育过程最优化：方法论原理[M]. 北京：人民教育出版社，1986：23.
② 巴班斯基. 教育学[M]. 李子卓，杜殿坤，吴文侃，等译. 北京：人民教育出版社，1986：168.

方面的一定成分的现象。"①

巴班斯基强调效果和时间的辩证关系,认为对教学效果的评价不仅要反映教学质量,还应该反映教学的速度和时间,要完整地表明学生在规定的时间内,根据大纲要求,在教养、教育和发展几方面所达到的水平。时间和效果应该是系统的、统一的。巴班斯基指出,必须在对现实教学过程做综合分析的基础上,制定出完整的措施体系,这个体系不是涉及个别的教学方法和形式,也不是着眼于用增加时间提高效果,而是一个能达到教学过程整体最优化标准的教学方案。

另一方面,传统的教育中每个教师在新学期或新课程开始时,总怀有这样的预想:大约有三分之一学生将完全学会所教的事物;三分之一学生将不及格或刚好通过;另外三分之一学生将学会所教的许多事物,但还算不上是"好学生"。这一系列预想(得到学校分等的方针与实践的支持)通过分等程序、教学方法与教材传递给学生。这种传递造成了一种自我实现的预言,通过分等程序,学生的最后分等与最初的预想相差无几。布卢姆对这种"预想"提出尖锐的批评,他指出,现代美国的教育实践牺牲了大批学生,这种传统的教育"预想"是当今教育体制中最浪费、最有循环性的一面。它压制了教师和学生的创造力,降低了学生的学习热情,也破坏了相当数量的学生的自我形象和自我概念。布卢姆认为,"目前的教育制度从结构上来看要崩溃,就像一座快要倒塌而要伤及房客的旧房子,应该彻底重建"②。而布卢姆的掌握学习理论提出之后,他便被称为是"摧毁美国教育的人"。当然,这里"摧毁美国教育"是指摧毁美国传统教育观念。

二、对理性主义教学思潮的思考

理性主义教学思潮,作为一种科学主义教育哲学思潮的反映,敏感地从理论上回应了时代对教育改革的召唤,在世界许多国家产生了影响,促进了

---

① 巴班斯基. 教育学 [M]. 李子卓, 杜殿坤, 吴文侃, 等译. 北京:人民教育出版社, 1986: 154.

② 钱斯, 刘光年. "掌握学习论"的大师:这位七十三岁、服饰整肃的老学者毅然挑起破除成规, 革新美国教育的担子 [J]. 全球教育展望, 1988 (3): 50.

提高教育质量的全球探索。特别是在教学改革领域里，这种思潮对面向未来的中小学的教与学产生了一定的影响。

理性主义教学思想也明显地存在着局限。对此，我们应有充分的认识，其根本的局限在于把以人为对象的教育视为大工业条件下的标准化生产，带有强烈的机器文明的色彩和哲学基础上的实证主义倾向。这种局限性很强的观点无视作为社会人的教师与学生的复杂性，而片面地建议：人类的思维以及其内部活动最终必须用行为加以解释；一切行为均由外界引起，受外界的控制。可以说，当代理性主义教育思想在实质上仍然以科学主义的哲学观点为基础。

在理性主义教学思想中，学生的作用仍然是消极的，他们只是知识的接受者，能力与技能培养的客体，是适应现代社会规范与文化要求的行为人。而该思想的教学目标所具有的狭隘的实用主义性质，其操作上的生硬呆板的机械主义的行为方式束缚了教师的积极性和创造性。此外，当代理性主义教学思想把时间作为重要的变量，看到了时间与学习的关系及其可测性，但片面强调这一因素则会导致时间本位的教学方法，用时间换质量，加重了学生的负担，影响学生的健康成长和全面发展。当代理性主义教学思想学习目标中缺乏培养独立思维能力和个性创造潜力的内容。另外，尽管布卢姆的教学目标、巴班斯基的最优化教育理论都把情感作为一个重要领域，但在教学实施过程中，在布卢姆紧张的反馈与矫正或巴班斯基紧张的设计、繁多的教学原则的束缚下，儿童心理与感情已无暇顾及了。教学成为祛魅的教学，失去了应有的魅力，致使很多青少年产生厌学的情绪，失去创造的乐趣和成功的机会。

三、理性主义教学思想影响下教师观的转变

还是在教师教育制度创建时期，本研究就谈到科学主义与人文主义的博弈是教师教育思想发展的深层逻辑。那个时期，科学主义在教育目的上以国家与社会需求定向，表现出重国家与社会，轻个人，重物质，轻精神的功利主义倾向，在培养目标上重视知识人、科学人、专业人的培养，而非人文主义那样重视道德人、一般人、完人的培养。

第五章 新技术革命时期国际主流教育思潮及教师思想的转换

在理性主义教学思想影响下,作为教师教育核心的教师观发生了转变。以美国为例,20 世纪 60 年代后半期美国陷入严重的社会危机,美国舆论再一次把责任推给教育和教师,认为教师缺乏实际的创造性的教育教学能力。由于日益严重的社会危机、青少年教育任务的繁重和新教师在教育教学方面的准备不足,人们寄希望于美国教育的社会功能,寄希望于教师在消除美国的社会危机、创建"社会新秩序"中发挥积极作用,寄希望于教师教育能够造就一代有实际教育教学能力、善于处理和应对各种复杂社会问题的教师。

美国教师教育专家、著名教育学者克莱明指出,"把个体培养成在智慧方面有能力参与其生活于其中的理想社会的管理,理解处于发展中的各种事物、现象和力量的人,是教师义不容辞的责任";查特斯也认为,"教师有必要有意识地支持有助于建立新的社会秩序的思想和价值观","有必要使教师在教育政策的制定方面发挥领导者的作用"[1]。当时人们要求改变依靠师范生的书面成绩来确认其是否合格的传统做法。当时一些教育家主张详细分析教师教学活动及所需要的素质,系统地建立能够在教育实践中有效地培养处理实际问题能力的教师教育系统,由此便产生了能力型教师观。能力型教师观强调要培养教育的临床专家,学会对学生的学习与社会行为进行诊断与矫治,并进行针对性的分析、指导、测量和评估。

著名的微型教学就是这一时期由斯坦福大学提出来的。能力型教师观有很强的科学主义倾向,意在精确地划分和测量教师的教育行为,提高教师的工作能力,培养理智的社会成员,为解决美国社会的问题做出贡献。实际上,能力型教师观也没能解决美国社会问题,相反,又严重束缚了教师创造能力的发展和教师良好人格、教学风格的形成。对此,莫思-塔克斯在《疏离、教育和存在主义的生活》里写道:"在这样的环境中,教师与自己疏离,与教材疏离,与自己的学生疏离,渐渐地,教师终究会降为客体中的客体,工具中的工具。"[2]

---

[1] LISTON D P, ZEICHNER K M. Teacher education and the social conditions of schooling [M]. New York & London: Routledge, Chapman and Hall Inc., 1991: 27, 29.

[2] MOUS-TAKAS C. Alienation, education and existential life [J]. Merril Palmer Institute, 1994: 16.

布卢姆进一步分析了学校学习的各种情况，接受行为主义影响，并利用认知心理学研究成果，提出了以反馈矫正为核心的掌握学习教学范式，并为大面积提高教育质量提供了可操作的程序，受到中小学教师的重视。但是，包括掌握学习在内的当代理性主义教学范式明显地存在着局限。其根本的局限在于把以人为对象的教育视为大工业条件下标准化的生产，带有强烈的机器文明的色彩和实证主义倾向。这种局限使人们忽视作为社会人的教师与学生的复杂性，忽视作为特殊精神活动、认识活动的教育教学过程的复杂性，忽视教师与学生的首创精神。行为目标把狭隘的功利主义带进教学过程，把教师捆绑在僵硬、机械的行为方式上，这不但降低了学生的创造性，而且影响了教师的首创精神的发挥，束缚了教师的发展。

科学主义倾向与人文主义倾向的博弈也存在矛盾现象。巴班斯基在介绍最优化理论时也指出："最优化思想一定要求减少学生和教师的教与学的负担，要求保证教学难度、教学速度、家庭作业量的最优化。而人道主义意义就在其中。"① 但是这种人道主义在"科学""控制"下显得十分苍白。用教师控制学生，用教控制学成为最优化教育教学理论的突出特点。在教育内容上，科学主义重视自然科学知识、方法、技术知识的学习，重理轻文。人文主义则重视人文主义教育，强调人文主义课程的重要价值。人文主义与科学主义的博弈构成了推动制度建立后教育思想、教师教育思想的发展，成为一种内在的发展逻辑。

综上所述，这一时期教育思想完成了从重知识传授到智力培养、能力发展的转换，教师观也从传统教师观（认为教师主业是传授知识，重视教学法）转换到学者型教师观、能力行教师观。重智主义教育思潮、学者型教师观和能力型教师观的形成都为这一时期的教育理论建设和教育改革实践做出了积极的贡献。在这些转换过程中，不论是重智主义教育思潮还是代之而起的理性主义教学思潮，都带有科学主义倾向。它们都要求教师和教师教育机构重视智力、发展能力，而忽视了道德培养，在教育实践上凸显功利主义，缺乏对儿童发展的长远考虑，都从冷战格局保持竞争考虑，而不是从人的培养与

---

① 巴班斯基，波塔什尼克. 教育过程最优化问答 [M]. 俄文版. 基辅: 学校教育出版社，1984: 5.

现代化关系思考教师的培养与儿童的教育。这是这一时期科学主义在教育理论、教师教育思想上的突出表现。正因为如此，国际社会的不少教育学者秉持人文主义精神，对这种科学主义倾向展开了激烈而持久的批判，两种倾向的博弈极大地推动了战后教育的发展和教师教育思想的更迭。

第五节

人文主义教育思潮和后现代主义的教育观与教师观

文艺复兴和启蒙运动让理性立于世界，使人类从此摆脱教会的专制统治，这无疑是历史的一次巨大进步，但理性的胜利随着它成为一种"唯一"而走向了它的对立面，最终因为去魅而对现代化运动带来很多负面的后果。因此，现代崇尚理性的教育和教师教育理论从教师教育制度确立开始就不断受到人本主义教育哲学思潮的批评与责难。此后不久，在世界舞台上出现批判现代化进程中科学主义教育等弊端的各种人文主义教育思想，以及后现代主义教育思潮也就可以理解了。人文主义对科学主义的批判也在这里得到了充分的反映。

一、人文主义教育思想举要

这一时期苏霍姆林斯基等一批教育家是人文主义教育思想的代表。苏霍姆林斯基（1918—1970）是继马卡连柯之后苏联的又一伟大的教育家。苏霍姆林斯基卓越的教育思想是他在长期的教育实践中形成的。苏霍姆林斯基一生著作甚丰，以40多部著作和500多篇文章，构建了自己内容极其丰富的、独具特色的教育思想体系。苏霍姆林斯基完整深刻的教育思想体系和他成功的教育实践对苏联教育理论做出了杰出的贡献，并产生了巨大的世界影响。其思想的特质是教育爱与教育理智的高度契合，是社会主义人道主义在教育实践中的典范。他的思想体系对今天的教师教育改革来说是一种可贵的文化资源。苏霍姆林斯基最杰出的贡献是：当新技术革命迅猛发展，并成为一些人教育改革中心话题时，旗帜鲜明地提出人进入了"人的世纪"，"人是伟大而有力量的"① 这一深刻思想，在新技术时代举起了人文主义旗帜。基于对时代的深刻理解，苏霍姆林斯基提出了社会主义条件下以个性全面和谐发展思想为核心的完整的教育理论体系，提出了对教师和教师工作的重要建议。

这一时期还涌现出不同的人文主义教育思潮，它们批判现代教育弊端，弘扬人文精神，反对压制儿童，坚持以师生关系为核心的诸多教育关系的合作，为教育与教师教育改革提供了有益的思想。

第一，20世纪80年代左右出现的人文主义教育思想有教育历史主义思想、教育艺术论思想、合作教育思想等。这些人文主义教育思想都对教师的作用、角色、教学教育实践提出了深刻的论述。当代美国教育历史主义者强烈地批评近几十年来教育的非历史主义倾向，主张从教育的过去寻找他们在现代化进程中失去的东西，以促进美国教育的重建与发展。他们强调：回顾教育发展的历史永远是十分重要的事情。这可以使人们能重新审视他们所熟悉的当今教育，"引导人们找回现在已失去的过去学校的思想力，已丧失的思想和对未知事物的新奇感，改变人们业已形成的对情感、色彩和声音的迟钝"。

第二，当代西方教育艺术论思想是20世纪80年代中期首先在美国教育改革的争鸣中产生的。它对受唯科学主义哲学思潮影响下形成的教育理论持批判态度，强调教育的复杂性，倡导创造教育。当代西方教育艺术论思想并不是主张把自己的注意主要放在美的鉴赏上，它最主要的是企图揭示作为艺术的教育的内在特点，如它的复杂性、创造性和成果形成的特殊性等。而这些正是现代科学教育学所忽视的或掩盖的。因此，教育艺术论对教育特点的独特看法，它对教育有别于其他职业和劳动的特点的强调应该说是具有一定积极意义的。

第三，合作教育思潮也是20世纪80年代的产物，并被称为20世纪80年代国际教育的主要思潮。合作教育思潮在当时的苏联称为合作教育学思想，在美国有斯莱文倡导的合作革命的思想。它包括的基本思想是建立以师生之间相互平等尊重、合作为主，教师要热爱学生，实现包括教师与家长、教师

---

① 苏霍姆林斯基. 给教师的建议 [M]. 杜殿坤，译. 北京：教育科学出版社，1980：98.

与教师、领导与教师、学生与学生的多项合作；教师要重视学生个性的培养，推动个性民主化。校长、教师、学生、家长的合作是提高质量且不用增加经费的人力资源。

二、后现代主义教育思潮的教育观与教师观[①]

1979年，让-弗朗索瓦·利奥塔（Jean-Francois Lyotard）题为《后现代状态：关于知识的报告》的研究报告推动了"后现代"概念的流行，影响颇大。德国学者维尔希指出："利奥塔是后现代主义的创始人。没有人像他那样早，那样准确，那样明确地提出后现代哲学概念。"[②]

在《后现代状态：关于知识的报告》中，利奥塔把"后现代"解释成"对元叙事的怀疑"；在《分歧》（*Le differend Editions de Minuit*, 1983）中，他又把"后现代"解释成对共识的厌恶，对差别和分歧的尊重；在《回到后现代》中，他则说，"后现代"是"个不够确定的语词——正因如此，我才选择它——除起警告作用之外，它别无价值。它旨在表明，现代性已日薄西山"[③]。在接受波利特纳（Bernard Blistène）的采访时，他甚至承认："我虽然极力理解何为后现代，但我对此一无所知。"[④] 我们都会发现利奥塔对后现代的论述充满了并加深了其中的不确定性，其实，这正是后现代思潮的整体性特征。如同法国著名哲学家鲍德里亚（Jean Baudrillard）所说，后现代主义是某种"虚空或真空的状态"[⑤]。

"让这些哲学家走到一起来的是一种共同的思维方式——后现代思维方式。这一思维方式是以强调否定性、非中心化、破碎性、反正统、不确定性、非连续性为特征的。"[⑥] 他们有一个共同的世界概念，即"后现代哲学用一个

[①] "后现代主义教育"部分是由首都师范大学副教授王天晓博士撰写的。
[②] 汪堂家. 利奥达与"后现代"概念的哲学诠释 [J]. 复旦学报（社会科学版），2001 (3)：63.
[③] 汪堂家. 利奥达与"后现代"概念的哲学诠释 [J]. 复旦学报（社会科学版），2001 (3)：59.
[④] 汪堂家. 利奥达与"后现代"概念的哲学诠释 [J]. 复旦学报（社会科学版），2001 (3)：74.
[⑤] MIKE G. Baudrillard live: selected interviews [M]. New York: Routledge, 1993: 21-22.
[⑥] 王治河. 后现代哲学思潮研究 [M]. 北京：北京大学出版社，2006: 8.

未知的、不确定的、复杂的、多元的世界概念取代了传统的给定的世界概念"①。其核心概念就是"不确定性"。这就是后现代主义哲学的思想纲领，看待一切问题的观察点。

从某种意义来说，后现代主义就是要重建人文主义，追求后人文主义，主张"去人类中心化"。后人文主义提出了和谐共存的自然观，主张合理开发利用高科技，恢复科技造福人类、维持社会可持续发展的功能，倡导人类要关爱非人类，承认差异，包容并敬重他者，建构多元物种和谐共生的后人类社会。它反对理性，强调情感，表现出对于现代主义和古典主义的深刻批判。但因为后现代主义对现代理性的解构，并推崇这种解构，往往堕入现代化与后现代、传统与现代二律背反的思维混乱，难以成为一股清晰的人文主义潮流。后现代主义分为解构性后现代主义和建设性的后现代主义两种。第一种解构性的后现代主义其理论的主要特征是怀疑性和否定性，是解构，反对任何假定的"唯一中心""绝对基础""纯粹理性""等级结构"等。第二种建设性的后现代主义，其最大的特征在于建设性，倡导开放、平等，鼓励多元化。我们试以这两种不同的后现代主义思想观察其对教育和教师的论述。后现代主义教育首先是对现代教育的猛烈抨击。

（一）对现代教育的批判

后现代主义教育认为，现代教育归根结底是一种机械化的教育，视学生为机器，视学习为技术活动，视教育活动为一种"冷血"的实际操作过程，学校教育完全"祛魅"，被予以技术化操作和科学管理，教育的目标是从外部决定的，一旦目标确立了，教师就成了司机，学生往好了说是乘客，往坏了说是被驱动的对象。利奥塔早在20多年前就预言："知识可以转译成计算机语言，因为传统教学与存储相似，所以教学可以由机器来完成，这些机器可以把传统的存储器（图书馆等）作为数据库与学生使用的智能终端连接在一起——知识非合法化和性能优势都敲响了教师时代的丧钟；对传递确定的知

---

① 高宣扬. 后现代论[M]. 北京：中国人民大学出版社，2005：65.

识而言，教师并不比存储网络更有能力。"① 以计算机为代表的信息技术带给教师角色的冲击动摇了教师作为知识传授者的角色。

建设性后现代主义从人性本质出发，认为后现代主义与现代主义单纯地强调接受性价值不同，它认为一个创造性的人不仅受接受性价值所驱动，还受成就价值和奉献价值所驱动。正如大卫·格里芬所说："每个人都体现了创造性能量，人类作为整体显然最大限度地体现了这种创造性能量（至少在这个星球上如此）。我们从他人那里接受创造性的奉献，这种接受性同许多接受性价值（如食物、水、空气）一起构成了我们本性的一个基本方面。但是，我们又是创造性存在物。我们需要实现我们的潜能，依靠自己去获得某些东西，更进一步说，我们需要对他人做出贡献。这种动机同接受性需要及成就需要一样也是人类本性的基本方面。"②

当前的学校教育中，教师的教育观陈旧，影响儿童的健康发展。教师只重视学生知识的掌握和成绩的提高，一直被成绩导向的教育捆绑着，忽视学生的情感心理发展。在教师的眼里，学生是一个个教具，而不是一个个灵动的生命，教师缺少对教育理想的追求，缺乏教育之爱。怀特海曾在他的《教育的目的》中深有感触地写道："我不知道是谁最先把人的大脑比作一种无生命的工具……然而，不管这种说法多么权威，不管什么样的名人对此表示过赞同，我都毫不犹豫地抨击这种说法，视其为迄今存在于教育理论中的最致命、最错误因而也是最危险的一种观点。"③

（二）教育目的的重新建构

迅速发展的后现代哲学对西方教育哲学思想是很有吸引力的，不少西方教育家从后现代哲学中受到启示，提出了与现代西方教育哲学相对立的教育观点、主张。这些观点和主张往往各不相同，但共同之处是：他们都认为，现代学校系统是为作为历史范畴的现代目的构建的，教育的工厂模式直接与现代性相连，这种模式在后现代已变得陈旧过时，资本主义的传统精神的最

---

① 利奥塔尔. 后现代状态：关于知识的报告 [M]. 车槿山, 译. 北京：生活·读书·新知三联书店, 1997: 111.
② 格里芬. 后现代精神 [M]. 王成兵, 译. 北京：中央编译出版社, 1998: 223.
③ 怀特海. 教育的目的 [M]. 徐汝舟, 译. 北京：生活·读书·新知三联书店, 2002: 10.

大兴趣是发展市场，掌握潜在消费者的心理，为了经济优先的利益去侵害教育事业。后现代社会的教育应该重在培养具有各自不同个性的个人，他们坚决否定整齐划一的、无所不包的现代理性。他们认为，现代西方教育就是在这种标准的整齐划一的理性框架内，把学生的发展只看成理性的准确增长。他们强调，教育应为儿童提供各自不同的体验，尊重儿童不同的学习和思考，使他们最终成为各自不同的个人，而不是成为所谓"完人"。于是，现代教育赖以生存的知识基础遭到质疑，传统培养目标及学校的教师权威及其传授知识的本质工作被颠覆了，一切都需要重新建构。

（三）后现代主义教育知识观

后现代主义教育对知识拥有自己的独特观点。利奥塔指出，后现代社会"知识的本质发生了变化，当前的知识与科学追求的已不再是共识，精确地说是追求'不稳定性'"[1]。现代主义教学观强调知识是客观的，具有真理性。他们主张在教学中追求知识的确定性，追求知识的确定性必然导致教学内容的确定性；同时认为教学活动是一种先验的活动，具有计划性和规范性，而教学计划性决定教学方法和结果的确定性。因此，教师需要在进行教学前，对教学的开展进行预设，做出详细的设计和计划，对教学目标、教学内容、教学方法等进行安排。后现代以此批判现代主义的绝对性、规范性、确定性，主张世界的多元性、复杂性和不确定性。[2]

在后现代主义影响下的这些教育观点是在对西方现代社会进行激烈批判的基础上形成的，预示着多样化、区别化将是未来教育的重要特点，它对于未来人类社会教育哲学的发展无疑是有着启发意义的。但如同后现代主义一样，后现代主义影响下的教育观点在西方也引起怀疑乃至批评。一些西方学者指出，个人的存在与社会的国家脉动是联系在一起的，是无法截然分开的。针对后现代主义以个人为目标的教育思想，西方学者认为，"这很可能导致两种倾向。一种是逃避全球问题而陷入排他主义和地方主义，另一种是由媒体

---

[1] 利奥塔尔. 后现代状态：关于知识的报告 [M]. 车槿山，译. 北京：生活·读书·新知三联书店，1997：60-145.
[2] 瞿葆奎. 教育学文集·教学：上册 [M]. 北京：人民教育出版社，1988：438-439.

主导的文化工业不断增长的对现实的虚构和崩溃的确认"①。

（四）后现代主义教育的师生观与教师观

后现代主义教育思潮解构了教师中心，提出新的权威观和新的师生观。它强调对话，认为"对话的中心就是两个自主的人之间的会晤，他们不想给对方留下印象，或利用它"②。"通过对话，教师的学生及学生的教师等字眼不复存在，新的术语随之出现：教师学生及学生教师。教师不再仅仅是授业者，在与学生的对话中，教师本身也得到教益，学生在被教的同时反过来也在教育教师，他们合作起来共同成长。"③"教师不要求学生接受教师的权威，相反，教师要求学生延缓对那一权威的不信任，敢于面对学生提出的疑问，并与学生一起共同反思每个人所获得的和心照不宣的理解。"④这种种说法解构了教师主体或学生客体、教师中心或学生中心的观点，而使主体间性成为西方新型师生关系、新型教师观的标志性话语。

后现代主义认为：教学是个性化的理性的行为。此处的教学艺术自然是转变个人意识，但不仅仅是通过复制他人的意识适应后现代教育发展需要。教师本身的素质也要"与时俱进"⑤，走反思型实践者的专业化成长之路。

"当教育家们陈述'教育是有关完人的教育'这句话时，他们是在阐明一项真理；因为教育不应该是狭隘的专业化，不应该是纯粹的功利主义。"⑥

后现代主义主张师生平等、老师尊重学生，解构教师中心，提倡沟通与对话，建立互相信任的友爱的合作关系。马丁·布伯认为："如果在一种关系里，其中一方要对另一方有目的、有计划地施加影响，则这种关系里的'我—你'态度所依据的乃是一种不完整的相互性，一种注定了不可能臻于完

---

① PAKERT H. Present to the educational theory of modernity [J]. Education, 1994 (48): 157.
② 摩西. 世界著名教育思想家：第1卷 [J]. 北京：中国对外翻译出版公司, 1994: 111.
③ 弗莱雷. 被压迫者教育学：30周年纪念版 [M]. 顾建新, 赵友华, 何曙荣, 译. 上海：华东师范大学出版社, 2001: 24-25.
④ 多尔. 后现代课程观 [M]. 王红宇, 译. 北京：教育科学出版社, 2006: 228.
⑤ 多尔. 后现代课程观 [M]. 王红宇, 译. 北京：教育科学出版社, 2006: 19.
⑥ PETERS P S. Aims of education: a conceptual inquiry in the philosophy of education [M]. Oxford: Oxford Universiry Press, 1973: 19.

整的相互性。"① 又如雅斯贝尔斯所言:"教育是人与人精神相契合,文化得以传递的活动。而人与人的交往是双方(我与你)的对话和敞亮……所谓教育,不过是人对人的主体间灵肉交流活动。"②

师生关系是在教育教学实践中形成的。在这种事件中不论老师还是学生都是血肉丰满的存在,是有思想、有感情、有追求的人。传统教育离开了教育教学实践、离开了教师和学生各种复杂微妙的关系预设教师的角色,那就必然导致空洞的、教条般的教师观。

解构性的后现代主义对现代教师观做了激烈的抨击,并对教师的存在做了否定性评价。利奥塔在《后现代状态:关于知识的报告》中说:"在传播既有的知识方面,教授的能力不如记忆库中的工作网,而在创造新'步法'、新竞赛策略方面,单一教授的能力,也比不上科际整合的团体。"③ 在此种情况下,教师将被淘汰并被彻底地取代。福柯则从"权力/知识"的视角出发,认为规训时代的学校首先是与劳教所、教养所、规训营、监狱、工厂、救济院及医院等构成的"监狱群岛"的一个环节。④ 作为学校的主要工作人员,教师在具体的教育教学中,主要通过逐层监视、规范裁决以及检查(主要体现为考试)等策略对学生进行规训,扮演着规训者、监视者、监督者的角色。怀特海提出"把差异转变成对比","在一件艺术作品中,不同元素的呈现有助于对整体价值的贡献。当这些元素以对比的方式相互关联时,它们之间的差异就使双方比各自单独的贡献来得更加有效。"⑤

与此不同,建设性后现代主义思想家则鼓励人们把差异转化成对比,转化为相互学习和相互成长的差异,面对差异要坚持平等的原则,摒弃所有歧视,并接受和接收所有有差异的东西。正是这种对差异、多元、平等概念的

---

① 布伯. 我与你 [M]. 陈维纲, 译. 北京: 生活·读书·新知三联书店, 1986: 160.
② 雅斯贝尔斯. 什么是教育 [M]. 邹进, 译. 北京: 生活·读书·新知三联书店, 1991: 2-3.
③ 陈剑华. "教授时代的丧钟"和"教授万岁": 对后现代主义教师观的思考 [J]. 比较教育研究, 1999 (3): 30-36.
④ 福柯. 规训与惩罚 [M]. 刘北成, 杨远婴, 译. 北京: 生活·读书·新知三联书店, 2003: 157.
⑤ 科布. 超越对话: 走向佛教—基督教的相互转化 [M]. 黄铭, 译. 杭州: 浙江大学出版社, 2008: 3, 44.

第五章　新技术革命时期国际主流教育思潮及教师思想的转换

认同，决定了建设性后现代思想家对"对话"的推崇："真正的对话必然会使我们超越本身，那就是说，真正的对话以这种方式改变参与者，以至于他们超越对话能带来新的发展。"

1970年，巴西著名教育家弗莱雷（Paulo Freire，1921—1997）出版了他最有影响的著作——《被压迫者教育学》。弗莱雷的主要教育观点即教育的政治性。弗莱雷在《被压迫者教育学》中为我们展现了丰富的与"压迫"和"控制"相对抗的教育思想，即"解放教育"（liberating education）思想，教育的价值在于培养学生的个体意识和社会批判精神，从而最终寻求解放。交往和对话作为教学活动的主要运作方式，在提升教学环境和发展学生可能性方面具有重大的意义。

弗莱雷说："通过对话，学生的老师和老师的学生之类的概念不复存在，一个新名词产生了，即作为老师的学生或作为学生的老师在对话过程中，教师的身份持续发生变化，时而作为一个教师，时而成为一个与学生一样聆听教诲的求知者，学生也是如此，他们共同对求知过程负责。"①

多尔的后现代课程理论认为，作为过程的课程具有建构性和非线性的特点。他认为，课程是由文本、读者、教师、学生、体验、意识等构成的。在这种课程中，学习和理解来自对话和反思，教师不再是权威的代言人，而是探索过程中的参与者与协调者。为了使对话继续进行，使探索不断延续下去，探索过程中隐喻的、描述的、诠释的方式取代了逻辑的、分析的、科学的思想方式，而且这种转变可以使我们看到"我们没有看到的"，而不是让我们"更清楚地看到我们已经看到的"。因此，在后现代课程中，开放的、互动的、共同的对话是构建后现代课程的关键，这就决定了师生是平等的，教师是"平等者中的首席"。"作为平等者中的首席，教师作用并没有被抛弃；而是得以重新构建，从外在于学生情境转化为与这一情境共存。"② 这样一来，师生关系将更少地体现为有知识的教师教导无知识的学生，而更多地体现为一群个体在共同探究有关课题的过程中相互影响。

---

① 弗莱雷. 被压迫者教育学：30周年纪念版［M］. 修订版. 顾建新，赵友华，何曙荣，译. 上海：华东师范大学出版社，2001.
② 多尔. 后现代课程观［M］. 王红宇，译. 北京：教育科学出版社，2000：238.

随着信息化的发展，知识资源共享和最大利用逐渐成为可能，知识的获取途径由单一变为多元，知识的民主化使得所有群体都具备了获得知识的权利，教师不再是知识的唯一"垄断者"，也不再只是传授知识者，或是作为教学中心的权威，而是成为学习促进者、合作者、人格感召者、行为引导者、信息筛选者。

现代社会向"后工业社会"转变过程中出现的后现代教师观，体现了后现代主义对以往的教师观念的批判和解构。它对教师中心地位的消解、对实现热爱与尊重学生的呼吁、对沟通与对话的强调，都有利于教师树立正确的学生观，摒弃原有的教师权威观，建立新型的主体间性的师生关系，乃至于对教师教育制度安排都有积极的意义。后现代主义教学过程不确定观点对于克服机械僵化的教学模式，推动教学理论新探索具有重要意义。但是，那种企图解构现代性基础的尝试是需要警惕的。

三、结　语

20世纪80年代经过人文主义教育思潮、后现代主义教育理论的冲击，国际社会开始了战后第三次教育改革，这次改革是在人们逐步认识到发展不仅仅是经济增长，而且是在包括整个社会全面变化的情况下展开的。在这种情况下，主要发达国家又一次把希望寄托于教师。一种新型的教师观在这次改革中出现了，这就是首先由俄亥俄州肯特大学提出的复合型教师观。复合型教师观的代表人物乔伊斯（B. Joyce）等人认为，合格教师应该是初级教授，是能够承担全面培养学生的教学者，是善于与学生、同行、上级、社会人士建立与发展健康交往关系的交往者，是积极参与学校改革的决策者。复合型教师观的出现掀起内容极为丰富的国际教师教育思潮，教师专业化则是这一思潮的取向。

第六章

走向工业革命 4.0 时期教师专业化取向的国际教师教育思潮（20 世纪 80 年代以来）

20世纪50年代中后期兴起的第三次工业革命在20世纪六七十年代获得了更大的发展。20世纪80年代现代化在国际政治格局中有了新的变化，人的现代化问题被提出来了，教育被各国政府列为重要议事日程。进入21世纪，人类社会面临全球的能源与资源危机、生态与环境危机、气候变化危机的多重挑战，由此促发了第四次工业革命，科学技术获得更大的发展，一系列生产函数发生从自然要素投入为特征到以绿色要素投入为特征的跃迁，并普及至整个社会。

　　走向工业革命4.0时期的教师教育国际思潮涌现出来。其间，社会急速的变化使人们在欢庆科技进步的同时，再次感受到未来世界的主人是人，而不是物，更不是机器人。培养人的教育受到空前的重视。因此，国际教育改革此起彼伏，步履艰难地进入新世纪。此过程有一个重要的关注点的变化，亦即国际教育改革的关注点从课程、教学内容经过以师生关系为中心的教育关系，转到了教师和教师教育。各国普遍认识到中小学教育质量的问题与教师和教师教育密切相关。也正是在这种变化伴随下，这一新的思潮才逐步显现出来。于是，从20世纪七八十年代开始，教师教育改革成为国际教育改革的一个趋势，教师专业化成为这次国际性的教师教育思潮的大取向，而这种专业化思潮的开始仍有上一历史时期的人文主义思潮伴随。

第一节
国际性教师专业化思潮的背景

一、国际教师教育制度演进

　　本研究认为，教师教育大学化和在职教师培训的制度演进是国际性教师专业化思潮的重要制度背景。

（一）教师教育大学化

　　教师教育大学化是世界教师教育改革的热点话题。欧洲部分发达国家于

1991年7月召开了以"大学应该在教师培养和培训中扮演重要角色"为主题的欧洲教师教育联合会年会，提出了"教师教育大学化"的概念。教师教育大学化是欧洲教师教育联合会20世纪初提出并探讨的概念，其基本内涵是中小学教师统一由综合性大学培养，大学按自身的规律培养师资。美国在20世纪70年代率先实现了教师教育从师范学院到综合大学教育学院的转型，全面进入了大学化时代。

不同的国家教师教育大学化具有完全不同的历史进程和发展趋势，不存在整齐划一的教师教育大学化。因此，深入了解不同国家的教育历史与发展趋势是研究教师教育大学化的必由之路。

（二）在职教师培训的制度化

终身教育是20世纪50年代末、60年代初形成的国际教育思潮。作为终身教育的著名倡导者，曾任联合国教科文组织终身教育局局长的法国成人教育家保罗·朗格朗（Paul Lengrand）指出，几百年来，社会把个人的生活分为两半，前半生受教育，后半生工作，这是没有科学根据的，教育应该是个人一生中连续不断学习的过程。今后教育应当在人需要的时候以最好的方式提供相应的教育。

当代教师教学教育工作的变化、二战后现代科学技术的迅猛发展、经济与社会方面的急剧变化，促使教师教育首先成为终身性事业，教师是最先感受到终身受教育必要性的社会职业工作者之一，正是时代要求教师不断地完善自己的专业，经常地补充知识，理解学校和周围世界生活的新现象。可以说，20世纪50年代以前很少国家有教师继续教育制度，但到了20世纪70年代前后，教师的终身教育即继续教育在世界各国都有迅速发展，教师教育制度演进到一个新的历史阶段，即在职教师培训的制度化。这种教师教育制度上的变化与教师教育大学化共同为教师专业化思潮的到来奠定了重要基础。

需要注意的是，这些国家在职培养的现行体制是不同的：法国、俄罗斯实行由中央教育行政部门负责全国教师的在职培训工作；英国、日本实行中央、地方协调管理的形式，地方教育当局在中央政府的帮助下拥有相当大的自主权来推进本地区教师的在职进修活动；而美国和德国实行的则是地方分权制的教育管理体系，中央政府不直接负责教师的在职进修，教师的进修机构主要设在各州的大学，在职教师的进修由地方学区根据州教育厅的有关规定组织实施，教师本人可自由选择进修单位和进修方式。

总而言之，教师教育大学化和在职教师培训的制度化为以专业化为取向的国际教师教育思潮创设了必要的制度背景。

二、教师教育理论积累

20世纪80年代产生的国际性的教师专业化思潮具有教师教育思想深厚的历史积累，也是长期理论运动和制度变革的成果。

（一）杜威教师教育思想的启示

美国著名哲学家、教育家杜威从19世纪末开始便举起现代教育的旗帜，将康德哲学的个人中心转化为个人—环境中心，把以往社会理论的个人中心转变成个人—社会中心，出版了《民主主义与教育》一书。他的哲学推动了美国教育的理论建构与实践发展，他对教师的论述是他教育思想的重要组成部分，其内容十分丰富。书中对教师以及对教师教育从不同角度做了深入表述，特别是他提出并实践了的实验制教师培养途径，对现代教师教育思想与实践具有很深刻的启示。

杜威教育哲学发挥了跨世纪的深远影响，丰富了国际社会的教师教育的思想，推动了教师教育的改革与发展。

（二）布鲁纳、科南特教师教育观的影响

布鲁纳于20世纪50年代后期提出的学科基本结构理论及其对教师教育的论述为教师教育的发展提供了有益的思想。而后，科南特对教师教育深刻的论述影响深远。特别是科南特坚定地提出：如果学校教育，尤其是中小学教育要保证为国家培养足够数量的科学家和工程师，就必须使教师深入学习数学和自然科学，成为某一学科的专家和学者。于是，学者型教师观就出现了，其基本主张是：良师必学者。科南特认为，一个合格教师必须具备正规大学或学院颁发的学士学位证书、教学实习合格证书、教学证书。他还强调，大学与中小学的合作，建立临床教授制度等新的途径与措施。丰富的教师教育思想为美国及其他国家的教师教育改革提供了有价值的思想资料。

（三）教师作为研究者、反思型实践者等理论的推动

英国著名教育家劳伦斯·斯滕豪斯（Lawrence Stenhouse）提出"教师作为研究者"思想，这是他在教学理论与实践上的重大突破，他反对目标驱动的教育，认为目标驱动把教师作用等同于技术员。斯滕豪斯认识到课堂教学的动态性与复杂性。他指出："这里有许多变量，包括学生的变量、教师环境的变量、教师自身的变量，等等，因而不允许我们概括出一种简单的诀窍。教学策略的发展永远不能是演绎的，新策略必须建立在课堂实践研究的基础上。"[①]

"教师作为研究者"思想否认了教师"教书匠"的定位，动摇了传统的教师角色，赋予教师发展的多种可能性，为教师的专业化与创造力发展提供了理论上的激励。斯滕豪斯认为："只有发展教师的批判性与创造力量，才能真正改善学校教学与行政工作。"[②] "教师作为研究者"思想是当代教师教育的一个重要的资源，它为教师专业发展了一种具有内核意义的新的专业精神。20世纪七八十年代，斯滕豪斯的"教师作为研究者"思想，不仅推动英国，而且推动了世界其他国家的教师专业化运动。其中，英国约翰·艾利奥特（John Elliott）继续斯滕豪斯的研究，并将其发展到新的阶段。

唐纳德·舍恩（Donald Schon，1930—1997），美国当代教育家、哲学家，美国"反思性教学"思想的重要倡导人。舍恩的反思实践和反思实践者的思想对国际教师专业化思潮或运动产生了深远的影响。20世纪80年代，舍恩提出"反思性实践者"的概念，他强调在行动中思维、在实践中反思，认为理论在实践中发展应用才有其内在的价值，并对普适性理论提出质疑，强调了理论的情境性特征。早在1983年，舍恩就认为在行动中进行反思可以使从业者在实践中变成研究者，使之从固定的理论和技巧中解脱出来，构建一种新的适用特定情境的理论。这方面与斯滕豪斯提出的"教师作为研究者"思想一样，都抨击了流行的理性主义操作模式，强调人的主体性地位，人文色彩

[①] 斯坦豪斯. 课程研究与课程编制入门 [M]. 诸平，孙蕾，沈阳，等译. 北京：春秋出版社，1989：10.

[②] 斯坦豪斯. 课程研究与课程编制入门 [M]. 诸平，孙蕾，沈阳，等译. 北京：春秋出版社，1989：117.

浓厚。1987年，舍恩给出了反思性实践的定义，主张以"活动中的反思"为原理的"反思性实践"去替代以技术理性为原理的"技术性实践"。反思性实践立足于特定的教育情境，解决特定情景中的问题，在行动中进行反思，获取实践性学识。"行动中对行动的反思"包含了两层意思：一是"对行动的反思"，二是"在行动中反思"。

虽然舍恩的反思性实践者思想不是专门以教育为反思对象的，但是其对教育的影响是深远的，特别是推动了教师教育的范式转换——做反思型教师的呼声日益高涨。教师在做反思型教师的同时，也要使学生成为反思性学习实践者，做反思型学生，促进学生的可持续发展。

在舍恩的反思理论体系中，教学是一种反思性实践，教师在教学中所依赖的知识是教师的实践性知识，它们是教师通过反思而提炼的，这种教学中的反思就是研究。教师研究不是学术研究，而是反思性研究。教师反思性研究的具体方式包括反思性总结、教育行动研究、课例研究和教师叙事。

美国学者提出了一个重要观点："使学校成为教师工作和学习的好地方。"这一理论观点高度评价了教师的主体地位，为教师专业发展奠定了一个重要的理论基础。同时，它也指明了教师专业学习和发展要转向实践，要实现大学与中小学的合作。美国教师专业化发展要求教师具有相应的实际教学能力，还主张教师积极参加教学目的、教学内容的设计，扩大教师的自主权，促使课堂教学合理化。在教育实践中提倡反思、提倡研究，形成了教师反思运动、教师成为研究者运动。这一时期的教师专业化是改革的需要，虽然是一种急迫的需要，但是这种根据教学改革需求所进行的教师专业化表现出某种工具化的倾向。20世纪90年代在教师专业化发展开展10年以后，教学是使所有其他专业成为可能的专业，是形成今天教育和美国未来的专业，培养并支撑教师知识和技能终身发展对美国来说是十分重要的。美国教师专业化发展运动对国际社会，特别是西方社会的教育产生了很大的影响。

最后，国际组织对教师教育的关注是推动教师专业化国际思潮的重要因素。21世纪以来，国际组织发布了一系列和教师教育相关的文件和报告等，这些教师教育政策对世界各国的教师教育产生了较大影响。由于各个国际组织的使命以及教育理念和愿景不同，联合国教科文组织、经济合作与发展组

第六章　走向工业革命4.0时期教师专业化取向的国际教师教育思潮（20世纪80年代以来）

织（OECD）、世界银行、欧盟这四个不同国际组织的教师教育政策呈现出了各具特色的特点。但同时，教师专业化思想是这四个国际组织的教师教育政策的基础。在教师专业发展方面，教师专业发展能服务于多种目的，包括：根据学科领域的最新进展，更新个人的相关知识；根据新教学技术、新环境和新的教育研究，更新个人的技能和方法；使个人能够应用课程或教学实践其他方面的变革；使学校能够开发和应用课程以及教学实践其他方面的新策略；在教师与他人（如学者和企业家）之间交流信息和专业知识；帮助教学能力较弱的教师提高教学技能。为了加强教师专业发展，更新教师技能和知识，联合国教科文组织、经济合作与发展组织（Organization for Economic Co-operation and Development，OECD）、世界银行、欧盟都提出了自己的建议，试图通过教师专业发展来提高教师质量。[①]

以经济合作与发展组织为例，2012年5月至2013年6月，经济合作与发展组织共发布了4期《关注教学》简讯，以教师教学国际调查项目（TALIS）的数据为基础，关注了教师认可的重要性、如何支持新教师、如何利用教师反馈来改进课堂纪律氛围，以及促进教师之间的学习等问题，旨在为世界各国的决策者、学校领导和教师提供最新的信息，并为教育投入和教育政策制定中的焦点问题提供跨国比较和深入分析。

据联合国教科文组织网站2013年11月20日报道，11月25至29日，教科文组织国际教师特别工作组在刚果（金）首都金萨沙举办了金萨沙国际教育论坛，其核心主题是教师教育的重要作用。[②] 同时，经济合作与发展组织（OECD）也关注教师评价，2013年，发表了《21世纪的教师：用评价来改善教学》的研究报告。该报告建议各国政府要利用多种来源和措施给予教师反馈（包括家长和学生的调查，课堂观察，自我评价，同行评价及评估学生的考试成绩等），真正评价教师角色的复杂性。

同时，各国政府要设计合作的教师专业发展途径。关于如何开展评价，

---

① 孔令帅.当前国际组织教师教育政策的个性与共性：基于政策文本的分析[J].外国教育研究，2016，43（2）：59-71.
② 郭婧.刚果（金）2013年金萨沙国际教育论坛关注教师教育[J].世界教育信息，2014，27（1）：74.

经济合作与发展组织（OECD）发布了题为"发挥协同作用，提高学习效率：评价和评估的国际视角"的国际比较研究报告，强调教师对于教育公平和卓越具有重要作用。

2014年，由新西兰教育部和OECD等联合举办的国际教师职业峰会围绕"卓越、平等和包容性——为所有人提供高质量的教学"的话题对教师和教学进行了集中探讨。会议认为，应重视优秀教师对卓越与公平的重要性；可以通过赋予学校自治权实现教育公平；关注学校与课堂的学习环境，以促进教育卓越与公平；早期教育对于促进公平、实现卓越非常重要；要调动所有利益相关者的积极性，应对教育公平与卓越的道路上所面临的挑战。[1]

总之，许多重要国际组织在21世纪初期的活动，从不同方面推动了教师教育国际思潮的发展，并贡献了它们自己的教师教育思想。这是该时期教师教育思想发展的一个新特点。

在相当长的时间里观察，教师及教师教育始终是作为教育思想的一部分和教育思潮的一部分存在的。这种情况到了20世纪80年代开始得到重大的改变，其标志是从20世纪70年代拉开序幕到80年代中期开始的教师专业化思潮。此时，教师教育在教育乃至整个社会发展中的作用与意义日显重要，具有突出的全局性，可以说是教师教育觉醒的时代。当代，"教师专业化"是世界教师教育的一个重要发展趋势。正如英国学者科克所说的，"教育的质量取决于教师的质量。所有试图改进教育质量或使学校工作更具活力的努力，都必须完全立足于教师能力的提高"[2]。

同时，终身学习思潮的涌现在很大程度上推动了教师教育的改革。这一时期出现的全民教育、全纳教育等思潮也都促进了教师专业化思潮的发展。

---

[1] 乔鹤，沈蕾娜. 国际教育发展最新趋势研究：2012~2014年度国际组织教育政策文本解读[J]. 比较教育研究，2015，37（1）：16.

[2] KIRK G. Teacher education and professional development [M]. Glasgow：Scotish Academic Press，1988：1.

第二节
国际教育政策的教师专业化思想

经过长期的在教师教育思想上、制度上的酝酿，1966年联合国教科文组织和国际劳工组织发布《关于教师地位的建议》，提出"应把教育工作视为专门的职业，这种职业要求教师经过严格的、持续的学习，获得并保持专门的知识和特别的技术"。1980年以教师专业发展为主题的《世界教育年鉴》出版，教师专业发展问题受到国际社会高度关注。制定严格的教师专业标准、实现教师整体的专业化是教师教育国际思潮的重要内容。在此前后，日本、美国、英国率先提出了教师专业化的思想或制定相关政策，掀起有史以来最大规模的国际性的教师教育思潮。这一次国际性的教师教育思潮以教师专业化为取向，集中反映了当代国际主流教育思想，一些著名教育家的思想直接影响了该思潮的形成与发展，许多国家的政策法令更是将教师专业化变为国家政策，致使教师专业化成为国际主流的教师教育思想的取向。以下我们拟从教师专业化的酝酿与政策出台、教师标准的制定与演变、大学与中小学合作三个方面的要点对这次国际性的教师教育思潮做一个简要的叙述。

一、教师专业化思想的政策表达

教师专业化成为国际化教育思潮的取向，成为当代国际主流教育思想，首先体现在国家层面制定的有关政策上。通过这些政策，我们可以观察到教师专业化思潮的存在与其多元化。综合起来观察，教师专业化取向的国际教师教育政策表达的主要内容有以下几个方面：

1. 在当代教育历史进程中教师这一角色具有多重性，不是单纯的任务执行者，而是教育的思想者、研究者、实践者和创新者。在专业发展的路径上，教师的主体地位、精神和意识得到了时代的推崇，教师专业化发展和对教师的重新发现将对当代教育产生重大影响。

2. 要求教师具有相应的教学实际能力，还主张教师积极参与教学目的与教学内容的设计，扩大教师的自主权，促使课堂教学合理化。

3. 学校既是学生学习的场所，又是教师发展的场所。教师专业化发展就是要在学校教育过程中使教师和学生都获得成功。

4. 在教育实践中提倡反思，提倡研究，形成了教师反思运动以及教师成为研究者运动。在教师专业化方面，教学是使所有其他专业成为可能的重要专业，培养并支撑教师知识和技能的终身发展。

5. 教师专业标准化运动是推动教师教育改革的有力的政策保证。教师专业标准的制定凝聚了作为主流教师教育思想的精华，是教师专业发展的基础、目标和反思的自我参照。

6. 教师专业化只有通过对实践的反思和拥有系统理论与研究才是可能的，而这就要求大学与中小学建立新的联系。建立这种联系和这种知识学习框架，就应从战略角度来看待教师的专业化发展。

7. 教师专业化追求教育的高质量和教育的公平。这两点追求突出反映了当代教育现代化最重要的目标。

1996年，联合国教科文组织召开了以"加强变化世界中教师的作用"为主题的第45届国际教育大会，再次提出"在提高教师地位的整体政策中，专业化是最有前途的中长期策略"，并建议从以下四个方面予以实施：（1）通过给予教师更多的自主权和责任提高教师的专业地位；（2）在教师的专业实践中运用新的信息和通信技术；（3）通过个人素质和在职培养提高其专业性；（4）保证教师参与教育变革以及与社会各界保持合作关系。教师专业化的关注点开始由外部的努力使教师的专业享有律师、工程师那样的社会地位和工资待遇，转向内部的促进教师在教学中实现专业成长的过程。教师专业化在向内部转化中逐步让位于新的概念——教师专业发展。"教师专业化"一词也并行使用。

二、制定教师专业标准，促进教师发展的思想

20世纪80年代以来，美国、英国、日本和澳大利亚等许多发达国家和发展中国家陆续制定并完善本国教师专业标准，以促进教师专业化，提高中小学教育质量，实现教育公平。制定教师专业标准、促进教师专业化的思想成

为教师教育政策的重要内容。

（一）教师专业标准的提出与实施

在这方面，澳大利亚全国教师专业标准提出了极具影响力的教师专业标准基本原则：标准必须明确高质量的教学和提高学生学业成就之间的关系；标准必须保证使所有人对高质量的教学有比较一致的看法；标准必须反映教学方面的真实情况和延伸的知识；标准必须鼓励教师更上一层楼；标准必须在当前已有的有效的教师专业实践的基础上考虑未来；标准必须反映与教学内容相关的理论知识以及用这些知识来改善学生学习的方法；标准必须注重结果，以确保教学水平、教师获得的评价和专业学习三方面有密切的联系；标准必须反映教师从大学毕业到专业领导阶段的发展过程中专业体验和发展的连续性；标准必须保证在任何发生教学行为的社会和文化情境中，都能够全方位地促进、支持、认可和奖励高质量的教学。[①]

这一编制教师专业标准的原则从协调教师教育和中小学教育出发，强调高质量教学的需求，重视教师发展，激励教师专业的不断成长。

建立教师专业标准是保障教师专业化有效进行的重大政策措施，也是国际教师专业化思潮的重要组成部分。在制定教师教育标准中，明显地看到，几乎所有的教师教育标准都超越了唯能力的片面要求，而呈现出某种人本主义倾向，对教师专业的要求整体化，包括了道德与价值，知识与文化，能力与效果等。这是因为各国在制定教师专业标准时都试图遵循现代教育对合格教师的全面要求。

制定教师专业标准有利于克服工具主义对教师教育的侵蚀，肯定了教学重构知识、改善人类习性的功能，使教学成为一种培养人的创造性劳动，而不停留在记忆水平上。普遍制定教师专业标准为保证教师质量、促进专业发展提供了重要的基础和进一步发展的可能性，是教师专业化政策的重要内容。

（二）卓越教师专业标准的设立

近20多年来，发达国家重视卓越教师专业标准的设立，反映了教师专业发展的新动向——重视卓越教师专业发展的示范与牵引作用。卓越教师专业

---

① 熊建辉. 教师专业标准的国际经验［M］. 北京：北京师范大学出版社，2014：96.

标准无疑是教师专业标准的重要延伸，对教师专业化思潮的健康发展发挥了重要的引领和保障作用。很多国家陆续出台卓越教师专业标准，高度重视卓越教师在教师专业发展过程中的示范、引领、组织、领导的作用。出台这类标准反映了当代主流教师教育思想和教育理论研究的前沿成果，对推动教师专业化、改革中小学教育发挥了不可忽视的作用。

主要发达国家每次卓越教师政策的出台都有其深刻的时代背景、政策指向，即为解决教师专业发展及学校教育实践中的特定问题而出现，并在随后的发展过程中不断修订和完善，对其实施效果开展跟踪反馈，体现出了政策的适切性，以及促进教师追求卓越进而推动教育卓越发展的不懈努力。同时，要指出而后出现的重视制定教师教育者标准的思想是很重要的教师专业化思潮的内容。

（三）教师教育者标准的制定

教师教育者包括高教机构院系教授、督导和指导师范生学习的个人以及参与选择认证课程者，甚至包括根据他们所做的工作、对教师教育做出贡献的广泛的人群。

本研究的教师教育者包括高等教育机构中有目的、有计划地培养、促进教师发展的专业人群，包括学科专业教师、教育专业教师、学科教学论教师等高校教师教育者，还包括中小学校长、有关行政人员和参与教师教育的一线教师。重视制定教师教育者标准的思想把教师专业标准思想推向了纵深，抓住了教师专业发展的源头。制定教师教育者标准的思想源自美国。1992年，美国教师教育者协会在全美教学专业标准委员会（National Board for Professional Teaching Standards，NBPTS）专业教师认证模式研制的启发下，成立全国性的任务小组，研制教师教育者专业标准。不久，任务小组更名为全美教师教育者标准委员会（National PH Commission on Teacher Educators）。1995年，该委员会颁布首个教师教育者专业标准的初步报告——《教师教育者认证》。在教师教育者代表大会上，教师教育者代表投票接受了这个标准，并要求全美教师教育者标准委员会在全国范围内举行公开听证会议以进行拓展。

人们越来越认识到：教师教育者一项主要的社会责任就是培养师范生的

第六章　走向工业革命4.0时期教师专业化取向的国际教师教育思潮（20世纪80年代以来）

权利和独立意识，以便使师范生成为负责任的、有爱心的个体，能够拒绝宿命论关于他们人微言轻、无法做事来改变现状的说教。师范生能获得成果，并帮助他们提高批判能力和社会政治意识和主体感的一个途径就是在他们面前树立一个榜样。换言之，教师教育者的批判与革新精神有助于培养师范生自己的批判与革新精神。教师教育者的语言、行为、教学风格和实践塑造着师范生的今天和未来的专业生活，并影响着他们想成为谁，将要成为什么样的教师。[①] 还有一些早就注意到：教师教育者在这些课程中对师范生的教学合作、对学生的现状和未来将产生重大影响。[②] 教师教育者标准的制定、修订将进一步推动教师专业化国际思潮获得深入发展。

以上叙述了教师专业标准、卓越教师标准和教师教育者标准的问题。人们可以看到，"重要的是标准不会停滞不前，标准都会经过批判性地反复审视"[③]。教师专业标准是一个不断完善的过程。标准的制定无疑是重要的，教师专业标准集中地反映了教师专业化的基本要求，是推动教师专业化实施的重要的政策工具，对监督、评价、管理教师专业化工作具有十分重要的意义。但是最重要的是教师专业标准集中反映了教师专业化的基本思想。

因此，教师专业标准不是代表现实，标准的实现还要看教师的具体情况及其周边环境。这就不能就标准谈标准，要将标准与现实社会条件联系起来考虑。有研究认为，衡量教育工作者的标准，"最重要的是，高质量的评估为教育工作者决定哪些专业学习对他们有价值提供了背景。对于大多数教育工作者来说，关键问题不在于专业学习总体上是否有效，而在于专业学习在他们的情况和背景下是否有效"[④]。这实际上揭示了教师工作、学习、生活的具体环境对于教师专业学习具有不可忽视的重要意义。

---

① IZADINIA M. Teacher educators as role models: a qualitative examination of student teachers' and teacher educators' views towards their roles the qualitative report [J]. The Qualitative Report, 2012(17):1-15.

② CAIRES S. Positive aspects of the teacher training supervision: the student teachers' perspective [J]. European Journal of Psychology of Education, 2007, 22(4):515-528.

③ EXPLORE THE STANDARDS FOR PROFESSIONAL LEARNING. JSD [EB/OL]. www.learningforward.org.2016(17):12.

④ NORDENGREN C, GUSKEY R. Chart a clear course: evaluation is key to building better, more relevant learning [J]. The Learning Professional, 2020(5):46-50.

在教师标准化运动过程中,人们也警觉地注意到标准化可能带来的负面影响。有研究就质疑这些标准和要求是否有利于创造品质,这种新专业精神的形成,或者像一些批评家所说的那样,它们是否抑制了专业自主权并促进了实践模式技术化。[1]

更有学者提出要"超越标准"。超越标准说强调了向阻碍标准运动成功的结构性问题进行挑战。该研究认为分散的教育系统正在毁坏实施教育公平和卓越的追求的基础,就此对美国教育体系进行了尖锐的批评。其谈到了标准失败的原因,是否可以挽救基于标准的改革,以及我们可以做些什么来改善美国一万三千个学区的大规模教学。该研究认为,任何修补都无法解决标准问题。相反,我们需要解决重大的结构性问题,例如权力下放。笔者认为,课程改革是大规模取得有意义进展的高杠杆策略,并强调各州需要在评估和推荐高质量课程材料方面发挥更大的作用。"超越标准"提出了一个新的、渐进的愿景,强调各州在挑战阻碍教育改善的陈旧、隔离的结构方面的核心作用。[2]

以上这些对于教师专业标准制定的主流思想来说是非主流的,但是这些非主流思想应当说是给主流思想留下了必要的反思空间,对于进一步做好教师专业标准的制定与实施,推动教师专业化思潮的发展也是有意义的提示。

三、建立大学与中小学的合作关系的思想与行动

实现教师专业化要求理论与实践的结合,教师职前教育和在职培训的结合,是国际社会的共识。很多国家以不同形式实现这种结合,推动教师专业化的深入发展,其中影响比较大的是英国的伙伴关系学校和美国的教师专业发展学校。英国大学与中小学合作是以"伙伴关系"(partnership)为基本形式的。它最初于1984年由英国的教育职能部门提出,其目的是鼓励大学与中小学校建立联系,共同负责教师的培养。1992年英国教育与就业部明确提出,大学应该与中小学建立有效的伙伴式合作关系,合作共赢,共同培养教师,提高教师教育

---

[1] LINDA M. Developing professionalism within a regulatory framework in England: challenges and possibilities[J].European Early Childhood Education Research Journal,2008(16):255-268.
[2] POLIKOFF M. Beyond standards: the fragmentation of education governance and the promise of curriculum reform[M].Cambridge,MA:Harvard Education Press,2021:10.

质量。大学主要负责提供教师教育的理论教育场所,中小学负责提供教学实习基地,重视学员真实教育教学情景的体验,促进未来教师有效地将教育理论与教育实践相结合。伙伴关系学校在英国获得了较大发展。本研究拟集中阐释美国的教师专业发展学校。

(一)美国教师专业发展学校的建立

在教师教育改革和学校教育改革中,美国的政策制定部门发现:教师专业发展是大学教师教育和中小学学校教育共同改革的内容,也只有双方同时进行改革,才能有较大成效。霍姆斯协会正是在这种教师专业发展教育改革的呼声中,在1986年公布的《国家为培养21世纪的教师作准备》的报告书中提出建立教师发展学校(Professional Development School,PDS)。霍姆斯协会认为:PDS处于教师职前和职后发展的结合点上,它能促进职前教师培养及职后教师培训的一体化。PDS的建立也是以教师专业发展为核心的教师专业化运动之必然。"PDS处于教师专业教育改革和学校改革的交叉点上,专业教育和学校双方都认为PDS伙伴关系把他们的目的结合了起来,是他们改革的有力杠杆。"[1]

这种机构是由大学、中小学、学区、教师组织和其他机构共同建设的。这样的机构要跨接大学文化和中小学文化,这个机构既属于大学又属于中小学,确切来说它应属于大学与中小学的合伙人。许多人相信,由大学与中小学合作建立的PDS正是所需要的一个革新机构。PDS处于大学和中小学发展的交叉点上,为大学与中小学共同合作找到了出发点,为它们同时重新设计各自工作提供了多种方式方法。PDS为大学与中小学的合作提供机会和途径,它的功能之一是"中小学与大学的同时更新,为所有参与者提供平等的发展机会"[2]。

1.专业发展学校区(PDSD)的建立

美国克拉克县学区与佐治亚大学教育学院专业发展学校区的建设就是一个标志。2015年获得了全美教师发展学校联合会的最高奖励——专业发展成就示范奖。该经验对于我国教师发展共同体的建设与治理很有借鉴意义。克

---

[1] The National Commission on Teaching and America's Future. What matters most: teaching for America's future?[R].Goverment Printing Office,1996.

[2] LEVINE M,TRACHTMAN R.Making professional development schools work:politics,practice,and policy[M].New York:Teacher College Press,1997:2.

拉克县学区和佐治亚大学的伙伴关系涵盖了整个学区,建立了专业发展学校区(PDSD)。伙伴双方共同编制专业发展学校区的任务和愿景,并且建立了一种组织结构,就是要确保共同决策,还建立了以各学校不同的参与程度为基础的一些模式。

该区特别设计了一个合作组织结构,在这种结构中计划和决策都由整个机构的不同层面协商编制。教师专业发展学校区组织定期会面共同解决问题。这种合作结构设计是促使专业发展学校区获得持续发展的关键。

2. 未来教师学院(AFT)的建立

美国2009年进入了教师短缺的危机期,2009—2013年间接受教师培养课程的学生锐减31%,损失了近225000名未来的教育工作者。为解决这一问题,2016年有学者建议管理者和学校领导努力缓解这一短缺。办法是通过及早帮助候选人完成认证和资格认证,招聘和提前录用,并提供签约奖金和额外津贴鼓励个人到所在地区和当地学校任教[①]。

为此,美国未来教师学院成立,这是一个面向社区、以对教学有兴趣的高中生为对象的教师专业发展学校项目。这个学校项目是一个复杂的社会空间集合。它包括高中生、师范生、大学和中小学优秀教师、社区人员等。作为一个实践团体,未来教师学院是有目的的,其目的是培养对教学有兴趣的高中生有意义地参与,并形成和支持"教师"身份,在这个共同的社会文化背景下掌握有关教学和教师的叙事。

教师专业化思潮,是人类历史上教师教育思想另一次影响国际社会的思潮,是教师教育思想发展新的历史时期——教师教育思潮时期的里程碑。教师教育家呈现群体态势,教师专业化思潮不断深入,不断裂变,不断博弈,至今已持续40年的时间了。教师专业化思潮在这40年里坚持了实践转向的根本方向,在很多国家出现了自己的教师专业化思潮。不仅如此,国际的或某一国家的教师专业化思潮还裂变为不同的下一层面的思潮,如教师成为研究者思潮、教师教育共同体思潮、扎根取向的思潮、理论—临床取向的思潮,等等。研究国

---

① YAFFE D. Tackling the teacher shortage [EB/OL]. The Educational Digest, https://districtadministration.com/tackling-theteacher-shortage.

际教师专业化思潮自然地成为教师教育思想研究的主要对象。不同取向的教师专业化思潮具有不同哲学背景、理论框架,甚至实践方式。摆在21世纪教师教育面前的重大课题就是深入教师专业化思潮的哲学背景、理论框架、实践方式,对国际教师教育思想的复杂性做研究。

教师专业化思潮不断深入发展,它已经触及教师教育深层的东西,这包括关注教师教育者、关注卓越教师的引领作用、关注教师教育理论建构、关注教师教育的范式,等等。这些关注给教师教育带来了十分广阔而深邃的思维图景。在国际范围内,教师教育思潮的这种动向,激发着新的理论探索、实践突破和政策响应。

由于关注点的重要变化带来的新思维涉及教师教育机构的资质、教师教育的理论建构、教师教育者的教育理论与教育艺术的素养、职前教师和在职教师专业发展的最近发展区与支架等新概念、职前教师教育新范式等,研究者从不同理论视角提出了不同的研究结论,推动了教师专业化思潮的进一步发展。

第三节
教育家的教师专业化思想

教育家是对教师专业发展取向的国际教师教育思潮的最初推动者。而后他们中的一些人又直接参与了各种不同形式的教师教育国家政策的编制,对教师专业化成为国际教师教育主流思想做出了重大贡献。同时,他们持续的、卓有成效的理论研究对促进教师专业化在教育教学过程中深化是一种有力的推动力。

一、概　述

20世纪80年代以来,以国际著名教育家为代表的教师教育学者群出现了。舒尔曼(Lee S.Shulman)提出了学科教学内容知识理论(Pedagogical Content Knowledge,PCK)。库伯(James M.Cooper)提出了经验学习理论,探讨了经验学习的定义、特征和模式。富兰(Michael Fullan)对教育变革中的教师发展进行了系统的阐述。利特尔(Angela Little)关注教师教育的重构。哈格里夫斯(Andy Hargreaves)进行了教师文化分类与归属感的研究。教育研究者古德森(Ivor F. Goodson)认为教师个人生活史就是关于教师个体教育与生活的历史,但它不是孤立的个人记忆,而是在一定的社会和文化情境里。他对教师在其生活与教育中的经历等都进行了不同角度的研究,揭示了教师教育面临的问题,促进了教师教育改革的深入发展。日本学者佐藤学指出,世纪的教师不但要是"教的专家",而且必须成为"学的专家",提出了教师间的"同僚性",即互相学习、共同成长的理想关系。他特别重视课例研究的意义,认为教师在课例研究方面可以构建同僚性,也就是构建"学习共同体"。当然,还有很多其他的教育研究者都做出过相应的贡献。

他们的思想有力地推动了教师专业化政策的深入与发展,奏响了一支支学者与政策制定者的教师教育思想交响曲。20世纪80年代末到90年代,受到著名教育家斯滕豪斯"教师作为研究者"思想和著名学者舍恩关于反思性实践者论述的影响,国际社会形成了反思与研究取向的教师专业化范式。该范式对教师教育实践产生了很大影响。这种范式倡导反思与研究,倡导把教师作为研究者和反思型实践者结合起来的范式还是很引人注目的。这种范式特别重视质量问题,因为它是教师教育的核心问题。在行动研究项目中,这种方法用来改进教师的专业能力并开发课程。

二、舒尔曼的学科教学内容知识

著名教育家舒尔曼在教师专业知识和教学法领域的研究在世界范围内产生了深远的影响。他以个人身份或作为研究者共同体一员参与制定了很多美国教师教育的重要政策,积极推动了教师专业化政策的出台。特别是在教师专业化难以落到实践层面、难以在学校课堂教学上实现教师发展和学生发展的良性互动、难以提高教学质量的重要时刻,舒尔曼提出了学科教学内容知识,有力地改变了这种情况,沟通了学科知识和教学知识,给学科教师提供了可操作的方向,改变了理论与实践脱节的痼疾,有力地推动了教师专业化运动深入发展。

在美国教师专业化政策实施过程中,舒尔曼强调教师的理解、推理、转化和反省。他认为教师必须知道如何把他所掌握的知识转换为学生能理解的表征形式,这样才能使教学取得成功。舒尔曼关于教师知识的研究成果对教师教育研究与实践对教师专业化何以能落实的问题给予了关键性回答,具有开创性意义。

舒尔曼认为教师必备的知识应包括学科内容知识,一般教学法知识,课程知识,学科教学法知识,有关学生及其特性的知识,有关教育的知识,有关教育的目标、价值、哲学与历史渊源的知识这七种知识,其中学科教学法知识尤为重要。[①] 舒尔曼构建的教师知识分类框架影响很大,美国以及其他一些国家的教师教育改革都把它作为教师教育课程体系建设的理论依据。"现代教师教育研究普遍认为,教师的专业知识不是线性成长的,它是广泛的,具有整合性、多功能、多元化的特点,其中有四种知识被视为教师知识的基石和研究的焦点,即学科知识、一般教学知识、学科教学知识、情境知识,这是当前教师培养与培训领域的一个共识。这几个方面的知识应该是相互结合和交融的,共同构成教师的知识结构。"[②]舒尔曼将其建构的学科教学知识定义为"一种学科知识与教学法知识的特殊合金或混合物"——学科教学知识(Pedagogical Content Knowledge)。舒尔曼作为学科教学知识的建构者,在教师专业化取向的教师教育主流思想发展实践中给予新的教育思想力量的支持,进一步沟通了理论与实践,以中层理论促进了教师专业化的深入发展,为当代教师教育和中小学教育做出了理论上的巨大贡献。

教师的知识是课程建设和教师进行教学的重要依据,合理的知识结构是合理的课程设置和促进儿童发展的教学实践的必要条件。舒尔曼提出的学科教学内容知识第一次在基础教育领域指明了教师专业发展的实现途径,而这种知识在教师教育理论构想与基础教育教师的学科教学之间搭建了桥梁,成为一种具有显著实践意义的中层理论。

三、舒尔曼的学科教学内容知识的影响

雷诺兹、格拉斯曼、波德、拉塞尔、肯特等著名国际教师教育学者都高度肯

[①] 教育部师范教育司.教师专业化的理论与实践[M].北京:人民教育出版社,2001:55.
[②] 舒尔曼.理论、实践与教育的专业化[J].王幼真,刘捷,译.比较教育研究,1993(3):36-40.

定了舒尔曼的教师知识观,特别是他的学科教学内容知识的思想,他们的研究大多都参照了舒尔曼的研究成果。

舒尔曼的学科教学内容知识没有结束对教师专业发展的探究,而是开辟了教师专业发展和教育发展的广大的深层空间。教学内容知识推动了教师专业发展在不同教学领域改革的连锁效应。学科教学内容知识理论一经出现便迅速地与不同年级、不同课程的教学结合起来。这些课程不仅有中小学的常规课程,还有新出现的课程。近年来,STEM(科学—技术—工程—数学)教育受到了广泛关注,这是因为 STEM 促进了学生对这些领域的兴趣和学习,还鼓励了儿童和年轻人将来从事这些领域的职业。因此,科学—技术—工程—数学课程的教学内容知识(PCK)受到研究者的重视。有关研究探讨了 STEM 计划在培养职前初级教师关于声音的内容知识(CK)和教学内容知识(PCK)方面的影响。一项定性和解释性研究分析了 STEM 课程对在葡萄牙高等教育机构攻读硕士学位课程的 18 名职前小学教师的 CK 和 PCK 的影响。这些数据是从他们的教学计划、实地记录、焦点小组访谈以及参与者在整个 STEM 活动的任务中收集的。研究结果揭示了参与者的 PCK 存在一些对科学的误解等问题。尽管如此,STEM 对职前教师的 CK 和 PCK 产生了明显的积极影响,特别是在概念框架中提出的 STEM 整合基础原则方面有良好作用。①

同时,对学科教学内容知识概念本身也在做深入探讨。鉴于很少有人明确探讨教师的内容知识(CK),国外科学教育研究者通过调整内容、调整 CK 和 PCK 衡量标准来研究它们的关系。他们的研究结果证明教师的内容知识(CK)是教学内容知识(PCK)的先决条件,他们还将讨论其理论、方法和实践意义。②再有,根据教学环境的变化,如新冠病毒疫情导致的线上教学,该研究是南非约翰内斯堡一所高等教育机构基于对工作性综合学习(WIL)的研究。这种研究在新型冠状病毒疫情期间探讨如何使用不同的在线工具增强和改进历史方法,他们针对职前教师在线学习充实了干预计划,促进了职前教师的教学知识和教

---

① MARISA C, MóNICA B. Supporting the development of pre-service primary teachers PCK and CK through a STEM program [J]. Education Sciences, 2022(12):20.
② SOFIA A A, CHARALAMBOUS C Y. Is content knowledge pre-requisite of pedagogical content knowledge? An empirical investigation [J]. Journal of Mathematics Teacher Education, 2021, 24(5):15.

第六章　走向工业革命4.0时期教师专业化取向的国际教师教育思潮（20世纪80年代以来）

学内容知识(PCK)的学习,改善并增强了工作性综合学习(WIL)的教学实践。[①]

第四节

教育学术共同体的教师专业化思想：以文化历史学派研究为例[②]

文化历史学派是从20世纪中期在苏联开始逐渐形成并扩展到国际社会的重要心理学派别,其代表人物是世界著名心理学家维果茨基。维果茨基具有文化历史发展观的心理学理论在20世纪30年代曾遭受斯大林主义的粗暴压制与批判,而后其两位同事列昂节夫(A.N.Leontev)和鲁利亚(A.R.Luria)发展并进一步完善了文化历史理论或称文化历史活动理论,形成文化历史学派,也称为"维列鲁学派"。20世纪60年代以来,维果茨基的著作得以在苏联重新出版,使这个学派的影响不断扩大。

1979年,布鲁纳主持将维果茨基的著作翻译成英语,将维果茨基的文化历史活动理论介绍到美国。20世纪80年代以后,维果茨基及其后继者的文化历史发展心理学理论在国际社会受到更广泛的关注。

笔者运用以维果茨基为代表的文化历史学派理论,分析研究当代教师教育的国际学者共同体(本文简称"教师教育的文化历史学派")。他们在20世纪90年代以后对国际社会的教师教育产生持续影响。当代教师教育的一个重要现象就是文化历史学派及其拥护者的教师教育观点已经进入国际社会的主流思想,形成了不可小觑的思潮。其代表人物是美国佐治亚大学教授司马格任斯基(P.Smagorinsky),他参与主编了颇具影响的著作《教师教育与发展的文化历史观》(*Cultural-historical Perspectives on Teacher Education and Development*),该书集合了一批北美、欧洲、亚洲一些国家的教师教育学者,呈现出当代文化历史学派教师教育国际学者共同体的雏形。

[①] MABALANE V T.Work integrated learning online enrichment intervention programme for student teachers[J].International Journal of Higher Education,2022,11(1):59.

[②] 第四节"教育学术共同体的教师专业化思想：以文化历史学派研究为例"是首都师范大学副教授王天晓博士撰写的。

本节将阐释国际教师教育领域的文化历史学派对已有教师教育范式的反思作为起点，论述对以往三种不同教师教育范式的批判性反思，其所持理论基础是什么，以及由此所掀起的文化历史论教师教育思潮都有哪些主要观点。

一、维果茨基文化历史学说简述

文化历史学派是从 20 世纪中期在苏联开始逐渐形成并扩展到国际社会的重要心理学派别，其代表人物是世界著名心理学家维果茨基。这是从 20 世纪中期在苏联开始逐渐形成并扩展到国际社会的重要心理学派别。

维果茨基是苏联著名的心理学家，与皮亚杰同为 20 世纪世界心理学代表人物。但不同于皮亚杰认知发展的观点，维果茨基的理论强调文化、社会对儿童认知发展的影响。维果茨基创立了文化历史活动理论，并由其追随者列昂节夫和鲁利亚进一步发展，形成了社会文化历史学派，又称"维列鲁学派"，其主要研究的就是人的高级心理机能的社会历史发生问题。

维果茨基依据历史唯物主义和辩证法，并受黑格尔哲学的影响，创立了文化历史活动理论，其核心思想就是以"文化"和"历史"作为影响人类心理的最重要的和关键性的因素。维果茨基多次强调，文化和历史因素是心理学中最重要的变量，其思想体系是当今建构主义发展的重要基石，对建构主义的教学观和学习观也都产生了深远的影响。

20 世纪 80 年代以后，维果茨基及其后继者的社会文化历史活动理论在国际社会受到更广泛的关注。近三十年，国际社会经历了维果茨基理论在教师教育领域重新发现和拓展的历史进程。很多国家的教师教育研究者都在尝试用社会文化历史活动理论构建教师教育理论的基础。他们的研究与实践在 20 世纪 90 年代以后对国际社会的教师教育产生持续影响。一批北美、欧洲、亚洲、澳洲等国家的教育学者追随社会文化历史活动理论，试图创造维果茨基式的教师教育理论与范式，呈现出一种当代社会文化历史学派教师教育国际学者共同体的雏形。

二、对教师教育理论建构的研究

国外学者关于教师教育理论建构的讨论是从教师教育一直以来面临的一

个重要问题,即教师教育缺乏理论建构的问题展开的。

教师教育缺乏理论建构的问题早在20世纪八九十年代就见诸文献了。1983年加德纳(W. Gardner)等主编的《教师教育》中,由斯普兰特豪(N. A. Sprinthall)等人撰写的《教师教育需要理论框架:认知发展的透视》就曾指出:心理学最关键的缺失就是没有成人理论。[①] 与此相连,心理学对教师思维的研究非常缺乏。迄今为止,教师教育的理论建设方面还是一个空白。

这一阶段已经形成由儿童中心向学习者中心的教学实践的历史性转变,这里的学习者中心不仅有儿童,还有教师和其他参与者。[②] 在这种情况下,维果茨基心理发展理论作为一种学习理论对任何年龄的发展都是重要的,其适用于成人学习和成人学习者,尤其适用于职前和在职教师。

本研究首先从社会文化历史学说整体上介绍了国际社会很多学者对教师教育理论建构适切性的讨论,然后聚焦于关于文化历史理论对提高教师教育者理论素养意义的研究,最后对维果茨基经典学说核心观点对于教师教育理论建构的意义分别做了阐释。这里讲的社会文化历史理论是指由维果茨基创立的,经该学派第二代代表人物列昂捷夫、鲁利亚发展的学说。

(一)促进师范生和在职教师的高级心理活动的发展

维果茨基学说对当代教师教育的适切性的原因表现在许多方面,首先从总体上看,主要原因是它能促进师范生和在职教师的高级心理活动的发展过程,造就卓越教师。

1. 师范生较高的认知水平和情感水平的契合:教师教育者的重要任务

就教师教育目标来说,不论是师范生还是在职教师,教师教育的一个普遍的目标就是超越对课堂上合格新手的满足,提高未来教师和在职教师的专业品质,成为卓越教师。这就要求教师能够具备较高的认知水平和情感水平。维果茨基关于心智发展的思想涵盖的不仅是认知水平,还有情感水平的发展。

---

① MANNING B H, PAYNE B D. A Vygotskian-based theory of teacher cognition: toward the acquisition of mental reflection and self-regulation [J]. Teaching and Tearcher Education, 1993, 9 (4): 361.

② SHAH R K. Concepts of learner-centred teaching [J]. International Journal of Education, 2020, 8 (3): 45-60.

他从来不把认知和情感分割开来，而是把两者视为一个整体。

研究者波拉·格罗姆贝克（Paula Golombek）等以维果茨基学说为理论基础，探讨了教学中的情感问题。研究从间接性关系的角度认为情感和认知是一个整体，情感是当下在场并且是每一个人行动的基本构成之一。"情感总是有关联性的，它隐含着内涵与意谓。因此它是每一个个体精神生活的基础性构成。教学关系的情感特点不是仅由一种功能决定的（积极情感），而是在于其复杂性和多义性。"① 正如教师心理的自我强度或称自控力是重要的一样，教师的情感水平也是重要的。维果茨基坚持辩证唯物主义和辩证法，反对行为主义的"没有心理的心理学"，"没有头脑的心理学"，反对心理学脱离人的社会性和社会实践倾向，在对人的高级心理机能进行深入研究中提出了社会历史文化活动理论。该理论认识到具有文化历史性的人造物在主体与环境关系中具有中心地位。维果茨基把具有文化历史性的人造物作为中介因素、心理工具，开阔了心理过程的视界，促进了认识论新的发展。

维果茨基认为一切低级的心理机能从其结构而言都是直接的，如同著名行为主义心理学家华生所提出的"刺激—反应的学习理论"，但是高级心理机能在结构上则多了一个中介环节，因而使它们具有间接性。维果茨基认为，高级心理机能具有一系列根本不同于低级心理机能的共同特征：（1）它们是自主的，主动的，是由主体按照预定的目的而自觉引起的；（2）就它们的反映水平而言是概括的，抽象的，也就是各种机能由于有思维的参加而高级化了；（3）就其实现过程的结构而言是间接的，是以符号或词为中介的；（4）就其起源而言是社会文化历史发展的产物，是受社会规律所制约的；（5）从个体发展来看，它们是在人际交往过程中产生与不断发展起来的。②

2. 遵循历史原则，促进师范生高级心理机能发展

维果茨基在其代表作《高级心理机能发展史》中曾经提过："任何一种高

---

① GOLOMBEK P, KLAGER P. Tracing teacher emerging conceptions in the moment through "tiny self talks" [J]. European Journal of Applied Linguistics and TEFL, 2019, 8（2）：40.

② MANNING B H, PAYNE B D. A Vygotskian-based theory of teacher cognition: toward the acquisition of mental reflection and self-regulation [J]. Teaching and Teacher Education, 1993, 9（4）：363.

第六章　走向工业革命4.0时期教师专业化取向的国际教师教育思潮（20世纪80年代以来）

级心理机能在儿童的发展中都是两次登台的，第一次是作为集体的活动、社会的活动，亦即作为心理间的机能而登台的；第二次才是作为个人的活动，作为儿童思维的内部方式、内部心理机能而登台。"为此，维果茨基创立了具有历史意义的高级心理机能发展的社会文化历史理论。

为了理解人类心理的发展，唯心主义哲学家狄尔泰曾试图把历史主义的原则引入心理学。然而，他是站在唯心主义立场上把心理解释为纯精神的属性。同样，他所谈的历史，也仅限于人的精神活动。他的追随者斯普兰格尔进一步发展了狄尔泰所创立的观点。他认为，社会仅仅是各种精神文化的总和，因而把历史的发展全部归结为精神文化的发展，把文化的发展又看成由于意识机能的不断完善造成的，是受自身具有的内部力量支配的。因此，个体心理机能发展由社会所决定的这一事实则被扭曲为意识的相互作用，被归结为社会意识对个体意识的影响，从而完全忽视了物质生产在其中的作用。虽然唯心主义历史观多次谈到过历史，但是，他们对心理机能发展的历史观是反历史的，是唯心主义的历史观。与上述的这种反历史主义的唯心主义文化历史观相比，维果茨基所创立的高级心理机能发展的社会文化历史理论是截然不同的。他关于高级心理机能的社会文化历史观是将马克思主义的历史方法运用于心理学的一种尝试，用辩证唯物主义的观点解释历史，并把人的心理发展放在历史的环境中考察，是真正的唯物主义的文化历史观。

由于上述几点可以清楚地看到，维果茨基提出了与一切唯心主义和形而上学观点相反的观点，这种观点对于心理学极为重要，是理解心理过程的历史原则。维果茨基批判了对人的心理发展的生物学化观点：只把高级心理机能看成生物发展的结果，单纯地从生理的角度去寻找高级心理机能产生与发展的原因。同时，他也批判了西方心理学家的唯心主义的文化历史观：把文化的发展看成由于意识机能的不断完善所造成的。与上述所谓的历史主义不同，维果茨基的历史主义是将马克思主义的历史方法运用于心理学的一种尝试。他写道："其实，历史的研究只是意味着将发展的范畴应用于现象的研究。不论研究历史上的什么，都意味着在运动中研究，这也是辩证方法的基本要求。"① 因此，维果茨基认为，人的高级心理机能是在低级心理机能基础上产生和发展起来的，高级心理机能是历史的形成物。"行为只有作为行为的历史才有可能被理解。"可见，历史的原则就是要求从历史的观点，而不是从抽象的观点，要求在社会环境之中，而不是在社会环境之外去研究意识和心理的发展。据此，维果茨基看到了研究高级心理机能历史的三种可能途径：种系发生的、个体发生的和病理学的途径（跟踪研究高级心理机能解体的病理过程）。以上就是维果茨基所创立的心理发展全部观点的主要的、基本的和作为出发点的理论。

正如著名心理学家斯米尔诺夫所指出的："正是因历史原则构成了他的全部理论的核心，作为苏联心理学家，维果茨基的主要功绩和他在苏联心理学发展中所做出的巨大贡献，也就在于此。"②

20世纪初期，整个心理学经历了深刻的危机。维果茨基特别敏锐地感觉到，作为科学心理学存在的可能首先与其方法论问题的解决有关。在考察心理学危机的原因时，他发现同时代的所有发展心理学理论的方法（他称为"企图"是将动物心理发展和儿童心理发展并为同一系列的"自然主义"和"遗传决定论"的方法）都是错误的，他以自己的文化历史发展理论来对抗这种方法。"至今还有许多人倾向于在虚幻的世界中提出历史心理学研究的思想。他们把历史和过去混为一谈，对他们来说，研究历史上的某件事就意味着必定研究某一过去的事实。这种幼稚的看法只看到了研究历史形态和研究现实形态之间难以逾越的界限。其实历史的研究不过是将发展的范畴应用于现象的研究，无论研究历史上的什么都意味着在运动中研究。这也就是辩证方法的基本要求。"③ 据此，维果茨基提出人格发展过程要经过从社会到个体的途径：高级心理机能最初是以集体行为的方式，同他人合作的形式产生的，只是以后它们才变为个体的机能。

维果茨基认为，高级心理过程的发展不是在一个圆圈上进行，而是呈螺旋式上升的状态运行，经过变革每通过相同的一个点都会上升到更高的层次。

---

① 维果茨基. 维果茨基文选六卷集 [M]. 俄文版. 莫斯科：教育出版社，1982：145.
② 斯米尔诺夫. 苏联心理科学的发展与现状 [M]. 北京：人民教育出版社，1984：312.
③ 维果茨基. 维果茨基文选六卷集 [M]. 俄文版. 莫斯科：教育出版社，1982：145.

这就意味着发展不仅是简单的数量增加，还是个体通过与现在学习事件的互动将以往独特的经验和从前的知识完成质的转换。这里说的互动对每个人都是不同的，这就可以解释为什么师范生对相同的学习经验的解释却是千差万别的。螺旋上升式知识的建构是建立在每个个体所能记住的历史上，所以对于每一位教师专业的独特的成长与发展，社会文化历史思想都是十分适用的。这就是维果茨基对人的心理发展的社会历史解释。换言之，师范生个体生命的历史是预测他或她的如何理解教师培养课程的参考系。而这一高级心理活动特点却不在传统的教师教育者的视野之内。

1979 年，美国著名心理学家、教育家布鲁纳主持将维果茨基的著作翻译成英语，将维果茨基的文化历史活动理论介绍到美国，作为认知心理学先驱的布鲁纳由于深受维果茨基理论影响转而从事文化心理学研究。布鲁纳可以被称为国际社会，特别是西方推动"维果茨基热"的第一人。20 世纪 80 年代以后，维果茨基及其后继者的文化历史发展心理学理论在国际社会受到更广泛的关注，在欧洲、北美洲、亚洲、非洲一些国家都有相当广泛的影响。笔者将以维果茨基为代表的文化历史学派理论作为基础，分析研究当代教师教育的国际学者共同体，简称"文化历史学派"或"文化历史论者"。他们在 20 世纪 90 年代以后对国际社会的教师教育产生持续影响。当代教师教育的一个重要现象就是文化历史学派及其拥护者的教师教育观点已经进入国际社会的主流思想，形成了不可小觑的思潮。其代表人物是美国佐治亚大学教授司马格任斯基，他参与主编了颇具影响力的著作《教师教育与发展的文化历史观》，该书集合了北美洲、欧洲、亚洲一些国家的教师教育学者，呈现出当代文化历史学派教师教育国际学者共同体的雏形。

三、文化历史论教师教育思潮的缘起：对已有教师教育范式的反思

在过去几十年国际社会的基础教育实践中，教师都受到了高度的关注。教师教育改革在一系列非常清晰的理论范式下进行了多次尝试。这些尝试的假设是：通过对目的和意义的清晰阐释，可以提高教师教育的有效性。

在 20 世纪 60 年代后期和整个 70 年代，教师教育的能力本位范式出现；而后则出现了重点关注教学和教师教育个人取向的范式；在 20 世纪 80 年代

后期和 90 年代，以反思和探究为基础的范式又对教师教育实践产生了巨大的影响。

从维列鲁学派理论出发，文化历史论者对教师教育的反理论倾向和缺乏清晰明确的认识论的情况深感焦虑，他们对教师教育的三种范式进行了深刻的反思，并在此基础上建构了文化历史论教师教育范式的理论基础，提出了新的教师教育观及操作性概念。[①]

（一）对能力本位教师教育范式的反思

能力本位教师教育范式具有非常明确的目标和评价标准，将教育教学能力的培养置于教师教育的中心位置，强调教师教育要能为提高教学的日常实践的效率提供有效帮助。其特点在于：注重教学实践和"操作"技能的培养；强调能力分类或分层次；主张教学及评估与学习者的能力相联系。

文化历史论者认为，这种范式的优点在于其设计的评价标准，但其对教学工具性的关注可能会使教学的基本目标与价值同教学的工具性相脱离，限制教师的创造性。这个范式几乎没有留下任何能够让教师根据自己的个人偏好、需要和环境条件而对教学进行调整的空间。因此，文化历史论者批判这个范式把教师的作用降低为"技工"或"执行者"。

（二）对个人本位教师教育范式的反思

文化历史论者认为，在某种程度上，教学中的个人本位与能力本位正相反。个人本位范式充分地强调了教师自身是其首要工具，而教学需要教师在职务和其个人之间寻找一个契合点。这种对个人过分强调的倾向可能会导致对教学的公共性、规范性和团体性的忽视。另外，对教师独特个性、个人意义和价值的强调可能会忽视与他人之间的互动和社会文化环境因素对教学的影响。在没有认识到个人创造力、自我发展和自我实现是需要来自外界的激励和支持的情况下对其片面强调，反而可能会弄巧成拙。文化历史论者指出，个人本位教师教育范式有价值的观点在于：（1）强调实习生带进教师教育课程中的前概念，也就是作为学习者本人早期的经历。这种前概念可能在某种

---

① HUIZEN P, et al. A Vygotskian perspective on teacher education [J]. Journal of Curriculum Studies, 2005 (3): 37.

程度上操作起来更有力，因为它们的存在并没有被意识到。（2）建构主义精神，它提出任何教师教育课程展现给实习生的理论都只有在能够成为他们将来工作中的一部分，并能够运用到教学实践当中去的情况下，才是有价值的。这种对教师职业和个人生活之间联系的认识引起了人们对教师自传的兴趣。

（三）对注重反思和探究的教师教育范式的反思

斯滕豪斯、舍恩和潘特（P. Ponte）等人提倡反思和探究的教师教育范式在当代产生了普遍影响。文化历史论者指出，这个模式有价值的地方在于它强调专业发展系统的建立不是一劳永逸的，其中的内容源于实践，应该根据评估的标准不断质疑经验，从而持续对其进行重新评估、确认和修订。

这个范式的问题在于：它提出了一个可能会被运用到很多不同的教学方面的正规的操作程序，但是其自身并没有任何有关在具体教学中如何进行反思和探究的实质性观点。而且，对反思和探究的过分强调可能会否认教学在一定程度上依赖于而且可能也受益于公认的定义和标准，以及已经建立起来的知识和能力系统。但这个范式对教师作为研究者和反思实践者的结合的支持还是吸引了很多关注，因为反思与探究被认为是专业教师的核心品质。在行动研究的项目中，这一方法被用来改进教师的专业职责和课程开发。然而，我们可以从其众多的理论框架中看出，这些研究和它们所提供的范围及反思标准分别有各自的重点，使人莫衷一是，很难把握。[1]

从维列鲁学派理论出发，文化历史论者辩证地指出，教师教育这三个范式每一个都有一些有价值的观点，而这样的观点又往往同时带有片面性或夸大的危险。所以，他们认为这些范式的影响是有限的，并指出文化历史活动理论对于共同面对与重建职前教师教育的师范生的学习与教学实习、对创建人的社会活动实践体系是非常有价值的。[2]

为此，文化历史论者试图以文化历史活动理论辩证地整合以上三种教师教育范式，发现和发展公共价值和个人意义之间的相互作用，创建新的教师

---

[1] HUIZEN P, et al. A Vygotskian perspective on teacher education [J]. Journal of Curriculum Studies, 2005（3）：37.

[2] ELLIS V, EDWARDS A, SMAGORINSKY P. Cultural-historical perspectives on teacher education and development [M]. London：Routledge，2010：213.

教育范式。

四、维果茨基心理学理论：文化历史论教师教育思潮的理论基础

国际社会不少学者批评教师教育课程，特别是职前教师教育和在职教师教育课程的制定和实施都缺乏坚实的理论基础。他们建议可以使用成人学习理念做教师教育的理论框架，把教师、师范生视为学习者，以使学习理论得以进入教师教育视野。维果茨基的语言自我调节理论就是这样的理论。① 语言自我调节理论和心理发展理论是文化历史论教师教育两个重要的理论基础。

（一）核心理念：维果茨基语言自我调节理论

维果茨基将语言作为包含文化并决定意识和个性的符号标志系统。他指出："儿童不是通过眼睛，而是通过他的言语来感知世界的。"② 如果承认语言是固有的社会现象，那就意味着语言只有在人与人之间的层面上才发挥作用。因为，"思维发展的真正方向不是从个体到社会，而是从社会到个体"③。

语言对话交际是知识结构的连接中心，是人类认知成长不可或缺的工具。它首先在个体之间发展，然后在个体内部将知识吸收和内化。维果茨基认为，人的高级心理机能源于社会活动中的人际交往，而高级心理机能的发展和自我建构只能通过个体心理间和个体心理内的对话活动得以具体化。因此，从根源于符号中介的人际相互作用而言，人类高级心理机能是对话的。④

（二）重要支撑：文化历史视野下维果茨基的心理发展观

维果茨基认为，由于工具的使用，人不再像动物那样以身体的直接方式来适应自然，而是通过人和自然之间的中介——工具来适应自然，也即物质生产的间接方式。

工具的生产过程凝结着人的间接经验，即社会文化知识经验，这就使人

---

① MANNING B H, PAYNE B D. A Vygotskian-based theory of teacher cognition: toward the acquistion of mental refection and self-Regulation [J]. Teaching and Teacher Education, 1993, 9 (4): 361-371.

② VYGOTSKY L S. Thought and language [M]. Cambridge, MA: MIT Press, 1986: 16.

③ VYGOTSKY L S. Thought and language [M]. Cambridge, MA: MIT Press, 1986: 16.

④ FERNYHOUGH C. The dialogic mind: a dialogic approach to the higher mental functions [J]. New Ideas in Psychology, 1996, 14 (1): 47-62.

类的心理发展规律不再受生物进化规律所制约，而受社会历史发展的规律所制约。由此，他创立了"文化历史发展理论"用以解释人类心理在本质上不同于动物的高级心理机能。

维果茨基强调，人的心理机能由低级向高级发展起源于社会文化历史的发展，是受社会规律所制约的；从个体发展来看，儿童在与成人交往过程中通过掌握高级心理机能的工具——语言、符号这一中介环节，使其在低级的心理机能的基础上形成了各种新的心理机能。高级的心理机能是不断内化的结果。

由此可见，维果茨基的心理发展观，是与他的文化历史发展观紧密联系在一起的。他强调，心理发展的高级机能是在人类物质生产过程中产生的人与人之间的关系，是社会文化—历史发展的产物。他强调心理发展过程是一个质变的过程，并为这个变化过程确定了一系列的指标。

五、文化历史论教师教育思潮的主要观点

（一）关于建立教师最近发展区的观点

文化历史论的教师教育观是建构新的教师教育范式的思想基础，而教师教育是一种社会实践，一种复杂的社会实践。观念是重要的，但是更需要的是有一个贯穿在观念和实践之间的桥梁。这对于范式的构建与可操作性的实现具有非常重要的意义。文化历史论者提出建立教师最近发展区的观点，就是旨在假设这样一座桥梁。

1. 最近发展区的提出

维果茨基指出，个体在发展中需要一个环境来呈现和模拟一个成就的理想标准，并为成功地接近这个标准提供支持条件，这就是最近发展区。维果茨基把最近发展区定义为：由个人单独解决问题能力决定的实际发展水平和在成年人指导下或与更有能力的同辈合作下所能解决的问题决定的可能发展水平之间的距离。

2. 教师最近发展区

近年来，文化历史论者将最近发展区的概念应用于教师教育。沃夫特（M. K. Warford）把教师最近发展区描述为"师范生在没有帮助的前提下所

能达到的水平和接受来自其他有能力的人的有计划的帮助后所能达到的可能水平之间的距离（例如方法指导者或导师）"①。

最近发展区内的生长机制是与更多有经验的社会成员真正的言语互动。在教师教育语境下，这种机制就是与更有经验的人，如指导教师、大学视导、教师教育者或教师教育课程成绩优异的同辈伙伴实现对话互动。

文化历史论者还将维果茨基的支架理论用于教师最近发展区。教师教育的支架就是教师教育课程本身，而建筑物就是处在教师培养中的师范生。② 教师教育的过程就是支架不断拆建，直至完全拆下后建筑物完工、师范生成为合格教师为止。

3. 教师最近发展区的四个阶段

教师最近发展区有四个阶段，分别是从自我帮助发展到教师帮助（阶段一和阶段二），再从内化发展到循环，即不断重复应用他们所学概念（阶段三和阶段四）。③

（1）教师最近发展区的最初阶段：自我帮助和教师帮助（阶段一和阶段二）。由于在教师教育课程中，师范生自身已有的经验对其学习具有一定的影响，因此，教师最近发展区把原最近发展区的前两个阶段进行了对调，即改为先是自我帮助，然后是教师帮助，通过这种方式让师范生对自己此前的经验和假设进行反思（自我帮助）。

沃夫特认为从教师发展的观点来看，自我帮助和教师帮助之间的区别在于强调重点的不同。显然，指导教师会提供一定程度的辅助，即使在自我帮助阶段也是一样，但强调的重点是促进对自我经验和关于教与学的缄默信念的反思；示范（modeling）和直接教学（direct teaching）这些方法在这里并不适用。

---

① WARFORD M K. The zone of proximal teacher development [J]. Teaching and Teacher Education, 2011, 27 (2): 252-258.
② MANNING B H, PAYNE B D. A Vygotskian-based theory of teacher cognition: toward the aquisition of mental refection and self-regulation [J]. Teaching and Teacher Education, 1993, 9 (4): 361-371.
③ WARFORD M K. The zone of proximal teacher development [J]. Teaching and Teacher Education, 2011, 27 (2): 252-258.

第六章　走向工业革命 4.0 时期教师专业化取向的国际教师教育思潮（20 世纪 80 年代以来）

（2）教师最近发展区的高级阶段：内化和循环。高级阶段是知识内化和不断重复应用其所学过的教育学概念的过程（阶段三和阶段四）。随着内化的增多，我们越来越强调师范生运用教育学知识和技巧解决具体问题的能力。

内化阶段一般都会采用录制微型教学示范作为作业。为了促进知识内化和把学生的学习经验更好地整合进一个更大的个人发展体系中，写作作为能够把个人、专业和理论叙事编织在一起的工具，其重要性逐渐增加。对师范生的评估不应该依赖于指导教师对师范生片段教学情况的评价，而应该聚焦于师范生对其教学的反思和实际需要反思内容之间的距离。

教师最近发展区的"循环"阶段（阶段四）为"理论照进实践"的阶段，在这个阶段师范生面对理论与实践的分野。就在课程中所学到的创新工具和技术来说，这意味着放弃那些相比较来说是更让人熟知和更自然的传统做法。维果茨基学派认为矛盾是发展变化的催化剂，因此，在学术和实践中存在的教育学价值的差异会进一步促进教育的发展。瑞曼（R. J. Reiman）认为在这一阶段的反思促进了理论和实践的平衡，对实践和理论的融合必然会在一开始引起不适、压力、矛盾、忧伤和失落。兰珀特·舍佩尔（E. Lempert-Shepell）认为："人们不仅期望教师成为一个文化的中介，而且期望他们成为教师研究者，所以，师范生应该在他们的专业准备中经历研究性学习。"① 理想的情况是，在教师入职之初就强调这种研究性学习，并且可以通过开展研究生类课程来持续支持初任教师对教学的反思和研究。教师可以通过写日记、自我支持、与同事合作、指导行动研究、分析教学实践和与学习者进行讨论来改进他们的教师最近发展区。教师最近发展区的起点在于教师的自我支持，并走向他人调节（other-regulation）。对支架比喻和教师最近发展区理论的深层次了解会促进教师对其创造性地、合理地使用。

（二）关于教师学习的观点

1. 教师专业学习是参与社会实践的一种形式

从维果茨基理论框架出发的第一个观点就是专业学习和专业发展是参与

---

① LEMPERT-SHEPEL E. Teacher self-identification in culture from Vygotsky's developmental perspective [J]. Anthropology & Education Quarterly, 1995, 26: 438.

社会实践的一种形式。这种参与存在于情境中,其中所包含的课程讲授的是如何在制度背景下实现价值和目标,有哪些社会互动和合作的形式,以及如何使用文化资源。[1]

在这样一种情境下,富有成效的行动和理解是辩证相关的,人与人之间的交往互动造就了意义的形式、价值和认知结构。对于处在这种情境下的所有参与者来说,学习和发展使他们在参与中不断完善,而且这一过程也与实践自身的更新和持续发展息息相关。如实习教师一样的社会实践中的新人,可能被当作这些学习实践者中的特殊一类。为了给见习期和持续的专业发展提供有益的环境,教师培养的活动系统要以学习和发展作为方向,而不是以产品作为唯一导向。这是一个很重要的思想,它确保学习与发展作为职前教师教育的正确方向,并为此积极参与作为社会实践的教育活动,接受传统的塑造,并以教育文化为中介,激发师范生的高级心理机能的发展。

2. 教师教育中的学习是一种情境学习

维果茨基指出:"教师教育中的学习是一种现场的学习,情境的学习……概念的直接讲授不会取得好的效果……那只是一些空泛的词语,让儿童像鹦鹉学舌似的重复背诵,其刺激产生的与概念相对应的知识只能是对空白的一种掩饰。"[2] 而且面对学校和课堂发展的动态性,教师也需要根据具体情境来不断学习和完善自身知识。

(三) 关于教师教育的观点

1. 教师教育是公共标准和个人选择之间的协调

对任何一个活动系统的参与都涉及活动的效果和社会或参与者所赋予的活动的意义。"行动和意义是一个硬币的两面。"就像维果茨基的合作者列昂节夫所表达的那样,活动最终是由它所追寻的意义来界定的:它所满足的需要和动机,以及它所要达到的目标。一个活动系统是因为其意义的力量才得以存在和发展,而个体之所以参与进一个活动系统也是由个人赋予这个活动

---

[1] HUIZEN P, et al. A Vygotskian perspective on teacher education [J]. Journal of Curriculum Studies, 2005 (3): 37.

[2] VYGOTSKY L S. Thought and language [M]. Cambridge, MA: MIT Press, 1986: 16.

的意义所驱动的。因此，在一个活动系统中，学会怎样做一个参与者就需要了解活动中的各种行为及这些行为"背后"的意义：参与者需要发掘出公众所赋予的活动的意义，以及对于他们来说什么使得参与这个活动系统对其具有个人意义。①

在教师教育中，理想形式的呈现和承诺，应该注意与实习教师探索对其个人来说什么是教师和为什么要成为教师结合在一起。在理想的情况下，这个结合的目的在于塑造一个专业发展的方法，在其中公开有效的理想的教学形式是经过严格评估的，是适当的，也是个人化的，或者以其他形式，使个人观念和动机可以找到一个有效的公开表达方式。实现这一原则需要给实习教师一定的自由空间，使他们在教师教育的环境中能够做出并遵循自己的选择，应在学校这一活动系统中能够有一定的专业决定权。

2. 教师教育是效果与意义之间的互动

文化历史论者强调活动和意义之间的相互作用，这也是维果茨基理论中的一个关键因素，可以作为教师教育的一个原则以多种方式进行发展。这些做法的一个共同特点就是观察、设计和计划，以及对实践活动和效果的评价，都是以对代表价值和目标的理想形式的反思为基础的。换言之，这个原则认为教学的工具性是与在实践活动中对教育意义的理解相伴的。

3. 教师教育以推动专业认同为目标

从维果茨基的观点来看，教师教育课程的总体目标应该是发展专业认同。通过有引导的参与活动促进教师专业认同的发展关键在于公众和个人对于什么是教师的观点的一致性，因为这才是教师专业发展的基础，是它指引着专业知识和技能的进一步发展。离开这种认同，教师发展将会在具体事务中陷于被动，而使师范生迷失方向。在当代教师专业发展的背景下，文化历史论者从以上维果茨基的观点受到启示，提出教师教育是以推动专业认同为目标的思想。

4. 教师教育是情感体验的学习

文化历史论者注意到，维果茨基强调思想的动机基础对人格发展中情感

---

① HUIZEN P, et al. A Vygotskian perspective on teacher education [J]. Journal of Curriculum Studies, 2005 (3): 37.

体验的作用，强调作为一个意义分配的动态系统，人的智力和情感过程是作为一个整体存在于意识之中的。在他们进一步的发展中，文化历史学派的心理学和教育学理论不断地认识到情感在人格发展中的重要性。情感体验记录了个人在活动的参与中其需要和动机的满足程度；而正是由于这个原因，情感被称为"组成人格成分中的基石"。人格和身份认同的发展涉及智力、情感和意志元素的结合，这个观点引申出了这样一个原则，那就是教师教育应该认识并运用实习教师的情感体验。这些体验是重要的信息来源，由此，我们可以了解到实习教师的志向、对实习的认同度和如何看待自己在实习中的表现，以及这三者之间的关系。因此，文化历史论者的一个重要观点是：以实习为重要环节的当代教师教育可以说是一种情感体验的学习。

5. 关于教师教育理论建构

教师教育长期以来关注的是未来教师如何懂得基本的教育科学知识，如何能掌握教育实践技能，如何教书育人，但是严重忽略了教师教育者自身如何培养未来教师和帮助在职教师发展的理论建构问题。

维果茨基关于文化发展的一般性起源法则阐述了认知源于人与人之间的实际关系。简单地讲，个体认知是在并通过以文化为中介的活动，在与他人交往的过程里出现的。根据维果茨基的这一观点，教师的认知是在与教师教育者、学生和其他教师参与微格教学、实习活动、教研会议和自我咨询项目等教学活动的时候才会发生的。[①] 维果茨基的学说解释了教师教育中教师认知发生的基本法则。

教师专业发展是当代教师教育取向的一大特征。伊朗阿拉梅·莫哈迪斯·努里大学学者沙巴尼指出，维果茨基社会文化理论可以作为教师专业发展方法与途径的来源。该理论所依靠的是维果茨基心理功能的社会来源说、意识与行为的统一说、中介说及其心理学体系。维果茨基的理论可以帮助我们更真实地理解教师工作中的专业成长。

因此，将维果茨基文化历史活动理论纳入缺乏理论支撑的教师教育，作

---

① GOLOMBEK P，KLAGER P. Tracing teacher emerging conceptions in the moment through "tiny self talks"[J]. European Journal of Applied Linguistics and TEFL；2019，8（2）：40.

为教师教育理论建构的合乎逻辑的一种基础是适切的。

（四）认识人的心理过程的中介性，推动教师教育者的理论建构

培养并形成高质量的教师队伍一直是教师教育面临的重要任务，但是教师教育者如何培养并形成高质量的教师队伍经常被忽视，缺乏理论的建构。维果茨基的学说为教师教育者教育理论的建构提供了丰富的思想资源。

维果茨基的学说对提高教师教育者理论水平与实际能力恰恰具有理论基石的作用。以维果茨基为代表的社会文化历史学派认为，人的发展是人和社会环境交互作用的过程，是高级心理机能形成的过程。人的各种高级心理机能都是这些活动与交往形式不断内化的结果。因此，维果茨基对人的心理的历史观是与他的活动观和内化观紧密地联系在一起的。人的心理之所以成为高级的是因为它是以语言或符号作为工具或中介手段的。这是不同于劳动工具的另一种进行"精神生产"的特殊工具。维果茨基称它们为心理工具。这种心理工具或中介手段也是在人类物质生产过程中所发生的人与人之间的关系和社会文化历史发展的产物。维果茨基的社会文化历史发展论便是由此而得名的。因此，关于人的心理过程的中介性、工具性是他的社会文化历史发展论的重要原理。也就是说，人的心理发展是社会文化历史的产物，是"社会共享活动向内化过程的迁移"。国外研究者正是从教师教育实施是成人的学习实践这一角度，认为只有促进教师教育者高级心理机能发展才能培养出具有创造性的高水平的教师。这些核心观点对当代教师教育理论建构具有重要的启发意义。

综上所述，本节简要阐述了以文化历史理论取向的国际学术共同体对教师专业化的思想贡献。国际教师专业化取向的教师教育思潮是现代化进程对教育需求的历史性回应。这是一次以教师专业化为取向的国际性的教师教育改革浪潮。而这一浪潮正推动着国际教育改革的深入发展。

第五节

实践转向：教师专业化思想的突出特征

在教师专业化取向的教师教育改革中，世界各国政策制定者、教师教育者、教师教育学术共同体都十分关注师范生在实践中学会教学，关注如何将教师教育在实践中扎根，事实上都在实现教师教育的实践转向。1999年，波尔（D. L. Ball）和科恩（D. K. Cohen）曾撰文《开发实践，发展实践者：论面向实践为基础的专业教育》。该文就提到了教师教育的扎根问题。国际上一般认为以大学为基础的教师教育能够提高教师教育的地位和所达到的目标水平，但又强化了理论与实践的割裂。因此，国际主流共识是：在当代教师教育改革中"转向实践是未来教师教育改革的决定因素之一"[1]，教师教育的实践思想转向成为教师专业化思潮的突出特征。

一、强化教师教育与实践的联系

2016年，剑桥大学出版社出版了穆恩（B. Moon）的《大学在教师教育和学习中扮演何种角色？——政策与时间的国际分析》一书。他指出，教师教育需要通过加强实习来提升自己的地位。目前，强化教师教育与实践的联系已成为关注的焦点。作为回应，教学大纲正在超越自己的范围与权限，促成临床经验尽可能比课程多一些。美国亦有同样的关注。2010年，美国全国教师教育鉴定委员会发布了《通过临床实践革新教师教育：培养有效教师的国家战略——为改进学生学习的临床与参与之专门报告》。该报告认为，为21世纪课堂准备教师的挑战要求教师教育下移，以便使实践成为学习教学的基础。

深入教学实际才能认识到课堂生活的复杂与多变。即使对教育理论掌握得非常老练的教师，课堂事件的即时性也可能会阻碍理论在实践中的应用。

---

[1] CONWAY P, MUNTHE E. The practice turn: research-informed clinical teacher education in two countries. [M]. New York: Routledge, 2015: 146.

大卫·麦克纳马拉——一个大学教育系讲师,对自己在一所小学教学深有感触。后来写道:"我一直对教育理论和教育研究中涉及的问题很感兴趣。因此,当我回到教室时,我对这些活动的反应让我大吃一惊。学术期刊的世界似乎与课堂生活完全无关。社会科学和教育研究的本质固有的一种倾向是从特定例子的具体性中概括和发展理论细节。此外,这些活动是在一种理智超然和怀疑的氛围中进行的。但作为一名教师,我必须掌握特定和具体的情况,而且,要致力于并相信我正在做的事情。"[1] 也就是说,教师不能用研究代替现实,要回到具体实践中。

二、师范生培养必须紧密联系实际

国际事例表明,培养师范生具有更紧密地联系实际的能力能够对学生的学习有很积极的影响。研究进一步表明,扎根实践的教师教育可以提高教师的稳定性,提升师范生驾驭课堂的能力。世界各国为使教师教育更好地以实践为基础,都做了许多不同的努力。它们在这方面的战略措施主要有:

(1)扩大师范生实习场地,设置住校教师,保障师范生的学习能在学校获得经验。

(2)创建与学校明确的伙伴关系,开设专门聚焦于新教师学习的组织,如芬兰的教师培训学校(teacher training school)、挪威的大学联系学校(university school)和美国的(教师)专业发展学校(professional school)。

(3)扩大实习场地,进入以社区为基础的组织。很多教师教育者主张强化与实践的联系不必局限于学校或实习场地,以在实践中专业学习为中心的概念是超越学校场地的。课程和以大学为基础的经验也应加强与这种场所和相关要素的联系。

尽管国际社会都认识到加强教师教育实践的重要性,但是师范生扎根实践的机会仍然很少,这方面的研究也很少。如在多大程度上实现教师教育课程以实践为中心,师范生的课程怎样和在哪里实现与实践的连接,师范生有

---

[1] HOYLE E. The professionalization of teachers: a paradox [J]. British Journal of Educational Studies, 1982 (2): 161.

没有获得更多的与实践相连的课程设置和安排等问题。国外学者指出，实践转向是决定未来教师教育改革的一个重要因素之一。

三、教师教育课程要扎根实践

教学实践是复杂的，情境性的，稍纵即逝的。理解并掌握教学实践需要时间，而且需要借助于支持。挪威及美国研究者确立了有八个概念的扎根教师教育核心指标分析框架，但是这个框架不是包罗万象的，这些只是检验教师教育课程扎根实践的一个基本考量。

（一）教学计划和教师角色

教师教育的学术研究揭示出编制教学计划是联系实际、学习教学的一项关键战略。把编制教学计划作为教学的核心实践，研究者开发了指导师范生编制教学计划、聚焦于科学教学的整体思路建构的工具。研究者发现教师教育帮助师范生开发他们制定计划与设计教学的能力要与他们关于什么是好教师的观念相一致。师范生会有几次分析实践的机会，如课程和单元教学计划的编制，但总的来说，这种机会要比其他专业少。

（二）实习和教师角色的预演

一些研究者认为，为更多地以实践为中心，课程应当提供给师范生实践和预演的机会，而不仅仅是阅读有关实践的资料。潜在的实践很有意义，如它可以对学生的教学思想发挥积极作用，使学生参与研究，大声讲课或模拟历史思维。这些潜在的实践机会往往被忽视，教师教育应当注意提供给师范生这样的机会。

（三）分析学生学习

教师教育扎根实践要特别给师范生提供检查作业的机会。研究者指出，学生作业样本应当用于调查了解多少学生学过了，是否达到了教学目的。有的学者指出，分析学生学习是学习如何教学的重要问题，对学生学习的了解可以让师范生知道他们自己的教学效果。

（四）教材、教具和资源

演示教育研究者已经证明，好的教与学，涉及教学计划、学习材料、作业布置，还有教科书等方面，这些都需要教师有研究相关的教学任务、教材等材料的机会。研究和检验这些材料和实践记录可以使教学实践更具可学习性，可以帮助新教师看到并理解教与学的不同观点。

（五）关于实习场所与教学经验的讨论

提供将教与学理论联系真实课堂体验的机会，讨论实习场所与教学经验，是对于课程连接实践具有决定性的措施。但是，在师范生反思他们的实习场所体验时，必须有结构和支撑。芬兰也包括挪威和爱尔兰以研究为基础的教师教育强调师范生应当有他们自己的教学研究立场，能够在反思基础上做出自主的、专业的选择。美国和荷兰也同样重视师范生的反思性实践。

（六）从学生角度看问题

在新西兰，教师教育所描述的师范生与实践联系的机会包括在数学教学采用解决问题方法时，他们要扮演学生的角色。这种体验能帮助师范生预见到将来遇到一种好的教学应当如何分析。

（七）观看教学示范

研究认为，教师教育者应当做教学示范，使师范生看清并理解好的教学实践的复杂和优秀的方面。许多研究者还强调让师范生在所谓中介的教学场所实习。师范生试手前教师教育者做专门教学实习示范是十分重要的。在北欧国家也有这种传统，师范生要像好学生那样完成同样的任务和作业。

（八）重视与国家或地方政策的联系

北欧国家有着把抽象原理与国家真实的课堂教学相联系的悠久传统。最有作用的扎根实践的机会是检验如何落实国家标准或学科标准，如数学教师国家标准和地方课程标准。[1]

以上是教师教育培养课程扎根实践的八个核心指标。这些有操作性的教师教育扎根实践的观点和指标有助于教师教育者提高对扎根实践重要性的理解，进一步加强师范生培养与中小学实践之间的密切联系。

---

[1] JENSET I S, KLETTE K, HAMMERNESS K. Grounding teacher education in practice around the world: an examination of teacher education coursework in teacher education programs in Finland, Norway, and the United States [J]. Journal of Teacher Education, 2018, 69 (2): 184-197.

四、实践转向的不同路径

当代职前教师教育的一个重要特征就是实践转向,这种转向虽然有不同原因(既有对大学主导的教师教育的批评,也有主张教师认知复杂性的坚持),但是一致的是对实践的强调。当代国际教师教育政策与课程的设计有两种主要逻辑:第一种是实践是学习教学的基础;第二种是以理论与研究为基础的临床实践是学习教学的基础。这两种逻辑不同,显示出实践转向的不同路径。

杜威曾经将实践逻辑放在学徒方法上,而他把理论与研究取向的实践看作实验方法。持第二种逻辑的学者,其态度与他的实验方法一致。很多学者认为:重要的是,当代知识—实践关系的概念必须重新确认并强调阐释杜威这一框架。

舒尔曼指出:教育研究与理论的力量与教育教学实践密不可分。实践是检验理论有效性的主要工具,无论是学习一种专业还是广泛地发展理论。实践也是新理论发展的重要证据来源。从实践经验中学习是创造和检验实践理论的主要贡献方式,它决定了专业知识和学习的结构。

以上内容中杜威的这些观点与认知科学领域中出现的学习和认知理论的重大发展之间的契合程度令人印象深刻。杜威认为,在培养专业人才的过程中,理论和知识的掌握必须占据一定的优先地位。理论教学不仅要直接、有力、广泛,而且它必须作为实践教学的理论基础。因此,负责理论及其发展的人也应该控制实践的条件。对杜威来说,他的任何实践理论,只有被付诸实践时,才能找到它的全部意义,只有当它在实践中被检验时,才能获得它的验证。[①]

教师教育这种方法的根本在于教师需要什么和我们如何通过教学实施培养。当代教师教育的实践转向是不可否认的。重要的是,实践转向还具有不同方向,即研究型临床实践和以中小学为基础的不同方向。这两种实践转向

---

① SHULMAN L S. Theory, practice, and the education of professionals [J]. The Elementary School Journal, 1998 (5): 521-526.

第六章　走向工业革命4.0时期教师专业化取向的国际教师教育思潮（20世纪80年代以来）

对知识、实践，对谁应当参与教师教育有着不同的看法。当代教师教育实践转向有很多重要内容，其中包括三个方面：（1）教学作为实践的实践性质；（2）研究型的临床实践模型方法的理论基础；（3）实践转向有两种不同路线。[①] 当然，细分起来，当代教师教育实践转向会有更多不同的内容，由此，出现很多流派。

欧美一些学者对以临床为基础的教师培养表示担忧。他们认为，这种教师培养使人专注经验的数量，而不是从根本上变革实践，以此提高经验或体验的质量，而这样做就是冒着进一步加深理论与实践割裂固化的危险。以往研究证明：职前的教师教育倾向于重视实习经验，寄希望于不断增加的职前教师的实习时间来提高培养质量，但缺乏对这种经验进行变革，加深了理论与实践的分离，其后果往往事与愿违。

主张推行研究型的临床实践模型方法的研究者重视在职前教师培养过程中大学与中小学乃至社区的合作，大学指导教师与中小学指导教师的合作。很重要的是，大学课程要与他们在中小学课堂的经验密切结合起来。若要充分认识职前教育发展师范生反思型实践的重要性，创造与有知识的他者的合作对话，建立与我们合作的职前教师的探究立场，就应把职前教师作为思维主体。他们认为：作为思维主体的职前教师与那种作为记忆性的思维存在的职前教师的形象有很大的不同。后者被要求贯彻课程提供的思想，并被告知怎样能更好地实施这些想法。而作为思维主体的职前教师重点则放在其主体性上。有研究认为课程中的思想（或是与其合作教师互动中遇到的思想），都只不过是一些建议。教师必须明确所承担的权力和责任，把这些思想用于实践，参与教学，创造教学的工作理论。我们因此认识到职前教师以这种方法和思想参与实践时需要有更多的帮助。

这些研究者指出：把职前教师视为思维主体可能会产生观念的转换。目前，很多教师教育者和职前教师以技术理性的观点看待教学，而不是以实践者的实践—知识的观念看待教学。持技术理性观念的通常接受这种想法，即

---

① GELFUSO A, DENNIS D V, PARKER A. Turning teacher education upside down: enacting the inversion of teacher preparation through the symbiotic relationship of theory and practice [J]. The Professional Educator, 2015, 19 (1): 20.

一个人可能通过实习技能体系（从课程或合作教师那里来的思想），并且把这些用于最初的教学，并设想专家他者的思想（或大学负责人或班级教师）能成功地把知识放进空器皿（职前教师）中。这种观念的危害在于，职前教师可能会认可这种关系（专家他者，空杯子）。因此，他们建议完成一个转变，即从技术理性向建构主义转变。尽管我们认为许多教师会认同建构主义的方法，但是细心检查他们对职前教师的施教实践，则会看到另一种情况。例如，一般观察职前教师的实践，职前教师都是在贯彻从课堂上学来的思想以及和参与教师谈话获取的思想，并没有自己的作为思维主体的观点。

简而言之，在教师教育改革中，在转向实践的呼声中，其实也隐藏着不同的思想路径，或者离开研究关注经验，或者重视研究型的实践，或者回到大学完全担当指导者的传统角色。这三种不同的路径反映了教师专业化大题目下的不同思想，这是真实的，也是值得继续研究的课题。

第六节

信息技术领域：科学与人文两种倾向的当代博弈

本章最后要阐述这一时期教师专业化思潮持续发展中科学主义与人文主义两种倾向或明或暗的博弈（本节标题将此简略为科学与人文两种倾向的当代博弈）。这种博弈是推动教师教育思想变化的重要的内在逻辑。这一时期两种倾向的博弈集中表现在对信息技术教育的态度上。

一、科学主义与人文主义两种倾向的博弈在教师教育与教育技术关系上的表现

进入21世纪，人类社会迎来第四次工业革命，科学技术获得了空前发展，同时它也必将取得更加深入的研究成果。在这种背景下，科学主义的倾向在教育领域迅速兴起。而社会急速的变化使人们在欢庆科技进步的同时，再次感受到未来世界的主人是人，而不是物，更不是机器人。正是在这种背景下，科学主义与人文主义两种倾向的博弈在教师教育与教育技术关系的领

第六章　走向工业革命4.0时期教师专业化取向的国际教师教育思潮（20世纪80年代以来）

域表现得尤为突出。

　　法国数字经济学家迪亚斯（M. Diaz）指出，数字化转型的背后，实质上是新的社会模式的建构与新的社会契约的制定。在教育实践的语境中，"新的社会模式的建构"与"新的社会契约的制定"，意味着教师个体、学校组织和教师行业共同体适应数字化转型要求，提升教师数字胜任力，推动教师专业标准更新，促进教师组织与管理体系变革。①

　　国外研究者指出：技术能够改革大学教师教育课程的教与学。计算机网络和卫星通信技术可以促进教师教育课程中学生间的本地的和远距离的合作与沟通，通过远距离教育，大学课程能够被压缩为交互式可演示视频进行传输。所有这些技术的应用对职前和在职教师的教师教育课程都有帮助，有利于鼓励学生参与、合作，发挥创造性，实现主动学习。技术和教育是天然的伙伴。技术是教师培训课程的一个有机组成部分，而不是可有可无的附加品。技术并没有显著改变培训的内容或目的。技术可以用来实现学生跨地域合作的需求，提供方便的服务以及准确与精密的指示，缩短训练周转时间。②

　　与此同时，教育技术进入中小学课堂，进入教师教育的重要内容，还有不少教师专业化政策制定了教育技术标准。科学主义与人文主义的博弈则正在这一时期在教育技术观上得到了最突出的表现。这种博弈是推动教师教育思想变化的内在逻辑。对于新技术热情奔放的态度在教师教育中就有体现，这一态度一方面推动了新技术在中小学教育上的应用以及师资培养与培训，另一方面也引起了对因科学主义倾向导致的忽视教育目的、内容等基本问题的忧虑。这种情况在之前叙述布鲁纳教师观的时候已露端倪。

　　由于新技术，主要是互联网、通讯移动技术的发展在很大程度上促进了当代教师教育的变化，同时由于克隆技术、芯片技术、机器人技术的出现，教育领域的一些人对科学技术的发展抱有无限的希望。教育改革与教师教育实践中教育技术观念与实践的科学主义倾向迅速增长。

---

①　迪亚斯. 数字化生活：假如未来已经先你而行[M]. 北京：中国人民大学出版社，2020：140.

②　SMELLY S, PLATT J. Using technology in preservice and inservice teacher education programs[M]. Waynesville：Asscociation for the Advancement of Computing in Education，1998：57.

二、《创新者的课堂：颠覆式创新如何改变教育》与科学主义倾向的张扬

教育技术领域科学主义倾向的兴起是由对新技术的崇拜和高涨的改革热情推动的。哈佛大学教授克里斯坦森（Clayton M. Christensen）2008年出版了畅销书《创新者的课堂：颠覆式创新如何改变教育》。书中预言：到2019年，一半以上的学校课程将被在线课程取代，学校开销节省2/3，但学生学习效果会更好。具有讽刺意味的是，现实证明了"克里斯坦森预言"的失败。

在《创新者的课堂：颠覆式创新如何改变教育》一书中，克里斯坦森以20世纪80年代以来美国中小学教育政策变迁为例阐述实施计算机为基础的个人定制化课程的颠覆式创新的思路。克里斯坦森指出：在过去的25年里，正如阿尔维拉开始意识到的那样，两种非常强劲的颠覆已经席卷了美国的公立学校，以报告《国家处于危机之中》（A Nation at Risk）和《不让一个孩子掉队法案》（No Child Left Behind Act）为标志。为尚未建立的学校指派新教师（可见这并无必要），意味着学校即使引进了新设备也不容乐观。虽然适应这些颠覆浪潮异常艰难，但是我们还是会在后面的小节里展示学校已实现的突出成就——这说明通过对基于电脑学习的方式的颠覆，向以学生为中心的模式转变尚有希望。① 这里，克里斯坦森不是从上述两个政策文本导出人的价值、超越平庸的教师的重要意义，不是呼吁持续教师专业发展，提高师资质量，进而推动指向公平与质量的教育改革，而是得出了教育技术，主要是以计算机为基础的学习会实现教育的颠覆式创新，促进教育的发展。

这里国外学者不谈作者对儿童发展一般规律的无视，不谈作者对教育现代化中科学主义与人文主义两种倾向博弈的忽略，也不谈作者对标准化和个性化、教师中心或学生中心的非此即彼的单价思维方式，仅集中于作者将学校混同于企业、教育等同于市场的主要观点。

克里斯坦森首先表达了对教育的不满与期待。他指出：我们对学校充满了期望。尽管每个人的表述可能会有所不同，但大家有四点可能共通。我们

---

① 克里斯坦森，霍恩，约翰逊. 创新者的课堂：颠覆式创新如何改变教育 [M]. 周爽，译. 北京：机械工业出版社，2020：21.

第六章　走向工业革命 4.0 时期教师专业化取向的国际教师教育思潮（20 世纪 80 年代以来）

将它们总结为：（1）最大限度地发掘人的潜能；（2）创造一种有活力、参与性高的民主氛围——选民明辨，不被自私自利的权威者"迷惑"；（3）磨炼有助于我们的经济保持往来与竞争力的技术与能力；（4）让学生们认识到人与人之间存在不同的观念。这些不同的观念应该得到尊重而不是遭到迫害。我们在实现这些期待时做得并不如意，对于这种倒退和停滞不前的现状，日渐衰弱的课堂和家庭当然应该承担责任。但是，大多数人都希望，在推动社会实现这些期待的过程中，学校应该起到更为有效的作用。

为什么学校的改进如此艰难？每个人都有自己的说法。[①] 作者对已有的教育系统进行了激烈的批评："总体来说，目前的教育系统——培训教师的方式、对学生的分组方式、课程设置的方式以及校舍的设计安排，都是为标准化而设计的。如果美国真的不让任何一个学生掉队，它就不能对学生进行标准化的教育。如今的教育系统是在视标准化为要义的时代背景下建立的，它是一个互依的混乱系统。只有受虐狂才会试图在一个单一批量的教育系统中，针对每个学生的学习方式进行教学。因此，学校需要一个新系统。"[②]

而这个新系统，作者以市场化的角度，用企业管理的方法，以计算机技术为动力解决教育困境，创建新教育系统。作者主张"一种颠覆式"而非"填塞式"的方法，在学校中积极推行以电脑为基础的学习。通过将教学指令的传递转变为客户定制的学习工具来满足个体学生的需求，学校就能实现从单一教学转变为以学生为中心的教育理想，在这样的课堂中，所有的学生都可以以他们的思维习惯来学习。[③] "所有的颠覆式创新都有一种共同的模式。颠覆首先要在一个全新的'竞争市场'中创造消费。在这个市场里，技术提升，成本降低。提升的技术从原来的竞争市场开始应用到新的竞争市场中——在我们的案例里，从传统齐整齐划一的课堂到在线学习，然后很快转

[①] 克里斯坦森，霍恩，约翰逊. 创新者的课堂：颠覆式创新如何改变教育 [M]. 周爽，译. 北京：机械工业出版社，2020：前言.

[②] 克里斯坦森，霍恩，约翰逊. 创新者的课堂：颠覆式创新如何改变教育 [M]. 周爽，译. 北京：机械工业出版社，2020：17.

[③] 克里斯坦森，霍恩，约翰逊. 创新者的课堂：颠覆式创新如何改变教育 [M]. 周爽，译. 北京：机械工业出版社，2020：58.

化成以学生为中心的技术。"①

作者确信,教育颠覆式创新的"光明大道"是"以电脑为基础的学习",它是朝以学生为中心的技术发展的一个步骤。"以电脑为基础的学习是一种颠覆性的力量,而且前景光明。技术平台的正确使用提供了系统模块化的契机,从而可以进行定制学习。"②

作者进一步指出,由以教师讲授为主导转向以软件教学为主导的颠覆创新可以划分为两个阶段:第一个阶段,我们称为"以电脑为基础的学习"或是"在线学习"。在这个阶段,软件具有专属性,开发成本也相对较高。并且,这个阶段只适合于某一类型的学生,软件所采用的教学方法主要是各个学科教育的主流方法。但是,以电脑为基础的学习和教师讲授还是存在不同,因为目前的在线学习可以选择不同的进度,一些学生还可以选择不同的方式学习课件。第二个阶段,我们称为"以学生为中心的技术"。在这个阶段,软件已经可以帮助学生根据自己的需求学习各种学科。虽然以电脑为基础的学习相对于统一的教师讲授已经是一种颠覆了,但是以学生为中心的技术相对于个人导师又是一种颠覆。如今选择导师极大地受限于财富程度:对极少数的上流人群,他们可以请到很好的导师,帮助他们以自己适应的方式进行每一科目的学习。和所有的颠覆式创新一样,以学生为中心的技术也会在未来让更多学生能够定制更加平价、便捷和简单的学习方式。③

作者谈道:如果我们的目标是教育每一个学生——学校保证所有学生都能拥有摆脱贫困的技术和能力并且发现他们各自的梦想,我们就必须想办法朝那个方向努力。在这本书里,这种办法叫作以学生为中心的模式。我们专门选择了"朝"这个字眼,因为这不是或者起码目前不是一种双向选择。在所有互依关系中进行单一批量的传统教学过程是教育图谱的一端,而以学生为中心进行完全模块化的教育则是图谱的另一端。在很长的一段时间内,还

---

① 克里斯坦森,霍恩,约翰逊. 创新者的课堂:颠覆式创新如何改变教育 [M]. 周爽,译. 北京:机械工业出版社,2020:67.
② 克里斯坦森,霍恩,约翰逊. 创新者的课堂:颠覆式创新如何改变教育 [M]. 周爽,译. 北京:机械工业出版社,2020:18.
③ 克里斯坦森,霍恩,约翰逊. 创新者的课堂:颠覆式创新如何改变教育 [M]. 周爽,译. 北京:机械工业出版社,2020:62.

会存在以传统模式为最佳解决方案的问题、技术和学科。但是,目前教师所承担的指导将会一个一个地朝以学生为中心的模式转化。[①]

作者的创新教育的信心来自对教育市场的预测。他相信,教育颠覆的新市场教师紧缺,高中的大学先修课程、边缘学校或乡村学校、城市贫民中学、需要补课的学生、适合在家教育的孩子等,这些尚待开发的领域都是巨大的市场。[②] 克里斯坦森认为,适应巨大市场需求的以电脑为基础的学习可以摆脱标准化,实现个性化学习。

随着统一教学转变成以学生为中心的学习环境,教师的角色也会随着时间慢慢发生变化。教师不再将大部分时间花在年复一年的统一课堂上,而是将更多的精力用来帮助学生解决个性化的问题。教师更像是教练或者导师,帮助学生发现对自己最有效的学习方法。教师基于学生学习的电脑实时数据指导学生学习。但是,这也意味着教师需要具备与如今学校的要求截然不同的技能,并且在未来实现增值。因为定制化是以学生为中心的在线技术的主要驱动力和优势,所以教师必须越来越了解学生之间的差异,并能为他们提供有助于完善其自身学习模式的个性化辅导。

这种转变对教师们还有另一种潜在的好处。因为以学生为中心的技术要求教师对学生有更加个性化的关注,我们可以在教育中做一些违反常理的事情——扩大师生比,即增加每位教师指导的学生数量。这种教学方法的颠覆可以打破各个学区深陷的财务困境,让每一位教师都能拥有一份更好的工作,也能关注到更多的学生。因此,将会有更多的经费来提高教师的待遇。

我们将讨论学区如何以一种颠覆式而非"填塞"式的方法在学校中积极推行以电脑为基础的学习。通过将教学指令的传递转变为客户定制的学习工具来满足个体学生的需求,学校就能实现从单一教学转变为以学生为中心的教育理想。在这样的课堂中,所有的学生都可以以他们的思维习惯来学习。[③]

[①] 克里斯坦森,霍恩,约翰逊. 创新者的课堂:颠覆式创新如何改变教育[M]. 周爽,译. 北京:机械工业出版社,2020:17-18.

[②] 克里斯坦森,霍恩,约翰逊. 创新者的课堂:颠覆式创新如何改变教育[M]. 周爽,译. 北京:机械工业出版社,2020:61-65.

[③] 克里斯坦森,霍恩,约翰逊. 创新者的课堂:颠覆式创新如何改变教育[M]. 周爽,译. 北京:机械工业出版社,2020:58.

所有的颠覆式创新都有一种共同的模式。颠覆首先要在一个全新的"竞争市场"中创造消费。在这个市场里，技术提升，成本降低。提升的技术，原来的竞争市场开始应用到新的竞争市场中——在我们的案例里，从传统后整齐划一的课堂到在线学习，然后很快转化成以学生为中心的技术。[1][2]

克里斯坦森对教育的颠覆性变革充满信心。他认为："以电脑为基础的学习已经在这些市场中得以立足，也正在以可观的速度占据'市场份额'。"和所有颠覆式创新一样，它最初释放出只有雷达才能侦测到的尖峰信号，然后会愈演愈烈，最终成为铺天盖地的主流趋势。基于"提高学生参与度的技术升级、以学生为中心的软件设计的研究速度、迫在眉睫的教师紧缺现状和无法逆转的成本压力"的原因，作者确信将本书出版十年之内采用以学生为中心的学习的人数将占美国中学学习"上座率"的50%。2024年80%的课程将调整为以学生为中心的在线课程。作者声称这将给教育带来"惊心动魄的颠覆"[3]。

主张用技术与市场为主要动力变革教育，克里斯坦森是一个代表性人物，他代表了一些人在科学技术获得迅猛发展的时代的科学主义倾向。《创新者的课堂：颠覆式创新如何改变教育》的出版掀起了中小学教育和教师教育对教育技术的巨大热情，当然更得到了官方和企业界的推动。在该书总前言之前的赞誉部分，我们就可以感受到对教育技术与推动教育改革的热切期盼。

该书总序前的赞誉部分指出该书"为所有教育改革者指出了方向"，"颠覆式科技赋能个性化教育"，"为这个混乱无序的教育世界带来了光明"。"公立学校如果想要解决所有这些问题和挑战，克里斯坦森在本书中指出的，可能是唯一的解决路径。"[4] 这些赞誉无疑进一步推动了教育领域对新技术的科学主义态度的持续高涨。

---

[1] 克里斯坦森，霍恩，约翰逊. 创新者的课堂：颠覆式创新如何改变教育 [M]. 周爽，译. 北京：机械工业出版社，2020：62.

[2] 克里斯坦森，霍恩，约翰逊. 创新者的课堂：颠覆式创新如何改变教育 [M]. 周爽，译. 北京：机械工业出版社，2020：67.

[3] 克里斯坦森，霍恩，约翰逊. 创新者的课堂：颠覆式创新如何改变教育 [M]. 周爽，译. 北京：机械工业出版社，2020：71.

[4] 克里斯坦森，霍恩，约翰逊. 创新者的课堂：颠覆式创新如何改变教育 [M]. 周爽，译. 北京：机械工业出版社，2020：总序.

第六章　走向工业革命 4.0 时期教师专业化取向的国际教师教育思潮（20 世纪 80 年代以来）

另一方面，对于新技术在教育领域的地位与价值，持人文主义态度的学者则积极呼吁在现代化历程中不管技术如何重要，都要把人放在首位，以实现人的现代化作为教育改革的方向。

美国麻省理工学院的贾廷·瑞奇（Justin Reich）2020 年出版的新作《失败的颠覆：为何只有技术不能变革教育》就直接回应了克里斯坦森著作《创新课堂：颠覆式创新如何改变教育》的观点。他同意教师和教师培训机构面临的一个最大的挑战就是要确定教师需要了解的计算机技术和让知识可以测试和验证的程序。但是，他也指出只靠技术无法颠覆教育或者提供通过制度变革这条艰难道路的捷径。成功的改革应致力于逐步的改进而不是编制下一个杀手级的应用程序。

三、对科学主义倾向的讨论

许多人对包括教育技术中的科学主义态度表现出不满、批评与忧虑。人们从哲学、政治、教育、心理等方面对此给予了或温和或激烈的批评。

复杂科学奠基人、著名技术思想家布莱恩·阿瑟明确指出：任何技术都是人创造的，都由人使用。许多预测者实际上只关注了技术表面形态的变化，并不了解技术内涵的发展，所以狭隘地基于工具逻辑，过分简化地处理技术与教育的关系，这是其最突出的片面性和极端性所在。技术的本质因具有强烈的路径依赖性，而常将人"锁入"既有的技术路径。锁入，进而可能彻底锁死。[①]

美国技术哲学家安德鲁·芬伯格在自己以前的"技术哲学三部曲"的基础上，修订出版了《技术批判理论》。这是一本技术哲学专著。在这部著作中，芬伯格从马克思对技术的"设计批判"出发，借助马尔库塞、福柯、拉图尔等人的著作和观点，通过对技术设计案例的具体分析，阐明了技术的发展是一个社会斗争的舞台，它是由技术标准和社会标准共同决定的，可以沿着不同的方向发展。因此，真正解决技术产生的问题，就需要把人的全面发

---

① 阿瑟. 技术的本质：技术是什么，它是如何进化的 [M]. 曹东溪，王健，译. 杭州：浙江人民出版社，2018：Ⅵ.

展的需求和自然环境的保护作为内在因素来考虑，将它们融合到技术的设计中，这样才能在事前避免技术的负面效应。但是，迄今为止，教育技术的未来预测基本上是由工具理性主导的，其内在生发逻辑、外在表征和价值诉求等均充斥着技术化特质，这与未来教育的"人"化表征相背离。

从政治角度批判唯新技术论的是阿普尔（M. W. Apple）。早在20世纪90年代初，一贯致力于教育公平、设说公正的学者阿普尔就尖锐地指出："新技术就在眼前，它不会稍纵即逝。作为教育者，我们的使命是保证这些新技术根据充分而明智教育意义才被引入教室，而不是强势集团以他们的意图，重新定义教育目的。我们必须确认，新技术许诺的美好未来，是真实的还是虚幻的，是为所有孩子共享的，还是少数孩子的特权。"①

除了在哲学、政治领域对技术至上的科学主义倾向做出明确反驳外，教育领域有更多的人对此发出警示。

安德鲁·芬伯格指出："我使用的'技治主义'意味着一种广泛的管理体制，其合法性由科学专家而不是传统、法律或人民意志赋予。技治主义管理在何种程度上是科学的是另一个问题。在某些例子中，新知识和技术真正支持更高的理性化水平，但经常是：伪科学行话的变戏法和可疑的量化构成了技治主义风格，并代替了理性探索。"②他明确指出："教育技术的未来预测必须由教育思维引航把舵，将未来教育定位在人类关系而不只是设施上。"③"观照具体而非抽象的人的现实教学条件和实践活动，把思考落到教学实践的日常情境中，服务于人的全面发展。只有当技术在教育中不可见时，才真正实现了技术与教育的融合。"④

另一位著名学者库班（L. Cuban）针对商业或企业取向的突出技术作用的教育改革，指出："商业与学校教育在教育目的、慎重决策和对结果负责等

---

① APPLE M W. The new technology: is it part of the solution or part of the problem in education? [J]. Computer in Schools, 1991（1）: 59-81.
② FEENBERG A. Questioning technology [M]. London, New York: Routledge, 1999: 4.
③ 芬伯格. 技术批判理论 [M]. 韩连庆, 曹观法, 译. 北京: 北京大学出版社, 2005: 151, 162.
④ 佩珀特思考未来学校时对技术中心主义的批判 [EB/OL]. [2021-10-01]. https: //mp. weixin. qq. com/s/1 A9n RHlkmdl4Gul Q7Do8s A.

第六章　走向工业革命 4.0 时期教师专业化取向的国际教师教育思潮（20 世纪 80 年代以来）

方面都具有深刻的不同。这就意味着商业鼓舞的改革假设的核心具有严重缺陷。这个问题激起了人们对关于商业激励性的学校改革积极效应问题的严重关切，包括州政府和联邦政府的强制性问责措施。商业头脑主导的学校改革的背后都存在缺陷。"[1]

针对一些研究者热衷于信息技术自动化，学者们发表了不同意见，警告自动化在教育中的狂涨，可能使教学活动变得更加复杂和僵化。早在新技术革命之初，控制论学者维纳指出，人类如果过分依赖机器将是不明智的，没有意识到这一点的人会将责任抛给机器，这实际上等同于他把责任抛到风中，却发现责任又乘风而归。[2] 人类的学习活动和思维过程发展远比二进制算法复杂，但人们常常忽视了这种复杂性。有学者尖锐指出：以生产为导向、将复杂过程简单化的自动化，必然导致同一性的出现和差异性的消失，堪称对教育未来的"完美罪行"[3]。

有些学者针对教育技术会减轻教师负担的说法给予了驳斥。塞尔文（N. Selwyn）并不认为数字技术能给教师减轻工作负担，相反他认为数字技术通常使教师工作的标准化。而教师为了适应教师工作的数字化测量、教师工作的数字化拓展等对教师工作的重组，将更加加重教师负担。[4]

斯马尔蒂诺（S. Smaldino）在其经典教材《教育技术与媒体》中展望道，教师要从信息展示的任务中解放出来，从信息的提供者变成各类学习资源的协调者，充当学习的促进者、管理者、顾问和激励者的角色，教师将越来越像是"站在旁边的引导者"，而不是"讲台上的圣贤"。[5]

2006 年，美国密歇根州立大学的科勒（M. J. Koehler）和米什拉（P. Mishra）根据舒尔曼学科教学知识的理论（PCK），掇出整合技术的学科教学知识（Technological Pedagogical Content Knowledge，以下简称 TPCK）概念，为信息

---

[1] CUBAN L. The blackboard and the bottom line: why schools can't be businesses [M]. Cambridge, MA: Harvard University Press, 2005: 157.

[2] WIENER N. The human use of human beings: cybernetics and society [M]. Boston: Houghton Mifflin, 1950: 212.

[3] 博德里亚尔. 完美的罪行 [M]. 王为民, 译. 北京: 商务印书馆, 2000: 6.

[4] SEIWYN N. Teachers vs technology: rethinking the digitisation of teachers' work [J]. Ethos, 2017 (1): 35.

[5] 斯马尔蒂诺. 教学技术与媒体 [M]. 北京: 高等教育出版社, 2005: 421.

技术时代教师知识发展、培养教师成为超越信息技术工具理性的适应性专家提供了一个重要的参考系。

特别是有研究探讨了教师教育者与新技术的关系。研究认为，教师教育工作者是否可以根据他们对信息通信技术（教育）的态度、他们在设计信息通信技术丰富的学习环境方面的信通技术自我效能感、在教学实践中使用信息通信技术的能力以及他们准备备战的策略来对教师教育工作者进行分组技术整合。这些策略包含在定性数据综合（SQD）模型中，包括：（1）作为榜样的教师教育工作者；（2）反思技术在教育中的作用；（3）学习如何通过设计使用技术；（4）与同行协作；（5）构建真实的技术体验；（6）提供持续的反馈。数据是从比利时讲荷兰语的法兰德斯地区的 284 名教师教育工作者的样本中收集的，并进行潜在剖面分析。本研究的附加值在于说明如何将 SQD 战略和一套典型的 ICT 整合决定因素与教师教育者的概况联系起来。根据这项研究得出的概况，教师培训机构在为子孙后代的教师迎接 21 世纪的学习环境做好准备时，应将其教师教育者视为看门人。[①]

还有学者从心理学角度分析了新技术给人带来的不安。临床心理学家批判性地研究了人类过度依赖技术所导致的社会风险。他们描绘了机器人导致的未来的惨淡景象，在这个未来中，人类在情感上越来越依赖技术。作者写道，随着对技术进行有意义的社交互动的依赖性增加，人类就越会失去彼此之间建立真实而有意义的关系的能力，即在面对不可避免的人与人的对抗时，基于因特网的社交网络和通过短信和电子函件进行的交流只会导致疏远和尴尬。但是作者审慎地指出不要责怪技术及其处理人员破坏了容易损坏的东西，一旦科技开始越来越多地主导我们的生活，人类的本能最终将进行干预并促使我们采取回避行动。

苏霍姆林斯基的女儿、著名教育家苏霍姆林斯卡娅指出：信息技术的发展让我们现在的教育变得更加复杂，这一点在乌克兰也一样。在掌握信息技术速度方面，孩子们要比我们更快，这时就可能是孩子教老师、教父母了，

[①] TONDEUR J, SCHERER R, etal. Teachers educators as gatekeepers: preparing the next generation of tachers for technology integration in education [J]. British Journal of Educational Technology, 2019 (1): 8.

这种变化自然就影响了孩子与家长、孩子与教师之间教与学的形式。苏霍姆林斯基和其他教育家实际上也注意到了这一点。在孩子们的思维刚刚起步甚至还没起步的时候，父母应该注意把非技术操作层面的东西尽早传递给孩子。人的成长，从来没有一个非常完美的答案，但是人和人之间的交流、那些非技术的因素，那些情感的东西，才能使孩子成为真正的人。[1] 注意非技术层面的东西，这是苏霍姆林斯卡娅面对信息技术时代挑战对儿童父母、教师提出的忠告。

在对教育技术态度与行动上的科学主义与人文主义两种倾向的博弈，推动着这一时期教师教育思想的深入发展。科学主义关注新技术对教育包括教师教育的重要意义，对于促进对教育技术意义的理解和广泛应用都有着自己的重要贡献。但是，如前所述另有学者指出不能被科学主义倾向所蒙蔽。在科学技术不可逆转地飞速发展面前，教师必须恪守现代化发展中教育的育人目的，遵循儿童成长的生理、心理、精神与社会性发展的特有规律，尊重教育者与被教育者。而对新技术的人文主义态度、对坚持现代化是人的现代化，突出人的价值和人的复杂性，因而对教育领域、教师教育领域都有着保守教育目的、促进学生健康发展、提高教师教育质量做出了自己的贡献。但是，又要防止因噎废食的思维方式，应张开双臂，欢迎新技术，学习新技术，努力让新技术为教师教育服务，为培养新一代人服务。

人们在科学主义与人文主义的博弈中进行艰苦的探索，探求某种"中庸"，以使思想获得升华。在教育领域，"没有哪种趋势是注定的"，"与其试图描述某种单一的未来，不如连接过去和现在，构想多样形式的未来，展望人类拥有的多种可能"[2]。在教师专业化为取向的教师教育思潮不断涌动向前的时刻，以人为本，不断地连接起过去与当下，科学与人文，正打开着教育与教师教育未来发展的多种可能性。

---

[1] 肖甦，滕珺. 把心灵献给孩子：顾明远先生对话 O. B. 苏霍姆林斯卡娅女士 [J]. 比较教育研究，2018, 40 (2): 3-6.

[2] UNESCO. Reimagining our futures together: a new social contract for education [R]. Paris: UNESCO, 2021.

四、结　语

本研究认为要看到教师专业化取向的教师教育思潮中的不同声音，从思潮酝酿开始就有质疑的声音，忧虑与不满以及其他方面的考量，了解这些声音可以使我们能更全面与深入地了解事情的另外方面，从而获得事情的全貌。

在美国 20 世纪 80 年代初期围绕着《国家处在危机之中，教育改革势在必行》报告展开讨论的时候，在一片对教育质量低下归咎于教师质量平庸说辞的声讨声中，哥伦比亚大学师范学院的学者戴因·拉维克则发文《把教师当成替罪羊》，他指出造成美国学校质量不高的还有社会的许多方面的原因，从高等学校、企业主到法院对此都有一定责任。[①]

还有学者认为教师专业化是个悖论，强调专业化会对教师职业地位产生负面影响。1982 年英国布里斯托尔大学教育学院埃里克·霍伊尔发表了《教师专业化：一个悖论》一文，对教师专业化的前景表示担忧。他指出：教师的技能可能会提高，从而使学生受益，却会大大削弱教师作为一种职业的地位。[②] 埃里克·霍伊尔提醒人们警惕专业化的负面影响。

同时，除专业化以外，教师的意愿是教育改革中必须考虑的因素。对于教师教育思潮中一些课程改革政策制定忽视一线教师的作用，更有些学者直接表示反对，指出教师意愿在课程改革、教师教育改革中的重要作用。教师抗拒曾是美国课程改革的重要研究议题。正如富兰（M. Fullan）和哈格里夫斯（A. Hargreaves）所言，教师抗拒是课程改革的伴生物，与课程改革并肩而行，自从有课程改革，就有教师抗拒[③]。关键在于，作为课程改革的主要实施者，教师处在改革漩涡的中心，其改变与否极大地影响着课程改革的进程，

---

① 该文试图维护教师的职业尊严和教师的职业评价的综合性。参见：王长纯编译的《美国教育改革谈论近况》，发表于《新技术革命与教育改革：教学参考资料》，河南大学教育系、河南大学教育科学研究所编，1985：436.

② HOYLE E. The professionalization of teachers：a paradox [J]. British Journal of Educational Studies，1982（2）：161.

③ FULLAN M, HARGREAVES A. Teacher development and educational change [M]. London：The Falmer Press. 1992：1.

第六章 走向工业革命4.0时期教师专业化取向的国际教师教育思潮（20世纪80年代以来）

"违背教师意愿、缺少教师积极参与的课程改革，从来都不会取得成功"[①]，而教师抗拒是决定教师改变与否的重要变量。古德莱德（J. Goodlad）也说："改革很多时候被视为失败，其实不然，因为没有教师参与，它们从来就未得到实施。"[②]

以上仅仅是不同声音的很小的一部分，却可以使我们认识到教师专业化问题的多面性，以及教师职业尊严和意愿与教师教育思想不可分割的关系，及其对教育改革政策顺利实施的重要性。

最后，想从亲历者的角度做些补充。笔者和我国许多教育研究的同事们很幸运地赶上了教师专业发展取向的当代教师教育思潮，经历了实践变革发生的过程。在面向教师教育改革的研究中，我们高度评价了教师专业化取向的教师教育思潮的价值，认为教师专业化是现代化进程对教师教育的急迫呼唤，提出了一些研究观点："教师专业化发展已成为国际教师教育改革的趋势，受到许多国家的重视，也是当下教育改革实践提出的一个具有重大理论意义的课题。"[③] "正是在教师专业化发展的进程中，教师在教育实践中的主体地位和主体作用得到确认，教师的工作作为重要的专业和职业得到确认，教师发展的意义和可能得到确认。在人类社会面临深刻变化的时代，教师正被重新发现。"[④] "教师发展问题的提出无疑会使教师在当代教育学中崛起。"[⑤]

新世纪伊始，我们首都师大教科院的同事们认真研究了教师专业化的意义，并在自己的岗位上，立足本国实际，积极推进教师专业化事业的发展。

我们坚持教育理论的实践转向，坚持教师专业化结合地方教育实际。在顾明远先生的嘱咐与鼓励下，在教育学界同行的帮助下，在学校和各级教育主管部门的支持下，2001年初我们首都师范大学教育科学学院酝酿建设教育发展服务区，探索区域教育发展新模式，并考虑借鉴美国教师教育经验建立

[①] 联合国教科文组织. 教育：财富蕴藏其中[M]. 联合国教科文组织总部中文科，译. 北京：教育科学出版社，1996：14-15，137-138.

[②] JACKSON P W, etal. Handbook of research on curriculum [M]. New York: Macmillan Publishing Company. 1992: 403.

[③] 王长纯. 教师专业化发展：对教师的重新发现[J]. 教育研究，2001 (11): 45.

[④] 王长纯. 教师专业化发展：对教师的重新发现[J]. 教育研究，2001 (11): 45.

[⑤] 王长纯. 教师专业化发展：对教师的重新发现[J]. 教育研究，2001 (11): 46.

我国的教师发展学校。2001年5月19日，在首都师范大学教育科学学院和丰台教育委员会共建立的丰台教育发展服务区的文件中第一次将建设教师发展学校作为服务的项目之一。2001年5月17日，首都师大教育科学学院在丰台教育发展服务区建立首批4所教师发展学校。[①] 首都师范大学刘新成副校长在丰台教育发展服务区成立会上提出"双向激活"，他以此评价首都师大教育科学学院与丰台教委合作的这一重要项目。我们重视这个中肯的评价。我们曾借用"双向激活"这一提法，将其转换为教师发展学校建设的一个概念。这一概念揭示了中小学教育和师范教育的理论与实践的"不活"状态，认为教育理论工作者向实践者学习，与新鲜的实践对话；实践工作者向教育的新思想、新理论靠拢，向理论工作者学习。两方面互相学习，互相促进，能改变"不活"状态，实现实践的超越和理论的新发展。当然，没有脱离教育理论影响的实践，也没有与实践没有联系的理论。但是，我们需要的是教育理论与思想的更新和实践变革，以及这种更新与变革在实践中的完成。因此，双向激活，不是对教师发展学校建设开端的表征或静态描述，而是贯穿于教师发展学校建设的基本意义、思想动力、批判精神和伴随始终的应有状态。

我们特别将"和而不同""教学相长""知行合一"这些优秀的中国哲学思想引入对教师专业化的研究实践中。

我们不同意单纯地提教师专业化的想法，指出教师作为社会人的一般发展与教师作为职业者的专业发展的应有关系，并试图纠正片面专业化可能带来的人的工具化的倾向。"人的发展的各种意义蕴含于教育的所有方面，教育是人的发展的基础性力量。教师发展既是教师包括未来教师作为社会人的一般发展，包括个性、情感、世界观、人生观、身体等，也是教师的专业成长。

[①] 2004—2014年间，在顾明远先生的建议下，笔者开始在时任中国教育学会赵闾先秘书长的支持下，在中育教育研究中心组织下，开展中国教育学会教师发展学校的建设工作。其间，建立的教师发展学校（院）、教师发展基地是首都师范大学教育科学学院教师发展思想与实践的延续。在此仅向首都师大教科院所有参与教师发展学校建设的老师，向所有参与中国教育学会教师发展学校建设的老师一并表示深深的谢意。

第六章 走向工业革命 4.0 时期教师专业化取向的国际教师教育思潮（20 世纪 80 年代以来）

在教师发展中，价值理性和工具理性融合在一起。没有作为一般社会人的一般发展，专业发展将使人工具化，失去主体精神，也不会有真正的专业化；教师一般发展是基础，没有教师包括未来教师的一般发展，专业发展就会导致教师单向度的成长，专业发展就会蜕变为工具改进；而没有专业成长作为中心，一般发展也将失去可能。在关注教师专业发展思潮、借鉴美国教师专业发展学校的做法时，我们十分注意在充分理解工具理性作用的同时，努力赋权教师，强化人性的因素，强调一般发展的意义。"①

君子务本，本立而道生。"教师发展学校坚持以人为本，重视生命的意义。发展就应当坚持社会人的尺度和人性化的思考方式。离开了以人为本，离开人的一般发展，就有可能走向专业主义，把教师当作工具，脱离日常的生活世界，用各种所谓科学的概念和要求禁锢教师的头脑，使教师的世界充满疑惑与不解，教师由此产生职业倦怠，影响学生的健康成长。同时，我们必须认识到：人是生活在一定社会里的人，人的生命意义是在具体的历史场景中展示的。当今社会的教师专业成长是教师发展的中心和依托。这种专业成长是一个终身学习过程，是一个教师的职业理想、职业道德、职业情感、社会责任感以及对所教学科的价值、认知、审美等方面的理解与把握不断深化的过程，是一个不断解决问题的过程，是一个教育理论思维和教育实践能力不断成熟、教育经验不断提升与不断创新的过程。从这个角度看，教师专业发展是人性化的发展，教师专业成长集中代表了教师发展的意义。"②

"在教师发展中价值理性和工具理性两者融合在一起。没有作为一般社会人的一般发展，专业发展将使人工具化，失去主体精神，也不会有真正的专业化。教师一般发展是基础，没有教师，包括未来教师的一般发展，专业发展就会导致教师单向度的成长，专业发展就会蜕变为工具改进。而没有专业成长做中心，一般发展也将失去可能。这也就是为什么我把丰台教育发展服

---

① 王长纯. 教师发展学校之工作哲学 [J]. 北京大学教育评论，2005 (3)：92.
② 王长纯. 教师发展学校之工作哲学 [J]. 北京大学教育评论，2005 (3)：93.

务区协议书上我们提出建立的教师专业发展学校改名为教师发展学校的理由。"① 因此，建设教师发展学校是对美国教师专业发展概念的批判性借鉴的结果，是坚持和而不同文化立场的结果。

我们在教师发展问题上，将教师发展与学生成长紧密联系在一起，坚持教学相长的思想。"发展的一个重要方面就是事物之间发展的关联性，人的发展应被放在社会发展中去理解。在教育实践里教师的发展和学生的发展是互为条件、互相促进的。教师发展的真正的价值和意义就在于它是促进学生发展的真实和必要的条件。理想的教育是：在师生共同的生活世界中教学相长，学生在教师的发展中成长，教师在学生的成长中发展。"②

我们将知行合一经过时代转换，引入教师专业化理论与实践研究。教师发展学校的一个重要思想就是研究主体与接受主体的"知行合一"，就是与从事比较教育的研究主体和接受主体——中小学教师共同建立一种教师终身学习、终身发展的新型学校。这不是另建一所学校，而是对原有学校的功能性建设。教师发展学校充分地开掘了广大教师内在的、原生的精神力量，使他们终身学习与他们的发展和他们的职业理想，通过实践反思和文化的融合，成为生动的现实。在教育发展服务区和教师发展学校的建设中服务、合作、对话、反思、文化融合、建构、创新等成为一种崭新的话语系统，这些话语反映着我们对教育的重新理解，也反映着比较教育研究者与接受主体面向教育生活世界的实践方式。③

教师发展学校的关键词是"发展"。这里的"发展"是指：（1）教师个人从幼稚走向成熟的发展；（2）教师水平、能力、知识的建构从低级走向高级的发展；（3）教师工作从旧质走向新质的发展。"发展"是教师发展学校

---

① 王长纯. 教师发展学校的构想 [J]. 中小学教师培训, 2003（12）：4.
② 王长纯. 教师专业化发展：对教师的重新发现 [J]. 教育研究, 2001（11）：45-46.
③ 王长纯, 宁虹, 丁邦平. 研究主体和接受主体的"知行合一"：比较教育理论建设跨文化的哲学对话 [J]. 教育研究, 2002（6）：29.

第六章　走向工业革命 4.0 时期教师专业化取向的国际教师教育思潮（20 世纪 80 年代以来）

应首先关注的问题。教师发展学校建设追求教师整体的发展。发展的方向性激励广大教师在历史发展方向的指引下，与学生共同建构一种向善的、有意义的生活世界，并在这个生活世界里通过与大学文化的互动实现教师专业上的可持续发展。把握方向就不是随心所欲，而是在教师发展过程中关注教育意义的实现。教育是一种社会性和历史性的存在，每个时代的教育既有其不同于以往时代的普遍意义，又有一定时代主体所赋予的特有意义，而这种意义不是共同的，先在的，它是包括教师在内的主体在自己所处的具体情境之中对教育世界的生动理解。学校教育是教师和学生生命意义互属的艺术，学生的生命价值靠教师引领，教师的生命意义则集中体现在学生的发展上。在教师发展过程中，关注教育意义的实现就是要充分重视情感因素、高尚价值的作用，发挥教师的主体精神、首创精神，在日常的教育情境里聚精会神地做学生发展工作。[1]

我们还形成了教师发展学校工作哲学。"教师发展学校之工作哲学就是由包括把握方向、回归实践、合作发展、赋权教师、倚重制度、沟通教学研、文化互动、和而不同、着眼具体、操作多元等日常生活话语构成的，并由日常语言的日常用法阐释的。"[2]

为了推动教师发展学校的建设，积极适应基础教育改革的需要，进一步推进素质教育，我们提供了一个教师发展学校建设标准参考纲要。"该标准包括：实现大学和中小学的合作，促进教师教育专业化、一体化和终身化的实现；建有务实有效的教师专业发展制度；编制以教学研合一教师专业工作方式为核心的教师专业发展目标系统；将研究与理解学生作为教师专业发展的中心；拥有多学科的专家队伍，实现大学学术文化和中小学实践文化的互动；重视并拥有有效的教师评价等。"[3]

教师发展学校建设以真实世界中的真问题为导向，将大学和中小学教师和学生置于真实教育教学情境中，是引导师生在已有经验的基础上整合现有知识，并不断建构新知识的过程。所以当时的口头禅是教师没有零基础的发

---

[1] 王长纯. 教师发展学校之工作哲学 [J]. 北京大学教育评论，2005（3）：90.
[2] 王长纯. 教师发展学校之工作哲学 [J]. 北京大学教育评论，2005（3）：89.
[3] 王长纯. 教师发展学校建设标准参考纲要 [J]. 教师教育研究，2005（4）：3.

展,从尊重已有经验开始发展,学生也是如此。在解决学生问题中重视多学科知识融合,发挥团队作用,合作互动实现知识分享,达到教学相长。这就是在教育上做真事、做实事、做好事。这是一种面向未来的知识建构,有真情境、真问题。情境与问题是不断变换的,一切都在生成中,不可能有事先预知的安排,更没有固定不变的程序或步骤。教师发展学校建设就是要深入情境、深入问题,解决问题的生机勃勃的鲜活实践会激发所有参与者的知识建构与主动发展的精神。有的只是教师发展学校的工作哲学。所以说,"教育发展服务区是绿色模式,根植于实践,来自实践,服务于实践,是有生命力的。教师发展学校也应密切结合实践,在每一节课、每一次谈话中去探索,去研究,这既是反思,又是建构。教师必须对教育教学有研究态度、探索态度"①。

以上是我们首都师范大学教育科学学院丰台教育发展服务区团队教育研究者在当代教师教育思潮中的所思与所做,在某种意义上也是对教师专业化的和而不同的理解与实践;但这只是当代教师专业化思潮与行动复杂轨迹的众多点中的一个点而已。我们在实践中深深感受到大学和中小学教师迸发出来的创造热情与思想力量,感受到发展给教师教育带来的无限生机与希望。

---

① 王长纯.建设教师发展学校的基本思想[J].中小学教师培训,2002(5):14.

第七章

"因"与"革":国际教师教育思想演进的内在逻辑

本书的一个尝试就是在国际教师教育思想研究中展示一种和而不同的立场与表达方式，最后一部分拟运用中国因革历史哲学思想来探究。

第一节
因革观与国际教师教育思想演化

因革观是中国传统历史哲学的一种重要思想，也是中国哲学的精神之一。它是指任何一种新的事物都有因循承继的一面，又有变革、推陈出新的一面。作为哲学范畴的"因"，始见于孔子所著《论语·为政》。《论语·为政》言："殷因于夏礼，所损益可知也；周因于殷礼，所损益可知也。其或继周者，虽百世可知也。"[1] 这里的"因"是指依据继承。当时的孔子哲学思想体系中尚未提炼出一个与"因"相对的"革"的范畴。"革"这一哲学范畴始见于《易传》："天地革而四时成；汤武革命，顺乎天而应乎人，革之时大矣哉。"[2]《杂卦》又云："革，去故也。"[3] 西汉末年哲学家、文学家、语言学家扬雄则提出了"因"与"革"这一对哲学范畴，并对此做了极为精当的论述。我国传统哲学的因革观即始于此时。扬雄在《法言·问道》中言："道有因无因乎？曰：可则因，否则革。"[4] 他又在《太玄·玄莹》中更明确地阐明："夫道有因有循，有革有化。"[5] 对古代文化主张要因时顺势，与时俱进，"值其日新，则袭而因之；值其敝乱，则损益随时"[6]。扬雄早在我国西汉时期就提出了新旧事物之间既有继承又有变革的思想。我国明代的王廷相继承和发展了上述思想，认为"善政者因之。故有所损益而民不骇；有所变革而民相

---

[1] 阮元. 十三经注疏 [M]. 上海：世界书局，1936：2463.
[2] 阮元. 十三经注疏 [M]. 上海：世界书局，1936：60.
[3] 阮元. 十三经注疏 [M]. 上海：世界书局，1936：96.
[4] 汪荣宝. 法言义疏 [M]. 北京：中华书局，1987：125.
[5] 扬雄. 太玄校释 [M]. 郑万耕，校释. 北京：北京师范大学出版社，1989：87.
[6] 汪荣宝. 法言义疏 [M]. 北京：中华书局，1997：127.

信"①。中国传统哲学的因革观的意义在于指出了新旧事物间的继承和对已有事物的变革是社会历史进程的必然,应当运用这种必然去推动社会的变化与发展。

纵观中国古代哲学发展,对"因革观"阐释较深刻全面的当推上面已经提到过的西汉时期的杨雄。扬雄把"玄"作为其哲学体系的最高范畴,作为天地的本源。"玄,兼赅阴阳",天地万物对立统一,对立双方相互转化,相互推移。他认为,事物的变化表现为"因"与"革"的交替。扬雄在《太玄集注》卷七《太玄·玄莹》中写道:"夫道有因有循,有革有化。因而循之,与道神之。革而化之,与时宜之。故因而能革,天道乃得;革而能因,天道乃驯。夫物不因不生,不革不成。故知因而不知革,物失其则;知革而不知因,物失其均。革之匪时,物失其基;因之匪理,物丧其纪。因革乎因革,国家之矩范也。矩范之动,成败之效也。"② 在这里,这位两千多年前的中国人强调了一个十分重要的哲学思想,所谓"因革"就是"因循"和"革化"的辩证统一,即事物的发展源于继承中的创新、创新中的继承,因其应因,革其应革,亦即"物不因不生,不革不成"③。扬雄对因与革的关系说得何等中肯。

我们注意到黑格尔在《精神现象学》中曾指出:"扬弃在这里表明它所包含的真正的双重意义,这种双重意义是我们在否定物里经常看见的。"④ 可以说,因革既是否定又是保存。马克思说:"辩证法在对现存事物的肯定的理解中同时包含对现存事物的否定的理解,即对现存事物的必然灭亡的理解;辩证法对每一种既成的形式都是从不断的运动中,因而也是从它的暂时性方面去理解;辩证法不崇拜任何东西,按其本质来说,它是批判的和革命的。"⑤ 恩格斯也曾对哲学发展做过这样的阐释:"每一时代的哲学作为分工的一个特定的领域,都具有由它的先驱者传给它而它便由此以出发的特定的思想资料

---

① 王廷相. 慎言·雅述全译 [M]. 冒怀辛,译注. 成都:巴蜀书社,2009.
② 百子全书:上 [M]. 杭州:浙江古籍出版社,1998:621.
③ 百子全书:上 [M]. 杭州:浙江古籍出版社,1998:621.
④ 黑格尔. 精神现象学:上卷 [M]. 贺麟,王玖兴,译. 北京:商务印书馆,1979:75.
⑤ 中共中央马克思恩格斯列宁斯大林著作编译局. 马克思恩格斯选集:第 2 卷 [M]. 北京:人民出版社,2012:112.

作为前提。"① 受到上述论断的启发，我们认为，一个时代教师教育思想出发的前提便是作为前人遗存的"特定的思想资料"。而其中因与革的根据是问题的重点。这里的因与革是立足于现代化社会的因与革。因与革的基本依据不再是封建皇权的"一言九鼎"，而是人类社会发展的方向、现代教育的规律、时代对教育的要求，这样因革便具有现代文明的意义。

由此看来，这里因与革便应当看作现代化进程中一个时代的教师教育思想借以出发的对特定教师教育思想资料传承发展的内部逻辑。教师教育思想从 17 世纪萌生到 21 世纪已经历 400 多年历史。"尚变者，天道也。"这一时期因与革纷繁复杂，但毕竟不是非此即彼的、有你无我的简单的二元对立的过程。当然，国际上不同时期的和同一时期的各种教师教育思想，如《周易·乾》里面所说的"乾道变化，各正性命"，表现出各自的价值和意义。

第二节
现代化：国际教师教育思想因革演化的深远背景

现代化指从 15 世纪末 16 世纪初发端，由工业革命推动的人类社会所发生的深刻变化，它包括从传统经济向现代经济、传统社会向现代社会、传统政治向现代政治、传统文明向现代文明转变的历史过程及其变化。它既发生在早发现代化国家的社会变迁里，又存在于后发国家追赶先进水平的深刻过程中。当时的现代经济指工业经济，现代社会指工业社会，现代文明指工业文明。显然，现代化既是一个从传统农业社会向现代工业社会转变的历史过程，又是一种发展状态，是指完成现代化过程的工业化国家的发展状态。作为现代化结果的现代性在不同领域有不同表现，如政治民主化、经济工业化、社会城市化、宗教世俗化、观念理性化、现代主义、普及初等教育。②

一般认为，18 世纪英国第一次工业革命和法国政治革命是现代化进程的

---

① 中共中央马克思恩格斯列宁斯大林著作编译局. 马克思恩格斯选集：第 4 卷 [M] 北京：人民出版社，1995：485-486.

② 何传启. 世界现代化研究的三次浪潮 [M]. 中国科学院院刊，2003（3）：185-190.

第七章 "因"与"革":国际教师教育思想演进的内在逻辑

起点。但是,现代化思想源头可以追溯到 14—16 世纪的文艺复兴、16—17 世纪的科学革命直至 16—18 世纪的启蒙运动。我们发现,教师教育思想是现代化的产物,是现代化不可或缺的一部分。从但丁开始的文艺复兴改变了以中世纪基督教神学为中心的封建文化,发掘古希腊罗马的文化遗产,使得人们从以神为中心逐渐转变为以人为中心。人类社会的现代化历史进程大幕由此拉开。人开始觉醒,彼时,人文主义(humanism)成为文艺复兴的显词。我们理解了现代化初始的人开始觉醒的大背景,也就理解了文艺复兴时期以夸美纽斯代表的,包括马尔卡斯特(Richard Mulcaster,1530—1661)、米歇尔·德·蒙田(Michel de Montaigne,1533—1592)等人的教育新观念和对教师的新要求,尽管他们的教育观念和对教师的新要求不尽相同,但是摆脱神权、促进人的觉醒是一致的。正如我国南朝梁代刘勰《文心雕龙·总术》中说:"乘一总万,举要治繁。"① 抓住了这一时期现代化进程的要义,就可以洞见同期教育与教师观的实质了。

经历文艺复兴运动,欧洲人文精神觉醒,人的价值受到了重视,在教会桎梏下的人性得到张扬,自然科学取得巨大进展,新的资本主义经济获得迅速发展,资产者队伍开始壮大。一场摆脱封建专制统治和教会压迫的思想解放运动开始了,这就是历史上称为启蒙运动的思想大潮。理性、科学、文明、自由、平等、博爱、人权和法制,是启蒙时期的关键词。现代性基石是由启蒙运动开始奠定的。洛克的教育思想及其对教师的论述,卢梭的爱的教育和对教师的要求,裴斯泰洛齐的教育理念及其对教师观和最初的设置教师教育机构的想法与实践,具体内容都有所不同,但是他们高扬理性、鼓吹热爱儿童、高度重视教师在社会进步中的作用则是高度契合的。因此,可以说把握了现代化进程中启蒙运动的真谛,就可能"乘一总万",抓住了这一时期教师教育思想的根本,或者说,分析了那一时期丰富深刻且多样化的教育观与教师观,便能查找到该时期教育现代化的根本方向,体会到那种启蒙之"多"是启蒙思想根本的"一"中之"多"。

具体来说,19 世纪造就了跃出英国、法国等西欧国家的现代化大机器工

---

① 范文澜. 文心雕龙注[M]. 北京:人民文学出版社,1958:657.

业的文明。这一时期西欧与北美的工业革命促成的技术与经济上的进步；自然科学获得很大发展，如物理、化学、生物学、地质学等皆逐渐成形，社会科学（包含社会学、教育学、人类学、历史学）在自然科学的带动下崭露头角。但另一方面，这些西欧工业国家疯狂地侵略了世界大多数国家与地区，造成这些国家被迫走向"现代化"。从传统社会向现代社会的转变，是一个重大的历史过程，只有人类起源的变化和从原始社会向文明社会的变化才能与之相比。现代化是复杂的过程，它实际上包含着人类思想和行为领域的变化；现代化是系统的过程，一个因素的变化将联系并影响其他各种因素的变化；现代化是全球的过程，现代化起源于欧洲，但在19世纪已成为世界现象。

此外，与欧洲18世纪传统的帝国或王国不同，19世纪形成的民族国家其成员效忠的对象乃有共同认同感的"同胞"及共同形成的体制。民族国家的出现使教育的发展进入新的时空，不论是从民族国家层面，还是从教育家个人层面，建立现代教师教育制度的必要性受到空前的关注，并得到不同程度的国家权力的推行，教师教育制度化思想在教育家和国家教育理论的复杂互动中获得重大发展，成为那个时代的亮点。法国的拉卡纳尔、库森，德国的赫尔巴特、第斯多惠，英国的兰卡斯特和贝尔、凯-沙特尔沃斯，俄国的罗蒙诺索夫、皮罗戈夫、乌申斯基，美国的詹姆斯·卡特、贺拉斯·曼和亨利·巴纳德，日本的森有礼等都为现代教师教育制度的确立提出了丰富的多样化的思想。本书所涉及六个国家也运用权力推出政策法令，推动了现代教师教育制度的初步确立。这一时期开始的第二次工业革命进程诞生了新的生产力，科学技术有了空前的进步，在民族国家现代化历史进程中教育发挥了巨大作用，教育自身也获得了迅速的发展，教师教育制度得以建立。

第二次工业革命从19世纪末开始，影响延至20世纪40年代，社会现代化浪潮向世界其他地区扩散，在全球范围内兴起了第二次现代化浪潮。这一阶段科技进步带动了现代生产力的迅速发展，由于众多门类科学技术突飞猛进的发展，推动了工业化—自动化的快速发展。世界市场、世界贸易获得快速成长，资本主义生产方式进一步国际化，形成了全球性的世界资本主义经济体系，极大地推动了世界经济的发展和世界政治面貌的改观。经济的全球化和人类生活的一体化趋势有了进一步发展，打破了各民族、国家、地区相对孤立、封闭、隔绝的状态。亚、非、拉美等殖民地国家逐步进入后发型现代化的进程，现代化成为一种世界性现象。同时，具有后发优势的美国后来居上。德国、日本经济崛起。帝国主义列强重新瓜分世界，争夺霸权日趋激烈，现代化进入调整和震荡时期。这一时期曾爆发两次世界大战。战争与革命成为这一时期的主题。第一次世界大战后期俄国被革命摧毁，诞生了第一个社会主义国家苏联。19 世纪 30 年代，苏联完成了工业化，成为世界强国，二战以后德意日战败，出现了拥有众多国家的社会主义阵营，形成了美苏两极对立的国际政治格局。矛盾、对立、冲突、震荡成为时代的主题词。抓住了这一阶段现代化的特质，就容易理解这一时期的教育思潮和教师教育思想及其实践。

在现代化的这一阶段，在战争与革命的主题下，各国都从各自不同的立场出发，都认为教育被看成社会进步的工具，强调科学知识、工业生产技能和道德品质，强调用正确途径培养教育儿童。但是何为正确途径，看法却大相径庭。于是，多样化的甚至相互矛盾的教育思潮和教师教育观点出现了。众多的西方教育哲学流派产生，而探索苏联教育道路的也有一大批教育家。凯洛夫的教师中心思想显然与杜威教育哲学观点是不同的，要素主义等西方教育哲学流派之间也是充满矛盾的。那么，该阶段的教师教育思想自然也是多样化的，矛盾的，甚至是对立的。而一致的则是重视教师教育的思想，这一思想都得到不同国家的认可。这一阶段，刚刚建立不久的教师教育制度便得以巩固并获得初步发展，而其中的教师教育目的、内容、方法又是不同的。

人类历史进入 20 世纪 50 年代末期以来，新技术革命浪潮推动了第三次工业革命获得更大发展。这场新技术革命是以计算机为中心的，包括生物工程、海洋科学等一系列新兴科学和技术。人类数千年缓慢发展的历史时代已经结束，正在进入一个巨大的变革与转折时期。新技术、新工业，未来社会与经济的发展与人的智力高度相关。生理、心理诸多科学的研究成果使人更深刻地认识了自身，新的方法论（系统论、信息论、控制论、协同论、耗散结构论、突变论）正在使人类的思维方式前进了一大步。20 世纪后半期开始，世界范围内和平与发展取代了战争与革命成为世界的主题。主要发达国家在经济上获得了巨大发展，世界范围内民族解放运动风起云涌，新兴国家在政治、经济、社会、文化等诸方面也发生了令人瞩目的变化。

时至 20 世纪 80 年代，由于科技突飞猛进发展，生产力水平的巨大提高，世界进入工业革命 4.0 时期。人类物质文明进程加速。同时，这也使人类社会濒临种种挑战。在人类寻求走向现代化可持续发展的道路中，人们终于形成了国际共识：人的现代化是一切现代化的基础。

人们亦已深刻地认识到，时代的巨大变化"正危及人类特有的同一性"。全球范围内严重的不平等、穷困和苦难正在加剧，这种情况引发人们思考：我们究竟需要什么样的现代化？正是在这一时间段，英克尔斯提出人的现代化是现代化的核心，他指出：当今任何一个国家，如果它的国民不经历心理上和人格上向现代性的转变，仅仅依赖外国的援助，引进先进技术和民主制度，都不能成功地使其从一个落后的国家跨入自身拥有持续发展能力的现代化国家。罗马俱乐部警告增长的极限，罗马俱乐部总裁奥雷列奥·佩西在他的报告《未来一百页》中指出："无论从哪个角度去提示未来，有一点必须肯定——未来是以个人素质全面发展为基础的社会。"

已故罗马俱乐部主席贝切伊认为，人的发展是人类社会发展的最高目标。这些新的发展理论都是在反思发展意义的基础上，把文化、价值、代价等范畴引入发展，更加注重人的发展、内源性发展、可持续发展以及发展的效益等。内涵式发展的旨趣正在于此。美国罗马俱乐部前总裁奥雷利奥·佩西的《人的素质》和日本学者池田大作的《21 世纪的警钟》等著作，把人的思想、观念、道德素质的改善与变革，称为不同于工业革命、科技革命的"人的革命"，主张更应体现人文关怀等。

这次现代化的主要特点是强调人的现代化、内涵式发展、可持续发展，以及知识化、分散化、网络化、全球化、创新化、个性化、多样化、生态化、民主的、理性的、信息化和普及高等教育等。和平与发展成为这一时期的主题。

正是现代化发展的这些新特点使人们敏锐地察觉到新历史的到来。苏联著名教育家苏霍姆林斯基明确指出："人进入了人的世纪。"因此，以人作为教育对象的教育在世界范围内受到空前的重视，教育处在人类社会迎接新技术革命挑战的前沿，改革与发展教育成为社会发展的重要内容，教育改革已成为全球的趋势。而教师教育则成为挽救教育危机、促进教育和社会发展的重大课题。也正因为如此,教师专业化取向的教师教育思潮第一次成为国际性大思潮,其浪潮涌动历经 40 年而不减。教师专业化促进了理论与实践的沟通,推动了教育的实践转向,为现代化新时期的教育发展指出了方向。

第三节

从夸美纽斯到布鲁纳：国际教师教育思想因革超越之例说

国际教师教育思想经历了"因而循之,与道神之,革而化之,与时宜之"的历史进程。我们拟从夸美纽斯到布鲁纳例说证实教师教育思想在国际交流中实现因革与超越。

我们先从文艺复兴时期夸美纽斯的《大教学论》说起。《大教学论》集中了夸美纽斯对教育与教师的论述。他指出："在以前各世纪,这种教与学的艺术是很少有人知道的,至少,我们现在希望它能达到的完善程度是很少有人知道的。"[①] "文化界和学校便充满了劳苦与厌倦,充满了缺点与敲诈。"[②] 夸美纽斯《大教学论》的写作就是吸收了同时代人文主义者高扬人的精神,重视人性的思想,并对当时教育做了否定与批判,有因有革,形成了文艺复兴时期的丰富的教育思想和对教师的多方面详尽的新要求。

启蒙时期的洛克与卢梭吸取了夸美纽斯重视教育意义、尊重儿童、重视道德教育、高度评价教师作用等思想,又与夸美纽斯不同,他们坚决地反对教权统治,推崇理性,注重培养新人以建设不同于中世纪的资产者的理想国。但是,这两位启蒙时期代表人物却又对夸美纽斯的班级教学思想和建立教师培训机构的设想没有表示任何态度。这里面既有因革关系,又反映出因革关系的某种复杂性。

下面探讨一下裴斯泰洛齐教师教育思想的"因"与"革"。前面曾探讨过裴斯泰洛齐与卢梭的异同。裴斯泰洛齐在卡罗林学院学习时,曾受到卢梭

[①] 王长纯,王晓华,马啸风. 傅任敢教育文集 [M]. 北京:教育科学出版社,2011:550.
[②] 王长纯,王晓华,马啸风. 傅任敢教育文集 [M]. 北京:教育科学出版社,2011:550.

的《民约论》和《爱弥儿》的深刻影响,赞同他对理性的高扬和对自由的追求,当然也赞同卢梭对情感的高度重视。裴斯泰洛齐受到卢梭启蒙主义思想与教育观的深刻影响。但与卢梭不同的是,裴斯泰洛齐并没有把人的本质所谓人性善理想化,更没有对现实做虚幻的描述,不可能像卢梭那样把"爱弥儿"放进他所幻想出来的社会环境中。裴斯泰洛齐是从那个时代瑞士农村的真实状态出发思考教育与教师问题的,并以此构筑极具特色的教育思想。这种教育思想就是裴斯泰洛齐对卢梭教育思想的"因",包括推崇理性、热爱儿童、主张自然教育,也有对卢梭教育思想的"革",拒绝了卢梭的性善论,指出人的两面性;拒绝了回到远离城市的村落进行儿童教育,而是把儿童放在真实的社会环境中培养;拒绝了自然人的培养目标,而是培养社会需要的人。

这种因与革直接造就了裴斯泰洛齐包括儿童教育思想、家庭教育思想、平民教育思想、教育心理学化以及要素教育丰富的教育理论体系。特别是裴斯泰洛齐的培训新教师的教师教育实践更具有积极的时代意义。他因对当时的社会现状和国民教育非常不满而转向教师教育,曾在多地进行教育实验和师资培训的实践。1800年5月4日,他在布格多夫创办了公立学校与师范学校联合的教育机构,把初等教育和师资培养结合起来。1805年,裴斯泰洛齐带领布格多夫的师生迁到伊弗东,采用新的教育理念和教学方法来培养教师,取得了巨大的成功,使伊弗东成为欧洲教师培训的模范。许多国家的学者都曾来参观学习,他也因此被称为"教师的教师"。在欧洲的教育发展过程中,裴斯泰洛齐教育思想的传播遍布整个欧洲大陆,"在欧洲几乎没有一个国家不受到裴斯泰洛齐的影响"[1]。受裴斯泰洛齐教师教育思想影响很大的国家有欧洲的德国和北美洲的美国。

德国教育家第斯多惠被称为"德国的裴斯泰洛齐""德国教师的教师"。在德国,第斯多惠是裴斯泰洛齐教育思想的继承者和发展者,深受其教师教育思想的影响。[2] 在师范学校任校长期间,第斯多惠把裴斯泰洛齐教育方法和

---

[1] 裴斯泰洛齐. 裴斯泰洛齐教育论著选 [M]. 夏之莲,等译. 北京:人民教育出版社,1992:493.

[2] 戴特灵,顾正祥. 以爱为本:跨越时空惠及子孙的教育理念 [M]. 上海:上海交通大学出版社,2014:35.

思想运用到师范教育培养师资的过程中，为德国培养了大批具有裴斯泰洛齐精神、熟知其教育内容和方法的优秀教师。因此，他被人尊称为"德国师范教育之父"。除了德国之外，欧洲不少国家都从不同需要出发接受了裴斯泰洛齐教学法，受到其教育理论体系和师资培训思想的影响。这是欧洲的裴斯泰洛齐运动。

美国也有自己的裴斯泰洛齐运动。19世纪40年代，贺拉斯·曼任职马萨诸塞州教育局秘书，赴欧洲进行教育调查，尤其是普鲁士的学校教育。当时普鲁士的教师教育也在裴斯泰洛齐教育学说影响下取得了重大发展。贺拉斯·曼提出建立"师范学校"培养未来教师的主张。他指出："没有师范学校，公立学校绝不会繁荣。"[1] 并于1839年，先后在莱克星顿和怀斯特菲尔德各建立了一所师范学校，这就是美国最早的师范学校。[2] 请读者注意，早在6年前的1833年，德国赫尔巴特已回到格丁根担任哲学教授，此时，赫尔巴特为教育科学的发展指明了方向，将心理学与哲学、生理学分开，并明确宣称心理学是一门科学；他强调教育学必须以心理学为基础，其学术成就和影响已超越裴斯泰洛齐。

裴斯泰洛齐教师教育思想这一时期在美国的传播以爱德华·谢尔顿（Edward A. Sheldon，1823—1897）发起的奥斯威戈运动为代表，是裴斯泰洛齐教师教育思想直接作用于师资培训的结果。1853年，谢尔顿任奥斯威戈教育委员会干事，他在最初就认识到优秀教师是学校改革成功的关键，并着手调查了奥斯威戈学校教师的状况，发现了教师队伍流失严重、教法陈旧、教条化等问题，于是决定建立一所师资培训学校，解决师资短缺的问题。1861年，奥斯威戈市建立奥斯威戈师范学校（Oswego State Normal and Training School）以培养初等学校的师资。学校很多教师来自欧洲，直接受过裴斯泰洛齐或其助手的教育，学校选拔教师的标准也是看其是否能够传播裴斯泰洛齐教育原则，这一教师选择标准使得裴斯泰洛齐教师教育思想在奥斯威戈师范学校得以顺利普及并获得深入发展。

---

[1] 吴式颖. 外国教育史教程［M］. 北京：人民教育出版社，1999：400.
[2] 祝贺. 裴斯泰洛齐运动在美国［J］. 河北师范大学学报（教育科学版），2013，15（3）：36-40.

奥斯威戈师范学校通过严格选拔师范生，进而把裴斯泰洛齐教学原则和方法作为教师教育的主要内容，如"教学要分步进行，即不在教师能传授多少，而在于学生能接受多少"的原则，旨在培养能够运用实物教学法进行教学的教师。在拥有习得裴斯泰洛齐教法的优秀师资基础上，进一步把他的实物教学法运用到奥斯威戈学校的教育活动中去。同时，还注重师范生的实习问题，教师在每周五下午固定到实习学校进行教育实习。

奥斯威戈师范学校的成功，掀起了美国兴建师范学校和教师教育的热潮。1861 年，美国只有 12 所州立师范学校，至 1866 年，美国已有州立和市立师范学校 38 所，遍布美国各地。奥斯威戈学校的毕业生来这些学校任教，进一步传播了裴斯泰洛齐教师教育的内容，扩大了裴斯泰洛齐教师教育思想在美国的影响，促进了美国师范教育和公共教育的共同发展。1861 年至 1886 年的 25 年间，奥斯威戈师范学校的成功和广泛影响，使奥斯威戈运动达到了鼎盛时期，也推动了美国裴斯泰洛齐运动的高潮。奥斯威戈运动推动了美国教师培养专业化的进程，提高了师范学校教师培养质量，使人们普遍接受师范学校作为初等学校教师的培训机构。这一阶段的裴斯泰洛齐运动，主要贡献在于师范教育取得的硕果。裴斯泰洛齐教师教育思想也在这一阶段得到了广泛传播，使其开创的教育方法真正进入美国。美国的"裴斯泰洛齐主义"迅速流行起来，裴斯泰洛齐教师教育方面的内容和其整个教育思想对美国的教育也达到了空前的影响。

贺拉斯·曼和爱德华·谢尔顿对裴斯泰洛齐运动的继承和发扬借鉴了德国、英国的教育经验，并且将重点放在了师范教育上，进一步阐发了裴斯泰洛齐教育思想和方法，使得更多的教师成为这一教育思想的信奉者和实践者，不仅扩大了这一思想在美国的影响力，还为促进美国公共教育、师范教育做出了重要的贡献。

但是从总体上来看，美国的裴斯泰洛齐运动属于对裴斯泰洛齐教师教育思想与经验的模仿性借鉴。"奥斯威戈运动"是裴斯泰洛齐教育思想在美国发展的最高潮。由于随后德国赫尔巴特教育思想在美国的流行，裴斯泰洛齐的影响便逐渐消退。

德国赫尔巴特的教育学在某种意义上也是对裴斯泰洛齐教育思想"因"

第七章 "因"与"革":国际教师教育思想演进的内在逻辑

与"革"的果实。1797 年,赫尔巴特大学毕业后,应聘前往瑞士任家庭教师,负责教育一个贵族的三个孩子。在两年左右的教育实践中,赫尔巴特获得了大量的教育经验,这成为他日后进行教育理论探索的重要资源。赫尔巴特 22 岁第一次在苏黎世遇见裴斯泰洛齐。他在 1798 年 1 月 28 日的一封信中曾提道:在苏黎世,我既没有见到拉瓦特尔,也没有见到黑格尔,却有机会结识了著名的裴斯泰洛齐。此时,裴斯泰洛齐的教育思想和方法已日渐形成,其教育实践所取得的成效已为人们所认识。年轻的赫尔巴特结识了裴斯泰洛齐,对于当时学术思想还没有定型的赫尔巴特来说,是一种机遇。1800 年 1 月,赫尔巴特来到布格多夫,参观裴斯泰洛齐的学校,第二次与裴斯泰洛齐相遇。在布格多夫学校里,他亲眼看到了裴斯泰洛齐的具体教学情景。教室中师生融洽、友好,赫尔巴特对此感到特别惊奇。赫尔巴特称裴斯泰洛齐为"高贵的裴斯泰洛齐"。

1801 年,裴斯泰洛齐发表了《葛笃德如何教育她的子女》一书,赫尔巴特对裴斯泰洛齐在这本书中所阐述的教学方法大为赞赏。在关于此书的书评中,赫尔巴特强调指出:"这本书所陈述的方法,比以前任何一种方法都更热切地勇敢地负起培育儿童心灵的责任;他主张利用清晰的知觉在儿童的心里造成正确的经验。"[1]

赫尔巴特在自己学术生涯的最初阶段发表了大量关于裴斯泰洛齐教育思想和实践的研究论文,赫尔巴特的研究是从观摩裴斯泰洛齐的教学开始的,他继承了裴斯泰洛齐的"教育心理学化"思想,"因而循之"。但是,裴斯泰洛齐认为,学生直接接触周围的事物具有重要的意义。因此,他认为在教学过程中进行观察也具有同样重要的意义,从观察中似乎可以推论出所学习的概念体系。裴斯泰洛齐就是这样论证教学的直观性原则的,这个原则是他的教育观点中最重要的原理。赫尔巴特 1805 年在哥廷根开始讲授哲学,1809 年去哥尼斯堡接任该校康德哲学教席。赫尔巴特从 1811 年到 1833 年在哥尼斯堡大学主持教育学讲座并设立教育学研究班,还附设小型的实验学校,可以

---

[1] 赫尔巴特. 赫尔巴特文集:第 4 卷 [M]. 李其龙, 郭官义, 译. 杭州:浙江教育出版社, 2002.

看作对裴斯泰洛齐教师教育思想的继承。在那里，他还创办了实验学校。1833年，赫尔巴特回到哥廷根担任哲学教授，直到去世。

赫尔巴特经过深入系统的理论研究，发现裴斯泰洛齐在方法论上不是根据对于教学的本质和原则的理解，而是根据对教学比较表面的认知制定儿童认识过程的观点体系，这样就把哲学与教育学，认识论与教学论混淆起来了。如此，赫尔巴特便在吸收裴斯泰洛齐教育和教师观的同时抛弃了其简单化、片面化的部分，形成了自己的教育学理论体系和关于教师的论述。其中赫尔巴特的教育学理论体系成为相当长一段时间欧美国家教师教育的主要理论资源。

在倡导教育心理化时，裴斯泰洛齐有一个理论上的漏洞，即没有发现感觉印象是怎样过渡到概念的过程。赫尔巴特则对裴斯泰洛齐教育心理化并不完整的思想革而化之，推陈出新。赫尔巴特引用"统觉"一词来探讨新旧知识的统觉过程，并由此指出了教学过程的具体步骤。赫尔巴特明确地把心理学作为教育科学的基础之一，从而更清晰地表述了"教育心理学化"的意义和要求，奠定了西方教育科学的初步基础。同时，赫尔巴特抛弃了把裴斯泰洛齐的直观教学法作为唯一教学方法的做法，创造了教育学体系，"五步教学法"得到广泛传播。

19世纪中叶以后，欧美许多国家都致力于研究推广赫尔巴特的教育理论：在德国，许多地区都成立了研究传播赫尔巴特教育理论的组织；美国的赫尔巴特运动是国际性赫尔巴特运动的重要组成部分。

从19世纪80年代开始，由于德·加谟（Charles De Garmo，1849—1934）、麦克默雷兄弟（C.A.McMurry and F.M.McMurry）和哈里斯（William Harris）等人的大力宣传，1892年，美国成立了全国赫尔巴特俱乐部。1895年，俱乐部更名为全国赫尔巴特协会（National Herbart Society）。该协会由对赫尔巴特教育思想有特殊研究的教师组成（其中包括约翰·杜威）。该协会创始人之一哈里斯（William Harris）在1894—1895年度的《教育委员会的报告书》中指出："今天，美国的赫尔巴特教育学的信徒比德国还多。"由于这些

第七章 "因"与"革":国际教师教育思想演进的内在逻辑

信徒的努力,赫尔巴特的教育学说在美国教育界产生了广泛的影响[1],于是形成了世界教育史上著名的教育流派——"赫尔巴特学派"。这个流派重视课程、教学制度、教学理论和方法的建设,注重强制性的纪律和教师的权威作用,强调按照逻辑顺序组织教材、分科教学,实行"五段教学法",以系统传授各科的基本知识。约翰·杜威曾积极参与美国赫尔巴特运动。但是,杜威在其哲学、社会理论形成过程中逐渐发现赫尔巴特与赫尔巴特学派教育观点的解释存在着不少问题,运用它无法改变美国中小学教育现状。

20世纪初,美国教育家杜威在《学校与社会》一书中,首次把赫尔巴特的教育思想及其实践模式称为"传统教育"或"旧教育"。赫尔巴特提出的"明了—联想—系统—方法",使教育工作成为一种具有"主动性"的、"自由想象"的过程论。这些在杜威眼里已经是"传统教育"的代表了。赫尔巴特在构建自己的"普通教育学"时,已经实际地提出了发展学生的思维以及主动学习的问题。杜威也承认,赫尔巴特对心理的解释有三个方面的教育意义:(1)我们所以有这一种或那一种心灵,完全是由于利用事物形成的,这些事物能引发这样那样的反应,所引起的反应能产生这样那样的安排。(2)因为先前的表象构成"统觉器官",用以控制同化新的表象,所以,先前表象的性质十分重要。新表象的作用是强化以前形成的组合。教育者的任务,首先就是选择恰当的材料以固定原来的反应,然后根据先前的处理所积蓄的观念,安排后来的表象的顺序。(3)一切教学方法都可以规定几个正式的步骤,提示新教材显然是中心一环。[2]

以杜威为代表的教育流派与"传统教育派"相对,称为"现代教育派"。德国赫尔巴特的教育理论和五段教学法比较容易地在19世纪末被引进美国伊利诺伊州师范学校。赫尔巴特的方法和实践比福禄贝尔的更具形式化的特点,自然要招来杜威更加尖锐的批评。这位美国教育家反对赫尔巴特派把演绎法当成讲述的主要类型,以及几乎不允许学生自己进行活动的做法。杜威指出,赫尔巴特的学校是十足的教师专制而缺少儿童中心;它太呆板,太专断而缺

---

[1] 张斌贤,陈露茜. 赫尔巴特在美国 [J]. 教育学报,2006 (5):21.
[2] 郅庭瑾. 关于"我们怎样思维"的教育学探索:从赫尔巴特到杜威 [J]. 华东师范大学学报(教育科学版),2002 (3):29.

乏民主。杜威反对赫尔巴特偏重抽象的唯智主义，这是毫不奇怪的。因此，杜威坚决地对赫尔巴特的不少教育观点"革而化之，与时宜之"，并提出了自己的教育哲学体系，成为20世纪现代教育理论的代表。杜威提出的"教育即生长"是不同于赫尔巴特教育心理学化的西方自然教育新阶段的标志，其对教师和教师教育的论述更是具有赫尔巴特所不具备的特点。

杜威在《民主主义与教育》第六章《保守的教育和进步的教育》第一节《教育即塑造》里专门谈及了赫尔巴特教育学与他教育理论的关系。首先，"我们现在要谈一种教育理论，这种理论否认官能的存在，强调教材对发展智力和道德品质的独特作用"[1]，而"赫尔巴特是这种理论历史上最好的代表"[2]。杜威明确指出："赫尔巴特的伟大贡献在于使教学工作脱离陈规陋习和全凭偶然的领域，他把教学带进了有意识的方法的范围，使他成为具有特定目的和过程的有意识的事情，而不是一种偶然的灵感和屈从传统的混合物。"[3] 他还进一步认为："赫尔巴特在注意教材问题方面比任何其他教育哲学家都有更大的影响。他用教法和教材联系的观点来阐明教学方法上的各种问题：教学方法必须注意提示新教材的方法和顺序，保证新教材和旧教材的恰当的相互作用。"[4]

与此同时，杜威以自己的个人与环境互动的哲学思想与个人与社会互动的社会理论为基础，十分中肯而深刻地揭示了赫尔巴特教育学的问题。他指出："这个观点的基本理论上的缺陷在于忽视生物具有许多主动的和特殊的机能。这些机能是在它们对付环境时所发生的改造和结合中发展起来的。这个理论表明教师得到了自己名分应得的荣誉。这个事实，既有它的优点，也有它的缺点。根据这个理论，心灵包含所传授的事物，而所传授的事物所以重要，在于它有利于进一步教学。这个概念能反映教师的人生观。哲学上有关教师教授学生的职责讲得很有说服力，但是关于教师的学习权利，却一字不提。这种哲学强调智力环境对心灵的影响，但忽视环境实际包含个人对共同

---

[1] 杜威. 民主主义与教育 [M]. 王承绪，译. 北京：人民教育出版社，1990：79.
[2] 杜威. 民主主义与教育 [M]. 王承绪，译. 北京：人民教育出版社，1990：79.
[3] 杜威. 民主主义与教育 [M]. 王承绪，译. 北京：人民教育出版社，1990：80.
[4] 杜威. 民主主义与教育 [M]. 王承绪，译. 北京：人民教育出版社，1990：81.

第七章 "因"与"革":国际教师教育思想演进的内在逻辑

经验的参与。这种哲学出乎情理,过分夸大有意识地形成和运用的方法的可能性,而低估充满活力的、无意识的态度的作用。这种哲学坚持古旧的和过去的东西。简言之,赫尔巴特的哲学考虑教育的一切事情,唯独没有考虑教育的本质,没有注意青年具有充满活力的、寻求有效地起作用的机会的能量。一切教育都能塑造智力的和道德的品质,但是这种塑造工作在于选择和调节青年天赋的活动,使它们能利用社会环境的教材。而且,这种塑造工作不只是先刃活动的塑造,而是要通过活动进行塑造。这是一个改造和改组的过程。"①

综上所述,可看出杜威对赫尔巴特理论有部分肯定,更可发现杜威对赫尔巴特的尖锐批评,并在批评中阐释了现代教育理论。正所谓"物不因不生,不革不成",杜威对赫尔巴特的教育理论还是有共同的"因",并不需要凡是赫尔巴特的教育理论都要革之。赫尔巴特和杜威教育思想在教育目的、教学方法和师生关系等方面还是有共通性的。在赫尔巴特和杜威之间,我们或多或少可以发现几个共同的观点:他们都强调兴趣在学习中的重要作用;都意识到个别差异的意义;他们都承认想要教育儿童就必须首先研究儿童。在赫尔巴特的形式阶段和杜威的思维步骤之间也并不存在鸿沟。赫尔巴特的程序强调教师的活动;杜威的教学步骤的核心在于让儿童成为主动的学习者。后者着眼于发现未知的东西,前者着眼于将教师已知的东西灌输给未知的儿童。荷勒说:"这两种方法,可以很好地互相补充,它们各有各的用处。赫尔巴特的方法适用于语言、文学、历史和思维领域;杜威的方法适用于手工艺和科学领域。教书本知识时,赫尔巴特的方法有用;以做事为主时,杜威的方法有用。"

在20世纪50年代中后期,冷战的政治格局下形成了国际重智主义教育思潮。这是自现代化进程开启以来规模最大、影响最广的国际教育思潮。苏联的教育家赞科夫提出了发展性教学理论,对教师做了重要论述,举起了现代教育的旗帜,进行了一场静悄悄的革命。赞科夫的教育和教师观是对凯洛夫教育学的因革。赞科夫曾为凯洛夫《教育学》的作者之一。他以维果茨基

---

① 杜威. 民主主义与教育[M]. 王承绪,译. 北京:人民教育出版社,1990:81.

心理学理论为基础，在赞同凯洛夫教育学的关心儿童，传授系统科学知识，使儿童在教育、教养、教学上都获得进步的观点的基础上，又有了赋予时代特点的创新；从迎接科技革命挑战和以苏联在与美国竞争中获胜为目的，从凯洛夫的教材中心、教师中心、课堂中心的传统教育观念中走了出来，提出了不同于凯洛夫教育学的教学原则和对教师的要求。赞科夫的教育思想获得了苏联的认可，影响了苏联、当时社会主义阵营和一些发展中国家的教育改革。

布鲁纳的儿童观是对杜威的继承、修正与发展。与杜威一样，他也是以尊重儿童，重视儿童在教学过程中的主动积极性为出发点的。同时，布鲁纳注意到了杜威教育理论中存在的问题。在《After John Dewey, what?》这篇论文中，布鲁纳写道："杜威当年写作的时候，注意到19世纪90年代学校教学的贫乏和严厉——学校教学特别不懂得儿童的天性。……杜威在鼓励矫正这种偏向方面有很大的贡献。但是，好事做过了头就变成坏事。我们今天在这种矫枉过正的情况下来重新考虑教育。""为了儿童而牺牲成人同为了成人而牺牲儿童一样，都是错误的。"布鲁纳同意，教育应从儿童出发，但又必须站在儿童的前面，帮助引导儿童获得更快发展。在教什么和怎么教的问题上，布鲁纳提出了与杜威迥然不同的著名的学习学科基本结构理论和发现法，并对教师和教师教育亦提出了不同于杜威的新的要求。另一位美国著名教育家科南特则从要素主义教育哲学立场出发，提出杜威以后最系统的改革教师教育的主张，并实际上为20世纪80年代教师专业化取向的教师教育思潮的兴起做了准备。

从以上的例说可以明了，每一个时代教师教育思想出发的前提便是作为前人遗存的教师教育思想资料，而因革便是一个时代的教师教育思想借以出发的对特定教师教育思想资料传承发展的内部逻辑。每一种先进的教师教育思想经过因革后，都以崭新的面貌出现在世人之前，照耀教师教育的路径。黑格尔在《历史哲学》中说得好："当'精神'脱却它的生存皮囊时，它并不仅仅转入另一皮囊之中，也不从它的前身的灰烬里脱胎新生。它再度出生时是神采飞扬、光华四射，形成一个更为纯粹的精神。"[1] 教师教育思想演化的因革是十分复杂的历史过程。在赞科夫、布鲁纳之后，包含有反映在教育政策法令里的国际主流教育思潮及其教师教育观从知本主义转向重智主义，后转向人文主义，再迎来后现代主义教育思潮的兴起。它们之间更为复杂的因革关系经历了现代化历史的不同时空，直至20世纪80年代中后期才在近代教师教育制度化国际思潮百年后再次涌现出教师专业化取向的国际教师教育思潮，而这一次国际教师教育思潮在某种程度上则是历史以往的教师教育思想的因革演化叠加的结果。

第四节

教师实践：国际教师教育思想因革变化的基础性力量

因与革讲的是国际教师教育思想演化的历史性过程。其内容多是教育家或政策法规对教师及教师教育的变化的要求，儿童在教育过程中的地位，对教育教学目的、原则、课程、教学的不同表述。这些内容随历史而运动，就产生了教师教育的思想变迁。

国际经验表明：所有教师教育思想都必须得到中小学教师的理解和支持才能真正落到实处，所有包括教师教育在内的教育政策得不到教师的拥护和贯彻都将归于失败；教师实践诞生了许多教育家，它是教师教育政策能否成功的检验场，教师实践是衡量教师教育思想的试金石，也是国际教师教育思想因革变化的基础性力量。本研究在这里专门探讨国际教育教育思想密不可分的教师实践问题。

在教育领域，实践是出现频率相当高的常用词，但是人们对实践的理解，特别是对教师实践的理解往往是不够的。本节拟首先对教师实践的基本特征和多维因素做一概要的叙述，以证明教师不是教师教育的被动者，教师的实践不是可以任意填塞"理论"的大容器，教师不是教师教育思想的简单的承

---

[1] 黑格尔. 历史哲学 [M]. 王造时，译. 上海：上海书店出版社，1999：76.

受者，教师实践是教师教育思想因革的直接推动和最终实现的力量。深入理解实践是国际教师教育研究的一个重要的理论入口，进一步说，是教师实践产生了教师教育思想，教师实践是我们研究国际教师教育思想的本源和基础性力量。那么，实践是什么，有什么主要特征，包含哪些因素呢？这些是亟待回答的重要问题。

一、教师实践的总体性

实践是人类有目的地改造世界的活动。教师的实践作为培养社会人的重要社会实践，也是一种专门性实践。实践是丰富、鲜活、生动的，阐释教师实践的教师教育思想同样是丰富、鲜活和生动的。实践是人类社会存在与发展的基础，而阐释实践的思想则是推动人类社会实践的精神力量。教师实践是教师教育思想的试验场，是检验各种教师教育思想的标准。教师实践具有丰富的哲学意涵，教师的实践经验又是宝贵的理论与实践结合的成果。理解教师实践对于理解教师教育思想的因与革十分重要。

马克思认为实践就是"人的感性活动"或"感性的人的活动"[1]，实践活动是存在于人的思想之外的"可感知""可观察"的活动。他重视实践的直接现实性，认为只有能够直接使现实事物发生改变的活动才能算是实践活动，不能直接引起现实事物改变的活动都不能算是实践活动。马克思指出，实践展开了人类社会生活，创造并不断改变人类社会生活的条件与状况。哲学除了知识论和思维方式外，还有一个重要的方面就是对人类生存和命运的终极关怀。马克思的实践哲学将两者紧密地结合起来。马克思指出："社会生活在本质上是实践的。"[2] 所以，人类社会出现的种种问题和困难，谬误和危机，"都能在人的实践中以及对这个实践的理解中得到合理的解决"[3]。马克思提出把事物和现实当作实践去理解的深刻思想，并进一步将人类的思维活动放

---

[1] 中共中央马克思恩格斯列宁斯大林著作编译局. 马克思恩格斯选集：第1卷 [M]. 北京：人民出版社，1995：16.

[2] 中共中央马克思恩格斯列宁斯大林著作编译局. 马克思恩格斯选集：第1卷 [M]. 北京：人民出版社，1995：18.

[3] 中共中央马克思恩格斯列宁斯大林著作编译局. 马克思恩格斯选集：第1卷 [M]. 北京：人民出版社，1995：58.

第七章 "因"与"革":国际教师教育思想演进的内在逻辑

在实践之中,当作社会实践的有机的内容,只有这样才能理解并把握现实的、不断发展变化的实践。

实践也是人在各种处境中反思的,一种有意识的选择,合理的思考和服从公众目的的行为,"它本身有着最高程度的辩证性"。从以上的论述中,我们可以看出解释学的实践同理论不可分,实践中始终存在着理论的因素——实践之知。[①] 加达默尔在理论和实践的关系问题上,强调实践,注重参与。这一点可以得到词源上的证据:"理论"(theoria)这个词的古希腊文原意是"参与"(teilhabe)某种祭祀庆祝活动,它和"同在"(dabeisein)相关联,因为同在即参与或介入。按照这种理解,旁观者的态度或秉持对象化思维的态度并非理论应有的态度。"Theoria 是实际的参与,它不是(主观的)行动(tun),而是一种遭受(pathos),即由观看而来的入迷状态。"[②]

教师的实践作为与教师教育思想联系密切的中小学教育的基础性活动,是一个总体性的活动,包含着道德与艺术、思想与行动、理论与活动,并涉及人类社会的许多方面。同时,它又是一个复杂的概念,我们讲实践的总体性是强调教师的实践是一个具有情感元素、道德元素、理论元素和行动元素的完整的统一体。

教师实践具有总体性的特征,它所指的不只是技术地实践的活动,不只是专业实践、技术操作,不只是认识论的问题,而首先是一个向善的活动,一个具有道德元素的活动,道德在活动中居于统摄的地位。首先要以本体论解释框架的实践概念为基础,统一认识论解释框架内的实践概念。教师的实践是一个道德活动,是一个充满情感与创造的艺术事业。只有从生动的历史现实的高度重视感性的人的活动,抓住向善并直接使现实事物发生改变这一实践的最显著特点,才有可能寻觅不同教师教育思想及其演化的真实价值。

尊重教师的实践及其经验是当代教育研究者必备的素质,是展开对话的前提条件。教师实践是教师的事业和教师的尊严之所在,是培养有道德的新一代的充满人性的高尚活动。抽取道德元素的实践是虚假的实践,无视道德

[①] 汪子嵩. 希腊哲学史:第2卷 [M]. 北京:人民出版社,1993:1009.
[②] 加达默尔. 真理与方法 [M]. 洪汉鼎,译. 上海:上海译文出版社,1992:162.

的专业实践则是技术主义的专业实践。19世纪德国赫尔巴特强调了教师的实践是追求"善",提出"教学的教育性"的重要思想。这是对教师教育的重大贡献。但在当代教育改革过程中,对教师实践的探究似乎有一个道德元素衰减、间或失去道德元素的过程。德国教育家布列钦卡就指出20世纪50年代后的西方现代教育理论是离开道德的科学抽象。我们讲的教学的道德元素不是贴标签,而是首先由教师在教学过程中的言行举止表达出来的。道德是教师实践的十分重要的元素,对于儿童成长起着润物细无声的作用。

在当代国际教师专业化实践中,道德,不仅是专业伦理,更是一个做人之本,是教师实践的灵魂所在。在实践(praxis,指道德上善的生活形式的行动)中,事实与价值、手段与目的、知识与应用、思维与行动是不能割裂地加以描述的。否则,道德范畴将从教育理论研究领域中实际上被清除出去,这就必然使教育倒向并成为一种纯功利性的工具行为,而不是指向合乎历史进步要求的道德真义的社会活动。

教师的实践,不是个人在真空中的活动,亦不是离开社会网络的教育行动和经验。在现代发达国家已完成教师教育大学化,教师一般而言都接受过或长或短的学科的、教育的理论教育与培训。教育的理论培养是教师走上工作岗位和进行终身学习的必经之路。他们的实践既浸透着理想、道德和情感的元素,也无时不表现出他们将理论与问题联系在一起的思考。因此,中小学教师具有大学教师难以具备的理论的实践品格和实践的思想内涵。

从词源学上看,理论(theory)源于古希腊的theoria,在17世纪时其含义日渐广泛,包括景象,冥想中所浮现的景象,思想的体系,用以解释的体系,尔后该词多用于指"思想体系"和"对实践提出解释的一种思想体系"。现代的专门意涵是从1840年德文的词义演变而来的,其根源是晚期的黑格尔思想,尤其是马克思思想,在这个意涵里,实践(praxis)指的是具有理论(theory)精神的实践(practice),也指(虽然较不明朗)具有实践(practice)精神的理论(theory)。理论(theory)和实践(practice)的对立与区别是可以被超越的。[①] 教师的实践使教师自觉或不自觉地在既有的不同的

---

① 威廉斯. 关键词:文化与社会的词汇[M]. 刘建基,译. 北京:生活·读书·新知三联书店,2005:486-490.

教育思想影响下行动，其实践知识的形成也离不开理论的熏陶。可以说，现代教师实践是受到现代教育思想影响的实践，而现代教育思想则是锤炼于现代教师实践的思想。苏联著名教育家苏霍姆林斯基的教育思想体系和他的卓越的实践便是一个明证。

二、教师实践的多维性

我们还可以进一步认识到：现代教师实践除了具有上述总体性特征之外，还具有社会、政治、历史、教育、全球化与地方化互动、情境、专业化等多个重要维度。

（一）教师实践首先是培养社会人的教育实践

这种培养社会人的实践是教师与学生互动发展的实践，是在社会中以培养人为宗旨的教育活动。现代教师实践则是培养现代人的实践，这种实践是现代社会的基础性实践，无可替代。教师的实践充盈着教师对生命意义的追求和深切情感。但是，这里说的"生命"不是空洞的、离开社会存在的虚无，它要表达的也不是某种理论的时尚，它是一种现实社会的、生活和工作在各种矛盾中真实的教师存在。

教师实践不是将人视为工具的实践，而是教师个体作为社会人主体的充满激情的、超越当下实践的自主行动，也是教师共同体作为教育活动的集体，群策群力，尝试教育传承与发展的合作实践。由于对象是成长中的社会人，教师的实践是始终不断变化的，不确定性是其中一个特征。它拥有自己的、有别于社会其他领域的、一般规律的、具有特点的教育活动，以及因情境、条件、师生情况的不同而各异的特殊的局域性知识、个人知识，以及旨在促进儿童发展的具体活动。

教师的实践作为一种培养社会人的社会实践，无疑会受到现实社会的多种制约和影响。培养人的教育实践，是在具有不同种族、阶层、文化、家庭的复杂社会环境中进行的。美好社会理想使学校教学实践中的儿童受到鼓舞和引导，同时，这种教学实践不可避免地受到分层社会的影响，受到诸多社会问题的困扰。教师的实践也应是追求教育公平、社会公平的实践。从这个意义上讲，教师实践也是一种追求社会正义的批判性实践。

（二）教师实践是政治实践

一般来说，教师实践是与国家的主流政治紧密联系在一起的，从培养目标来看，教师的实践更可以看成国家政治的一部分。现代教师教育的开端就是在法国大革命后的 1794 年，法国巴黎高等师范学校是第一个真正的现代教师教育机构。其间，革命政府将小学教师派往南方，传播现代教育和现代思想，遭到南方地主的强烈抵制。

理解教师实践的政治性，就要正视教师实践的政治历史与政治现实。教师专业化强调教室里发生的事情，但不能失却教育的政治视野，不能失却社会责任感，无视现代社会的公平与公正的原则。

教师实践是理解决策者的政策的实践。从整体上讲，教师对政策实施态度决定政策最终的成功与否。所以，可以说教师是教育改革成败潜在的决定者，教师实践是教师教育政策的试金石。

（三）教师实践是历史实践

教师实践是人类历史得以延续的基本活动，而实践活动本身也具有历史性，教师需要不断从过去的教师实践中吸取经验，有所前进。在黑格尔看来，只有历史地实践着的理性才真正成为自足的、从而是纯粹的、也是绝对的理性。在这一点上可以说，黑格尔真正继承了赫拉克利特的辩证法。苏联维列鲁学派也从心理学角度深刻地指出："为了解释高级复杂形式的人类意识，我们必须超越人的机体，在其外部社会生活过程与人类存在的社会与历史形式中寻求人意识活动的起源。"[1] 现实的社会存在和历史，是教师实践的基础。

教师的实践又是变化的，18 世纪教师的实践就没有或不具备今天的教育学的理论元素，但是今天的教师教育思想一定是吸收了 18 世纪著名教育家的精神营养。可以说，教师教育思想是因革关系的历史存在。

（四）教师实践更是一种文化的实践

斯宾格勒曾指出：文化是贯穿于过去与未来的基本线索。[2] 所谓世界历史

---

[1] ROBERT W. The collected works of Vygotsky [M]. New York：Plenum Press，1998，5：83.
[2] 张志刚. 论斯宾格勒与汤因比的文化历史哲学 [J]. 北京大学学报（哲学社会科学版），1990（1）：60.

就是各种文化的"集体传记"。① 总的来看，一个国家的教师实践也是该民族国家的文化实践。教师的实践背负着传承一定的民族文化的艰巨历史使命，其具体行动一定会受特定的民族文化的制约和影响。在全球化条件下，与其他国家民族文化背景下的交流就需要有跨文化的视野。

同时，民族文化的差异性是不可避免的，多元文化教师教育是当代世界的一个新现象。教师的跨文化发展成为教师教育思想的新内容，其要点是：增强教师对不同文化背景学生的理解，促成教师与学生之间更好地沟通，积极促进不同文化背景学生之间的交往，正确认识、理解其他背景学生的文化，提高多元文化的教育能力，推动社会的稳定与发展。多元文化教师教育的思想意在实现社会公平、教育公平，而社会公平和教育公平是国际社会关注的时代课题。

（五）教师实践是具体情境的实践

没有脱离具体情境的实践。首先，教师的实践是一定制度下的实践，是在具体学校中的实践，离开一定的制度和具体的学校，就无所谓教师的实践。教师的德行、理论、行动，教师的发展都具有实践的情境性。中小学教师的实践正是在真实的一节课、和学生交谈、有针对性地和家长交往中进行的。因为这种情境性提示着教师实践的不可复制性、动态性和创造的可能性。教师是在具体的情境之中实现教学相长的，他们在其中反思自己的行动，积累自己的智慧，形成自己的经验，努力于自主发展和人生意义的追寻。情境展示着教师实践的无比生动，学生发展的无限可能，既是吸引人探查的黑箱，又是儿童成长、教师发展的金矿脉。离开具体的情境，就是将我们的视野从发展的空间离开，就是对教师实践的无视。

我们看重实践，但不是用实践拒斥理论，是因为教师实践走出来众多现代化开启以来历代的著名教育家。仅从本研究范围就有夸美纽斯 1614 年被"兄弟会"委任为他的母校——普列罗夫拉丁文法学校的校长。洛克 1652 年入牛津大学攻读医学和哲学。1665 年出任驻德大使馆秘书，次年返国，做辉

---

① 张志刚. 论斯宾格勒与汤因比的文化历史哲学 [J]. 北京大学学报（哲学社会科学版），1990（1）：60.

格党领袖沙夫茨伯里伯爵侍医兼家庭教师，后任秘书。卢梭 1730 年护送勒·麦特尔逃难到里昂，在洛桑当音乐教师。1740 年，到里昂马布利神父家当家庭教师。裴斯泰洛齐 1774 年在诺伊霍夫兴办教育贫苦儿童的事业，他建了一个孤儿院。赫尔巴特 1797 年毕业后，前往瑞士任家庭教师，负责教育一贵族的三个孩子。第斯多惠 1817 年取得哲学博士学位。1813—1818 年，在法兰克福的一所模范学校教数学和物理，后做梅尔斯师范学校校长，兼教数学和法语。杜威于 1896 年创办了芝加哥大学附属实验学校。乌申斯基 1854—1859 年担任俄国加特契纳孤儿院的教师和学监。赞科夫 1917 年秋中学毕业后，曾担任乡村小学老师。苏霍姆林斯基从 17 岁开始即投身教育工作，至 1948 年去世，担任他家乡的一所农村完全中学——巴甫雷什（也译作"帕夫雷什"）中学的校长、教师。阿莫纳什维利是 20 世纪 80 年代苏联合作教育学派的主要代表人物之一，是一位富于革新精神的学者，也是一位教师。

因此，我们切不可把教师实践简单化了。近现代国际上的教师实践历史不仅培养了一代一代社会人，它也是诞生了教育思想、培育教育家、成就一代一代普通但伟大教师的沃土。

（六）教师实践是专业化的实践

教师的实践以其特有的专业化性质而有别于其他类型职业的实践。20 世纪 80 年代，首先从美国开始了教师专业化运动。许多国家出台重大的教师教育方案或含有这方面内容的教育改革政策文件，这些国家一方面提高未来教师学科的学术水平或学历层次，或者更新课程，另一方面增加教育理论和教育实习的分量，使学科的学术性和教师专业性在更高的水平上达到均衡。

这里，本研究强调教师是专业化实践的主体。在当代教育历史进程中，教师不是单纯的任务执行者，而是教育的思想者、研究者、实践者和创新者。

我们置身其中的这个世界并不是一个由纯粹事实所组成的经验世界，而是一个由种种符号所形成的意义世界。没有离开这种意义的纯粹的经验和所谓心灵沟通。同时，在国际教师实践中实现教师专业化不是追求构建教育理论新体系或新学派，而是充满历史主体激情的教育者的社会性实践探索。

课例研究是现在广为人知的基础教育与教师教育交叉领域里的重要概念。2007 年起，世界课例研究协会每年都会举行一次世界课例研究大会，该协会又出版了关于课例研究的专门期刊——《国际课例与学习研究杂志》,课例研究因此逐渐在世界上传播开来。1999 年,斯蒂格勒和希伯特在《教学的差距》首次将课例研究称作"Lesson Study",并认为这是一种教学改进和知识建构的过程。[①] 那么,这样一个概念是从哪里来的呢?课例研究的概念来自日本的初等教育。日本课例研究是指教师以小组为单位设计、实施、观察、分析,并改进教学的实践。几乎所有的日本教师都参与到课例研究,又称研究课之中。教师们在自己学校或在主办课例研究开放日的学校定期观摩研究课。研究课的成果一经出版便在日本国内得到广泛传播。实际上,日本的课例研究是改进教与学,促进教师专业发展的教师自主的教师共同体合作研究教学的活动。日本的课例研究就是充满历史主体激情的教育者的社会性实践探索。

1979 年,斯蒂格勒在日本小学观摩时被数学授课教师精湛的教学水平所吸引,发现日本教师经常举行这种教学研究的活动。这种活动被教师们称作课例研究。此后斯蒂格勒和费尔南德斯(C. Fernandez)在洛杉矶成立了专门的研究小组,开始着力研究日本教师的这一集体学习活动。以凯瑟琳·路易斯(C. Lewis)为代表的美国学者在 2000 年前后将课例研究作为教师专业发展方式引入美国。由此,课例研究逐步成为基础教育和教师教育的一个学术概念。

课例研究概念提出的过程可以看出教师的实践是促进自身专业化、提高教育质量的基础,学者与教师实践的结合是推动教师教育知识建构的必要途径。

(七)教师实践是受科学主义倾向与人文主义倾向博弈影响的实践

现代国际教师实践少不了受到科学主义和人文主义两种倾向博弈的影响。不同时期这两种倾向从社会层面到教育领域自身都有自己的不同表现,或强或弱,或寻求中道的探索。

1. 20 世纪初科学主义和人文主义两种倾向博弈下的教师实践

20 世纪以来,教师教育改革与发展的长时段里,科学主义倾向积极回应

[①] University of Wisconsin-La Crosse International Journal of Teaching and Learning in Higher Education [J]. 2006, Volume 18, Number 3, 250.

国家和经济的紧迫需要，主要表现在重视教师教育制度的建立，在教育目的上要求教师重视知识的传授，重视培养现代工业化需要的各种职业人才；在教师教育方面重视师范生知识的掌握和教学方法的习得。人文主义倾向的教师教育思想则对科学主义倾向提出疑问，更重视个人发展，对教育目的定位为培养人，重视道德教育和精神层面的事物，要求教师热爱儿童，关心儿童的一般发展。这对于矫正科学主义倾向可能产生的负面影响发挥了一定作用。两种倾向的博弈深深地影响着这一时期教师的实践。

教育家对科学主义与人文主义的认知对教师实践也发挥了重要影响。在19世纪末20世纪初，杜威教育思想和教师教育观点成为进入20世纪现代教育的一个标志。科学人文化是杜威教育哲学的一个基石。杜威科学主义与人文主义平衡的尝试开辟了这两种倾向的博弈的新方向，即一生二，二生三，追求中道，但是这不可能消弭它们之间的博弈。杜威的这种观点对现代教师实践具有启示作用。

2. 20世纪后半叶科学主义和人文主义两种倾向博弈下的教师实践

在第二次世界大战以后的重智主义教育思潮和理性主义教学思潮形成、发展和衰落的时期，在教育发展和教师教育思想转换方面，科学主义倾向敏锐地嗅到时代的需求，先后形成重智主义教育思想、理性主义教学思潮，其主要观点是在教育目的上优先重视智力发展和能力培养，重视以不同心理科学为基础建构理论体系，重视提高所有学生学习成绩，重视教学过程的可控性。这一时期先后形成了学者型教师观和能力型教师观，教师教育制度与实践都得到一定的改进。这一时期，教育和教师教育方面人文主义倾向表现为在教育目的上坚持人是教育的目的，关怀人性和人的合作精神与创造精神；抨击并提出解构现代理性，特别重视伦理道德的培养，反对离开道德支点的科学抽象。人文主义倾向的教育观和教师教育思想批评了现代化过程中忽视人与人性的现象，对于教育观与教师教育思想的健康发展做出了重要贡献，并为教师专业化思潮的兴起做了很好的准备。

3. 20世纪80年代至21世纪初期科学主义和人文主义两种倾向博弈对教师实践的影响

在教师专业化取向的国际教师教育思潮持续发展的这一时期，科学主义

第七章 "因"与"革":国际教师教育思想演进的内在逻辑

倾向的教育观和人文主义教育观的博弈突出表现在对教育技术的态度上。科学主义倾向教育观看到新技术对教育、对教师教育提出尖锐挑战,率先主张要以新技术为动力推动甚至发动革命性的教育改革,对教师在新技术方面提出一系列前所未有的要求,设定教师专业的技术标准,认为新技术是当代教育的中心,教育、教师教育都要以新技术为基础,新技术将彻底改变传统的教育,教师的角色和教师教育实践将发生重大改变。这种倾向还提出颠覆现代教育的口号。尽管如此,这种倾向唤醒人们对新技术促进教育发展的重视,推动教师教育将新技术纳入课程体系,推动学生对新技术的认知与应用发挥了一定的积极作用。而人文主义倾向的教育观和教师教育思想则猛烈地批判了科学主义倾向的教育观在教育上的种种表现,指出新技术不能改变教育的目的,新技术不能代替教师与学生在教育过程中的主要地位,人不可能被机器取代。教师教育需要新技术,但是新技术不能成为一切,教师不能成为新技术的奴隶。人文主义倾向坚决扼制了在教育领域技术至上的说教,对于坚持教师实践的育人方针,坚持教师教育的教师专业化方向,坚持现代化是人的现代化的思想。

总而言之,从国际范围内观察,教师实践遭遇科学主义倾向和人文主义教育观的博弈,这启发广大教师和研究者应摒弃由于亚里士多德以来的西方二值逻辑。我国老子在《道德经》中说的"道生一,一生二,二生三,三生万物"传达了一个极为重要的超越二值逻辑的哲学思想。从认识论的角度,"一"是人对事物的整体性认知,这种整体认知的"一"包含着对立二元属性"二","一"的二元属性是丰富多彩的,是因互动而变化无穷的,所以"一生三",三即"多",亦即"三"体现为"万物"。它既看到"二"的两端对立,又在这种对立关系中看到有同一关系的存在。这样做是求中庸,在对立的两极之间寻找一个可以兼顾两方面的均衡支点,并以这个支点为中心使对立双方归于统一,进而使人的行动更趋于合理,而避免陷入两种极端的挟持。同时,科学与人文都共同关乎着人类的未来。从人类未来着眼,国际教师教育思想发展的趋势是采取中道以回应科学主义和人文主义两种倾向之间的博弈,不断推进教师教育的改革与发展。

20世纪西方哲学思维模式开始了历史性转化,自胡塞尔开启主体间性思想探索之门以来（但"胡塞尔根本不是以这样一种主体的相互交融为预想前提的"[①]），经由海德格尔、加达默尔、哈贝马斯等人的努力，人们逐步认识到主体性思维的局限性表现在其总是运用主客二分的思维方式，人为地构造出一个唯我独尊的中心。当代世界的思想界对哲学思维正是沿着主体间性开启思考路线的，思考自我与他者之间的异同，才能在敞开和坚守两极之间保持好平衡，从而拥有一个宏阔、开放的视野与"和实生物"的繁荣世界。我们积极看待科学主义倾向与人文主义倾向的博弈，就要坚持与时俱进、以人为本的思想，促进"三生万物"的教师教育思想的繁荣。当然，这是理想世界，而到达这个世界还有漫长的道路，需要付出艰辛的探索，但重要的是，思维路径已经清晰。

总之，教师实践的总体性和多维性特征作为一个理论视点，使我们认识到国际教师专业化实践是一种培养新人的事业，是具有理论与实践的动态结合，是教育家成长的土壤，是国际教师教育思想因革演化的基地，是国际教育政策是否合适、能否成功的测验场，是全部国际教师教育的基础。因此，这也就回应了本节的标题：教师实践是国际教师教育思想因革演化的基础性力量。

三、结　语

从17世纪夸美纽斯《大教学论》的现代教师论的萌芽直至20世纪80年代中期涌现出教师专业化取向的教师教育国际思潮，在历史长河中世界主要发达国家的教师教育政策所体现出来的主流思想萌发不久，尚有一个不断演进的长时段过程；在教育学术上，还是只有少数教育家对教师教育整体做过系统论述。这些问题都说明以往的教师教育思想的演化都还没有摆脱不成熟状态，或者说是正经历走向成熟的历史时刻。

在现代化的长途上，国际教师教育思想的因革发展是丰富且多元的。关注并借鉴这些教师教育思想，对我国教师教育乃至教育的改革与发展是一个不可或缺的、推动"和实生物"的宝贵资源。

[①] 多尔迈. 主体性的黄昏[M]. 上海：上海人民出版社，1992：62.

参考文献

一、中文参考书目

[1] 刘小枫. 基督教文化评论：3 [M]. 贵阳：贵州人民出版社，1992.

[2] 布律迈尔. 裴斯泰洛齐选集：第 1 卷 [M]. 尹德新，等译. 北京：教育科学出版社，1994.

[3] 奥尔德里奇. 简明英国教育史 [M]. 诸惠芳，李洪绪，尹斌茴，译. 北京：人民教育出版社，1987.

[4] 柏拉图. 理想国 [M]. 郭斌和，张竹明，译. 北京：商务印书馆，1986.

[5] 弗莱雷. 被压迫者教育学：30 周年纪念版 [M]. 顾建新，赵友华，何曙荣，译. 上海：华东师范大学出版社，2001.

[6] 利科. 历史与真理 [M]. 姜志辉，译. 上海：上海译文出版社，2004.

[7] 布鲁纳. 教育过程 [M]. 上海师范大学外国教育研究室，译. 上海：上海人民出版社，1973.

[8] 笛卡尔. 谈谈方法 [M]. 王太庆，译. 北京：商务印书馆，2000.

[9] 杜威. 民主主义与教育 [M]. 王承绪，译. 北京：人民教育出版社，1990.

[10] 杜威. 杜威全集·晚期著作 1929—1953：第 5 卷 1929—1930 [M]. 孙有中，占晓峰，查敏，译. 上海：华东师范大学出版社，2015.

[11] 杜威. 杜威五大演讲 [M]. 胡适，译. 合肥：安徽教育出版社，1999.

［12］多尔. 后现代课程观［M］. 王红宇，译. 北京：教育科学出版社，2000.

［13］王长纯，王晓华，马啸风. 傅任敢教育文集［M］. 北京：教育科学出版社，2011.

［14］杜威. 杜威全集·晚期著作 1925—1953：第 4 卷 1929［M］. 傅统先，童世骏，译. 上海：华东师范大学出版社，2015.

［15］杜威. 杜威全集·晚期著作 1925—1953：第 16 卷 1949—1952［M］. 汪洪章，吴猛，任远，等译. 上海：华东师范大学出版社，2016.

［16］杜威. 杜威全集·晚期著作 1949—1953：第 15 卷 1942—1948［M］. 余灵灵，译. 上海：华东师范大学出版社，2016.

［17］恩格斯.《反杜林论》引论［M］//中共中央马克思恩格斯列宁斯大林著作编译局. 马克思恩格斯选集：第 3 卷. 北京：人民出版社，1972.

［18］尔雅·释诂：下［M］//十三经注疏. 上海：世界书局，1936.

［19］佛罗斯特. 西方教育的历史和哲学基础［M］. 吴元训，张俊洪，宋富钢，等译. 北京：华夏出版社，1987.

［20］福柯. 规训与惩罚［M］. 刘北成，杨远婴，译. 北京：生活·读书·新知三联书店，2003.

［21］顾明远. 战后苏联教育研究［M］. 南昌：江西教育出版社，1991.

［22］国语·郑语：卷 16［M］. 北京：中华书局，2002.

［23］黑格尔. 精神现象学：上卷［M］. 贺麟，王玖兴，译. 北京：商务印书馆，1979.

［24］黑格尔. 逻辑学：上卷［M］. 杨之一，译. 上海：商务印书馆，1966.

［25］华东师范大学教育系，浙江大学教育系. 西方古代教育论著选［M］. 北京：人民教育出版社，2001.

［26］摩西. 世界著名教育思想家：第 1 卷.［M］北京：中国对外翻译出版公司，1994.

［27］凯洛夫. 教育学［M］. 北京：人民教育出版社，1957.

［28］康德. 对这个问题的回答：什么是启蒙？［M］//施密特. 启蒙运动

与现代性：18世纪与20世纪的对话. 徐向东，卢华萍，译. 上海：上海人民出版社，2005.

[29] 康内尔. 二十世纪世界教育史［M］. 张法琨，方能达，李乐天，等译. 北京：人民教育出版社，1990.

[30] 科南特. 科南特教育论著选［M］. 陈友松，译. 北京：人民教育出版社，1988.

[31] 联合国教科文组织. 教育：财富蕴藏其中［M］. 联合国教科文组织总部中文科，译. 北京：教育科学出版社，1996.

[32] 梁忠义，罗正华. 世界教育大系·教师教育［M］. 长春：吉林教育出版社，2000.

[33] 梁忠义. 世界教育大系·日本教育［M］. 长春：吉林教育出版社，2000.

[34] 卢梭. 爱弥儿：上卷［M］. 李平沤，译. 北京：商务印书馆，2016.

[35] 卢梭. 论政治经济学［M］//刘小枫. 政治制度论. 崇明，胡兴建，戴晓光，译. 北京：华夏出版社，2013.

[36] 卢梭. 社会契约论［M］. 何兆武，译. 北京：商务印书馆，2003.

[37] 论语·述而［M］//十三经注疏. 上海：世界书局，1936.

[38] 洛尔德基帕尼泽. 乌申斯基教育学说［M］. 范云门，何寒梅，译. 南京：江苏教育出版社，1987.

[39] 罗素. 西方哲学史：下卷［M］. 马元德，译. 北京：商务印书馆，1976.

[40] 洛克. 人类理解论：下册［M］. 关文运，译. 北京：商务印书馆，1959.

[41] 布伯. 我与你［M］. 陈维纲，译. 北京：生活·读书·新知三联书店，1986.

[42] 马克思，恩格斯. 共产党宣言［M］. 北京：人民出版社，1978.

[43] 中共中央马克思恩格斯列宁斯大林著作编译局. 马克思恩格斯选集：第2卷［M］. 北京：人民出版社，2012.

[44] 中共中央马克思恩格斯列宁斯大林著作编译局. 马克思恩格斯选

集：第 4 卷［M］北京：人民出版社，1995.

［45］马里坦. 教育在十字路口［M］. 高旭平，译. 北京：首都师范大学出版社，2010.

［46］裴斯泰洛齐. 林哈德和葛笃德［M］. 北京编译社，译. 北京：人民教育出版社，1984.

［47］裴斯泰洛齐. 贤伉俪［M］//王长纯，王晓华，马啸风. 傅任敢教育文集. 北京：教育科学出版社，2011.

［48］裴斯泰洛齐. 母爱教育［M］. 李娟，译. 北京：中国妇女出版社，2015.

［49］裴斯泰洛齐. 裴斯泰洛齐教育论著选［M］. 夏之莲，等译. 北京：人民教育出版社，2001.

［50］渠敬东，王楠. 自由与教育：洛克与卢梭的教育哲学［M］. 北京：生活·读书·新知三联书店，2012.

［51］瞿葆奎. 教育学文集·教学：上册［M］. 北京：人民教育出版社，1988.

［52］亨廷顿. 现代化：理论与历史经验的再探讨［M］. 张景明，译. 上海：上海译文出版社，1993.

［53］十三经注疏［M］. 上海：世界书局，1936.

［54］滕大春. 卢梭教育思想述评［M］. 北京：人民教育出版社，1984.

［55］涂尔干. 教育思想的演进［M］. 李康，译. 北京：商务印书馆，2016.

［56］汪荣宝. 法言义疏［M］. 北京：中华书局，1997.

［57］王安石. 洪范传［M］//王临川全集：卷65. 上海：国学整理出版社，1935.

［58］王承绪. 世界教育大系·英国教育［M］. 长春：吉林教育出版社，2000.

［59］王廷相. 慎言·雅述全译［M］. 冒怀辛，译. 成都：巴蜀书社，2009.

［60］王长纯，梁建. 世界教育大系·初等教育［M］. 长春：吉林教育出

版社，2000.

[61] 王长纯. 教师教育思想史研究：上、下［M］. 长春：东北师范大学出版社，2016.

[62] 王治河. 后现代哲学思潮研究［M］. 北京：北京大学出版社，2006.

[63] 杨汉麟，周采. 外国教育思想通史：第5卷 17世纪的教育思想［M］. 北京：北京师范大学出版社，2017.

[64] 吴式颖. 俄国教育史：从教育现代化视角所作的考察［M］. 北京：人民教育出版社，2006.

[65] 徐辉，郑继伟. 英国教育史［M］. 长春：吉林人民出版社，1993.

[66] 雅斯贝尔斯. 什么是教育［M］. 邹进，译. 北京：生活·读书·新知三联书店，1991.

[67] 扬雄. 太玄校释［M］. 郑万耕，校释. 北京：北京师范大学出版社，1989.

[68] 赞科夫. 和教师的谈话［M］. 杜殿坤，译. 北京：教育科学出版社，1980.

[69] 赞科夫. 教学与发展［M］. 杜殿坤，张世臣，俞翔辉，等译. 北京：人民教育出版社，1985.

[70] 俞翔辉. 赞科夫新教学体系及其讨论［M］. 北京：教育科学出版社，1984.

[71] 赞科夫. 论小学教学［M］. 俞翔辉，译. 北京：教育科学出版社，1982.

[72] 张斌贤. 西方教育思想史［M］. 北京：人民教育出版社，2011.

[73] 赵祥麟. 外国教育家评传：第2卷［M］. 上海：上海教育出版社，1992.

[74] 百子全书：上［M］. 杭州：浙江古籍出版社，1998.

[75] 左传·召公二十年［M］∥十三经注疏. 上海：世界书局，1936.

二、中文期刊参考文献

[1] 陈剑华."'教授时代'的丧钟"和"教授万岁"：对后现代主义教

师观的思考 [J]. 比较教育研究, 1999 (3).

[2] 李福春. 美国教育学发展考析 [J]. 大学教育科学, 2010 (6).

[3] 顾明远. 关于外国教育史学科建设的几个问题 [J]. 外国教育史研究, 2005 (3).

[4] 姜亚洲, 黄志成. 论多元文化主义的衰退及其教育意义 [J]. 比较教育研究, 2015, 37 (5).

[5] 孔令帅. 当前国际组织教师教育政策的个性与共性: 基于政策文本的分析 [J]. 外国教育研究, 2016, 43 (2).

[6] 乐先莲. 教师教育与政府责任: 德国政府在教师教育中的主导作用及启示 [J]. 全球教育展望, 2007 (6).

[7] 刘楠. 俄罗斯教师教育大学化的原因及模式分析 [J]. 当代教师教育, 2017, 10 (4).

[8] 刘宝存. 科学主义与人文主义大学理念的冲突与融合 [J]. 学术界, 2005 (1).

[9] 刘放桐. 杜威在西方哲学上的"哥白尼式的革命": 与康德和马克思的比较 [J]. 河北学刊, 2014, 34 (3).

[10] 刘艳艳, 孙翠香, 张蓉. 日本教师专业标准历史变迁分析及启示 [J]. 教育理论与实践, 2013, 33 (21).

[11] 乔鹤, 沈蕾娜. 国际教育发展最新趋势研究: 2012~2014 年度国际组织教育政策文本解读 [J]. 比较教育研究, 2015, 37 (1).

[12] 唐青才, 卢婧雯. 大学化与专业化: 法国教师教育发展: 从 IUFMs 到 ESPEs [J]. 大学 (研究版), 2017 (9).

[13] 陶水平. 英国文化研究的文化主义理论范式及其批评实践 [J]. 社会科学辑刊, 2018 (2).

[14] 童萍. 全球化时代的文化相对主义审视 [J]. 中国特色社会主义研究, 2011 (1).

[15] 汪堂家. 利奥达与"后现代"概念的哲学诠释 [J]. 复旦学报 (社会科学版), 2001 (3).

[16] 邬春芹, 周采. 赫尔巴特在科尼斯堡大学的教育实验 [J]. 教育评

论，2009（1）.

［17］郅庭瑾. 关于"我们怎样思维"的教育学探索：从赫尔巴特到杜威［J］. 华东师范大学学报（教育科学版），2002（3）.

［18］张斌贤，陈露茜. 赫尔巴特在美国［J］. 教育学报，2006（5）.

［19］朱镜人. 英国教师在职教育与培训的发展［J］. 外国教育研究，1994（1）.

［20］祝贺. 裴斯泰洛齐运动在美国［J］. 河北师范大学学报（教育科学版），2013，15（3）.

三、英文参考书目

［1］GELFUSO A，DENNIS D，PARKER A. Turning teacher education upside down：enacting the inversion of teacher preparation through the symbiotic relationship of theory and practice［J］. The Professional Educator，2015，19，（1）.

［2］WEBSTER-WRIGHT A. Reframing professional development through understanding authentic professional learning［J］. Review of Educational Research，2009，79（2）.

［3］BLOOM B S. Human characteristics and school learning［M］. Madison：University of Wisconsin Press，1976.

［4］BLOOM B S. Time and learning［J］. American Psycologist，1974.

［5］CAIRES S，ALMEIDA L. Positive aspects of the teacher training supervision：the student teachers' perspective［J］. European Journal of Psychology of Education，2007，22（4）.

［6］BARNHART C L. The world book dictionary［M］. Chicago：World Book-Childcraft International，Inc.，1981.

［7］DEWEY J. Significance of the school of education［M］//HICKMAN L. The collected works of John Dewey：1882-1953. Charlottesville，VA：Intelex，1983.

［8］DEWEY J. The relation of theory to practice in education［M］//Third yearbook of the national society for the scientific study of education: Part 1. Chicago: University of Chicago Press, 1904.

[9] HOYLE E. The professionalization of teachers: a paradox [J]. British Journal of Educational Studies, 1982 (2).

[10] RUST F O. Redesign in teacher education: the roles of teacher educators [J]. European Journal of Teacher Education, 2019 (42).

[11] FREIRE P. Pedagogy of the oppressed [M]. New York: Continuum, 1970: 67.

[12] MIKE G. Baudrillard live: selected interviews [M]. New York: Routledge, 1993.

[13] GEORGE S. The social foundation of education [M]. New York: Charles Scribner, 1934.

[14] KIRK G. Teacher education and professional development [M]. Glasgow: Scotish Academic Press, 1988.

[15] HANS N. Comparative education: a study of educational factors and traditions [M]. London: Routledge Taylor &Francis Group, 1949.

[16] HARPER C. A century of public teacher education [M]. Washington, DC: National Education Association of the United States, 1939.

[17] PEUKERT H. Present challeges to the educational theory of modernity [J]. Education, 1994 (48).

[18] JENSET I S, KLETTE K, HAMMERNESS K. Grounding teacher education in practice around the world: an examination of teacher education coursework in teacher education programs in Finland, Norway, and the United States [J]. Journal of Teacher Education, 2018, 69 (2).

[19] KAMINSKY J S. A new history of educational philosophy [M]. Westport, Conn: Greenwood, 1993.

[20] CARROLL J B. A model for school learning [J]. Teachers College Record, 1963 (8).

[21] SHULMAN L S. Theory, practice, and the education of professionals

[J]. The Elementary School Journal, 1998 (5).

[22] GUSEVA L G, SOLOMONOVICH M. Implementing the zone of proximal development: from the pedagogical experiment to the developmental education system of Leonid Zankov [J]. International Electronic Journal of Elementary Education, 2017, 9 (4).

[23] KEATINGE M W. The great didactic of John Amos Comenius [M]. Whitefish: Kessinger Publishing, LLC, 2005.

[24] LUNENBERG M, DENGERINK J, KORTHAGEN F. The professional teacher educator: roles, behaviour and professional development of teacher educators [M]. Rotterdam: Sense Publishers, 2014.

[25] STERN B S. Curriculum and teaching dialogue [M]. Greeenwich, CT: Information Age Publishing, 2005.

[26] KATZ S J. Towards a new history of teacher education: a view from critical pedagogy [J]. American Educational History Journal, 2008, 35.

[27] PETERS P S. Aims of education: a conceptual inquiry, in the philosophy of education [M]. Oxford: Oxford University Press, 1973.

[28] CONWAY P, MUNTHE E. The practice turn: research-informed clinical teacher education in two countries [M]. New York: Routledge, 2015.

[29] MONROE P. Founding of the American public school system: a history of education in the United States [M]. New York: The Macmillan Company, 1949.

[30] SHARMA P, PANDHER J S. Teachers' professional development through teachers' professional activities [J]. Journal of Workplace Learning, 2018, 30 (8).

[31] SCHLEICHER A. Collaborative culture is the key to success: comment [J]. The Times Educational Supplement, 2013 (8).

[32] HOUSTON W R. The handbook of research on teacher education [M]. New York: Maclmillan, 1996.

[33] WEGER R F. Preparing educational objectives [M]. New York: Teach College Press, 1993.

[34] DOLL W E. A post-modern perspective on curriculum [M]. New

York: Teachers College Press, 1993.

[35] HUIZEN P, et al. A Vygotskian perspective on teacher education [J]. Journal of Curriculum Studies, 2005 (37).

[36] ELLIS V, EDWARDS A, SMAGORINSKY P. Cultural-historical perspectives on teacher education and development [M]. London: Routledge, 2010.

[37] MANNING B H, Payne B D. A Vygotskian-based theory of teacher cognition: toward the mental refection and self-regulation [J]. Teaching and Teacher Education, 1993, 9 (4).

[38] VYGOTSKY L S. Thought and Language [M]. Cambridge, MA: MIT Press, 1986.

[39] WARFORD M K. The zone of proximal teacher development [J]. Teaching and Teacher Education, 2011 (27).

四、俄文参考书目

[1] 瓦西里耶娃. 俄罗斯国内外教育思想史 [M]. 莫斯科：科学院出版中心，2001.

[2] 巴班斯基. 当代普通学校的教学方法 [M]. 俄文版. 莫斯科：教育学出版社，1985.

[3] 罗蒙诺索夫. 罗蒙诺索夫全集：第1卷 [M]. 莫斯科：俄罗斯联邦教育科学院出版社，1959.

[4] 皮罗戈. 皮罗戈夫教育文集 [M]. 莫斯科：俄罗斯联邦教育科学院出版社，1953.

[5] 苏霍姆林斯基. 苏霍姆林斯基文选 [M]. 莫斯科：教育学出版社，1979.

[6] 维果茨基. 维果茨基心理学研究选集 [M]. 俄文版. 莫斯科：俄罗斯联邦教育科学院出版社，1955.

[7] 维果茨基. 维果茨基心理学文选 [M]. 俄文版. 莫斯科：俄罗斯联邦教育科学院出版社，1955.

后 记

《国际教师教育思想史研究论纲》是"国际教师教育思想史研究丛书"其中的一部。我以忐忑不安的心情开始写作。为什么忐忑不安？那是因为我从事教育研究起步晚，我的学识和能力都达不到这种类似教师教育思想通史著作所需要的水平，后来在学术同仁和东北师范大学出版社的鼓励下试着接了下来，但还是战战兢兢，如履薄冰。现在总算完成了。这里有很多原因，其中最主要的是读书。由于读书，我再次感受到马克思主义关于世界进程思想观照的深远意义；也使我再次感受到和而不同思想的推动力量，正是和而不同的跨文化对话使我感受到"和而不同"所具有的超越自我的意义。这样，就建立了这本书写作的文化立场。接着又考虑到自己的不足，读了文艺复兴以来主要发达国家教育家的一些代表性著作，许多研究者的论文，一些教育政策的文本，逐渐建立起国际教师教育思想发展的纵向和横向的一些联系。有了些自己的想法，慢慢地变成了文字，虽然千疮百孔，但还是写完了。

写作过程中，我也是感慨万千。四十年前我开始在长春市教科所工作，所长赵青伟先生告诉我搞研究一定要绕过一切中间环节直达问题现场，面对问题本身，这是对我从事教育科研终身获益的教诲。三十一年前我开始在东北师范大学比较教育研究所工作。所长梁忠义先生仁义宽厚，对我从事和而不同取向的比较教育研究、开设的泛柏拉图研究的研究生课程，给予了热情鼓励和支持。东北师范大学外国问题研究所的张达明先生对我关注理想教育、理想人和理想国三者关系非常支持，几次鼓励我深入研究。东北师范大学国际与比较教育研究所罗正华老师、孙启林老师、饶从满老师、张德伟老师等同仁多方鼓励和帮助了我。1997年调入首都师范大学后，顾明远先生专门找我谈话，嘱咐我在地方院校工作要注意为地方教育服务。首都师范大学杨学礼教授、刘新成教授、谢维和教授、孟繁华教授、蔡春教授等校领导对我的比较教育研究、教师发展学校研究与实践给予了重要的支持、鼓励和帮助。北京师范大学比较教育研究院的顾明远先生、王英杰先生、曲恒昌先生、李守福教授、项贤明教授、刘宝存教授对我的比较教育和教师教育研究给予了非常宝贵的支持与帮助。国内比较教育和教师教育的学者同仁从不同方面支持和帮助了我。我写作的一个很大动力就来自这些先生和学术同仁的精神感召。

《国际教师教育思想史研究论纲》虽然写完了，但是一定会有不少谬误之处，恳请读者给予批评与指导。能得到批评，我将深感荣幸。而对于未来，鲁迅先生的话"倘能生存，我当然仍要学习"将继续鞭策我蹒跚向前。

本人教师教育思想史的研究得到了尊敬的顾明远先生的宝贵支持与帮助，本丛书的写作得到了朱旭东教授、陈时见教授的热情的支持与鼓励。本册书的写作得到了东北师范大学饶从满教授热情中肯的支持和对本书结构提出的重要调整建议，得到了赵青伟先生、刘长林先生、苏国勋教授、李润基先生、王忠先生、丁邦平教授、滕珺教授等诸多学者的鼓励和具体支持。本书的写作得到了东北师范大学出版社张怡总编辑的鼓励与帮助，东北师范大学出版社李国中、刘晓军、张正吉等编辑付出了辛勤的劳作。本书的写作得到了家人的理解和支持。妻子沙雁女士无微不至的关心，帮助输入、打印，并多次不厌其烦地调试老旧的打印机直至功能恢复；女儿王玉衡在写作规范、内容结构和资料查询方面给予了及时的帮助；儿子王天晓对书稿做了多次细心的校阅，提出了很好的批评与建议，参加了有关内容写作，并协助最终完成书稿。在此向所有支持本书写作的各位老师和亲朋好友再次致以深深的谢意。

王长纯
壬寅年正月初六至二十八日
北京　百千斋